U0945098

本论丛出版得到中华日本学会及拓展文化协会支持

中日民族文化

比较研究论丛 第一辑

◎ 蔡凤林／主编

ちゅうにちみんぞく
ぶんかひかくけんきゅうろんそう

中央民族大学出版社
China Minzu University Press

图书在版编目（CIP）数据

中日民族文化比较研究论丛．第一辑/蔡凤林主编．—北京：中央民族大学出版社，2013.7

ISBN 978-7-5660-0443-7

Ⅰ．①中… Ⅱ．①蔡… Ⅲ．①民族文化—对比研究—中国、日本 Ⅳ．①G12②131.3

中国版本图书馆 CIP 数据核字（2013）第 129928 号

中日民族文化比较研究论丛/第一辑

主　　编　蔡凤林
责任编辑　满福玺
封面设计　布拉格
出 版 者　中央民族大学出版社
　　　　　北京市海淀区中关村南大街 27 号　邮编:100081
　　　　　电话:68472815(发行部)　传真:68932751(发行部)
　　　　　　　68932218(总编室)　　　68932447(办公室)
发 行 者　全国各地新华书店
印 刷 厂　北京宏伟双华印刷有限公司
开　　本　787×1092（毫米）　1/16　印张：19
字　　数　333 千字
版　　次　2013 年 9 月第 1 版　2013 年 9 月第 1 次印刷
书　　号　ISBN 978-7-5660-0443-7
定　　价　60.00 元

中日民族文化比较研究论丛

目　　录

总　序

刘金才

一

在当今世界，由于经济全球化和科技全球化的迅猛发展以及国际互联网的快速普及，各地域、各民族或国家的文化也不断突破其各自地域和模式的局限性而走向世界，出现了世界文化“趋同化倾向”；但与此同时，由于国际政治的多极化、各民族国家交往中的“文化阻隔”[①] 和文化自觉，以及各文化实体基于自己的价值观和为确保自我民族文化传统及利益，也出现了“越是全球化就越强调区域化、本土化、民族化”和强化自己国家文化软实力的倾向，导致了如塞缪尔·亨廷顿所说的“文明冲突”[②] 的加剧。特别是在一些有历史宿怨的民族国家之间，如日本自 20 世纪 80 年代后期以来就相继出现了“文化民族主义”、新国家主义和基于“自由主义史观”的历史修正主义思潮，表现出了强化民族主义，否定和淡化侵略历史责任的倾向，加剧了与被侵略国家的摩擦和冲突。这样两种截然相反且相互驱动的世界性文化发展“趋势”，反映了全球化的统一性与民族文化多样性的尖锐矛盾，它不仅使人们对鼓噪一时的“文化全球化”的可能性纷纷提出了质疑，而且催生出了在经济、科技全球化的同时进而寻求“文化多元共生”的全球化之理念和诉求。然而要寻求“文化多元共生”的全球化，既需要各民族对自身的文化有充分的自觉，又需要以异质性的“他

① “文化阻隔”包括“自然隔离”、“语言隔离”、“社会隔离”和“心理隔离”等内容，它们作为一种机制，既是民族文化传统形成的重要条件和保障，也是导致文化差异的主要原因。

② 亨廷顿所谓的“文明的冲突”，即指“属于不同文化实体的人民之间的冲突”，认为“文化和文化认同形成了冷战后世界上的结合、分裂和冲突模式”，“后冷战的世界中人们之间最重要的区别不是意识形态的、政治的或经济的，而是文化的区别”。

者文化”的存在为前提，而要做到这一点，首要的程序就是将“自我文化”与“他者文化”进行比较，正所谓“有比较才有鉴别”，有比较才有进步，有比较才知道“我是谁”、“他是谁”，有比较才知道“是从哪里来，要到哪里去”。只有如此，才能做到使不同的文化传统、文化特性与文化形态之间的对话、交流和相互认知得以充分展开，才能逐步建构起人类共性的文化认同体系和范式。因此，研究和明辨各民族国家这种共生而多元、相同或相异、抑或异同参半的文化景观，进行不同文化传统、文化特性与文化形态之间的比较、通融与识解，不仅是建构“文化多元共生”全球化之理念和促进各民族国家之间跨文化交流和理解的需要，更是当代人文社会科学最重要的课题。也许正是由于这种缘故，冷战结束以来本就如火如荼的比较文化研究进而成为当今世界人文学界“炙手可热”的显学。

上述在全球化浪潮下凸现的“趋同化”与“民族化”两种截然相反的文化发展趋向，在中日之间也几乎是“克隆”式地表现出来。中日是一衣带水的邻邦，有着两千多年的文化交流史，邦交正常化40年来双边贸易额已突破3400多亿美元，地方友好城市多达247对，人员往来也年超500万人次（2011）。然而在两国人民之间，黄遵宪100年前感叹的“只一衣带水，便隔十层雾”的感觉并未根本改观，不仅相互间“居相近、心相远”的心态依旧严重，相互好感度日趋走低，[①] 而且不间断地发生诸如在“历史认识”问题上那样激烈的摩擦和冲突，致使两国政府即便在纪念邦交正常化“不惑之年”之际，也不得不使用“新的相遇、心的纽带”（「新たな出会い、心の絆」）的主题词，以求用“重新知遇”和“系结心灵的纽带”之姿态，改变“居相近、心相远”的心态和摩擦、冲突频发的现状。因而对于中日民族文化研究者来说，现在比以往任何时候都更加需要关注和加强对中日自古以来基于文化生成、文化交流和文化选择而形成的文化关系诸相，以及相互间因“文化阻隔”所造成的文化隔阂，进行具有广度和深度的考察、比较和研究，辨明和解明两个民族国家在历史、语言、宗教信仰、文化传统、风俗习惯、价值取向、思维方式、情感取向以及民族特性等方面的异同及其原委，为促进两国人民间的跨文化认知和相互理解，增进相互间的文化认同感而尽我们作为中日文化研究者的绵薄之力。

此次由中央民族大学教授蔡凤林博士经多年殚精竭虑而发起，汇集以

---

① 据2011年8月中日关系舆论调查结果显示：中国公众对日好感度为28.6%，下降10%；日本公众对华好感度为20.8%，下降6.5%。

中国民族院校日本学为主的中日民族文化比较研究界同仁创编《中日民族文化比较研究论丛》（以下简称《论丛》），可说就是应全球化的时代要求和中日文化关系发展的需要，基于“学术乃国之利器”之精神，为担当和履行“为往圣继绝学、为万世开太平”的学术使命而启动的。特别是该《论丛》发挥中国民族院校具有多民族文化教学和研究的特长，将“中日文化比较”和“中日民族比较”这两个原属“文化学”和“民族学”的分支统合在一起而作为其研究的范畴和视角，可称是当前中国日本学界和中日比较文化研究界的一个新的创举和杰作。我作为一名学习和研究日本语言文化、日本思想文化和中日比较文化四十余年的学者，由衷地为此感到高兴并深受鼓舞。欣喜之际，奉命就中日比较文化研究的问题谈谈自己的一些肤浅认识和思考，以为本《论丛》的创编及其事业的兴盛和发展“给力呐喊”、壮势助威。

二

我们知道，自19世纪人们开始从近代科学意义上研究文化，比较文化学就应世界各国之间的统一发展和联系的需要而兴起，成为文化学的一个分支。比较文化研究于20世纪初在中国和日本形成高潮，二战后以美国文化人类学家露丝·本尼迪克特（Ruth Benedict）对日本文化的研究为标志，又一次出现了高潮，到70年代进而发展为世界性的学术思潮。回顾中国20世纪以来的中外比较文化研究史可以看到，20世纪初在中国出现的比较文化研究高潮，是伴随着“提倡民主，反对独裁专制；提倡科学，反对迷信盲从；提倡新道德，反对旧道德；提倡新文学，反对旧文学”的新文化运动而展开的，因而此阶段的比较文化研究多以中西文化的比较为对象，以批判中国的传统文化和提倡西方的民主（德先生）和科学（赛先生）为主要导向。当然，这期间亦有特别崇尚中国文化而力斥西方文化之非的言论，如学贯中西的大学者辜鸿铭称：“英国人博大而不精深，德国人精深而不博大，唯有中国既博大而又精深。”但辜氏认为继承了真正的中国文明之精华的是日本人而非中国人，甚至断言：“应该说日本人是真正的中国人，是唐代的中国人。”[①] 这种观点正确与否暂且不论，但其将日本文化归为中国文明，或可视为日本文化为何未能成为当时中外比较文化

① 参见《辜鸿铭文集——中国文明的复兴与日本》，岳麓书社1985年版，原文发表于1924年。

研究对象的原因之一。

在以本尼迪克特的《菊与刀——日本文化模式》为代表而出现的第二次比较文化研究高潮中，日本文化也由此成为世界比较文化研究中的醒目对象之一。但在中国的中外比较文化研究视阈中，日本文化仍未占据重要位置。例如文化研究大师朱谦之，虽著有《扶桑国考证》（1941）、《日本哲学史》、《日本的朱子学》、《日本古学及阳明学》、《新编朱舜水集》等大量有关日本思想文化的著作，但是在其为撰述《比较文化学》做准备的《比较文化论集》（1949）中，却没有编入一篇以日本文化为比较对象的论文。因为在朱谦之的视阈中，世界文化的体系，“仍然只有中（哲学型）、印（宗教型）、欧（科学型）三个文化单位”①，日本文化既不属于宗教型，也不属于哲学型或科学型，故而未被纳入其比较文化研究的类型对象。

在20世纪70年代比较文化学发展为世界性的学术思潮后，日本文化才终于成为中外比较文化研究的重点对象，但日本民族文化成为中国比较文化学界重点对象是由于在如下的要素使然的：第一，日本作为“二战”战败国而快速创造的经济奇迹以及学界“日本文化论”的高涨，使其民族文化地位陡然上升；第二，中日邦交的正常化使中日间的文化和学术交流空前高涨；第三，中国改革开放和致力于现代化的方针，使学界出现了旨在“借他山之石攻玉”的“日本研究热”。在这种背景下，80年代中日比较文化研究形成热潮，相继涌现出了大量富有真知灼见的著作和论文。仅就具有代表性的学术著作和论集而言，主要关注了如下问题的比较和研究：（1）中日文化交流史和中日思想文化关系问题，如梁容若著《中日文化交流史论》（1985）、王晓秋著《近代中日文化交流史》（1992）、王家骅著《儒家思想与日本文化》（1990）、严绍璗等编《中日文化交流史大系3·思想卷》（1997）、刘金才主编《报德思想与中国文化》（2003）等；（2）中日传统文化以及对西学的态度与两国近代化进程的关系，如王晓秋著《中日近代启示录》（1987）、崔世广著《近代启蒙思想与近代化——中日启蒙思想比较》（1989）、王家骅著《儒家文化与日本的近代化》（1995）、赵德宇著《西学东渐与中日两国的对应——中日西学比较研究》（2001）等；（3）中日民族性和国民性特征之异同，如李甦平著《圣人与武士》（1992）、尚会鹏著《中国人与日本人——社会集团、行为方式和文

① 朱谦之：《比较文化论集·序》，引自2009年12月30日中国宗教学术网，http：//iwr.cass.cn/。

化心理的比较研究》（1998）等；（4）关于中日文化的结构性定位问题，如盛邦和著《内核与外缘：中日文化论》（2010）等。此外，诸如北京大学日本文化研究所编《中日比较文化论集》（1990）等各种中日学术研讨会论集，涉及问题更加广泛。例如中日道德观和伦理价值取向的异同、中日宗教及宗教信仰的异同、中日家族结构和家意识的异同；中日思维模式与价值观模式的异同、中日审美意识的异同、中日技艺观的异同、中日群体精神和"面子体系"的异同、中日的人际关系及交际方式的异同、中日政治文化的异同、中日风俗习惯的异同、中日商企文化的异同等，都成为中日比较文化研究的课题，并取得了丰硕的成果，为今后中日比较文化研究的深化奠定了坚实的基础。

三

然而，随着全球化浪潮下文化的"趋同化"与"文明冲突"加剧两种截然相反的倾向在中日之间日趋严重，使我们不得重新思考和理清中日文化关系及彼此间的定位，不得不更加关注两国人对彼此的历史关系认知的差异问题，不得不深入探讨和研究消弭彼此间的文化冲突和寻求文化认同的途径。

关于中日文化关系，迄今我们常使用"同属汉字文化圈"、"同文同种"、"文化交流历史源远流长、水乳交融"等溢美之词来形容。但在给中日文化关系纵向定位时，往往采用所谓"正"（These）、"反"（Antithese）、"合"（Synthese）的"三阶段说"①，即把中日古代文化关系称为"华夏文明恩泽东瀛、日本以中国为师"的阶段；将近代文化关系视为"日本近代文明反哺中国，中国以日本为师"的阶段；将现代文化关系称为"中日相互学习、共同发展"的阶段。这种宏观地从中日文化互动的主流趋向纵向定位中日文化关系的言说，虽然说是比较客观的，但其"恩泽"、"反哺"以及"正"、"反"等说法却隐含着"华夷观念"倾向。在从横向为中日文化关系定位时，我国学者则往往喜欢依据"东亚儒教文化圈论"，将中日文化定位为"内核"与"外缘"之关系，② 或者根据日本文化的生成源自中国文明的根植，将中日文化定位为"亲子关系"。这种定位从一定意义上讲应该说不无道理。与此相对，日本汉学家内藤湖南对

① 季羡林：《中日比较文化论集·序》，吉林教育出版社1990年版。

② 盛邦和著：《内核与外缘：中日文化论》，华东师范大学出版社2010年版。

日中文化关系则这样定义："一般认为日本文化犹如树木的种子，是从开始就存在的，它靠中国文化的养分而培育了起来。而我则认为日中文化关系就如同做豆腐，日本文化如同豆浆，本身就具有成为豆腐的素质，而中国文化则是使之凝固成豆腐的卤水。"① 无论是一般论中的"树木之种与养分之关系"，还是内藤湖南所认为的"豆浆与卤水之关系"，无疑都是基于"日本文化之根是自己而非中国"的立场而言的，表现了日本人自我文化本位的意识。究竟如何定位中日文化关系？我认为亨廷顿的观点比较中肯，即认为日本文明"是中国文明的后代"，但"中国文明"和"日本文明"属于性质不同的两种文明。②我之所以同意这种观点，是因为从文明类型上讲，古代中国属于原生型的典型大陆农耕文明，而日本文明虽是受中国文明的哺育而形成的，但基本属于外源型的岛国稻作文明，这种原生型的典型大陆农耕文明与外源型的岛国稻作文明的差异，以及双方长期的"自然隔离"、"语言隔离"、"社会隔离"和"心理隔离"等"文化阻隔"，使中日这两个东亚的民族国家形成了不同的历史、不同的语言、不同的宗教信仰、不同的文化传统、不同的价值取向以及不同的思维方式和情感取向。在日本容受中国文化的过程中，之所以引进了律令制度而又将其"格式化"③，学习中国的封建制而不采用郡县制（明治维新前），引进了"大学寮"而不取"科举制"，仿学唐朝宫廷文化而不用"宦官制"，吸纳儒家思想而拒斥孟子的"易姓革命"说，崇尚古代中国礼俗而不学"缠足"，奉朱子学为官学（德川时代）而不学"八股文"，推崇儒家伦理却排斥"仁"而提倡"忠德至上"等，说明日本文化虽然是在容受中国文化的基础上而生成的，与中国文化有着千丝万缕乃至血脉联系，但在根本的文化机制上是不同质的。因而我们在中日比较文化研究中，不仅要重视对中日基于"文化交流"和"文化选择"而形成的文化关联性和同质性进行研究，而且要重视对中日基于"文化发生"和"文化隔离"而形成的文化类型的异质性和文化内涵的差异性进行研究。因为我们通常讲的"求同存

---

① ［日］内藤湖南：《日本文化是什么？》，《内藤湖南全集》第九卷，筑摩书房 1969 年版，第 3—4 页。

② 亨廷顿认为不能把"中国文明"和"日本文明"拼在一起，"而是承认日本文明是一个独特的文明，它是中国文明的后代"。参见［美］塞缪尔·亨廷顿：《文明的冲突与世界秩序的重建》，新华出版社 2010 年版，第 28 页。

③ "格"本是律令的部分修正和补充的法规，而"式"则是律令实施的细则。但自桓武天皇 797 年颁诏"视时施政，量事立规"，实行以设置令外官和制定新的"格"、"式"为代表的格式政治，使从唐朝引进的律令制名存实亡，成为日本庄园制形成的重要原因。

异”原则可以用于中日交往，但在学术研究上应该坚持“同就是同”、“异就是异”的实事求是原则。

四

进行中日民族文化比较研究，除了上述的文化关系之外，还需要关注中日两个民族之间的历史关系问题。纵观迄今的中日关系史，事实上并非像某些诗人所描述的“黄河之水通江户，珠穆朗玛连富士”，也并非如外交辞令所说的“两千年友好，五十年不幸”，而是一种“先师后徒”、“先徒后师”、“亦师亦徒”、“师生强弱胜败角色反复易位”、“恩怨情仇交织”的复杂关系。这种“师生强弱胜败角色反复易位”和“恩怨情仇交织”的关系史，对于中日跨文化认知和相互理解必然造成如海德格尔（Martin Heidegger）所说的理解主体之间作为理解前提之一的“先有”[①]——历史和文化传统之隔膜，因为中日基于各自的民族文化传统和立场对这种关系史的认知取向、情感取向和价值判断取向存在相当大的差异。

例如双方在对中日关系史实记忆、认知和体认方面：中国人记忆、体认的重点，多在于：（1）中国文明从衣食住到文物制度和思想文化给予日本的重大恩泽；（2）日本对中国长达50年的侵略战争和半殖民欺凌以及由此造成的割地赔款伤痛和被践踏的耻辱。日本人记忆、体认的重点，则多在于：（1）日本近代从语言文化到近代革命思想和经验对中国的输出和贡献（实际是伴随着殖民侵略）；（2）日本在两国邦交正常化后对中国现代化建设提供的所谓“变相赔偿式”贷助以及诸多工业化经验和技术援助等。

再如在对中日古代关系的认知方面：在许多中国人的意识中，不仅认为中国是日本当然的老师，日本近代以前的文化都是从中国摄取的，而且基于“南蛮、北狄、西戎、东夷”的华夷观念和日本曾向中国古代王朝朝贡请封的历史，认为自己是“华”而日本是“夷”，中日古代是宗主国和朝贡国的关系；而在众多日本人的意识中，虽然承认在“华夷变态”[②]以

① “先有”：（德文是vorhabe；英译为forezhaving）是海德格尔在其《存在与时间》中提出的“前理解”的概念之一，意指每个人所属的特定历史与文化传统。

② 1672年林鹅峯的《华夷变态》已经开始强调，“应当把‘本朝’（日本）当作‘中国’，这是‘天地自然之势，神神相生，圣皇连绵’”，“使日本形成（自己）真正中华文化对蛮夷清国的观念”。

前是“以中国为师”的，但认为日本传统文化是以“绳魂弥才”[①]、“和魂汉才”、“国风化”和“和魂洋才”等日本独特的方式创造而来的。

还例如在“历史认识”问题上：诸如“南京大屠杀”、“抚顺万人坑”、“七三一活人细菌实验惨案”以及日军在中国的烧杀抢掠奸辱等暴行，对于持有“前事不忘，后事之师”历史价值观的中国人而言，是很难从记忆中抹掉的。尽管毛泽东战后曾说“过去的战争应由垄断资本、军国主义政府负责，而不应由日本人民负责”[②]，但在广大中国民众心中，无论如何也难以将日本政府和右翼与日本民众相分割，更难以将其“近代发展史与其侵略历史相分离”。与此相对，日本战后虽然也出现了批判日本军国主义文化和反省侵略战争的思潮，但作为加害者从心灵深处进行反省者并不占主流，因为日本“近代文明进程与对海外殖民掠夺同步，近代国家发展与对外侵略罪恶相伴”的近代发展史，使欠缺“对历史的敬畏心”、缺乏恒定性原则和无视“善恶区别”他律性耻辱观的日本人，很难走出其“历史认识”的误区。因而中日历史关系以及双方对于彼此关系史认知的差异问题也应纳入我们的研究范畴。

五

谋求和建构中日民族间的文化认同，应该是我们进行中日民族文化比较研究最主要的鹄的之一。然而我们知道，文化认同（cultrual identity）作为文化学中的一种常见文化现象，其含义是指不同文化在交流中对不同文化的承认、认可、接受，它既包括在跨文化交流中基于平等立场的价值理解，也包括个人对自身所处文化的认同。但无论是对异文化的认同还是对自身所处文化的认同，都需要在认知、理解和信任的基础上方能实现。尤其是不同民族国家之间的文化认同，往往还需要如葛兆光教授所说的“过去”、“现在”、“未来”三个向度的要素。[③] 即第一，承认我们彼此过去曾经有一个共同的或紧密相连的历史渊源和文化传统；第二，承认我们现在与“其他人”（如欧美人、非洲人）是具有文化差异的一群人；第三，相

---

① “绳魂弥才”这一言说是梅原猛作为日本文化重层性的特点提出的，意为“绳纹的精魂、弥生的技能”。主要强调弥生农耕文明虽是大陆移民传入的，但其只是“技能”或“才觉”，日本文化的精魂完全在于本土原初的绳纹文化。

② 《毛泽东文集》第八卷，人民出版社 1999 年版，第 241—247 页。

③ 参考葛兆光：《何为东亚？什么是文化？如何才认同?》，“全球化过程中东亚文化的价值”国际学术研讨会资料集。

信我们将来都要走一个共同的道路，并在这条道路上会同舟共济。

关于第一种要素，从前述的中日间的文化传统关系看毫无疑问是存在的，加之两国人均承认“属于同一汉字文化圈”，所以这第一种要素的基础可以说是具备的。但第二和第三种要素就很难说具备了。由于日本近代化进程中的“脱亚入欧”和文化上的西方化，以及在这一过程中有意识地“去中国化”等问题，所以第二种要素所要求的“我们现在与‘其他人’是不同的一群人”之意识是很薄弱的。可以预料，这两类要素必然会对文化认同所要求的第三种要素——“相信我们将来都要走一个共同的道路”产生重要影响。但真正的相互信任，却需要文化认同，因而消弭和缓解中日之间的“文化冲突”是建构“中日互信”和文化认同的关键。

然而要消弭或缓解中日之间的“文化冲突”，需要在认知对方时，按照“文化多元共生”理念所要求的“以异质性的他者文化的存在为前提”，尊重彼此文化的差异。中日之所以在经历了21世纪伊始长达七年的“冰河期”后将“尊重彼此文化差异”作为“中日战略互惠关系”的基础和保障写进了《联合声明》[①]，就是因为双方已认识到“尊重和认知彼此文化的差异”，对于缓解中日“文化冲突”和建构文化认同的重要作用。这种做法，对于培育中日文化认同所需的第三种要素，无疑是重要的一环。

当然，在中日这样“师生强弱胜败角色反复易位”和“恩怨情仇交织”之关系的两者之间，要建构文化认同并非易事。因为已有不少学者指出，中日之间在17世纪中叶以降，“过去的文化认同和相互尊重已经成为历史”，就如同《华夷变态》所表明的那样，中国在日本人眼中已经成为“夷狄”，“文化价值已经逆转”。[②]这虽然是基于历史事实而言的，但是无论是中国的“华夷观念”还是日本的“华夷变态说”，实际上都是基于“自文化中心主义”的产物，在全球化语境和多元文化时代的主体意识下要谋求中日间的文化认同，首先需要摈弃“华夷观念”和“华夷变态说”的思维定式，确立“多元文化共存”全球化之理念，在相互认知和理解中倡导坚持“主体间性”原则。尤其作为中日比较文化和中日关系的研究者，更需要坚持跨文化认知和理解的“主体间性”原则（不是主体对客体的理解，而是主体之间的理解），不将异文化视为“客体”，而是将其视为与自己平等的主体，不追求主体与客体的同一性，而是以承认差异性为前

① 参见2009年10月10日《中日韩合作十周年联合声明》。

② 葛兆光：《从“朝天”到“燕行”：17世纪中叶后东亚文化共同体的解体》，载《中华文史论丛》2006年第1期。

提。只有这样，才能避免出现斯宾诺莎所说的“偏见比无知离开真理更远”之类的误读，尽可能做到客观、理性地识解和认知彼此的文化传统，逐步走向文化认同。在《第七次中日关系舆论调查》结果中，中日的知识分子对对方民族国家的好感度分别为43.1%和40.6%，远远高于两国一般民众的28.6%和20.8%。如果说中日双方的相互好感度，在一定程度上反映了两个民族之间相互文化认同程度的话，那么两国知识分子与一般民众之间的这种相互好感度的悬殊差异，也正好验证了能否客观、理性地认知和识解彼此文化对于增进两国人跨文化理解和文化认同建构的重要意义。不言而喻，这也是我们从事中日民族文化比较研究者的重要使命之一。

“桐花万里丹山路，雏凤清于老凤声。”我们期待着《论丛》不断结出比较文化研究的硕果，并愿《论丛》同仁“脱心志于俗谛之桎梏”，聚精于客观求真理，“不畏浮云遮望眼”，勇攀学术最高峰，为中日民族文化比较研究做出无愧于时代的应有贡献。

2012年重阳节

引　论

蔡凤林

一

日本列岛，孤悬太平洋西北部，环以汪洋，水天浩渺，波涌际天，在远古社会，是一个舟楫难抵、人迹罕至的遐方殊域。然而就是在这看似“旷然邈然不与邻接”的孤岛上，八九世纪时，人文荟萃、文教繁盛，出现了在古代东亚地区屈指可数的律令制国家，并在千余年的历史进程中创造出了内容丰富、独具特色的日本文明。这是一个令人深思的社会、文化现象。探究起来，其根本原因有二：一是日本列岛虽受阻重洋，远古时代人们很难履险蹈危、逾越惊涛骇浪移居那里，但是在其漫长的社会历史发展、演化过程中，这里始终与具有高度文明的中国保持着密切的文化和政治联系。古代日本列岛居民沐浴中国文明之光，受惠于中国各种文化之哺育，丰富、发展了自己的文化内容，提升了自己的文明层次——中国文明的滋育，为古代日本文明诞生提供了客观条件。二是古代日本列岛居民从中国文明中吮吸各种文化养分，推进了社会文明进程，同时这是他们根据自己的社会需求及审美情趣对其进行抉择，并使之与固有文化内容融合发展的结果——古代日本列岛居民本身具备的基于本民族文化特质的文化甄别能力和文化改造能力，对他们摄取中国文化、创造日本文明所发挥的积极作用，应予肯定。因此，可以这样认为，古代日本文明的形成，实际上是中国文化与日本文化融合的产物；日本古代统一文化的形成，从总体上说也是中国文明要素与日本文化交融的结晶。

周作人曾说：“中日同是黄色人种，日本文化古来又取资中土，然而其结果乃或同或异，唐时不取太监，宋时不取缠足，明时不取八股，清时不取鸦片，又何以嗜好迥异耶。我这样说似更有阴沉的宿命观，但我固深钦日本之善于别择。”[①] 日本人这一文化抉择、吸收能力和传统的形成，应从其文化结构的形成过程中去探寻成因。善于以“他山之石”攻“玉”，说明日本文化具有博采众长、兼容并蓄的开放性特点和对外来文化进行“移花接木”的嫁接能力。而造就这一优长的主因恐怕在于日本文化的“层累叠加”的形成过程，即从本质上讲，日本列岛起初是一个移民列岛，古代日本列岛文化的雏形或基础，是一个移民文化的重叠物、聚合体。历史上，各种外来文化要素多时期、多次数、多方向、多渠道传入日本列岛，为古代日本文化的形成提供了丰富的营养和素材。同时，这也致使日本文化机体很早就养成了应对外来文化的适应性以及善取外来文化优秀因子为己有的文化吸收能力。古代日本人之所以能够从中国文明中广泛汲取养分而为己用，亦与其文化的这种开放性、兼容性特征有着密切联系。

中国文明首先是为日本古代国家的形成起到了“架构”作用（据最近日本学界的研究，3 世纪中叶稍后以大和盆地为中心形成日本列岛最初的广域政治联合体——邪马台国，其直接动因在于畿内、濑户内海等势力联合起来与玄界滩沿岸势力争夺以中国铜镜为象征的先进文物的流入渠道。[②] 至于中国的佛教、儒学以及典章制度为古代日本人的思想意识的统一和日本律令制国家的建设，发挥过重要作用）；而且这一作用或古代中日两国间的这种文化格局的形成，具有其历史必然性。

在古代社会，一种文化类型或格局的形成，更多地受自然地理环境的支配和安排，诚如列宁所说：“地理环境的特性决定着生产力的发展，而生产力的发展又决定着经济关系的以及随在经济关系后面的所有其他社会关系的发展。”[③] 地理环境通过物质生产及其技术系统等中介，深刻而久远地影响人类历史及其文明的进程。

黑格尔曾说过：“历史的真正舞台所以便是温带，当然是北温带，因为地球在那儿形成了一个大陆，正如希腊人所说，有着一个广阔的胸膛。”作为中华文化最重要发祥地之一的黄河流域，即处于自成一恢弘地理单元的东亚大陆的这种“胸膛”地带；由于气候适中，以及黄河冲击而成的平原为农作物的成长提供了充分的水分和沃野膏壤，使这里受惠于“自然之

---

① 周作人：《日本的衣食住》，载鲁迅、郭沫若、巴金等著：《我的日本印象》，复旦大学出版社 2005 年版，第 21 页。

② ［日］白石太一郎编：《日本的时代史》1《倭国诞生》，吉川弘文馆 2002 年版，第 91—92 页。

③ 《列宁全集》第 38 卷，第 459 页。

富，物产之丰”，很早就孕育、发展了农耕文明。世界文化犹如星光灿烂，璀璨夺目，辽阔无际涯，凝目细查，深邃不可测。但在西方工业文明以前，因悠久的历史传统和深厚的文化沉淀，只有农业文化积淤了高度文明产生的肥沃土壤。恩格斯在《家庭、私有制和国家的起源》一书中指出：“农业是古代世界的决定性部门。”原始农业的出现，是古代人类本能地利用、改造自然条件的一个巨大成功，同时也与古代文明源头的产生息息相关。中国中原地区农耕经济一经产生，便以其特有的稳定性、积淀性、延续性，迅速向前发展，距今5000年前，在黄河中游出现了一个由若干人类集团及其文化汇聚、融合而成的核心，这个核心就是中原华夏民族及其文化华夏文化。这一核心形成后，在“以农立国”、“以农为本”的思想指导下，在中华大地的腹心地带，继续开辟草莱，披荆斩棘，耕之耘之，继续吸收周边众多的民族，在秦汉之际终于发展成汉民族；与此同时，其文化也与周边各种文化接触、激荡、融汇，创造出了博大精深、蕴蓄无穷的黄河文明。

黄河文明、印度河（恒河）文明、两河文明和尼罗河文明是世界上历史悠久，地域广阔，影响深远，自成体系的四大文明体系。但是在这些文明中，黄河文明不绝如缕、海纳百川般地延续发展下来。黄河文明所派生的“丝文化、衣冠文化、陶瓷文化、漆文化、纸文化、茶文化、酒文化、竹文化、宫廷文化、航海文化、园林文化、烹饪文化、玉雕文化等，或造型凝重，或流光溢彩，或五彩斑斓，或韵味醇厚，或气势磅礴，或玲珑剔透……可谓无所不赅、无业不精、无物不奇、美轮美奂、敻绝寰宇”，闪耀着勤劳奋斗的中原人民的无穷智慧。中国封建社会的经济主要是农业和手工业，因此与这些生产部门有关的科学知识，如天文、地学、物理、化学、生物学、药物学、印刷术、冶金铸造学、机械学、建筑学等，都在古代达到当时世界最高的水平，有过惊人的辉煌的历史，推动着中国古代璀璨文化前进，远远超过了欧洲中世纪的科学成就。英国著名科学史家李约瑟在他的《中国科学技术史》的序言中说：“中国的这些发明和发现远远超过同时代的欧洲，特别是15世纪之前更是如此（关于这一点可以毫不费力地加以证明）。”

在亚洲大陆东端、太平洋西岸，有一呈狭长弧状的列岛。距今20000—15000年前最后冰期结束，全球气候变暖，海平面上升，形成了这一列岛，古代中国人称这里的居民为“倭人”。大概在7世纪末至8世纪初，生息在这一列岛上的居民或“以其国在日边”，或“恶倭名”，而称自己的国家为“日本国”，所以近代以后人们习惯称这一列岛为日本列岛。

与中国地域广袤、腹里纵深的地理特征相比，日本列岛虽地形狭长，但回旋余地小，且山地、丘陵约占其总面积的80%左右。石田一良对日本列岛的地形、地貌特征做了如下描述：

> “日本人居住在被大海包围的到处都是山地的小岛上。看这个小岛的里面时，有受山脉、河流环绕的小平原。越过山岭就能看到群山环抱的小盆地，那里清流淙淙。在海岸，有很多上有山脉的半岛突进海中，沿着两个岬角之间形成的海湾深处，有小块平地。沿海的稍微开阔的平地，由激流划分成数块。”①

古代日本人居住在这种被山脉、河流、海洋包围的、各有“国魂”（地域神灵）把守的小平原、小盆地。在这样的自然环境和地理条件下，在以农业为主要经济类型的古代社会，日本列岛很难形成强大的统一封建王朝和席卷人类的“原生型”大思想大文化，其文明发展进程自然受很大影响。据最近的考古发掘成果，距今三万年至两万年前，虽有相当数量的人类从亚洲大陆北部地区来到日本列岛，留下了众多的后期旧石器遗迹，但学界认定目前日本列岛旧石器时代遗址没有超过三万年前的。② 日本的新石器时代虽从13000—12000年前开始，但其主要生产形式是狩猎、采集，与以发达的农业生产为主要内容的中国仰韶文化等新石器文化相比，文明进程明显滞后。③ 日本学界最近对青森市三内丸山绳文人聚落遗迹调查后一时兴起了所谓的“绳文文明”或“绳文都市”论，但因层次达不到“文明”的要求而被否定。④

进入历史时代后，中日文化间的发展落差依旧如故，池田温的如下阐述也能帮助我们了解其实情：

---

① ［日］石田一良著：《日本文化史》，东海大学出版会1989年版，第3页。

② ［日］白石太一郎编：《日本的时代史》1《倭国诞生》，吉川弘文馆2002年版，第13—16页。

③ 迄到目前为止，在中国已发现旧石器遗址200余处，其中属于百万年以前的旧石器地点，已知的有四处，即发现于山西省芮城县西侯度的西侯度文化，距今180万年前，是东亚与北亚地区已知年代最早的旧石器文化。云南元谋人文化，距今170万年。另外两处在河北省北部阳原县小长梁和东谷坨。我国的新石器时代遗址，迄今在各省区已发现共7000余处，黄河与长江两大河的中游与下游分布较密，尤其黄河中游，仰韶文化遗址已发现1000余处。

④ ［日］石太一郎编：《日本的时代史》1《倭国诞生》，吉川弘文馆2002年版，第25—26页。

> “中国和古代日本的发展阶段差距显著。秦统一帝国诞生是在公元前3世纪末，因此，日本的国土统一即使从雄略朝算起，也约有700年的差距。而且，秦汉帝国已经克服官僚的氏族世袭制，确立以推荐人才为基础的选举和官吏考课制；与此相对，八九世纪的日本的统治组织依然根深蒂固地留存着氏姓传统。在经济方面，当前汉已用五铢钱征收人头税，五铢钱流通全国时，与此相对，8世纪的日本的货币流通经济，不过是在首都开始使用货币而已。中国和日本的规模上的差距不必待言，在质的方面对比社会发展程度，在大陆，与8世纪日本相近的时代是春秋战国时期；而能与唐朝相比的，则是安土桃山以后的日本近世社会。德川封建时代也很难看出唐代科举和辟召（人才）所演示出来的阶层流动性。”①

传播是文化赖以广泛存在和发展的根本原因；人类历史的进步，与文化传播关系甚大。就古代中日文化发展进程不同而言，如同东亚地区多数民族在历史上均受黄河文明薰育一样，日本列岛受中国文明润泽是必然的，若决江河而水之就下，“沛然谁能御之”！

对历史上东亚众多民族受惠于中国文明滋润的情况进行比较、分析时，我们会发现它们存在两种形式，一是“投入型”；另一是“摄取型”。前一种形式主要指中国北方民族（如契丹、女真、蒙古、满洲等民族），“慕中国之风”，文明的感召，促使他们主动入主中原，结果是融入中原文明的汪洋大海中，给中华民族的形成提供了许多新鲜血液；后一种形式主要指日本、朝鲜和越南。它们建立了自己的民族国家，它们大有与中国“相逢贺兰山前，聊以博戏”——与中国比肩而立甚或一比高下之野心。为此，积极主动地学习中国典章制度，输入中国的儒学、佛教等思想文化，自诩“论文有孔、孟道德文章，论武有孙、吴韬略之兵法”，日本是其典型代表！

自江户幕府末期以来，日本社会兴起了“去汉字化”思潮，有人主张用假名记写日语中的“漢語”（汉语词）或将日文罗马字化。② 限用汉字

---

① ［日］池田温编：《唐与日本》，吉川弘文馆1992年版，第8页。

② 如1866年（庆应二年），前岛密向末代将军德川庆喜提交了《汉字废止之议》，主张用假名记录日语中汉语词汇。明治维新后，南部义等、西周、森有礼、矢田部良吉等人主张日文罗马字化。

的想法在日本社会持续至今。形、音、义结合而成的汉字不是拼音文字，每个字都有一定的意义。用假名或罗马字记录日语，因日语词汇体系中存在为数众多的同音异义的汉语词，书写者无法准确表达胸臆（只有他心里知道自己想要表达怎样的意思，况且不学汉字就掌握日语汉语词的情况是不可能存在的），不具一定的汉字字义理解能力的阅读者也无法捕捉到文义，这是首先遇到的难以解决的现实问题。同时，如果弃用汉字这一奇想得以实现，则有很多日语汉语词汇退出现实生活，这样一来，现代日语词汇体系遭到严重破坏，日本人可能无法进行包括会话和书写在内的正常的语言生活了。与汉字“绝缘”，日本文化同样遭殃。比如，日本古代典籍多为由汉字撰写而成，无人能识读汉字，则《日本书纪》无人能读其原文，《怀风藻》、《凌云集》、《文华秀丽集》等代表古代日本人文化格调和重要文学成就的汉诗集也无人能赏析，这意味着日本传统文化的血脉被无情隔断，这对日本民族而言，同样不是什么好事。

平安时代初期，最澄和空海渡华留学，带回日本许多中国文化典籍，但据说就是大名鼎鼎的最澄也不解汉语，但他之所以能够留学中国，成为日本文化的一代巨擘，恐怕得惠于他具备能识读会书写汉字这一中国文化功力。一直到近代，很多日本人“不通华言”或“不谙夏音”，和中国人交往，很多时候还是靠“笔谈”，因此没有汉字为中日两国文人墨客“以文会友”、跨文化跨国界的交往发挥桥梁作用，历史上中日文化交流能否达到那种繁盛的程度，值得怀疑。

总之，没有汉字传入日本，日本古代社会恐怕是“凤鸟不至，河不出图”，文明发展上也就“吾已矣夫”；历史上汉字传入日本，对日本民族理性思维能力的提高，对日本文化内容的丰富和品味的提升，乃至对日语和日本民族的形成，发挥过巨大作用；汉字对日本文明的哺育、催化、锻造之功，洵不可没！因此，在众多的中国文化要素中，仅凭汉字的贡献，中国被称为日本文化的原乡，是当之无愧的！①

如果把历史上的东亚大陆比作一个大庭院，那么在位居院子中央的中国兴起某种政治军事风暴而“惊涛拍岸，卷起千堆雪”时，一些文化“雪片”总是要被吹到日本这个庭院“墙角”；或在中国掀起某种新的文化浪

---

① 近代以来，日本人创制了很多自然科学和社会科学术语并传给中国，对中国的近代化发挥了极大的推进作用；但不能忘掉的是，这些术语既不是用假名也不是用罗马字创制的，而依然是用汉字创制的，如果不是考虑每个汉字的字义，并作为思维、记写工具，近代日本人也不可能创制出现代科学术语的，其背后起作用的依然是汉字。

潮时，其涟漪也通过不同渠道总是要波及日本。日积月累，在数千年的历史进程中，向日本吹去了一层厚厚的中国文化“沙金”，除了日本人披沙拣金，从中提炼出自己所需的“纯金”之外，也使社会环境较为平静的日本成为保存中国古代文化要素的“府库”。以至于在古代出现了传到日本的中国典籍由日本人送回中国的文化倒流现象。① 近年来，严绍璗先生焚膏继晷、覃精思研，历时十四载编写而成的皇皇巨著《日藏汉籍善本书目》②，对中土失传但在日本现存的中国珍本古籍进行了一次大搜集、大汇总，任继愈先生称赞其成就超过前人，“博得日本汉学家们的钦重”，“达到了文献整理的新天地”。③ 通过此鸿篇巨制，也能证实古代日本对保存中国文化典籍做出了重大贡献，其背后隐然存在千余年中日文化交流的历史面影。古代中日文化交流不是中国文化单方面影响了日本，日本也曾向中国输送过本国文化产品，促进了中日文化交流，同时日本列岛客观上对保存中国文化要素发挥了积极作用，这些都应给予肯定。④

在古代，因中国文明的强势存在，使得中国文化内容大量东流，向日本社会机体注入了很多中国文化元素，润饰了日本社会，致使许多中国人身居日本时大有回到古代中国之感，周作人讲的如下一段话，很能代表近代中国人对日本的这种感受，他说：“我们在日本的感觉，一半是异域，一半是古昔，而这古昔乃是健全地活在异域的”；“日本生活中多保存中国古俗，中国人好自大者反讪笑之，可谓不察之甚。”⑤ 中日两国虽地理上“山川异域”，但文化上在很多方面“风月同天”。

近几十年来，有关日本文化的起源，在日本学界兴起了所谓的“文明之海洋史观”⑥，有些研究者参照某些欧美新理论强调日本历史发展与英国

---

① 据《宋史·日本传》记载：“雍熙元年（984），日本国僧奝然与其徒五六人浮海而至……其国多有中国典籍，奝然之来，复得《孝经》一卷，越王《孝经新义》卷十五一，皆金缕红罗褾，水晶为轴”。

② 严绍璗编著：《日藏汉籍善本书录》，中华书局2007年版。

③ 严绍璗编著：《日藏汉籍善本书录·序一》，中华书局2007年版，第1页。

④ 近代以来，日本文化擅长吸收、接纳外来文化的传统机制起作用，在近代化道路上日本在亚洲各国中开风气之先，首先建立了近代国家，为中国提供了学习榜样，为中国人学习欧美提供了捷径；另外，近代日本友人大力支持中国仁人志士推翻清王朝黑暗统治，这些贡献也都值得称赞。

⑤ 周作人：《日本的衣食住》，载鲁迅、郭沫若、巴金等著：《我的日本印象》，复旦大学出版社2005年版，第14页。

⑥ ［日］胜川平太：《文明的海洋史观》，中央公论社1997年版；《日本文明和近代西洋》，NHKBooks1991年版。

的共同性；有些研究者还试图在南太平洋地区或东南亚地区寻找日本文化的原乡。[①] 有的研究者甚至主张日本稻作文化来自印度。[②] 对日本学界将日本文化的起源“脱中国化”的学术动态，中国学界应予高度关注。

历史上，中国文化对日本文化的影响可以说是源远流长、方方面面的，这不仅表现在作为中国主体文化的中原文化对日本古代文化的形成、发展产生过巨大影响，还反映在历史上以民族地区文化为主要内容的中国区域文化对日本文化的形成产生过深刻影响。近30年来，承学者们孜孜以求之力，我国的日本语言文化以及中日文化交流史研究取得了长足进步。[③] 在肯定成绩的同时，还应看到我国学界对上述区域文化对日本文化的影响研究不够，相关著述寥若晨星，点点可数，遑论形成学术阵营。能够认为，在汉字文化较大规模地传入日本列岛的6世纪以前，中国区域文化承担了中日文化交流的重要角色。[④] 另外，在中日文化交流史研究领域，学界对中国少数民族所建王朝或政权对日本文化产生的影响也缺少研究。强调上述课题的学术意义，不仅有利于深入了解古代日本文化形成、发展的进程，而且能够促进对中日文化联系的全面把握。我自己目前有志于深入研究这些课题，虽早已“草过天赦”、更届“知天命”之齿，然伏枥志远，大有“登车挽辔，有澄清天下之志”！我们编辑出版《中日民族文化比较研究论丛》，希望给我国学界同仁深入系统研究上述学术领域发挥起航作用。

二

历史上，日本很多时候对中国采取抗衡态度。纵观中国正史“日本传”，自《隋书·倭国传》至《明史·日本传》，我们能读取到古代日本人的这种对华态度。古代日本人似乎始终没有忘掉自己的“やまとこころ”（大和心），从中国文化中吸吮文化营养，头脑愈健全，对本民族的这种文化自觉和认同就越增强，到近世后知识分子中形成了“国学派”，开

---

① 1976年成立的“黑潮文化会”（江上波夫、金关丈夫、国分直一、井上靖等人任顾问），出版了相关著述，参见［日］黑潮文化会编：《新海上之路——黑潮的古代史探访》，角川书店1977年版；［日］岩田庆治著：《日本文化的故乡》，角川书店1991年版。

② ［日］大野晋：《日本语的起源》，岩波书店1994年版。

③ 崔世广：《改革开放以来中国的日本文化研究》；刘艳文：《近十年中国日语语言学研究回顾与思考》，二文均载本《论丛》。

④ 蔡凤林：《关于构筑中日民族文化比较研究领域的思考》，载本论丛。

始强调极端的日本主义。石田一良分析日本文化的发展历程时，提出了“函数主义”和“易服论”，强调千余年以来的“水稻农耕生活固有的文化意志”没有发生变化，日本人的“心”没有发生变化，切中肯綮。在外来文化冲击面前，日本文化是一边吸收其有用成分，同时在“复古”或“民族化”中进步。

通过吉光片羽般的史料，我们会发现自公元前 1 世纪和汉朝建立政治关系后，古代日本就已被纳入以中国为主的东亚国际体系，而且非常关注中国，对中国的政治气候的变化颇为敏感①，同时也非常擅长分析、把握东亚政治局势，在纷繁复杂的东亚地缘政治中善于合纵连横，以保全、壮大自己。对待古代东亚国家，日本采取的基本原则是“恃华御敌”和“师华抗华”。如 4 世纪以后高句丽南下朝鲜半岛给那里带来巨大的政治、社会动荡时，日本试图依靠中国南朝与高句丽争夺朝鲜半岛，并得到南朝册封，成为除了高句丽、百济以外的朝鲜半岛诸国的头目。同时，对中国又实施了“师华抗华”的策略——对中国，首先是学习，学到一定程度后抗衡。当中国因诸多原因国势衰微时，日本人的这种抗衡就会蜕变成对中国国土的想入非非，16 世纪末以后尤为如此。《东照宫御遗训》是德川家康总结其一生从军从政的经验，作为“守天下之心法，传给其子孙和家臣的宝典”②，其中有一条很能说明此点：“不舍武道乃我朝本意，日本太平怠于武道时，异国窥伺日本，又异国太平怠于武道时，鞑靼、日本窥伺大明，秀吉侵明治军是也。”“汉和相争，败是日本国之耻辱，胜则是日本国之荣誉，大事莫过于取异国也。”③

黄河文明的早熟，对古代中国人产生了一些负面影响，加之地理环境和当时科学技术发展程度的限制，古代中国人只把黄河滋润的那片沃土视为唯一拥有高度文明的“化内之区”，视中国为“声明文物之邦”，而把周边及远方看做为偏远荒僻、声教不及的“化外之地”。汉代杨雄（前 53—18 年）在界定“中国”这一概念时指出：“或曰：孰为中国？曰，王政之所加，七赋之所养，中于天地者为中国。”④ 即为上述意识之表露。

受这种自大思想的影响，古代中国对周边民族或国家不予太多的关

---

① ［日］冈村秀典：《从考古学看汉和倭》，载［日］白石太一郎编：《日本的时代史》1《倭国诞生》，吉川弘文馆 2002 年版，第 224—243 页。

② ［日］小泽富夫编：《武家家训・遗训集成》，ぺりかん社 1998 年版，第 234 页。

③ 转引自李卓主编：《日本家训研究》，天津人民出版社 2006 年版，第 127 页。

④ 《法言》卷 4《同道》。

注，出于国防需要，除了给中原王朝带来军事威胁的部分民族或国家，正史给它们立传，介绍其一些政治制度、社会文化现象之外，谈不上对它们进行深入研究。古代中国对日本的态度亦是如此。纵观中国正史，自《三国志·魏书·倭人传》，至《清史稿·日本传》，这些“日本传”很多是对前史“日本传”内容的抄袭或文辞上的变通，对日本社会文化的记载程度并没有太大的进步。如果说记述上有所细化，那也只是对当代中日关系的记载较为重视，而此类记载只能算作“当代中日政治军事关系史”，称不上是日本社会文化史，从这些“日本传”看不出那个时代的日本的更多的社会文化面貌（毋宁认为《三国志·魏书·倭人传》对3世纪以前的日本社会的记述详于以后的正史“日本传”）。对日本的不关注、不研究，一直延续到近代，所以黄遵宪（1848—1905）慨叹：“以余观日本士夫，类能读中国之书，考中国之事。而中国士夫好谈古事，足以自封，于外事不屑措手，无论泰西，即日本与我仅隔一衣带水，击柝相闻，朝发可以夕至，亦视之若海外三神山，可望而不可即。”[①] 戴季陶也在20世纪20年代末表白：“‘中国’这个题目，日本人也不晓得放在解剖台上，解剖了几千百次，装在实验管里化验了几千百次。我们中国人却只是一味排斥反对，再不肯做研究功夫，几乎连日本字都不愿意看，日本话都不愿意听，日本人都不愿意见，这真叫做‘思想上闭关自守’、‘智识上的义和团’了。”[②] 黄、戴二氏的上述评论盖不失教示之意于今，中国需要更全面地了解日本。

与中国人的上述对外态度不同，历史上，中国周边民族或国家除了在政治、经济上对中国寄予浓厚的关心之外，对中国学术、文化的学习研究也投入了极大的热情，《隋书·东夷传》对当时辽东民族有这样一段描写：“或衣服参冠冕之容，或饮食有俎豆之器，好尚经书。爱乐文史，游学于京都者，往来继路，或亡没不归，非先哲之遗风，其孰能致于斯也?”这些话语也适用于对古代日本人崇尚、学习中国文化情况的描述。由于有很多人潜心于中国学术的研究，因此历史上在日本逐渐形成了研究中国思想文化的“汉学”。这一学术传统，到近代以后，日本学者开始利用西方学术研究理论和方法对中国的语言文字、宗教哲学、历史文化等进行详尽、深入的研究。与此同时，配合日本政府的“大陆政策”，主要出于对中国边疆地区的觊觎，有很多人将研究领域扩展到对中国少数民族语言文化、社会历史等的研究上。如20世纪上半叶出现的白鸟库吉等“东洋史”家

① 黄遵宪：《日本国志序》，天津人民出版社2005年版。

② 戴季陶著：《日本论》，九州出版社2005年版，第3页。

们对中国北方民族的研究，成就斐然。如果将日本人自明治维新至今对中国少数民族的研究成果加以汇总，可谓汗牛充栋。在近一个半世纪的研究进程中，日本从各个方面对我国少数民族进行了大量研究，可是对这些研究成果，中国学界从来没有进行系统整理过。厘清、研究日本学者对中国少数民族的研究成果，益处有三：首先，在外国人的观察中，形形色色、林林总总的中国，必然是色彩各异、修短不齐的形象。外国人研究中国的学术，也因其政治观点或立场、文化传统、思维方式以及心理倾向等因素的干扰，对同样的问题产生与中国人不同的看法、结论，从其视角、立场、方法、理论、目的以及研究领域和成果，能窥视到研究者本人的中国观以及对中国历史文化的另一种解读方式。比如通过日本学者对中国少数民族的研究情况，能够发现他们对中国民族问题、民族格局、民族关系的评价和看法。梳理、研究日本学者关于中国学术的研究成果，实际上也是在了解他们是以怎样的“异域之眼”观察中国文化和中国政治，故其学术意义不可谓不重要。其次，自明治维新以来，有很多日本人来到中国民族地区进行学术调查（包括考古、文献、民俗调查等）。近年来我国学界对日本敦煌学及日本人对新疆地区的考古调查情况的研究较为重视，出现了一些上乘的研究成果①，但是对自 19 世纪末到 1945 年为止日本人对中国其他民族地区的考古研究和文献收集情况，尚未给予很大关注。比如，自 19 世纪末开始，像鸟居龙藏、江上波夫、三上次男等知名学者对我国内蒙古和东北地区进行过大量的考古调查，可是到目前为止，很少有人对这些调查情况进行全面系统的整理、总结。从整体上讲，我国学界尚不了解这些调查、研究达到了怎样的程度。近年来，李庆著《日本汉学史》② 等著作对近代以来日本人研究中国少数民族的情况有所论及，但与已有的研究成果相比，这些整理工作尚不全面、不系统。最后，学术研究的需要。学术史的研究，在任何学术研究体系中都是必要的，也是必需的，不了解前人的研究成果，很难推进该领域的研究深入下去。所以，希望《中日民族文化比较研究论丛》能为开辟上述研究领域提供一个平台。

综上所述，“圣代无隐者，英灵尽来归”——希望《中日民族文化比较研究论丛》能成为有志于中日民族文化比较研究、日本文化史研究、中日文化交流史研究以及日本中国学研究的各位俊彦治学问道、展示思想才华的学术阵地！

---

① 王冀青著：《斯坦因与日本敦煌学》，甘肃教育出版社 2004 年版。

② 李庆著：《日本汉学史》（1—3），上海外语教育出版社 2002 年版。

关于构筑中日民族文化比较研究学术领域的思考

蔡凤林[①]

关于历史上的中日文化关系，应秉笔直书，尽力描绘出“等身大”、全景式的两国文化交流图景；要客观、全面地阐述中日文化之间的联系。基于这样的学术思考和追求而撰写本文，主要利用日本学界的研究成果，阐述以古代民族地区文化为主的中国区域文化对日本文化形成产生的影响，同时强调中国少数民族所建政权或王朝对日本文化发展的影响以及进行中日民族文化比较研究的学术意义。旨在抛砖引玉，引起我国学界关注上述研究领域和研究方法。由于笔者思考不足、研究尚浅，文中定有许多谬误之处，敬请方家斧正。

一、关于中国古代区域文化与日本文化的联系与相似性

（一）中国古代东北文化与日本文化的联系与相似性

从江户时代至昭和时代，学界对日本人祖先的来源进行了广泛研究，在观点上虽众说纷纭，莫衷一是，但大致划分的话，除了长谷部言人的单元说之外，尽管参与要素存在多寡，学者们均承认混血说。[②]

对日本人祖先中存在北方民族成分，很多学者持以赞同态度。比如喜田贞吉在使用“人种”、“种族”、“民族”等概念上产生混乱，甚至受

---

① 蔡凤林，男，蒙古族，1963 年生，黑龙江省大庆市杜尔伯特蒙古族自治县人，历史学博士，中央民族大学外国语学院教授，中华日本学会理事、中国日本史学会常务理事、日本思想史学会会员。主要研究方向：日本文化史。

② ［日］江上波夫编：《日本民族和日本文化》，山川出版社 1989 年版，第 25—50 页；［日］金关丈夫著：《日本民族的起源》，法政大学出版社 1976 年版，第 7—9 页。

“皇国史观”严重①，但提出日本民族是“由种种不同的要素构成的复合民族”这一卓见，并主张日本人的祖先“天孙民族”和百济、高句丽属于同一系统，两者在远古时期具有共同的祖先，成为以后江上波夫提出“骑马民族征服王朝论”先驱。有许多学者从“身体成分测定值”看到日本人分为短头型和长头型两个部分。短头型人群更多地分布在近畿地方和濑户内海地区，长头型人群则主要分布在日本东北地区到日本海沿岸或北九州的地域，而且短头型人群和朝鲜、东北亚民族有关，长头型人群和阿伊努人有关。②

20 世纪五六十年代，金关丈夫和永井昌文发掘土井浜（山口县）和三津永田（佐贺县）的弥生前、中期遗址，发现了大量人骨，指出他们属于北亚形态。考古学家埴原和郎曾收集从新石器时代到现代的中国、蒙古、西伯利亚等国家和地区的众多民族的头骨测定值，尤其是利用多变量解析法对渡来系弥生人的头骨测定值进行精密分析后，了解到渡来系弥生人不仅来自朝鲜半岛，而且和中国东北、东西伯利亚等地区的民族具有非常相近的特征，这些民族均能适应酷寒气候，和其他地区的人具有不同的特征，从而下结论称渡来人很多恐怕是经由朝鲜半岛来到日本，而其原乡应在东北亚地区寻找。③

从 4 世纪到 6 世纪，日本历史处于古坟时代。这个时期，由“渡来人”建立的各个小国家逐渐走向统一，最后形成了在畿内的大和朝廷。据对古坟时代人骨的研究，当时移居日本的人们，多数具备北亚系民族的特征，由于他们的移民，使得东日本和西日本的人种差别比之弥生时代更为显著。④

一直到第四纪冰期末期（距今 17000 年前），日本列岛两端还和东亚大陆相连，当时部分东北亚居民追随动物或其他原因移居现今日本列岛北部，此亦容有之事。北海道曾发现猛犸象遗骨，就说明远古时期有西伯利亚耐寒动物曾到达过日本列岛，当然人也有这种可能。考古学家加藤晋平指出，宏观上看，东日本的后期旧石器时代细石刃文化，和分布于蒙古东部、前贝加尔湖地区、中国东北部、堪察加半岛、阿留申列岛甚至和阿拉

---

① 《喜田贞吉著作集》第八卷，东京：平凡社 1979 年版。

② ［日］江上波夫、梅原猛编：《日本人是何种民族》，东京：小学馆 1984 年版，第 40—41 页。

③ ［日］江上波夫编：《日本民族和日本文化》，山川出版社 1989 年版，第 41—42 页。

④ ［日］埴原和郎：《从人类学看冲绳人》，大林太良等编集：《日中文化研究》（5），东京：勉诚社 1993 年版，第 26—27 页。

斯加的细石刃文化属于同一个体系。[①] 日本早于绳文陶器的带有隆起线的陶器，在中国东北齐齐哈尔市郊区也有发现[②]；在中国辽宁式青铜剑文化的基础上形成的朝鲜半岛“细形青铜剑文化”南下北九州，繁荣了日本弥生铜剑文化。[③] 诸如此类，都在表明中国古代东北地区文化对朝鲜半岛和日本北九州产生过深刻影响。

（二）中国古代南方文化与日本文化的联系与相似性

日本文化的来源是多元的，其源头中还应含有中国古代南方地区文化要素。金关丈夫围绕此问题进行了详尽调查。由于日本列岛土壤倾向于酸性，因而古人类遗骨发现极少，而且发现的大多数属于碎片。而在冲绳县那霸市近郊发现的距今约 18000 年的港川人遗骨保存较完整。据铃木尚等人类学家的详细研究，得知其中被称为港川Ⅰ号的男性人骨，推定身高为 1.55 米，头骨形状具有后期旧石器时代人的特征，尤其和中国南部的同时代的柳江人极为相似。中国学者也认为“从头骨的各项测量的整体来看，柳江人与港川人接近”。[④] 由于和新石器时代的绳文人具有共同的特征，所以有学者认为，绳文人是港川人的后裔。[⑤]

中国学者安志敏对早期日本文化的大陆根源做了详细分析。其主要观点是：日本绳文时代出现的陶器和磨制石器与中国大陆有着明显密切的关系。在日本长崎发现的印纹陶器与中国江南的印纹陶器相近。日本大分、青森县发现的鬲形陶器，与中国南方的鬲很相似，可能是中国南方的鬲在日本的复制品。而鬲在朝鲜根本没有出土，因此不可能经朝鲜半岛带入日本。绳文时代早期的玦状耳饰和漆器也可能来自中国，它们起源于长江流域。[⑥]

关于中国南方文化和日本文化的联系，还要谈到中日稻作文化之间的渊源关系。

---

① ［日］加藤晋平：《日本和西伯利亚文化》，［日］埴原和郎编：《日本人的起源》，东京：小学馆 1986 年版。

② ［日］石田一良编：《日本文化史概论》，吉川弘文馆 1991 年版，第 20 页。

③ ［韩］李丙焘著：《韩国古代史》（上），东京：六兴出版 1979 年版，第 73—81 页。

④ 吴新智：《中国与日本旧石器时代晚期人类的关系》，载《人类学报》1988 年第 3 期。

⑤ ［日］埴原和郎：《从人类学看冲绳人》，［日］大林太良等编：《日中文化研究》（5），东京：勉诚社 1993 年版，第 24 页。

⑥ 安志敏：《江南文化和古代日本》，东亚文化交流史研究会编：《弥生使者徐福》，北京大学音像出版社 1989 年版。

一般认为，日本的稻作农业始于公元前二三世纪或更早的绳文时代晚期。但在其数千年前，亚洲大陆已有很多民族从事稻作，中国稻作农业的起始更为久远。和亚洲大陆稻作的漫长历史相比，日本稻作农业的起步较晚，《古事记》和《日本书纪》称颂日本为“丰苇原之瑞穗国”，不过是神话夸饰而已。

日本学者研究稻作文化主要自20世纪50年代开始，农学家渡部忠世花费15年时间探寻亚洲各地的稻作之路，1977年出版《稻作之路》后，给学界带来了很大影响。

日本的稻作技术无疑是从中国传入，这在学界已成定论。但有关其传播路径，学者当中却众说纷纭。佐佐木高明认为有三条线路存在，一是“南岛之路”（最初由柳田国男提出），即从福建出发，经由台湾、琉球列岛，进入九州；二是直自江南地区传入北九州；三是从江淮地区经由朝鲜半岛进入北九州，其中第三条线路的可能性最大。① 安藤广太郎则认为，日本稻作和朝鲜半岛南部同时开始。日本和朝鲜半岛南部地区之间不存在谁传给谁的问题。渡部忠世也主张，从亚洲视角观察，朝鲜半岛和日本均为较晚接受稻作的地区，即便认定稻作从朝鲜半岛传入日本，其时间差极短。与此相对，如果假定稻作是从江南传来，则其背后存在已有超越千年历史的稻作经验。在这个意义上，自朝鲜半岛传来，只是路过而已，不能和江南地区的传来相提并论。② 目前，经由朝鲜半岛西部、南部传入日本的观点较为有力。③ 但是，根据对西北九州弥生人遗骨的研究成果，不能排除稻作技术是由中国江南直接传入日本的可能性。冈正雄等学者就主张吴越地区渔民移居日本后将稻作技术传给了日本。④

关于世界稻作农业源于何地，学界多有研究，学者颇费心思。最近有研究者提出我国百越民族发明了稻作技术，还有些学者提出“壮族地区早在距今9000多年以前就出现了原始的稻作农业，成为稻作农业的起源地之一”，认为稻作文化是百越民族的重要的传统文化之一。2011年11月22日，由湖南省文物考古研究所、哈佛大学、北京大学和波士顿大学联合对

---

① ［日］佐佐木高明著：《绳文文化和日本人——日本基础文化的形成和继承》，东京：小学涫1986年版，第182—206页。

② ［日］渡部忠世编：《水稻的亚洲史》3，东京：小学馆1987年版，第30页。

③ ［日］小田富士雄：《北九州的弥生文化出现序说》，载《九州文化史研究所纪要》1986年（第31号）。

④ ［日］佐佐木高明、大林太良编：《日本文化的源流》，东京：小学馆1991年版，第314—317页。

在湖南常德临澧县杉龙冈遗址进行了考古发掘，结果发现6粒距今约8000年至9000年的碳化稻谷。参加考古发掘的哈佛大学教授约瑟夫说："澧阳平原存在多处距今8000年以上的稻作文化遗迹，稻作种植已形成规模，因此我坚信此地是稻作文化的发源地。"[①] 进一步证实繁衍生息在我国长江中下游地区及华南地区的百越族先民发明了稻作技术，他们在采集野生稻谷的过程中，逐渐认识了其生长过程与习性，并率先开始了对野生稻的有意识培育，创造了稻作文化。与中原地区以粟、麦种植为主的旱作农业不同，春秋战国时代，吴越地区的水稻种植已相当发达，据《吴越春秋》记载，当时"春种八谷，夏长而养，秋成而聚，冬蓄而藏"，稻谷品种多样；"留意省察，谨除苗秽，秽除苗盛"，田间管理精细。是不是具有如此高超稻作技术的吴越地区先民将稻作传入了日本?

日语有一个词叫"モロコシ"，《广辞苑》所用汉字为"唐土"，解释："昔、日本で中国を呼んだ称"（过去对中国的称呼），"諸越（中国の越の国）の訓読から"（来自对"诸越"［中国的越国］的训读）；《国语大辞典》的释文是："（諸越の訓読みからか。諸越は百越などと同意）昔、日本から中国をさして呼んだ名称"（可能是来自对"诸越"的训读，"诸越"和"百越"等同意）[②]。这是一个发人深省的称呼。疑中原人移居日本之前就有很多百越系民族的人移居日本，于是，"诸越"成为中国的代名词，唐朝以后便记写为"唐土"。此时不能不让人联想到日本北陆地区"越"地之名，此地名可能是诸越之民移居日本列岛后产生。

历史上，日本列岛沿日本海地区是古代日本人沐浴中国文明及朝鲜半岛文化之光的前沿地带，出云、伯耆、丹后、若狭、越、出羽、津轻等沿日本海地区形成了以出云和越地为中心的长达一千多公里的狭长文化圈，稻作也是经由这一狭长地带传播到日本的东北地区。能登半岛真胁遗迹和金泽市チカモリ遗迹中发现的"巨木列柱遗址"文化均属绳文时代，且均为外来文化，经学者研究，"巨木列柱"上曾建有"干阑式"建筑。出云地区具有出云神话、出云大社、铁器和四隅突出坟等不同于日本列岛其他地区的独特文化内容；日本越地的独特文化除了上述"巨木列柱遗址"文化之外，还有八十多条"能登漂流传说"。

学者们一般认为，弥生时代山阴地方为"渡来人"初期移居地，由此

---

① 《光明日报》，2011年11月29日。

② ［日］新村出编：《广辞苑》，东京：岩波书店1991年第四版、第2557页；《国语大辞典》，东京：小学馆1982年版，第2356页。

向周边地区发展。在浙江、江西、云南等中国南方地区发现的“羽人船文”（划船者头戴“羽冠”的船行图案），在日本海沿岸鸟取县淀江町出土的弥生中期陶器的颈部也有发现。日本学者国分直一认为这些“羽人”（吴越系“水人”）乘船从江淮地区出发后经山东半岛沿岸到达朝鲜半岛，再沿朝鲜半岛西南海岸来到了日本海沿岸地区。① 1984 年及 1985 年，在日本岛根县荒神谷出土了 358 把铜剑和很多铜矛。尤值得关注的是，岛根县成为日本铜铎出土最多的地区，这些发现均给日本史学界带来了巨大冲击，有研究者称此发现将根本上改写日本古代史。② 我国古代南方地区具有发达的青铜文化（如江西省大洋洲青铜文化和四川省三星堆文化），并有将祭祀用铜鼓大量埋入地下的宗教习俗，荒神谷出土大量铜剑、铜铎、铜矛，应和我国南方民族宗教文化存在某些关联。据有些学者的研究，制造铜铎的技术“一向被认为和中国南部所出的铜鼓有关”。③ 日本香川县出土的 1 世纪铜铎上铸有干阑式谷仓和装稻谷入仓等稻作民生活图景。无独有偶，中国云南出土的铜鼓上也有相似的图案。④ 有学者称铜铎铸造技术直接从朝鲜半岛南部传入日本海沿岸地区，然后一方面从濑户内海向四周渗透，另一方面扩展到东方。⑤ 木宫泰彦指出，日本海因有向左流动的海流，所以从古时的辰韩出发，会非常容易地到达日本的山阴、北陆地区；这条航路，虽说利用海路，也可以说是半漂流性质的航路，而且只能单程航行，但因为它是利用海流的自然航路，所以在造船和航海技术都还很不发达的远古时代，它就是从朝鲜航行到日本的最方便的航路。而且要早于从弁韩、辰韩地区，中经对马、冲之岛、大岛，到达筑前的宗像的“海北道中”。⑥ 结合《古事记》和《日本书纪》大国主神“让国”神话，不能排除大陆移民在山阴等地区也曾建立过强大政权，而且时间早于九州政权的可能性。总之，日本出云、三越（越前、越中及越后）等地区在文化上是有说道的。

上已述及，日本稻作的起源地在中国南方，而且不经由朝鲜半岛直传

---

① ［日］诹访春雄、川村湊著：《亚洲稻作民的民俗和艺能》，东京：雄山阁 1994 年，第 59 页。

② ［日］いき一郎著：《探索新说日中古代交流》，东京：苇书房有限公司 1989 年版，第 64 页。

③ ［日］木宫泰彦著：《日中文化交流史》，胡锡年译，商务印书馆 1980 年版，第 3—4 页。

④ ［日］佐原真编：《祭祀用钟——铜铎·历史发掘 8》，东京：讲谈社 1996 年版，第 16 页。

⑤ ［日］八幡一郎著：《日本文化的曙光》，东京：吉川弘文馆 1996 年版，第 217 页。

⑥ ［日］木宫泰彦著：《日中文化交流史》，胡锡年译，商务印书馆 1980 年版，第 2—4 页。

日本的可能性也存在，在日本列岛发现的稻谷种类中，有的只有在中国存在，而在朝鲜半岛并没有发现，似乎在说明它们是直接从中国带入日本列岛的。根据记纪神话，将稻作技术直接传入日本的人群可能是那些“海人部”；还有一种可能是吴越先民。稻作传入日本是在公元前3世纪或更早，这个时期中国正值战国时期吴越相争、楚灭越、秦灭楚，以及秦汉统一封建王朝相继建立、向周边地区开疆扩土的时期，大规模的战乱中有可能导致吴越先民为谋生移居朝鲜半岛或径直移居日本。

稻作技术无论以怎样途径传入日本，中国稻作文化要素亦应流入日本。虽历时已久，一些文化现象早已随岁月流逝而湮灭或融入日本文化中渺无踪迹，然仔细爬梳史料或观察现状，仍有相因之蛛丝马迹可寻，如研究者发现弥生时代“剜入石斧”（柱状石斧）和中国江南地区的“有肩石斧”类型最接近或具有渊源性。① 研究者还发现中国壮族稻作祭祀仪式和日本稻作祭祀之间存在类似性。② 目前在日本各地依然传承着的“田遊び”、“御田”、“春田打ち”、“田植え祭り”、“田植え神事”、“田植踊り”、“えんぶり”等稻作祭祀仪式，其数量超过三百种。为进一步澄清中日稻作民俗和艺能之间存在某种渊源关系，有必要将这些稻作祭祀和壮族的“大酬累”、彝族的“搓泰吉”、“跳虎节”、土家族的“毛古斯”等南方民族稻作祭祀仪式进行对比研究。

近年，伊藤清司对居住在中国贵州省西北部的彝族迎神仪式“搓泰吉”研究后指出，这一仪式和日本各地正月举行的“迎神”仪式具有相似性，尤其和冲绳南部八重山的迎神仪式在很多细节上相同。③ 关于稻作文化从中国传入日本的路径，柳田国男提出“海上之路”说，但没有详述从大陆出海寻求“宝贝”（海贝）的人们是将怎样的民族文化传播到所经各岛屿。深受柳田国男的影响，冲绳出身的历史学家比嘉春潮在阐明冲绳文化史时强调，有必要对中国的民族文化尤其是“百越”文化和冲绳文化之间的类似性进行对比研究。比嘉春潮在晚年指出：“经我各种研究，我开始认为寻求海贝渡海来到冲绳的是中国南部沿海地区的‘百越’中的一小支。‘百越’民族今天广泛分布于亚洲南部地区。在今天的日本人的生活

---

① ［日］江上波夫、梅原猛编：《日本人是何种民族》，东京：小学馆1984年版，第57页。［日］八幡一郎著：《日本文化的曙光》，东京：吉川弘文馆1996年版，第166页。

② ［日］诹访春雄、川村湊著：《亚洲稻作民的民俗和艺能》，东京：雄山阁1994年版，第143—144页。

③ ［日］伊藤清司：《云贵高原的来访神》，《自然与文化》1989年。

文化中能发现似乎是百越民族古代生活文化的痕迹。而且在冲绳的生活文化中浓厚存在，对此感到吃惊。”① 柳田国男和比嘉春潮所提出的冲绳和中国之间的文化联系，主要是指冲绳进入国家阶段之前的历史时期。反映这种文化传播情况的记载，在中日文献中很难找到，所以，发现中国与冲绳之间早期文化联系，最好的办法之一就是对冲绳的古老习俗和中国“百越”民族习俗进行对比研究。这一研究方法也适用于对中国与全体日本列岛之间的早期文化交流的研究，我国学界应注重基于中日民俗文化对比的中日文化交流史研究。

有关上古日本社会，文献记载较少，目前更多地依靠考古发掘资料描述其状貌。若能证实中国古代南方区域文化与日本古代文化之间存在某种联系，则可利用中国典籍对我国南方民族社会文化之记述，推断古代日本社会面貌。春秋战国时期，中国江南吴越地区居民语言上自成一系，《说苑·善说》记载吴语语音大别于荆楚之地，以致吴歌须经翻译，才为楚人所解。当时的吴越族风俗习惯，也形成鲜明的区域特点。史载“越人俗鬼”、“祠天神上帝百鬼”、“尊天事鬼以求其福”、“断发文身”等，这些记载和《三国志·魏书·倭人传》对3世纪以前倭人的记载非常相似。另外，目前，我国一些南方民族依然保持着很多古老的社会组织形式和文化形态，亦可利用其研究古代日本社会文化。

（三）“丝绸之路”与日本文化

佛教东渐日本，对古代日本社会文明进程的飞跃影响巨大，犹如日本佛教学者村上专精所言：“佛教初传到本土，东海灵岛之民深深领悟佛陀大悲的圆音，佛法真如冲破无明长夜的黑暗，呈现明月般的光辉。”② 同时也为众多西域文化要素输入日本打开了通道。现代日本人对“丝绸之路”兴趣浓厚，原因之一是，认为古代日本文化属于来自“丝绸之路”的世界性文化。的确，奈良时代的宫廷中飘溢着浓厚的世界文化色彩。战后，日本教育大学（今筑波大学前身）教授林良一提出奈良正仓院是“‘丝绸之路’东端终点站”。日本研究丝绸之路的学者森丰对正仓院所藏宝物的世界性特色做了如下描述：

---

① ［日］比嘉春潮：《柳田国南与冲绳》，《比嘉春潮全集》第四卷，冲縄タイムス社1971年版。

② ［日］村上专精著：《日本佛教史》，商务印书馆1999年版，第10页。

“正仓院数量众多的宝物，集中了天平文化的精粹。但这些宝物中含有很多来自中国唐朝的舶来品，其中很多宝物是从遥远的西方越沙漠、或渡南海而来。即便在日本生产的物品中，其材质、技法、意匠、纹样等方面几乎都是外来要素。可以说在那里凝缩着8世纪世界文化……比如，锦类属于中国唐朝之物，被称为箜篌的乐器——竖琴起源于亚洲西南部或埃及，经伊朗传到东方，四弦琵琶属于伊朗系统，成为世界唯一遗物的五弦琵琶起源于伊朗。其他的乐器中也有产自中国、西域的。镜子中有唐朝华丽的装饰镜和海兽葡萄镜。玻璃器具中有产于萨珊波斯和东罗马的雕花杯子。被称作‘八曲长杯’和‘十二曲长杯’的玻璃制品也在波斯、南俄、波兰等地出土，鸟头嘴漆胡瓶和白琉璃瓶为波斯样式。漆胡樽的源流在于驰骋大陆草原的游牧骑马民族使用物……”①

以往的日本佛教史研究，更多关注中国佛教学派或宗派对日本佛教的影响，而很少系统阐述随佛教而来的雕刻、美术、音乐、舞蹈等西域文化要素充实日本文化府库的情形。比如在音乐方面，日本古代音乐受西域音乐影响很大。中国、朝鲜的舞乐正式传入日本，是在大宝二年（702）在治部省设置雅乐寮。经天平（729—749）到平安初期的大同（806—810）时期，其内容扩大，登记乐种有和乐、唐乐、三韩乐、伎乐、度罗乐、林邑乐六种。平安初期的清和天皇贞观三年（862）东大寺大佛“御头供养”之际，东边有高丽乐座和林邑乐座，西边有新乐座和胡乐座，称为“四部乐”。胡乐系指西域乐，林邑乐实际上也属于来自“丝绸之路”的天竺（印度）音乐。② 自奈良朝至今的有关唐乐、高丽乐的文献中所见曲数大概有200曲，属于西域曲子的为数不少，像唐乐中的苏合香、苏莫者、剑气褌脱、轮鼓褌脱、进宿德、退宿德等，以及高丽乐中的胡德乐、昆仑八仙、苏志摩利等曲子均为西域曲。③ 另外，现已成为日本民族乐器的三味线，其源头在西亚和中亚，也是沿丝绸之路经由中国传入日本。④

历史上，西域文化能够影响日本，实受益于中国隋唐文化冲刷日本列

① ［日］森丰著：《丝绸之路的幻术》，东京：六兴出版1981年版，第23—25页。
② ［日］岸边成雄著：《古代丝绸之路的音乐》，东京：讲谈社1982年版，第15—16页。
③ ［日］森丰著：《丝绸之路的幻术》，东京：六兴出版1981年版，第27—30页。
④ ［日］岸边成雄著：《古代丝绸之路的音乐》，东京：讲谈社1982年版，第19—20页。

岛。因此，日本文化中的西域要素，归根结底属于中日文化交流史的研究范畴。研究“丝绸之路”施惠于日本文化，能够扩大中日文化交流史的研究范围和内容，有助于全面发现中国对日本文化发展产生的影响。况且，自佛教在印度衰微后，中国西北地区于阗（今和田）、龟兹（今库车）等地实成为世界佛教中心，尤其是于阗“为西域之大乘教国，又为中国大乘教之策源地”①，龟兹成为西域音乐的最大中心地。因此，随佛教东传日本的诸多西域文化要素能够认定为中国西北地区文化，它们传入日本，自然属于中日文化交流的内容及过程。日本学界一贯强调飞鸟、奈良文化的世界性，不过细究之，这种“世界性”依然是受惠于中国文化的影响，如果没有中国大量吸收西域文化并作为桥梁传递给日本，就没有日本古代文化的“世界性”、“国际性”。总之，设定“丝绸之路”与日本文化这一研究课题，对于深化中日文化交流史研究具有重要的学术意义。

二、中国少数民族所建政权或王朝对日本文化的影响

（一）高句丽民族与中日文化交流

我国正史首次较全面地给沿太平洋西北岸的包括日本在内的东亚民族立传，详述其地理位置、风土物产、风俗习惯、社会组织等的是《三国志·魏书·东夷传》。

一般来讲，历史上，中原王朝统治者对周边民族的态度是“得之不为益，弃之不为损。盛德我在，无取于彼”。但是当周边民族兴起、侵扰中原王朝或政治上与之产生联系时，中原王朝统治者就关注这些民族，正史也给他们立传，“以备四夷之变”，如中国史书所云：“惟其服叛去来，能够为中国利害者，此不可以不知也。”因此，正史中的“蛮夷戎狄”传，“记述随事”，属于中原王朝边政学范畴。比如，汉朝人开始关注西域，实缘于张骞受汉武之命“凿通”西域。而张骞受命西使，其目的是联合西迁中亚的大月氏夹击匈奴，因此，自司马迁撰《史记》，设《大宛传》，首开西域记录始，我国历代正史遂有《西域传》、《西戎传》诸传，记录西域社会文化，其动因在于北族匈奴人崛起并袭扰汉廷。我国史籍也承认：“及汉氏遣张骞使西域，穷河源，经历诸国，遂置都护以领之，然后西域之事

① ［日］羽溪了谛著：《西域之佛教》，商务印书馆1999年版，第161页。

具存，故史官得详载焉。”①

同样，《三国志·魏书·东夷传》给东亚“海表”民族立传，笔者认为，其主要原因之一在于当时高句丽趁东汉灭亡之机兴起，影响到曹魏政权对东北亚地区的统治，从而引起了它对东北亚各族更多的关注和了解，留下了相关资料。据《三国志·魏书·东夷传》载，曹魏时高句丽形成东北边患，曹魏政权“遣偏师致讨。穷追极远……东临大海”，史官“遂周观诸国，采其法俗，大小区别，可得详记”。② 当然，根据《汉书·地理志》以及《三国志·魏书·倭人传》本身记载，3 世纪以前中国与日本已有了很多交流，中国人对古代日本也有了一定的了解，但正史第一次给日本设传却是从《三国志》开始，这应和高句丽民族的影响有关。受篇幅所限，现把这一问题提出来，期待学界深入研究。③

（二）渤海国与中日文化交流

历史上被讴歌为“海东盛国”的渤海国（698—926），是在百体皆备、灿烂辉煌的盛唐文化的滋育下兴起的政权。中国历史上，像契丹、女真、蒙古等民族所建辽、金、元封建王朝，将中国政治及文化中心由黄河沿线和江左北移至幽燕地区，增强了中原文化对北方草原及黑龙江流域的辐射力度；而在此前建国的渤海国，则是最早将中原文化较集中地移至中国东北腹地。虽立国仅二百余年，然促进了中原文化对东北亚地区的辐射力度，甚至将中国佛教文化敷至今俄罗斯滨海州，提高东北亚地区社会文明层次的同时，也增强了中原文化对孤悬大洋的日本列岛的影响力度。事实上，7 至 9 世纪的东亚各国中，与日本关系最为密切者属渤海国。自 727 年至 919 年，近 200 年间，渤海国向日本遣使 34 次，平均 7 年左右一次。自 728 年日本第一次遣使渤海国，至 811 年，向渤海国遣使共 13 次。渤海国存在时，日渤双方共交聘 47 次，平均每 4 年即往来一次。

据木宫泰彦《日中文化交流史》统计，自舒明天皇二年（630）至承

---

① 《三国志·魏书》卷 30《乌丸鲜卑东夷传》，中州古籍出版社 1996 年版，第 195 页。

② 《三国志·魏书》卷 30《乌丸鲜卑东夷传》，中州古籍出版社 1996 年版，第 195 页。

③ 4 世纪初以后，中国古代东北民族高句丽跨过鸭绿江南下朝鲜半岛，对半岛各国形成巨大威胁，此时百济积极和日本修好，其目的是试图得到日本的军事援助，以抵御高句丽。7 世纪下半叶统一的新罗王朝出现之前，朝鲜半岛各国中受中国文化（主要是南朝文化）浸润最为浓厚者为百济。因此百济和日本走近，客观上为儒学、佛教、医学、历法、音乐、绘画以及建筑艺术等中国文化要素传入日本创造了有利条件，参见李丙焘：《韩国古代史》（下），东京：六兴出版 1979 年版，第 340—344 页。

和五年（838），日本总共派遣了18次“遣唐使”（其中成行15次）。由于统一新罗王朝阻梗，自第8次“遣唐使”（702）开始取道南路，横渡东海抵唐，增加了“遣唐使”来华难度。但是就在此时，如上所述，渤海国和日本开始通交，弥补、强化了唐朝和日本之间的文化交流，如862年渤海国把唐朝“长庆宣明历”传给日本后，被日本沿用至江户时代，此文化贡献不可轻视。

（三）元朝与中日文化交流

众所周知，13世纪中后期，中国元朝曾两度派兵攻打日本，虽元军征讨日本因受“神风”袭击而失败，但其所产生的历史影响巨大。除了在政治上导致日本镰仓幕府的灭亡之外，进一步打通了中日交通，使中日古代文化交流出现了又一次盛况。日本镰仓幕府和元代中国政府未建立正式外交关系，但元朝政府提倡自由贸易，大力支持通商交易，所以元代中日经济贸易的盛况超过唐、宋。日本摄取中国文化的最高峰的飞鸟、奈良时代，政府派出的遣隋使、遣唐使组织、规模庞大，但遣隋使、遣唐使在约238年间，成行的只有19次；与此相比，日本商船驶往元朝极为频繁，几乎每年都有。木宫泰彦认为：“元末中后期六七十年间，恐怕是日本各个时代中商船开往中国最盛的时代。”① 除了两国民间商人积极贸易之外，两国的文化人士尤其是佛僧也频繁往来。14世纪的日本出现了空前的留学中国热。中国从宋朝以来，禅僧兼修儒、释、道，即“三教兼通”，因此，中国禅僧大量渡日，将中国文化要素全面输往日本，这些留学禅僧扮演了中日文化交流使者的重要角色。以寺院制度和礼法为首，中国的书院制度、水墨画、五山文学、茶道等世俗文化内容渗透到日本社会。尤其是以禅宗为载体，中国新儒学朱子学也传入日本。京都大学东洋史专家杉山正明认为现代日本传统文化的基础是在这个时期形成，而科学和朱子学、政治思想在江户时代成熟、繁荣的原点应在于中国元朝时期中国文化对日本的影响。② 这一研究在日本刚起步，中国不能落后。

三、中日民族文化比较研究的学术意义

历史上，中日文明发展进程悬殊，就此，笔者在本论丛“引论”中有

---

① ［日］木宫泰彦著：《日中文化交流史》，胡锡年译，商务印书馆1980年版，第394页。

② ［日］近藤成一编：《蒙古袭来》，东京：吉川弘文馆2003年版，第149—150页。

所论述，兹不赘述。正因如此，日本文化产生伊始，便宿命般地受中国文化强烈影响，也导致自“金石并用”的弥生时代开始，日本古代文化始终具有先进因子与传统要素并存的矛盾性结构。和中国古代周边民族（如契丹、女真、党项等）一样，古代日本人没有发明本民族独特的文字，而是改造汉字创制平假名和片假名作为书写工具，这类文化现象的产生，究其原因，是由于自日本民族诞生那天起，其旁边就站立着一个文化巨人——中国，所以在文化的方方面面受其熏陶是历史之必然。其结果之一是，导致研究者们研究古代中日文化交流史时，更多地注重中国文化对日本的影响，在中日文化比较研究领域亦往往如此。两种文化的对比研究需要有可比性，对发展落差过大的两种文化进行对比研究，很容易陷入对先进文化影响滞后文化的具体现象进行罗列铺陈的单向研究思路。这种研究方法显然无益于对作为研究对象的某种文化内在本质的准确把握，其学术意义，除非强调低文化根据自己的需求和特质对高文化进行选择、变异的过程。研究日本文化史应关注三大课题：（1）研究日本列岛文化的“基调”是如何形成的；（2）研究传入日本列岛的外来文化的“地域性”和“时代性”；（3）研究古代日本人如何根据自己的需求选择、改造外来文化而创造出日本民族特有的文化的。同时，研究中日文化交流史应力避走入这样的一种误区，即历史上日本人大量摄取中国文明因子而进入律令制国家阶段后，就认为它在整体文明层次上已与中国并肩而立了。事实并非如此。从横向的历史层面上观察，日本古代社会文化的发展进程，在一定时期和中国一部分民族较为接近，它们处于相近或相同的社会发展阶段，文化特质和内容上亦存诸多共性。因此，从纯学术视角把古代日本人与中国部分民族进行对比研究，如对比研究它们的宗教信仰、风俗习惯、社会制度、神话传说之异同，以及它们对中原文化的选择性、摄取程度等问题，也有助于弄清日本文化的本质特征。

日本文化的“底色”或日本学者丸山真男所称“执拗低音”，应在于其神道教中。神道教中反映着古代日本人的宗教观、宇宙观、政治观、社会观。鲁迅先生剖析中国文化时曾指出：“中国根柢全在道教。”[①] 同样，深入研究日本神道教，有助于对日本文化“根底”的准确把握。日本神道是由日本人原始信仰和稻作文化结合而成，最初是以自然精灵崇拜和祖先崇拜为主要内容，属于泛灵多神信仰，号称有八百万神。而这种万物有灵

① 《鲁迅全集》第九卷，人民文学出版社 1958 年版，第 285 页。

信仰，是我国众多民族信奉着的传统宗教内容。充分利用这些民族中依然存活的原始宗教文化要素，和日本神道教进行对比研究，这应是深入了解日本神道教或日本文化“底色”的良好途径与方法。另外，还不能遗忘的是，日本原始神道和稻作文化结合后，形成了许多与祭祀“稻神”有关的“祭”文化，而这种宗教仪式在我国南方民族中也大量存在，可以进行对比研究——日本民族的传统文化属性，本质上属于稻作文化范畴。

佛教文化在日本古代文化中占据主导地位，捕捉不到日本佛教的实质，也无从真正理解古代日本人的“心”。在以往的研究中，我国学者更多地强调中国佛教对日本佛教的影响，而很少论及日本人基于本民族固有信仰而对中国佛教内容的选择与发展。日本佛教有着不同的称呼，“祈祷佛教”、“政治佛教”、“贵族佛教”等，不一而足，但日本佛教具有浓厚的巫术性。家永三郎认为：“日本佛教之所以能够扎根日本社会，是因为将其社会功能限定在作为护持七八世纪时形成的律令国家体制的咒术的集体现实信仰中。”① 村上专精也指出：“我国人在佛教传入之前所具有的宗教思想，是自然崇拜与祖先教结合而成的神话传说。这个关于天神地祇，祖先游魂保卫国土子孙的信仰，可以说，就是一般国民所谓的宗教。佛教是突然来到上述国民中间的。因为佛教教理是由许多方面组成，因此最初传入我国的佛教就是适应当时社会状况的关于现世祈祷的一部分而已。”② 古代日本人以自然崇拜为主要内容的原始宗教信仰对佛教传入日本起到了重要的桥梁作用。普通日本人能接受佛教，首先看重的是佛教中能与他们固有信仰接轨的巫术成分，佛、法、僧佛家三宝中，一般日本人更为看重的是作为信仰对象的佛，而不是佛教深奥的教义或理论性。密宗在日本得以弘传，在日本佛教中占据举足轻重的地位，这和日本人固有信仰发挥一定作用、古代日本人更多地看重密宗中祭祀祷福、祛病攘灾等巫术仪轨和功能有着密切关系。③ 在这一点上，和中国蒙古等民族接受佛教的过程颇为相似，这些民族也首先看重的是佛教中的巫术成分。④

目前，关于日语归属何种语系，仍未确定，有的学者认为是属于阿尔

---

① ［日］家永三郎著：《历史学家看到的日本文化》，东京：雄山阁1987年版，第85页。

② ［日］村上专精著：《日本佛教史》，商务印书馆1999年版，第4页。

③ 关于平安时代净土宗的弘传，有学者指出：这一宗教“本来是在庶民中成立。其庶民性是以‘舞蹈念佛’的形式，与民间古老的镇魂等咒术‘习合’，从庶民内部打开了通往净土教的道路。”见［日］石田一良编：《日本文化史概论》，吉川弘文馆1991年版，第197页。

④ 蔡凤林：《古代蒙古族传统宗教文化心理对元朝政治的影响》，载《中央民族大学学报》2006年第5期。

泰语系，有的学者认为是南方语系，有的学者则认为属于南北混合语言。至于日语属于何种语系，最好的办法就是将日语和阿尔泰语系及南方语系诸语言进行对比研究。我国日语研究界缺少对日语“祖语”及其“同系语”的深入研究，在比较语言学领域，更注重汉日语言之间的对比研究。汉字传入日本对古代日本人的思维能力及语言表达能力的提高，对古代日本人的心智成熟，对日本民族语言文字的形成，对日本文化的质的提高，一言以蔽之，对日本传统文化的形成与层次的提高发挥了巨大的促进作用。对汉日语言（包括汉日词汇、语法等）的对比研究应进一步推进。同时，从语言发生学、形态学视角以及利用音韵、词汇、语法、构词法等对比研究手段研究日语和阿尔泰语系及南方语系诸语言之间的关系，以推进日语语系归属问题的研究，这是对日语研究的重大贡献。而且如果弄清日语语系归属问题，有助于了解日本文化的来源、日本人的审美情趣和思维方式。①

据目前所取得的考古成果，在日本发现的最早的能释读的汉字是从长崎县原辻遗址出土的古代中国货币上刻有的“货泉”二字。这是王莽“新”王朝（9—20）所铸货币。如果传入日本的时间也是在1世纪，那么汉字传入日本则是在弥生时代中期。另外，据目前研究，汉字传入日本后最早作为记写日语的文字出现是千叶县稻荷台古坟、埼玉县稻荷山古坟、熊本县江田川古坟出土的铁剑、铁刀铭文，均属5世纪中后期遗物。② 汉字传入日本后，很长时间内是由能识文断字的“渡来人”垄断，日本人真正开始使用汉字作为书写工具（包括用汉字记写日语），是在7世纪初至8世纪。③ 所以日语研究不能拦腰截断，而是从根源上探索这个语言的形成过程。不研究受汉语影响之前的日语，等同于弃佛教传入以前之先秦汉语而不究，在学理上不可想象。

过去，很多语言学家认为日语受北亚系语言的影响严重，但近年开始关注南亚、南太平洋地区民族语言与日语的关系，语言学家大野晋在印度南部地区发现了在词汇、语法结构上与日语很接近的塔米尔语，在基础词汇以及农耕、农产品词汇方面，两种语言存在许多对应关系，于是就主张日语起源

---

① ［日］大野晋著：《日本语的起源》，东京：岩波书店1994年版，第ⅳ页。

② 东京大学教养学部等编：《古典日语的世界——汉字创造的日本》，东京：东京大学出版会2007年版，第3—6页。

③ ［日］林史典：《日本汉字》，《岩波讲座日本语8文字》，东京：岩波书店1992年版，第163—169页。

于塔米尔语，南印度的塔米尔语集团北上是在公元前1000年至公元前300年间。[①] 但也有学者认为塔米尔语虽在语言学方面与日语存在共性特点，应是构成日语的要素，但是这一语言不是直接从印度南部传入日本；事实上，塔米尔语也不是南印度固有的语言，而是起源于东南亚，有些稻作词汇是从印度尼西亚传入印度南部；在广阔的东南亚海域，经漫长的岁月，南岛语和塔米尔语等语言以稻作为媒介走向融合，于是产生了“南方系语言”，在绳文时代，操这种“南方系语言”的集团和来自西伯利亚的讲“北方系语言”的集团在日本列岛相遇、融合后形成了“原日本语”。同时，还不能忘掉的是，根据考古研究，东南亚的新石器文化是从中国台湾扩展到菲律宾和印度尼西亚的，属于“南方系语言”的南岛语族语言是由中国台湾南下印度尼西亚[②]，语言学家也很早就发现被称为“琉球万叶集”的“おもろさうし”的语言特征与台湾世居民族语言存在共同性。所以，日语的根源之一从包括台湾岛世居民族在内的我国南方民族语言中去探寻，应属正确的研究方向之一。如上所述，目前，日语的语系归属尚未确定，和日本民族本身一样，日语也是由不同民族的语言相互影响、融合而形成。与其从体系论，毋宁从形成论视角研究日语，发现历史上有哪些语言对日语的形成产生过影响，似乎是推进日语研究的科学手段之一。

结　语

综上所述，虽然日本列岛孤悬大洋，但历史上与中国之间的民族往来和文化联系从未中断。能够认为，古代日本文明的形成，主要是中国众多民族文化多时期、多次数、多方向、多渠道的“一江春水向东流”，在日本列岛与日本文化接触、并存、融合、发展的结果。古代中日文化交流的主流是中原文化对日本文化的深刻影响，同时还要看到，以中国古代民族地区文化为主要内容的中国区域文化以及中国少数民族所建政权或王朝为丰富、发展日本文化，对中日文化交流发挥过积极作用。希望中国学界对此贡献给予关注并予以深入系统的研究。这不仅有助于进一步证实中华文化从更为广阔的领域丰富、发展了古代日本文化，而且有助于说明中日两国之间存在更为久远而广泛的文化联系，同时也能阐明：完全独自发展起来的“孤独”的日本文明或来自大洋的“海洋日本文明”是不存在的！

---

① ［日］大野晋著：《日本语的起源》，东京：岩波书店1994年版。

② ［日］中尾靖之著：《日本的源流》，东京：郁朋社2006年版，第58—60页。

改革开放以来中国的日本文化研究

崔世广①

自改革开放以来，中国的日本文化研究走过了30多个春秋。古人云："三十而立。"今天，我们对中国日本文化研究走过的道路进行一番回顾，总结分析其取得的成绩，探讨其研究的方法，反思其存在的问题，对我国今后日本文化研究的发展，无疑具有重要的意义。

对以往中国日本文化研究的"研究"，可以有多种不同的角度和方法。本人认为，与任何人文社会科学的研究一样，中国的日本文化研究首先是时代的产物，其发展始终受到时代背景的深刻影响。特别是对于日本文化研究，始终受到中国国内的文化动向、日本国内的文化动向以及中日文化关系等诸要素的影响。因此，本文将首先把30年来的日本文化研究放到当时的历史大背景下，兼顾其所具有的"繁荣学术"、"服务社会"和"增进理解"这三个使命来考察，看看日本文化研究有着什么样的"问题意识"，提出和解决了什么"研究课题"，使用了什么"研究方法"，试图通过对以上诸问题的梳理分析，来勾勒中国日本文化研究发展的轨迹。

但是，如何界定"日本文化"并不是一件容易的事情。按照一般说法，所谓日本文化，指的是日本人在历史过程中形成的内在和外在生活方式的体系，包括自然观念、社会结构、伦理道德、宗教意识、审美情趣、风俗习惯、国民性格、思维方式等。本文不可能也不想对中国日本文化研究的方方面面进行介绍和描述，而是想站在学术研究与时代要求相结合、相一致的立场上，主要从宏观的视野出发，对重点研究领域、重点研究问题以及主要研究成果进行适当考察和评价，以此来把握中国日本文化研究的特征，并在此基础上展望中国日本文化研究的未来。

基于以上的立论前提，本文试把30年来中国的日本文化研究划分为三

---

① 崔世广，男，汉族，1957年生，历史学博士，中国社会科学院日本研究所思想文化研究室主任、研究员。主要研究方向：日本思想文化。

个时期加以考察：第一个时期为20世纪80年代；第二个时期为20世纪90年代初至90年代末；第三个时期为21世纪初至2010年。需要说明的是，本文的问题设定及考察都是按本文的标准来进行的，相关研究论著及观点也只涉及大量研究成果中的一小部分，在议论和分析的过程中不可避免地带有主观性，不妥之处还希望大家批评指正。

一、20世纪80年代的日本文化研究

近代以来，中国虽然也出现过一些日本文化研究的名人名作，如戴季陶的《日本论》、周作人的相关日本文化研究等，但是客观地说，日本文化研究作为一门人文科学、作为一门学问发展起来，并与其他学问产生关联和互动并产生影响，却是新中国成立30年走上改革开放道路以后的事。

1978年对于中国来说是具有划时代意义的年份。中国在这一年成功拨乱反正，举行了十一届三中全会，开始进入了改革开放和社会主义现代化建设的新时期。到80年代，快速追赶世界发达国家，全面实现四个现代化，成为中国最主要的任务和至高使命。在这一时期，出于对中国现代化难产和落伍的反思，以及对新中国成立后"文化大革命""左倾"路线的反省，在全国范围内掀起了一股文化研究热潮。文化研究热的实质，是中国的知识分子们面对中国现代化的曲折和难产，试图从文化的角度寻找其深层原因，以从根本上改变中国的状况，实现向现代化国家的跃进。在当时的中国，盛行着中国传统文化研究、中西文化对比研究等，人们在"文化大革命"后开始再次把目光转向西方，继续着近代以来向西方寻求知识和真理的道路。

而80年代的日本，则作为经由学习西方迅速实现现代化的东方国家，经过战后高速经济发展，成为世界第二经济大国。日本的成功受到了世界瞩目，日本文化论、日本式经营受到世界推崇，在80年代出现了日本文化研究的黄金时代。向日本学习成为世界日本研究的基调。于是在中国，日本文化研究也作为文化研究热的一环开展起来，人们在将目光投向西方的同时，也投向了所谓"同文同种"的日本。

在中国人的固定观念中，日本文化是在学习吸收中国文化的基础上形成的，充其量是中国文化的亚流、支流，并不具有太大的研究价值。历史上，特别是近现代历史上中国人对日本的政治、经济感兴趣，但真正对日本文化感兴趣的却较少，就说明了这一点。就是在中国开始现代化的初期，看重日本经济发展，而轻视日本文化的价值，应该说是中国日本研究

者的一般倾向。但是，用这样的传统文化观念却解释不通为什么日本率先实现了现代化这样的事实，这在逻辑上要求重新审视日本文化。于是，日本文化研究就适应这样的国内需要，迅速地成长起来。

在当时的背景下，中国文化研究的主流是文化的启蒙主义、现代主义，关注的主要问题是“现代化”的问题、“民主”的问题。这也影响到中国的日本文化研究，成为当时日本文化研究的主旋律。以“现代化”问题为媒介，80 年代中国的日本文化研究者特别关注的问题是：日本和中国同为东方国家，而且古代日本一直向中国学习，但到近代为什么日本迅速实现了现代化，而中国却在现代化的征程上落伍了，这与日本文化到底有什么关系？于是，日本文化研究主要围绕着日本文化与中国文化的异同、日本文化与现代化、日本是如何学习西方文化的等几个问题开展起来。

在当时的背景下，要求日本文化研究者首先回答的问题是：日本文化到底是什么，是否具有自己的特性，其与中国文化有什么区别？这种不同对两国现代化产生了什么影响？

在当时各种探讨日本文化的论著中，梁策等人的观点是富有代表性的。1986 年，梁策出版了《日本之谜——东西方文化的融合》。该书认为，由于日本人生活于复杂的时刻变化的社会结构中，有各种各样的物质的、心理的要求。虽然社会需要协调与安定，但竞争与发展也是必要的。社会需要的多样性使多元结构的价值模式得以成立，使日本人在思想和文化等广泛的领域里采取宽容态度，包摄外来文化，形成了多样性的日本文化。“正是由于现代日本人的多维价值观模式，使得他们在广泛的思想文化领域都采取了一种宽容的态度，因此，日本人最善于吸收他国、他民族所长，将自己既置身于世界先进文明潮流之中，又使某些传统文化得到发扬光大。”① 总体来看，日本文化的多样性、包容性在该书中得到了高度评价。虽然该书不是严格意义上的学术著作，现在看来观点也未必完全妥当，但在当时却适应了时代的要求，对中国知识界和社会了解日本文化产生了较大影响。

同一时期，王家骅也通过比较中国儒学与作为其变形物的日本儒学的异同，阐释日本儒学的特色，并由此说明日本文化的特质。他在进行中日儒学的比较研究后指出：“日本儒学的特色，既是日本文化特异性格的产物，又是日本文化特异性格的表现。通过上述对于日本儒学的特色的考

---

① 梁策：《日本之谜——东西方文化的融合》，贵州人民出版社 1986 年版，第 198 页。

察，我们便可窥知日本文化重直观、轻抽象，重感情、轻理智，有用性决定文化选择取向，多元共存等特质。”① 可以说，承认日本文化有不同于中国文化的特征，是一种多元共存的文化，是这一时期中国日本文化研究者的基本倾向。

高增杰于1987年出版了《日本近代成功的启示》一书，论述日本实行“开国进取”政策和积极摄取西方文化要素，取得近代成功的过程，探讨继承传统文化及两种文化融合的规律。该书通过对日本社会特性的分析，认为日本近代文化是“同时拥有西洋文化与传统文化的二重结构”的文化，这种二重结构在近代化过程中既发挥了减轻由外来文化流入引起的冲击，维持了社会稳定的作用，同时也发挥了将外来文化的吸收和消化逐次从局部推展到整体的传动装置的作用。该书指出，重视协调的日本传统文化，吸收重视竞争的西方文化，二者结合实现了现代化。因此，日本近代的成功正是两种文化融合共同发生作用的结果。② 虽然本书的作者也许并非有意强调日本对西方文化的吸收，但在当时的背景下，该书是被作为强调西方文化作用的著作来接受的。

在改革开放初期的中国，如何打破闭关自守的封闭意识，积极吸收外来先进文化，也是一个至关重要的课题。因此，与“现代化”的问题意识相关联，对日本吸收外来文化的研究也成为当时中国日本文化研究的一大热点。

王家骅早在1980年就发表《幕末日本人西洋观的变迁》，认为“明治维新后，日本人向西方学习卓有成效。然而，从德川时代的闭关锁国到维新后全面吸收西方文明，如不打破盲目排外的蒙昧主义思想壁垒是不会奏效的”。他从江户时代的闭关锁国到维新后全面吸收西方文明，追溯了幕末日本人西洋观的变化过程，指出到明治维新前夕，西方资产阶级思想和文化已经有了相当大的影响，并出现了一批为实现学习西方的理想而奋斗的政治家，明治维新就是在这样的思想背景下发生的。他在论文中得出结论：“勇于和善于吸收外来先进文明，是日本民族的特色。然而，就幕末日本人西洋观的变迁过程来看，要承认自己落后，认真学习外来先进文明，也不是一蹴而就的。这不仅需要先进人物的寻求与奋斗，还要冲破反动统治阶级的镇压和传统偏见的束缚，有时甚至需要以志士仁人的鲜血与

---

① 王家骅：《日本儒学的特色与日本文化》，载《日本问题》1988年第2期。

② 高增杰：《日本近代成功的启示——谈传统文化与西方文化》，中国和平出版社1987年版。

生命为代价，才能换来民族的新生与民族思想文化的新黎明。”①

在王家骅发表上述论文的翌年，吕万和、罗澍伟发表了《西学在封建末期的中国与日本》，直指“为什么两国近代历史开端相同而发展却如此不同”这一主题，认为西学在两国传布状况的差异是一个非常值得重视的因素。该文通过对中日西学的传播进行比较，指出1720年以后，康熙实行闭关自守政策，而德川吉宗实行开明政策，使长期中断的西学再次传入并广泛传布日本，对日本的明治维新起了很大作用。作者认为，中日西学传播差异对我们的启示在于：善于吸收外来先进文化是培养民族创造力的一个重要因素；要重视先进思想和先进科学对历史发展的促进作用；既要反对民族自大，也要反对民族自卑。② 十分明显，吕万和、罗澍伟的论文和王家骅的论文都传达了相同的信息，即吸收外来文化的过程决定了现代化的进程，而日本在这方面走在了中国前面，中国应该做的就是补上这一课。

受当时中国国内启蒙主义文化氛围的影响，日本近代启蒙思想的研究也成为一个重要研究领域，发表了大量关于启蒙思想研究的成果。

明治维新后最初10年间，是日本大力推行文明开化，建设资本主义现代国家的时期，一大批知识分子为了引进西方近代资产阶级思想理论，在日本掀起了声势浩大的启蒙运动。这一时期的启蒙思想吸引着我国的日本文化研究者，日本启蒙思想以及启蒙思想与现代化问题，成为80年代日本文化研究的一大热点。研究者们的主要意图在于，通过对日本启蒙思想以及中日启蒙思想的比较研究，来探讨启蒙思想与现代化的关系，反思我国现代化落伍的思想原因。许多学者对福泽谕吉、西周、加藤弘之等启蒙思想家的思想进行了多方面的研究，以为我国开展新的思想启蒙运动，推进现代化提供有益的借鉴。③

1989年，崔世广出版了《近代启蒙思想与近代化——中日启蒙思想比较》一书，直截了当地言明：“本书的目的在于，通过日本近代启蒙思想的研究，搞清启蒙思想与日本文化、启蒙思想与日本近代化的关系，从而

---

① 王家骅：《幕末日本人西洋观的变迁》，载《历史研究》1980年第6期。

② 吕万和、罗澍伟：《西学在封建末期的中国与日本》，载《历史研究》1981年第3期。

③ 这方面主要成果有卞崇道：《福泽谕吉的资本主义现代化思想》，载《东方哲学研究》1980年第1期；《福泽谕吉与中国现代化》，载《延边大学学报》1983年第1期；《加藤弘之早期启蒙哲学思想述评——从〈邻草〉到〈国体新论〉》，载《日本学论坛》1986年第1期；沈才彬：《论福泽谕吉的文明观》，载《晋阳学刊》1981年第6期；赵乃章：《论福泽谕吉的文明史观》，载《哲学研究》1982年第5期等。

给中日文化比较和中日近代化比较提供某种线索和可能。”[①] 该书对日本近代启蒙思想进行了比较全面的研究，探讨了日本近代启蒙思想的形成、基本内容、内在逻辑及其归宿。特别通过与中国近代启蒙思想的比较，指出了中日启蒙思想在出发点、目的、归宿以及启蒙思想的形成过程方面具有相似性，但是在启蒙发生的直接契机以及启蒙成员的成分和素质、启蒙思想的内容方面存在着差异性，并对其相似性与差异性的原因做了分析，意在说明中日近代启蒙思想的差异源于两国传统文化，而这种差异又是造成中日两国在近代走上不同道路的重要原因之一。

总之，改革开放后特别是80年代，中日两国在政治、经济、文化关系上进入了正常发展时期，确立了发展中日关系的“四项原则”，经济和文化交流逐步扩大。可以说，在当时中国人的眼里，日本被当作现代化的楷模。虽然这一时期也出现了教科书问题、光华寮问题等，但并没有影响到两国文化关系的基调。

二、20世纪90年代的日本文化研究

从冷战结束到90年代末期，为中国日本文化研究的第二个时期。这一时期冷战终结，世界进入了重新构筑国际政治经济新秩序的时代。中日两国也都制定了新的国家发展目标，围绕中国和日本的国内外环境以及中日文化关系都发生了深刻变化。

随着冷战的结束，中国国内文化研究的环境和气氛也为之一变。苏联、东欧剧变后，中国走上了独自的中国特色社会主义道路。在邓小平南巡讲话后，中国继续大力推进改革开放，不仅实现了经济的高速增长，也带来了民族自信心的恢复。另一方面，日本泡沫经济崩溃后虽仍保有较强经济实力，但同时亦日益感到中国经济及综合国力快速增长的压力。面对“失去的十年”和中国的高速增长与竞争，日本人显示出了不适应的一面，“中国威胁论”开始抬头。在新的世界政治经济秩序形成过程中，两国关系开始从“友好”关系向合作与竞争并存关系转变，在相互依存关系加深的同时，缺乏相互信赖关系的竞争与摩擦也开始表面化。

在这样的背景下，如何实现现代化仍然是中国知识分子的第一使命，只不过环境的变化使80年代兴起的文化研究热发生了方向性的转变，即其

① 崔世广：《近代启蒙思想与近代化——中日启蒙思想比较》，北京航空航天大学出版社1989年版，第6页。

主流从反传统的启蒙主义转向了对民族文化传统的积极肯定。“现代化”与“民族”意识的结合，对中国的日本文化研究产生了直接影响，强调传统的作用与民族的主体性体现到日本文化研究之中，成为学术研究的基调。同时，随着中日两国摩擦的增多，两国国民对对方的感情趋于冷淡，如何增进两国的相互理解和信任，成为中国日本文化研究的重要课题。

这样，在90年代，“现代化”问题仍然是日本文化研究者关心和研究的主题。如叶渭渠主持了中国社会科学院重点课题“日本的传统与现代化”的研究，汤重南主持了中国社会科学院重点课题“日本文化与现代化”的研究，王家骅主持了中华基金课题“儒家思想与日本现代文明”的研究，李卓主持了国家教委课题“家族道德与日本的近代化道路”的研究，卞崇道主持了社科基金课题“近现代日本哲学和日本现代化进程”的研究等。但是如前所述，中国的日本文化研究虽仍关注着80年代以来的研究主题，但是其着眼点和基调已经发生了根本变化。即与80年代不同，着眼点已经放在挖掘日本文化的独自性、现代化过程中日本传统文化的作用以及如何改造外来文化上面了。

最早敏锐地反映时代变化，提出日本文化主体性问题的是叶渭渠。他在1989年年底就发表了《日本的传统与现代化》，指出：日本现代化的历程表明，日本在坚持民族文化传统的基础上，广泛吸收西方文化成果，对民族文化进行创造性转化，逐步实现传统自身的完善，建立与西方文化交流的“冲突、并存融合”的模式，以推进现代化。① 他在90年代初发表文章《“冲突·并存融合”的文化模式——再论日本的传统与现代化》，提出日本对待外来文化的模式是“吸收、改造、融合”，再三强调日本的现代化根植于日本的传统，日本文化与西方文化的融合才是日本现代化成功的重要原因。②

1992年，李甦平出版了《圣人与武士——中日传统文化与现代化之比较》，也提出日本现代化的历程既不是“西洋化”，也不是“儒教资本主义”，而是西方模式与日本传统转型的有机结合。通过中日传统文化与现代化的比较，得出结论认为：“现代化必须以传统为基础，传统又必须以现代化为目标”，“日本现代化成功的一个重要原因，是对其传统文化加以

---

① 叶渭渠等：《日本的传统与现代化》，载《日本问题》1989年第6期。

② 叶渭渠：《“冲突·并存融合”的文化模式——再论日本的传统与现代化》，载《日本学刊》1990年第2期。

承前嬗后、变革转型的结果”。[①] 也就是说，研究的侧重点已经明显地从强调移植西方文化转到强调对西方文化的改造和融合上面了。

1995 年，王家骅出版了《儒家思想与日本的现代化》，明确指出了日本现代化的两重性问题。他认为，我们从任何角度观察日本现代化这幅图画，它都是明暗交错的。在日本现代化的途程上，成功与失败、发展与牺牲、现代与传统、进步与困境并存，日本现代化的历史可谓充满了二重性。而日本现代化的二重性与日本儒学的二重性，日本现代化的消极面与日本儒学的消极面有着内在的关联。[②] 该书的观点表明，中国的日本文化研究者对日本现代化已经不是一味地赞扬，而开始用更客观的态度来加以审视了。

汤重南等著《日本文化与现代化》，是研究日本文化与现代化的一部力作。该著作对日本传统文化、日本现代化以及传统文化与日本现代化的关系问题进行了总体的、多层次、多侧面的考察与研究。不仅从日本社会、政治、经济、文化教育各个方面具体考察了传统与现代化的关系，还对日本传统文化向现代化转换问题，对现代化过程中东西方文化撞击与融合进行了概括与阐述。[③] 总之，不是一味赞美日本文化与现代化，而是从实际出发客观研究考察，已经成为这一时期日本文化研究的基本倾向。这一方面反映了研究的深化，同时也反映了时代的变化以及研究者问题意识的变化。

这样的研究态度，也反映到日本吸收外来文化的研究方面。武安隆在《文化的抉择与发展——日本吸收外来文化史说》一书中，从日本与外界文化接触诸形式、外来文化吸收的层次与方法形态、日本人的对外意识、外来文化吸收的周期性、外来文化大规模吸收的契机、政治权力在外来文化吸收中的地位、知识分子在外来文化吸收中的作用与心态等不同侧面，详细考察了日本吸收外来文化的规律性，一方面高度评价了大力吸收外来先进文化对日本历史发展的意义，同时也强调对外来文化加以选择、改造、融合，也即日本化，并用以促进自身文化机体的长足发展。他指出：“日本的这一经验对于丰富多彩的世界民族之林，即使不具有普遍意义，

---

① 李甦平：《圣人与武士——中日传统文化与现代化之比较》，中国人民大学出版社 1991 年版，第 262 页。

② 王家骅：《儒家思想与日本的现代化》，浙江人民出版社 1995 年版。

③ 汤重南等著：《日本文化与现代化》，辽海出版社 1999 年版。

也应有相当的借鉴和参考价值。”①

在这个过程中，出现了从日本文化的内部结构来发现日本文化特性的动向，显示了日本文化研究的深化。与80年代研究者们基本都主张日本文化是复合多元的文化不同，到这一时期，学者们已经开始强调日本文化的独自性，并从体系结构上研究日本文化了。崔世广在《日本传统文化的基本特征——与西欧、中国的比较》、《意的文化与情的文化——中日文化的一个比较》等论文中，从文化结构的视角出发，试图通过对日本人的社会观、宗教观、文化心理等的比较分析，来揭示日本文化的基本特征。作者指出，日本文化与中国文化、欧洲文化一样，也具有独自的文化精神与内核的文化类型，在人类文化史上占有重要位置。日本文化虽然受到中国文化的深刻影响，但中国文化的要素是被日本文化的固有原理改造后纳入其文化体系的。② 随后，崔世广又发表《日本传统文化形成与发展的三个周期》一文。该文“从文化结构变迁的视角出发，将日本传统文化的形成与发展过程作为日本传统文化结构不断建构与重新建构的过程来把握”，提出了日本文化发展是在外来影响与自主创造的相互作用下，呈现出周期性演变过程的观点。③ 这样，就从“形成论”和“形态论”的结合上，构筑了对日本文化的独特解释框架。

与此同时，沿着增进中日相互理解这条研究思路，也出现了日本文化研究的深化。1998年，尚会鹏倾数年努力之功，完成了一部具有较高学术价值的著作《中国人与日本人——社会集团、行为方式和文化心理的比较研究》。正如作者本人所说，“中日这两个民族从来没有比现在更需要相互沟通、了解、增加信任”，写作本书的目的就是为了在民族交往中“知己知彼”。④ 该书立足于社会人类学的基本理念，采用文化比较的研究方法，从家、宗族、非亲属集团、宗教信仰以及性意识等方面对中日两个民族进行结构性的比较，阐明了中日两大民族的深层文化特征。该书还进而深入到中日民族性的探讨，指出了两国文化民族特性的一般倾向特征，如“小集团本位”与“家族本位”、“序列意识”与“平均意识”、“义理人情”与“人情世故”、“名的意识”与“耻的意识”等。本书作者客观理性的

---

① 武安隆著：《文化的抉择与发展——日本吸收外来文化史说》，天津人民出版社1993年版，第426页。

② 崔世广：《日本传统文化的基本特征——与西欧、中国的比较》，载《日本学刊》1995年第5期；《意的文化与情的文化——中日文化的一个比较》，载《日本研究》1996年第3期。

③ 崔世广：《日本传统文化形成与发展的三个周期》，载《日本学刊》1996年第4期。

④ 尚会鹏著：《中国人与日本人》，北京大学出版社1998年版，第2页。

治学态度、独到的研究方法以及研究结论，对当时的日本文化研究界而言，具有深远的影响。

与日本文化研究的深化相辅相成，该时期兴起了关于日本文化研究方法的探讨。王家骅在《儒家思想与日本的现代化》一书中，特列一节论述了“展开多层次的研究”、“哲学的方法与历史的方法相结合”、“进行个案考察”的方法论原则①，这对日本文化研究而言也有重要的借鉴意义。中国社会科学院日本研究所分别于1996年9月23日和12月26日举办了“日本社会文化研究会”和“日本研究的课题与方法学术座谈会”，专门就日本文化与日本学研究的方法进行了讨论。另外，尚会鹏也发表多篇文章，对国外一些日本文化研究名家的理论方法进行了介绍和评论②，并在《中国人与日本人》一书中，提出和论述了研究日本民族性时使用的比较研究方法以及相对性原则和边际原则等。

崔世广1998年发表了《日本文化研究方法论》一文，从“从个别到一般、从一般到个别的原则”、“逻辑与历史相统一”、“跨学科研究的必要性”、“比较研究中应注意的问题”、“理论联系实际”五个方面比较系统地论述了日本文化研究的方法问题。与一般的日本文化研究方法论相比，本文的最大贡献应该在于：第一，在阐述“逻辑与历史相统一”的研究方法时，特别指出了应关注历史非常态的研究，“在探索和发掘正常期的文化原理和逻辑时，对非常期的文化原理和逻辑也要给以充分的注意”，提醒人们“只有按照历史的发展阶段把正常期与非常期的文化原理和逻辑都发掘出来，才是日本文化的全貌”。第二，对当时流行的中日文化比较倾向提出了质疑与批评，认为其大多“局限于对从中国传到日本的东西与中国原产的东西、或一看就有较大相似性的东西的比较……而没有直接对两国土生土长的异质文化进行比较”，“也就是说，在比较中只采用了同中求异的方法，但却忽视了直接从异中求异的方法”。因而提倡和呼吁“超越现有的比较模式，直接进入中日文化的深层进行比较”。③ 这种日本文化研究方法论的自觉，也从一个侧面有力地证明了该时期日本文化研究的明显进步。

---

① 王家骅：《儒家思想与日本的现代化》，浙江人民出版社1995年版，第15—22页。

② 如《一幅日本民族性的透视图——战后50年再读〈菊花与刀〉》，载《日本问题研究》1995年第4期；土居健郎的《“娇宠”理论与日本人和日本社会》，载《日本学刊》1997年第1期；中根千枝的《“纵式社会”理论浅析》，载《日本问题研究》1997年第1期等。这些文章均收入其专著《中国人与日本人》中，可参考。

③ 崔世广：《日本文化研究方法论》，载《日本学刊》1998年第3期。

日本文化研究的这种变化，既受到中国国内文化研究潮流转向的直接影响，也源自于日本文化研究自身发展的规律性，当然与中日文化关系的变化也不无关系。冷战结束后，尽管现代化问题仍是时代主题，但“民族”取向开始取代“民主”取向，并在中国人的文化思考中占据重要位置。同时，在中日文化关系方面，中日之间的“蜜月”结束了，中日文化关系开始具有新的性质，如何增进中日两国的相互理解和信任的问题自然也就提上了日程。可以说，这一时期中国日本文化研究的变化与深化，正是上述这种时代背景的反映。

三、21 世纪以来的日本文化研究

21 世纪以来，中国经济维持了高速增长，国民收入和生活水平不断提高，民族自信心更加增强，但同时社会日益多元化，并开始面对发展过程中出现的现代社会文化建设问题。对中国的知识分子来说，现代化似乎已经成为自明的前提，人们与其说关注现代化本身，毋宁认为更关注现代化过程中出现的各种社会现象和文化问题了。也就是说，“民生”问题已经成为研究者们关注的一个焦点。

与中国形成鲜明对照的是，这一时期的日本却陷入了经济长期不景气的阴影之中，“日本式经营”模式崩溃，“失去的十年”使日本国民丧失自信，出现了国民意识保守化、民族主义思潮蔓延的倾向。但是同时，以动画、漫画、游戏等为代表的日本现代大众文化却风靡世界，在作为文化产业拉动日本经济发展的同时，对提升日本的魅力与国际形象也产生了很大影响。

在中日文化关系方面，一方面随着经济、文化和人员交流的日益频繁和深化，中日共有的大众文化空间在逐步扩大；但另一方面，受中日关系政治、历史问题摩擦增多的影响，中日两国国民的相互感情进一步恶化。以上这些动向都投射到中国的日本文化研究中来，给其打上了深深的烙印，使中国的日本文化研究在不断深化的同时，也拥有了多样性的性格。

这个时期中国的日本文化研究，作为前两个时期的学术积累和延续，关于日本文化、日本文化与现代化、日本吸收外来文化的研究得以延续，涌现出了一大批研究成果。其代表性著作有赵德宇的《西学东渐与中日两国的对应——中日西学比较研究》[①]、卞崇道的《日本哲学与现代化》[②]、李卓的《中日家族制度比较研究》[③]、刘金才的《町人伦理思想研究：日本近代化动因新论》[④] 等。

在这个过程中，出现了两个值得关注的动向：一个是从日本文化的深层——神道来考察日本文化的动向；另一个是从日本文化史来考察日本文化的动向。从神道研究方面来说，21 世纪以来，国内涌现了不少神道研究的著作，如范景武的《神道文化与思想研究》[⑤]、王维先《日本垂加神道哲学思想研究》[⑥]、刘立善的《没有经卷的宗教——日本神道》[⑦]、牛建科的《复古神道哲学思想研究》[⑧]、王金林的《日本神道研究》[⑨]、王守华的《神道与中日文化交流》[⑩] 等。另外，2010 年 10 月 13 日，中国社会科学院日本研究所召开了“神道与日本文化”国际学术研讨会，收到了很好的学术效果，亦切实地反映了日本文化研究的这一动向。

正如该研究领域的第一人王守华所说：“在 20 世纪八九十年代，‘日本现代化为什么能够获得成功?’成为中国日本学研究的热门题目，企图从中获取某些借鉴。其中，不乏从思想文化方面的探究，提出了‘儒家资本主义’、‘家族主义’、‘集团主义’、‘拿来主义’、‘论语加算盘’等观点，并认为这些是日本现代化成功的原因。这些议论确实令人耳目一新，为我们提供了另一种视角和思维方式，有利于我们对现代化建设的探索和思考。但是，这些议论似乎只触及了表层（或浅层）原因，尚未探及其深层的原因。所谓的家族主义、集团主义均可从其固有的民族信仰——神道中寻到深层的原因。”[⑪] 神道是日本文化的核心，规定着日本文化的性格，对神道以及神道与日本文化研究的展开，不仅表明中国日本文化研究领域的拓宽，还表明了日本文化研究的深化，对于我们全面而深入地认识日本

① 赵德宇著：《西学东渐与中日两国的对应——中日西学比较研究》，世界知识出版社 2001 年版。

② 卞崇道著：《日本哲学与现代化》，沈阳出版社 2003 年版。

③ 李卓著：《中日家族制度比较研究》，人民出版社 2004 年版。

④ 刘金才著：《町人伦理思想研究：日本近代化动因新论》，北京大学出版社 2001 年版。

⑤ 范景武著：《神道文化与思想研究》，内蒙古人民出版社 2001 年版。

⑥ 王维先著：《日本垂加神道哲学思想研究》，山东人民出版社 2004 年版。

⑦ 刘立善著：《没有经卷的宗教——日本神道》，宁夏人民出版社 2005 年版。

⑧ 牛建科著：《复古神道哲学思想研究》，齐鲁书社 2005 年版。

⑨ 王金林著：《日本神道研究》，上海辞书出版社 2007 年版。

⑩ 王守华著：《神道与中日文化交流》，河北人民出版社 2010 年版。

⑪ 王守华著：《神道与中日文化交流》，河北人民出版社 2010 年版，第 7 页。

文化，具有重要的意义。

在日本文化史研究方面，国内也出现了不少研究成果，如王勇的《日本文化——模仿与创新的轨迹》、高增杰的《东亚文明撞击——日本文化的历史与特征》[①]、叶渭渠的《日本文化史》[②]、赵德宇等的《日本近现代文化史》等。王勇的《日本文化》一书“以‘模仿与创新’为主线，聚焦于生成日本文化之内外因素的交互作用，铺叙基本的历史常识，点描重要的人物与史实”。该书尽管是高等院校本科生、研究生的教科书，但诸如纳入了作者倡导的“书籍之路”的学术概念进行分析等，是一部不乏新意的研究之作。[③] 赵德宇等的《日本近现代文化史》，以“力求以中国学人的理性穿越日本文化的迷雾，寻找日本文化演化的各种路径，或可建立一种日本文化史研究的认知体系”[④] 为目标，在吸收国内外诸多研究成果的基础上，以史实为依据，对日本近现代文化现象进行了客观公允的解读，进而提出作者的判断和见解。可以说，该书实现了作者制定的上述目标。

笔者认为，日本文化研究最基本的也是最重要的有三种研究：一是“形成论”的研究；二是“形态论”的研究；三是“方法论”的研究。作为“形成论”的日本文化史的研究的开展，也从一个侧面说明了中国日本文化整体研究水平的提高。

但是，随着时代的变化，中国的日本文化研究者开始把注意力转向了当代日本文化，对日本文化现状及各种文化现象的具体分析增多了起来。这说明，中国的日本文化研究更加贴近现实，并具有多样性的特征。

第一，关于日本社会思潮的研究。冷战结束后，日本国民意识保守化，民族主义思潮抬头，并对日本政治和社会的未来走向产生深刻影响，因此引起了中国日本文化研究者的密切关注。2000 年，中国社会科学院日本研究所举办了“当代日本社会思潮”的国际学术研讨会，2002 年，复旦大学举办了“战后日本的主要社会思潮与中日关系”的国际学术研讨会，并分别出版了会议论文集。高增杰主编《日本的社会思潮与国民情绪》[⑤]一书，从国际国内环境的变化入手，揭示了日本社会思潮整体右倾化的总趋势，并对日本民族主义思潮的主要表现与特征以及对日本政治及外交的

---

① 高增杰著：《东亚文明撞击——日本文化的历史与特征》，广西教育出版社 2001 年版。

② 叶渭渠著：《日本文化史》，广西师范大学出版社 2003 年版；《日本文化史》，北京大学出版社 2010 年版。

③ 王勇著：《日本文化——模仿与创新的轨迹》，高等教育出版社 2001 年版。

④ 赵德宇等著：《日本近现代文化史》，世界知识出版社 2010 年版，第 8 页。

⑤ 高增杰等著：《日本的社会思潮与国民情绪》，北京大学出版社 2001 年版。

影响做了较深入的探讨。纪廷许的《现代日本社会与社会思潮》一书，尝试以动态性研究与日本“国民性”分析相结合的方法，对战后日本社会思潮进行系统分析，探寻日本政治、社会变化与社会思潮之间的关系，可以说是这方面的代表性作品。①

第二，关于现代日本文化研究。对后冷战时代日本文化的研究，是近年来的一个研究热点。在全球化趋势日益增强的形势下，日本文化遇到了什么挑战，发生了和正在发生着什么变化，未来会向什么方向发展？为了回答这样的问题，2000 年和 2001 年，中国社会科学院东方文化研究中心和南开大学日本学中心分别举办了“21 世纪日本文化的课题”和“变动期的东亚社会与文化”的学术研讨会，从各种不同角度就全球化与日本文化、日本文化与东亚文化、日本文化面临的课题及未来走向进行了探讨。不少学者提出，经济一体化和全球化是一个趋势，时代开始更多地要求个性化和多样化，日本发展模式以及强调协调的集团主义文化已很难适应时代要求，必须适应时代趋势进行变革。21 世纪日本文化的课题是将世界的文化要素融入自身的同时，也将自己的价值观融入东亚和世界文化中去。崔世广在合著《再生还是衰落——21 世纪日本的抉择》中，从社会思潮、国民意识、价值观念、社会结构四个方面，对当代日本文化的转型进行了较系统的探讨，② 弥补了该方面研究的不足，回应了社会对当代日本文化研究的需求。另外，学者们对日本的大众文化、文化战略、文化外交等问题，也展开了广泛的研究，发表了大量的科研成果③，在此不做一一介绍。

第三，关于中日相互认识与理解的研究。随着中日国民感情的恶化，如何增进中日两国民众的相互理解和情感也成为 21 世纪中日之间的重要课题，基于这种现实需要，产生了不少相关研究成果。④

---

① 纪廷许著：《日本社会思潮与当代日本》，中国社会科学出版社 2007 年版。

② 金熙德、崔世广等著：《再生还是衰落——21 世纪日本的抉择》，社科文献出版社 2001 年版。

③ 如丁兆中：《战后日本文化外交战略的发展趋势》，载《日本学刊》2006 年第 1 期；崔世广：《关于日本文化战略的探索》，载《人文与社会》2006 年 7 月；景宏：《日本动漫产业的发展及其对世界的影响》，载《日本学刊》2006 年第 4 期；徐渭：《关于日本动漫的一种文化考察》，载《日本学刊》2006 年第 5 期；吴咏梅：《浅谈日本的文化外交》，载《日本学刊》2008 年第 5 期；姚奇志、胡文涛：《日本文化外交的观念变革与文化创新——以国际形象的建构为中心》，载《日本学刊》2009 年第 5 期；赵敬：《冷战后日本文化发展战略简析》，载《日本学刊》2010 年第 6 期等。

④ 该方面的代表作有：鲁义：《中日相互理解还有多远——关于两国民众相互认识的比较研究》，世界知识出版社 2006 年版。

随着时代的发展，中国关心日本文化的人群已经远远超出了研究者的范围，而带有了全民的性质。由于历史及现实的种种原因，在我国有着希望了解日本文化的广泛受众。本尼迪克特的《菊花与刀》、戴季陶的《日本论》等名著的再三出版发行①，第三波日本研究热的出现②以及大量日本文化论著及通俗读物的翻译出版③，应该说是回应了这样的需要。就此而言，李兆忠的《暧昧的日本人》④ 等书籍的热销，应该说是回应了普通国民的这种需要。应该说，有意识地以一般大众为读者对象，为满足他们的需求而研究写作，这种日本文化研究者功能的分化，也是日本文化研究的一种进步和发展。

总之，这一时期的日本文化研究，如实地反映了中国和日本国内的文化状况及中日文化关系的现状，充分显示出了研究的深化和多样性。但是，与前两个时期一样，中国的日本文化研究者把日本文化当作比较标准，试图通过研究来发现某种“借鉴”价值这一点，在总体上并没有发生变化。相信日本文化在中国研究者心目中的这种位置，今后相当时期仍然会保持下去。

四、日本文化研究的课题

从以上我们可以看出，中国日本文化研究的变化和发展，一直受到中日两国的文化动向以及中日文化关系的深刻影响。在变动的时代背景下，中国的日本文化研究者一方面回应着时代课题，一方面在推进和深化着学术研究，使日本文化研究不断具有新的深度和广度。可以说，改革开放以来，虽然研究者的问题意识和研究主题都随时代的变化而发生了变化，但日本文化一直受到研究者的关注和重视，研究日益深化和多样化这一事实并没有改变。这一方面固然显示出日本文化研究的魅力，同时也有赖于中国日本文化研究者的努力。

经过改革开放以来 30 多年的发展，中国的日本文化研究队伍不断壮大，水平不断提高，成果不断增多，取得了长足的进步。中国的日本文化

---

① 如近年商务印书馆、九州出版社、华文出版社、青岛出版社、光明日报出版社等相继刊印了本尼迪克特的《菊花与刀》；海南出版社、凤凰出版社、光明日报出版社等相继刊印了戴季陶的《日本论》。

② 刘柠：《出版视野中的“日本热”第三波》，载《独立阅读》2010 年 7 月。

③ 如商务印书馆、南京大学出版社等出版的日文系列翻译著作。

④ 李兆忠：《暧昧的日本人》，金城出版社 2005 年版，九州出版社 2010 年版。

研究兼顾“繁荣学术”、“服务社会”和“增进理解”三个使命，在国内、国际上的影响逐渐扩大，对促进我国的学术发展和繁荣，具有重要的意义。随着中国日本文化研究的发展，其作为异文化理解的前提，或者作为理解自文化的一面镜子，在中国的知识分子和青年人中产生着越来越广泛的影响。例如，中国文化研究的大家李泽厚，在不懂日语的情况下甚至也来进行“中日文化心理”的比较研究，就是一个典型的例子。① 就整体而言，日本文化是与中国文化不同的一个体系这样的认识，渐渐被越来越多的人所了解和接受。这无论对纠正中国人轻视日本文化的传统观念，还是对发展长远的中日文化关系都是非常有益的。

但是，我们也应该看到，中国的日本文化研究仍存在着研究人员素质参差不齐，有深度的精品研究成果不多，整体研究水平不高，在国内和国际上的影响不够大等问题，还远远不能适应我国社会发展和学科发展的需要。例如，随着中日两国交往的加深，广大民众对日本的关心、对日本文化的兴趣持续升温，各种关于日本的信息充斥媒体，其中当然也夹杂着不少误解与偏见。

另外，随着漫画、动画、游戏等为代表的日本大众文化的流行，日本大众文化受到全世界特别是年轻人的喜爱和追捧。但是，日本大众文化蓬勃发展的原动力在哪里，其与日本的传统文化有什么关系？我们的日本文化研究也并没有给出及时而合理的解释。再者，尽管日本经济以及日本国家的整体影响力在下降，但日本毕竟是一个成熟社会，其文化发展战略及文化软实力战略对日本的未来发展也具有深远意义，但我们的日本文化研究也未必对之进行了深入的研究并给出满意的回答。

展望未来，中国的日本文化研究将要面对和回答以下主要课题，如全球化、地区化中日本文化的位置，东亚文化共同体的可能性，建立中日战略互信的文化基础，日本的文化软实力战略及其影响，日本未来发展的文化潜力等。为了改变日本文化研究的现状，更好地回答时代给我们提出的课题，有必要建立中国特色的日本文化学科创新体系。

构筑中国特色的日本文化研究创新体系，关键是要进行理论方法的创新、研究体系的创新和研究成果的创新。第一，我们要总结以往研究的经验，致力于研究理论方法的创新。经过多年的研究积累和探索，我们认为在今后的日本文化研究中，应致力于“形成论”、“形态论”、“方法论”的有

① 李泽厚：《中日文化心理比较试说略稿》，载《历史本体论》，三联书店 2003 年版。

机结合与统一。日本文化始终处于变化之中，但这种变化又呈现出某种阶段性，每个阶段既有相对独立的形态，又与其他阶段保持着内在联系，只有将“形成论”与“形态论”的研究结合起来，才有可能真正理解和把握日本文化的本质。而随着时代的发展，还必须不断谋求研究方法的创新，将新的研究方法运用到“形成论”与“形态论”的研究之中去。“形成论”、“形态论”、“方法论”相统一的研究思路和方法，可以极大地避免研究的片面性和局限性，使研究体系和研究成果的全面创新成为可能。①

第二，开展系统的、体系性的日本社会文化研究。日本文化是一个系统，有着统一的内在原理；其又由若干侧面和层面所构成，有着具体性、重层性。我们要依据研究对象的特点，按照学科布局和规划，重新集结和调整研究力量，注重和加强对日本文化的体系性研究。即从日本文化的整体着眼，重视各个部分的内在联系，通过对各个部分的深入研究，形成对日本文化的全面而客观的认识。

第三，努力推出精品研究成果。理论方法的创新和研究体系的创新，最终要体现在研究成果的创新上。今后，我们要进一步明确研究方向，特别要立足于中国的国情和现实需要，把日本文化放在世界的视野、亚洲的视野中进行考察，注重长期性、战略性、前瞻性问题的研究；还要加强对深层日本文化的研究，如日本文化中的天皇制、神道以及武士道的研究等。同时，要积极创造各种有利条件，促进优秀研究成果的问世，以创新性研究成果回应国家的需要、人民的需要、学术发展的需要。

---

① 社科院专刊《中国社会科学报》，2011年6月16日。

近三十年来日本学界对中国少数民族研究动态概述

崔 莲[1]

学者们认为，日本民族学的发展，从1883年起经过萌芽、奠基和战后调整这三个时期，1964年以后进入了大规模开展世界民族研究的时期。但是，由于受到当时历史环境和政治因素的制约，在很长一段时间内日本对我国少数民族的研究几乎处于空白状态。直到20世纪70年代末，中国确立改革开放的国策，为日本学者开展中国少数民族研究提供了条件。进入80年代以来，中日交往广泛展开。日本学者陆续到我国少数民族地区访问、进行田野调查，写出了许多有关中国少数民族地区历史与文化的著作、纪行、论文等，取得了丰硕的研究成果。本文以1980年至2011年在日本出版的日文论著为主要依据，介绍日本对中国少数民族研究的情况。

一、总 论

1980年以前，在日本论述中国少数民族的专著寥寥无几。主要有松村一弥著《中国少数民族：历史、文化及现状》（1973）一书，作者在当时信息非常封闭的情况下，收集所有能收集到的资料，经过精心编排，对中国少数民族的历史、文化、语言等进行了概述。对中国少数民族进行全面概述的书，当时在日本还是第一本，它被学者们喻为“民族志概论”。[2]

进入80年代以后，随着改革开放的深入，日本学界对我国少数民族的研究越来越活跃，在日本陆续出版了不少相关专著。竹村卓二主编《汉族和邻近各族——民族同一性的各种状况》，是日本国立民族学博物馆（以

① 崔莲，女，朝鲜族，1954年生，中央民族大学图书馆副馆长、副研究馆员。主要研究方向：中国民族文献学。

② ［日］末成道男编：《中国文化人类学文献解题》，东京大学出版会1995年版。

下简称“民博”）研究报告别册（第14号，专集，1991）。该书中收有长期从事中国民族研究的学者们的论文12篇，内容涉及台湾、香港村社以及高山、壮、白、瑶等民族历史和现状研究。此书是1987—1989年民博由竹村卓二主持的“汉族的地域性和同一性：以华南为中心的整理和分析”项目的研究成果报告，是当时日本民族学界关于中国民族研究的集中反映，它对中国南方民族的研究提供了新的思路与启发。其他还有周达生著《中国民族志》（1980）、《讲述中国的少数民族：梅棹忠夫对话集》（1987）；加加美光行著《理解与展望：中国民族问题》（1992）；可儿弘明、国分良成、铃木正东、关根正美编著《从民族看中国》（1998）；毛里和子著《从周边看中国：民族问题与国家》（1998）；市川捷护、市桥雄二著《走访中国55个少数民族》（1998）一书，依据作者的见闻，以游记形式对中国55个少数民族进行了概括性介绍；松本ますみ著《中国民族政策之研究：以清末至1945年的“民族论”为中心》（1999）等。

进入21世纪之后研究更深入，成果更丰富。塚田诚之、濑川昌久、横山广子编《流动的民族：中国南部的流动与民族特性》（2001），该书是以1994——1996年进行的民博共同研究项目“中国大陆诸民族的流动及民族特性——以华南地区为中心”为基础。研究目的是全面探讨随着中国南部地区诸民族的流动所产生的民族特性。塚田诚之编《民族流动与文化的动态：中国周边地区的历史与现实》（2003）一书，是1997年至1999年进行的民博共同研究课题“中国诸民族的流动与文化的动态——以周边地区为中心”之成果，论述中国南部及北部等边疆地区民族的流动与文化的动态，涉及回族、蒙古族、傣族、土家族、藏族、普米族、汉族、壮族等民族。长谷川清、塚田诚之编《中国的民族表象：以南部地区为中心的人类学历史学研究》（2005）一书，是2000—2002年进行的民博共同研究课题“中国的民族表象的人类学与历史学研究：以南部地区为中心”之成果，课题负责人为长谷川清。塚田诚之编《民族表象的政治性：以中国南部为中心的人类学·历史学研究》（2008），该书是从人类学、历史学角度，对中国南部民族表象的政治性进行研究的论文集，是日本国立民族学博物馆共同研究课题“中国民族表象的政治性——以南部地区为中心的人类学、历史学研究”之成果。塚田诚之编《中国国境地区的流动与交流：近现代中国的南部与北部》（2010），是对中国少数民族研究的论文集。此外，王柯著有《多民族国家中国》（2005）、《20世纪中国的国家建设与“民族”》（2006）、《一统天下：中国多民族国家的历史》（2007）；洪英著有《中国地方制度中的自治问题：以民族区域自治制度的考察为中心》（2006）；加加美光行著有《中国的民族问题：危机的本质》（2008）。

法学类文献：

小林正典著《中国的市场经济与民族法律制度：少数民族可持续发展与法律制度的变革》（2002）介绍了具有中国特色的法制政策和随着市场经济体制的发展、民族关系的变化而产生的诸问题。西村幸次郎编著《中国少数民族自治与习惯法》（2007）一书，是2003年开始的“中国少数民族法制之综合研究”课题之成果，记述了作者调查北京、青海、内蒙古、四川、上海、贵州、云南、新疆、广东、广西等地少数民族以及与大学、科研机构研究人员、法官、律师等交流的内容。

经济类文献：

佐佐木信彰编《现代中国的民族与经济》（2001）一书，是日本大阪市立大学经济学部为开设面向学生和广大市民的讲座而编写的。内容涉及中国民族区域自治政策及汉族、满族、朝鲜族、壮族、傣族、藏族、蒙古族、回族、维吾尔族等民族。此外还有大石惇、森诚编著《中国少数民族：农业与食物》（2002）等。

语言类文献：

日本著名西夏学、语言学家西田龙雄教授著有《西夏文字——解读法》（1980）、《倮倮译语之研究：倮倮语的结构语与体系》（改订1980）、《藏缅语族的语言类型学研究》（1985）、《西夏文字的计算机处理研究：以编纂西夏文字辞典为目的》（1988—1990）、《西夏文字入门：丝绸之路之谜》（1989）、《白马译语之研究：白马语的结构与系统》（与孙宏开合著，1990）、《电脑处理西夏文字诸解对照表》（1994）、《西夏文字解读》（1994）、《西夏王国的语言与文化》（1997）、《西夏文〈妙法莲花经〉译注》、《西夏语研究与法华经：1—4》（2007）等。

岩佐昌暲著《中国少数民族与语言》（1983）一书，是在参考我国大批民族语言论著资料基础上较详尽地介绍了我国少数民族语言的著作。此书着重介绍语音、词汇和语法方面汉语对少数民族语言的影响。此外还有中岛干起编《有关语言文化接触的研究　第6号调查报告：中国周边部的语言接触与社会文化变化——汉族文化与非汉民族文化间的相互关系》（1993）、朝克选录、津曲敏郎补正的《中国通古斯诸语对照基础词汇集》（1997）、冈本雅享著《中国少数民族教育与语言政策》（1999，2008年出版了修订本）等。

教育类文献：

小川佳万著《社会主义中国的少数民族教育：“民族平等”理念的展

开》(2001)，该书通过对中国少数民族教育的分析，论述了中国民族平等政策。

文学类文献：

第一，西胁隆夫论著。1983 年 4 月，西胁隆夫创办了日文期刊《中国少数民族文学》（岛根大学史文研究室《中国少数民族文学》刊行委员会发行），并亲自担任主编。这是日本第一家专门介绍、研究中国少数民族文学的刊物，介绍了中国西北、东北、西南地区部分少数民族的文学作品。该刊第一集为《小说特集》；第二集为《新疆少数民族文学专号》(1985)；第三集为《特集：东北、内蒙古》（1991）。回族文学就是最先由这一份期刊介绍到日本。西胁隆夫编《中国的少数民族文学》（2001）一书，收录了作者近 20 年来发表的有关中国少数民族的论文，是作者 20 年研究成果之集大成。内容分为中国少数民族文学总论和中国少数民族口头文学两部分。西胁隆夫著《对中国西北少数民族叙事诗的基础研究》(1986—1987)，是得到文部省资助的研究成果报告书。

第二，君岛久子论著。君岛久子编《亚洲民话》(1982)。君岛久子著《中国的神话》(1983)。君岛久子著《天狗吃月亮：中国的传说》(1987)。君岛久子编《东亚创世神话》（1989)，是由编者组织的民博共同研究课题“创世神话与民族集团的形成”（1982—1986）之研究成果。编者的目的在于探讨东亚各地诸民族所传创世神话与保留它的民族集团之间的关系。书中对神话研究中资料历来为空白点的中国西南各民族的创世神话进行了众多考察。

第三，其他论著有：牧田英二著《中国边境文学：少数民族作家与作品》(1989)；工藤隆著《对歌与神话溯源——作为少数民族文化的日本古代文学》(1999)，工藤隆编《中国少数民族与日本文化：探寻古代文学的古层》(2002)；繁原央著《中日民间故事的比较研究》(2004) 等。

第四，关于日本研究中国少数民族文学的动态，可参考张正军《二十世纪日本学者对云南少数民族历史文化的研究》① 及《论日本学者对云南少数民族民间文学的研究》②、陈志勤《近 20 年来日本民间文学研究概述——以有关中国的研究为主》③、王玲《西南少数民族民间文学与日本学

① 《云南社会科学》2005 年第 6 期。

② 《云南民族大学学报》2006 年第 1 期。

③ 《杭州师范学院学报》2007 年第 3 期。

者之研究》[1] 等文。

艺术类文献：

日本京都美乃美翻译出版了民族出版社编的《中国少数民族歌舞与乐器》（1981）。后藤淑、广田律子编《中国少数民族假面剧》（1991）一书，对中日“面具剧”进行了比较，内容以介绍和报告为中心，此书可以说是日本对我国少数民族“面具剧”研究的开端。此外还有星野紘著《对歌与禹步的民族志：探索中国的古代歌舞》（1996）等。

民族史志类文献：

第一，鸟居龙藏研究文献；鸟居龙藏博士图片资料研究会编《东京大学综合研究资料馆藏鸟居龙藏博士图片资料目录（1—4 部）解説》（1990）；东京大学综合研究资料馆特别展示实行委员会编《留在干板上的世界：鸟居龙藏所见到的亚洲》（1991）；民博编《鸟居龙藏所见到的亚洲：民族学之先驱》（1993）；中薗英助著《鸟居龙藏传：走遍亚洲的人类学者》（1995）；田畑久夫著《民族学者鸟居龙藏：亚洲调查轨迹》（1997）等。第二，影印版资料有：赤松智城、秋叶隆著《满蒙民族与宗教》（1996）；山下晋司等编有《亚洲太平洋地区民族志选集（30），满洲民俗考、满蒙民族志》（2002）、《亚洲太平洋地区民族志选集（34），绥远的蒙古民族、满洲鄂伦春之研究》（2002）、《亚洲太平洋地区民族志选集（35）》等书。第三，爱新觉罗·乌拉熙春近些年来在女真、契丹、文字和辽金史研究领域取得了令人瞩目的成果，引起国内外学术界的关注。其论著有：《女真文字书研究》（2001）；金光平、金启孮、乌拉熙春著《爱新觉罗氏三代阿尔泰学论集》（2002）、《女真语言文字新研究》（2002）；金启孮、乌拉熙春著《女真文大辞典》（2003）；金启孮，乌拉熙春著《女真语、满洲通古斯诸语比较辞典》（2003）、《契丹语言文字研究》（2004）、《辽金史与契丹、女真文》（2004）、《金启孮先生逝世周年纪念文集》（与金适、吉本道雅合编 2005）、《契丹大字研究》（2005）、《从契丹文墓志看辽史》（2006）等。爱新觉罗·乌拉熙春著《爱新觉罗·乌拉熙春女真契丹学研究》（2009）一书[2]，是一部学术研究论集，共收录作者近 5 年来发表的论文 26 篇，其中 6 篇是用日文撰写。爱新觉罗·乌拉熙春著《明代的女真人：从〈女真译语〉到〈永宁寺记碑〉》（2009），在

---

① 《西南民族大学学报》2007 年第 9 期。

② 太平：《评乌拉熙春女真契丹学和辽金史研究的新作》，载《辽宁师范大学学报》2009 年第 5 期。

对1413年由女真人写的《永宁寺记碑》以及明代四夷馆编纂的《女真译语》杂字的全面解读基础上，对15世纪该碑文书写者辽东女真人使用的语言以及与此有些差异的《女真译语》中所反映的语言，从文字、音韵、语法等方面进行了分析。同时从文化史的推移以及女真部族的发展、迁移等民族史角度进行了考察。此外还有爱新觉罗·乌拉熙春、吉本道雅著《从韩半岛资料看契丹、女真》（2011）等。

服饰类文献：

翻译出版了中国美术家协会贵州分会和人民美术出版社编的《中国少数民族染织刺绣篇（全9卷）》（1981—1986）及中央民族学院和人民美术出版社编《中国少数民族服饰》（1982）、《多彩的服装：中国55个少数民族的服饰》（1997）。

考古类文献：

郑永振著、成泽胜编《古代通古斯诸族坟墓之比较研究》（2003）。

工具书：

末成道男等编《中国文化人类学文献解题》（1995）一书，是对中国文化人类学基本文献进行解题之书。书中收录了截止1992年12月的中、日、欧文相关条目600条，其中文献480条、目录120条；该书还收录了部分重要论文，内容包括人类学、历史学、考古学、民俗学、语言学、地理学、社会学等多学科。高水平的编撰者队伍、出版社，所选文献的多语种、代表性及编排的科学性、新颖性和很强的使用性等，使此书成为一部研究中国民族学的上乘之作，填补了我国少数民族文献目录学上的空白。此外还有田畑久夫等著《中国少数民族事典》（2001）等。

二、各省区民族研究文献

（一）西南地区

20世纪80年代，日本兴起了到中国西南少数民族地区的寻根热，这使以云南省为主的中国西南地区成为日本研究的热点地区。

谷口房男和小林隆夫编有《明代西南民族资料·明实录抄》（第一册，1983）、《明代西南民族资料·明实录抄》（第二册，1994）等。佐佐木高明编著《在云南照叶树林下：国立民族学博物馆中国西南部少数民族文化学术调查团报告》（1984）一书，是1982年由日本民博成员为主组成的中国西南少数民族文化学术调查团的调查报告。此书作为中国与日本民博学术交流的成果，具有划时代意义。白鸟芳郎著《华南文化史研究》(1985)，是集作者近30年研究成果之大成，他的学说已为我国历史学界和民族学界所熟悉。白鸟芳郎教授古稀记念论丛刊行会编《亚洲诸民族的历史与文化：白鸟芳郎教授古稀记念论丛》(1990)，收录了有关华南少数民族的论考。鸟越宪三郎著有《从倭族到日本人》(1985)。铃木正崇著有《中国南部少数民族志：海南岛、云南、贵州》(1985)。古岛琴子著《中国西南少数民族》(1987)一书，是依据作者访问中国时的资料和见闻写成的游记，记述对象有傣族、布依族、侗族、瑶族等民族。千田博之等编有《青海高原：从西宁到成都》(1990)。中国西南民族研究学会和民博编辑出版的《中国西南诸民族文化的研究：日中共同研究报告集》(1990)，是民博于1986年9月18日至20日召开的日中联合研讨会“中国西南民族研究集会”的论文集，收有中日学者18篇论文。镰泽久也著《南诏往乡：中国西南的人们》(1996)，叙述中国西南部风俗习惯。渡部武、渡部顺子著有《中国西南传统生产工具图录》(2000)。工藤元男编著《中国世界遗产之旅3，四川、云南、西藏》(2005)。高山阳子著《民族之影像：中国民族观光旅游之方向》(2007)，在世界范围内兴起旅游热之际，该书重点论述中国西南少数民族如何保持其“民族风情”之原貌。

有关贵州省的研究，有西干夫摄、黑川美子文著《中国贵州省少数民族生活与节日：走访苗族、侗族、布依族、汉族村》(2008)。该书图文并茂，是关于中国贵州省民族生活与节日的著述。

有关云南省的研究，有周达生撰《中国民族志：从云南到戈壁》(1980)，该书是作者根据“文革”结束后对中国少数民族地区调查后得到的丰富见闻撰写而成。由于作者利用大量照片在书中生动地反映了少数民族衣食住行的实际状况，因而被日本民族学界喻为“活的民族志”。此书与松村一弥著《中国少数民族》一书，当时作为中国少数民族研究领域的入门书在日本受到很高评价，而松村一弥和周达生也被喻为中国少数民族研究的先行者。此外还有佐佐木高明著《照叶树林文化的传播道路：从不丹、云南到日本》(1982)，森田勇造著《探寻倭族之源——云南、阿萨姆山地民族调查之行》(1982)，饭仓照平编《云南的民族文化》(1983)，鸟越宪三郎编著《始于云南之路：探寻日本人的根》(1983)，萩原秀三郎著《云南——日本的原乡》(1983)，NHK取材班著《云南——少数民族之天地》(1985)，牧野巽著《牧野巽著作集》第4卷《云南民族史研究》(1985)，伊藤清司著《中国民话之旅：云贵高原的稻作传承》(1985)，西岛雅博著《云南边陲：中国少数民族纪行》(1992)，藤岛薰著《云南、岭南的少数民族：藤岛薰写真集》（1993），吉野正敏著《云南田野调查札记》（1993），镰泽久野著《云南：中国西南的人们》（1993），福田一郎、山本英治著《米食的民族志：尼泊尔、云南和日本》（1993），渡边武等编《云南的生活与技术》（1994），铃木五一编著《中国云南少数民族饮食相关调查报告：走访西双版纳的村庄和市场》（1995），渡部武著《云南少数民族传统生产工具图录》（1996），北山昌夫编著《西双版纳》（1997），川野和子著《中国迷人的云南：1万2千公里风景》（1997），云岭之华刊行会编《云岭之华：中国云南省25个少数民族素描》（1997）等。

有关云南省的研究，有工藤隆、冈部隆志著《中国少数民族对歌調查全记录》（2000），福山阳子著《云南之旅》（2001），爱知大学现代中国学部中国实地研究调查委员会编《学生眼中的昆明社会：民族、农村、环境、西部大开发》（2003），萩野矢庆记著《云南25个少数民族：萩野矢庆记写真记》（2003），石岛纪之著《云南与近代中国》（2004），若林敬子研究室编《关于中国云南少数民族人口、婚姻与国际人口流动的国际会议论文集》（2006），山村高淑、张天新、藤木庸介编《世界遗产与地区振兴：生活在中国云南省丽江》（2007），唐立编《中国云南少数民族生态关联碑文集》（2008），西谷大著《多民族居住的山区民族志》（2011），王柳兰著《跨境生活的云南籍穆斯林》（2011），栗原悟著《云南的多彩世界：历史、民族、文化》（2011），唐立编《云南西部少数民族古文书集》（2011）等。

另外，张正军著《文化寻根：日本学者之云南少数民族文化研究》[①]一书，是国内学术界首部总结、评析日本学者对云南少数民族文化研究的专著。该书有助于中国学者全面、系统地了解日本学者对云南少数民族历史文化研究的全貌、学术研究的轨迹及新动向。

（二）台湾

战后日本对中国台湾原住民研究始于20世纪60年代。经过20多年的研究，到20世纪80年代时日本对中国台湾原住民的研究已很活跃，取得众多质量上乘的研究成果。其中，日本顺益台湾原住民研究会的成果尤引人注目。

1994年4月，成立了日本顺义台湾原住民研究会。研究会总负责人为

---

① 张正军著：《文化寻根：日本学者之云南少数民族文化研究》，上海交通大学出版社2008年版。

东京大学东洋文化研究所的末成道男。该研究会将有关台湾原住民的研究论文和各种资料，以单行本的形式公开发行。

第一，台湾原住民研究相关工具书与研究动向类书。

日本顺益台湾原住民研究会编《台湾原住民研究概览：从日本的视角》（1999）。该书是1994年日本顺益台湾原住民研究会成立以来，为了全面掌握台湾原住民研究概况，组织一批专家学者编写而成。书中对100多年来日本对台湾原住民研究的历史进行了全面、系统的叙述，对相关文献进行了系统的梳理，对重要文献进行解题，还收有相关重要资料。该书学术性强，资料很丰富，是了解台湾原住民研究情况的重要的指南书。笠原政治编《日本台湾原住民研究文献目录：1945—1996》（1997），收有以文化人类学与语言研究为主的图书、论文、调查报告、目录850件。此外还有日本顺益台湾原住民研究会编《台湾原住民研究指南》（1998）、台湾原住民研究学术会委员会编《台湾原住民研究：日本与台湾研究之回顾与展望》（2006）等。

台湾原住民研究资料丛书。森口恒一编《伊能嘉矩蕃语调查手册》（1998），是伊能嘉矩1897—1900年在台湾进行语言调查的成果。清水纯著《噶玛兰族神话传说集》（1998）书中所收录的每个故事，都是作者1984—1986年在当地以原语录音采集得来。松泽员子编《排湾传说集》（1998）收录了小林保祥氏1921—1938年在中部排湾族村落采集的民间传说。《伊能嘉矩所藏台湾原住民写真集》（1999）汇集了与鸟居龙藏同时代进行实地调查的伊能嘉矩收集的图片资料，并附有说明。

第二，日本顺义台湾原住民研究会还编有会刊《台湾原住民研究》（年刊），从1996年至2010年已出版14期。该刊学术性强、资料丰富，值得关注。

有关战前台湾的研究成果有：（1）伊能嘉矩、粟野传之丞著《台湾蕃人事情》（影印版2000）及《伊能嘉矩：乡土与台湾研究之生涯》（1995），荻野馨编著《伊能嘉矩：年谱、资料、书志》（1998）等。（2）森丑之助（1877—1926）著《佐藤春夫与森丑之助书简》（2003）。（3）山崎柄根著《鹿野忠雄：被台湾迷住的自然主义者》（1992），鹿野忠雄著《山、云与蕃人：台湾高山纪行》（2002）。（4）马渊东一著《马渊东一著作集：1—3卷·补编》（1974，1988），集马渊东一主要著作之大成，其中有很多台湾研究论文，补编中收有著作目录和年谱。此外还有马渊东一等著《马渊东一座谈录》（1988），笠原政治编《马渊东一与台湾原住民族研究》（2010）。（5）宫本延人（1901—1987）著《台湾原住民族：回忆我的民族学调查》

(1985)。宫本延人、濑川孝吉、马渊东一编《台湾的民族与文化》(1987),是战前在台湾从事实地调查并获得卓越成果的三位研究者——宫本延人、濑川孝吉、马渊东一于1986年3月21日、23日的谈语录。书中包括三位学者活跃时代的台湾研究之回顾，也包含了关于战后研究进展状况的解说和对未来的展望。此外还有“台北帝国大学”土俗人种学研究室编《台湾高砂族系统所属之研究》第一册《正文篇》(影印版1988)、《台湾高砂族系统所属研究》第二册《资料篇》(影印版1988)。(6)濑川孝吉摄影、汤浅浩史著《濑川孝吉台湾先住民写真志：邹族篇》(2000);濑川孝吉摄影、汤浅浩史著《濑川孝吉台湾先住民写真志：布农族篇》(2009)。(7)国分直一著《祭壶村——台湾民族志》(影印版1981)一书，是1944年由台湾东都书籍出版的《祭壶村》的影印本，是有关平埔族的实地调查资料之一。此外还有国分值一著《台湾考古民族志》(1981)。(8)“台湾总督府警察署”编《理蕃志稿》(影印版1989),《古野清人著作集(1)高砂族的祭祀生活》(第2次影印版，1990),“台湾总督府警察局理蕃课”编《理蕃之友：全4册》(影印版，1993),大空社编《台湾生蕃种族写真集》(影印版，2008)。

其他研究成果有：末成道男著《台湾阿美族的社会组织与变化：从上门女婿到娶媳妇》(1983)。该书根据著者1968—1969年对居住在台湾东部台东县沿岸的阿美族一村落进行的长期田野调查，从社会人类学角度对阿美族社会组织进行了记述和分析。张良泽、上野惠司编《写真集：台湾原住民的风俗》(1985),收录了日本统治时代拍摄的台湾原住民图片，附以简介。清水纯著《噶玛兰族：变化着的台湾平地之人》(1992)一部居住于台湾东部海岸的噶玛兰族的民族志。此外还有天理大学、天理教道友社编《伴随火焰的心：天理大学附属天理参考馆所藏台湾原住民服饰》(1993),松泽员子编《台湾先住民文化：传统与再生》(1994),原英子《台湾阿美族的宗教世界》(2000),住田イサミ著《台湾原住民的刺绣与刺绣品》(2002),松田吉郎著《台湾原住民与日本语教育：日本统治时代台湾原住民教育史研究》(2004),山本春树等编《台湾原住民族的现在》(2004),野林厚志著《狩猎野猪的民族考古学：台湾原住民的生业文化》(2008),山路胜彦著《台湾泰雅族的100年》(2011),松田吉郎著《台湾原住民的社会教化事业》(2011)等。

关于日本对台湾原住民研究动向，可参考末成道男著《日本对台湾原住民的人类学研究：1895—1999 年（上下）》[①]。

（三）西北地区

有关宁夏回族自治区的研究成果有：保母武彦、陈育宁编《中国农村的脱贫与环境绿化：来自宁夏回族自治区的报告》（2008），石原润等编《宁夏回族自治区的经济与文化》（2008），关满博编《中国边境地区产业发展战略：西部大开发与宁夏回族自治区》（2009）等。

有关青海省的研究成果有：大正大学综合佛教研究所编《中国青海省塔尔寺佛教文献目录》（1999）一书是日本大正大学综合佛教研究所对中国青海省塔尔寺进行的文献调查之成果，2000 年出版了改订版。

（四）中南地区

这一时期，日本有关中国南方民族的研究也有了显著进步。中国大陆古文化研究会编的《中国大陆古文化研究》（第 1—10 集合订复制本，1995）一书，收有该会 1965—1980 年间出版的十集会刊。其中，第一集为《中国少数民族研究专集》（1965），第八集为《纳西族专集》（1978），第九、第十合集为专集《华南、东南亚大陆山地民及平地民历史民族学研究》（1980）。有关华南诸民族的研究当时还处于摇篮时期，中国大陆古文化研究会起了先驱者作用，该会会刊，成为研究中国少数民族的基本文献之一。冈田宏二著《中国华南民族社会史研究》（1993）一书，征引大量资料，对中国南方古代民族及其经济形态、瑶族族源、宋代广西地区以及从五代到宋代的湖南地区的民族进行了综合研究，提出了不少精辟的见解，反映了当时日本学者对华南民族史研究的最高水平。这本专著是著者 20 年研究成果之汇总。竹村卓二编《礼仪、民族、境界：华南诸民族“汉化”的诸相》（1994）一书，是民博共同研究课题“中国大陆少数民族受汉族影响的诸种表现：以礼仪为中心进行的整理与分析”之研究成果。此外还有浅川滋男著《住居的民族建筑学——江南汉族与华南少数民族住居论》（1994），谷口房男著《华南民族史研究》（1996）及《华南民族史研究续》（2006）等。

有关广东省的研究成果有，牧野巽著《牧野巽著作集》第 5 卷《中国的流动传说、广东原住民族考》（1985）等。

---

① 《世界民族》2001 年第 3、第 6 期。

有关海南省的研究成果有：新谷忠彦、杨昭著《海南岛门语——分类词汇集》（1990），该词汇集记录了在中国海南岛被称为“苗”族的人们所操语言。虽然在当地他们被称做“苗”族，但他们的语言并非苗语语支，而明显地属于瑶语语支。该书中的门语资料，来自1987年12月至1988年1月中日联合进行的海南岛人类学、语言学调查成果。

有关广西壮族自治区的研究成果有：菊池秀明编著《广西移民社会与太平天国：正文篇、史料篇》（1998），作者依据在广西调查时发现和收集到的史料，对太平天国运动的社会背景、特别是成为当时运动发源地的广西移民社会的形成及其特点进行了论述。《史料篇》收有作者收集到的族谱、碑文等43篇史料，其中只有一部分曾进行过介绍，具有一定的史料价值。

有关湖南省的研究成果有：土田充义、杨慎初编《中国湖南省的汉族与少数民族的民居：共同研究》（2003），鹿儿岛大学工学部与湖南大学建筑系1994年至1996年间对湖南省地区汉族和少数民族民居的田野调查报告书等。

（五）东北地区

畑中幸子和原山煌编《东北亚历史与社会》（1991）一书，是有关满、赫哲、朝鲜、蒙古、达斡尔等东北民族的历史、文化、社会的论文集。此外还有松浦茂著《清朝对黑龙江政策与少数民族》（2006）等。

三、有关各民族的研究成果

日本对我国藏族、蒙古族、满族、维吾尔族、苗族、彝族、鄂温克族等民族的研究主要有：

（一）藏族

日本的藏学研究在国际藏学界具有举足轻重的作用。由于历史原因，日本成为世界上拥有藏文文献最丰富的国家之一，这极大地推动了日本的藏学研究。

首先，日本的西藏研究文献目录很全面。其中，贞兼绫子编有《西藏研究文献目录》（1982）及《西藏研究文献目录Ⅱ》（1997）。前者收录1877—1977年长达100年间有关西藏及其周围地区的日文、中文著作与论文目录6472条，是当时所见数量最多的日、中文藏学目录。后者收集了

1978—1995 年所发表的有关西藏的著作和论文目录共 5536 条，此书也以其多语种性及全面性、系统性、及时性在藏学研究领域具有重要的使用价值。1995 年之后出版的《日本西藏研究文献目录》，仍由贞兼绫子编写。至 2012 年 4 月底，该目录集已收有 1300 多条目录。[①] 此外，索文清编《西藏研究文献书目》（1999）收有战后在中国与日本发表的著作、译著、文献、资料目录。此外还有药师义美编《喜马拉雅文献目录》，1972 年出版私家版，白水社 1984 年出版增订第 2 版，1994 年出版增订第 3 版，1995 年出版修订目录，2011 年出版修订版第 4 版，该书也是藏学研究的重要工具书。

其次，早期入藏的日本藏学研究先驱所得资料得到很好的整理与开发。

河口慧海（1866—1945）是众多外国入藏者中颇具影响的人物之一。河口慧海著述有：长泽和俊编《西藏旅行记》（白水社，1978），《西藏旅行记》（旺文社，1978），《西藏旅行记：全 5 卷》（讲谈社，1978），《第二回西藏旅行记》（讲谈社，1981），《西藏旅行记》（白水社，1983），《西藏旅行记：全 5 卷》（讲谈社，1993），《河口慧海著作集：全 17 卷，别卷 2 册》（1998—2004），《西藏旅行记（上下）》（白水社，2004）；奥山直司编《河口慧海日记：喜马拉雅、西藏之行》（2007）；日高彪编《河口慧海选集》（2009—2012），已出版第 1—6 卷、第 8 卷。河口慧海相关著述有：东北大学文学部东洋、日本美术史研究室编《河口慧海请来西藏资料图录：东北大学文学部所藏》（1986），黄檗文化研究所编《河口慧海进入尼泊尔、西藏 100 周年纪念图录》（1998），高山龙山著《河口慧海——人、旅行、业绩》（1999），河口正著《河口慧海：日本最初的入藏者》（新版 2000），高山龙三编著《展望河口慧海论》（2002），奥山直司著《河口慧海评传》（2003），奥山直司著《河口慧海评传》（2009）等。

多田等观（1890—1967）著述有：《西藏》（岩波书店，1982），多田等观口述、牧野文子记录《西藏滞留记》（白水社，1984），多田等观著、牧野文子编《西藏滞留记：新版》（1999），多田等观著、牧野文子编《西藏滞留记》（2009），多田等观著、今枝由郎编《多田等观全集：西藏佛教与文化》（2007）。多田等观相关著述有：秋田市立红砖乡土馆编《多田等观资料展图录》（1993），多田明子、山口瑞凤编《多田等观：献给西藏大

---

① 日本西藏学会网址为：http：//jats. web6. jp/whats_ jats. html。

藏经的一生》(2005)，高本康子著《作为西藏学僧人的日本人：多田等观的一生》(2012) 等。

青木文教 (1886—1956) 著述有：《西藏游记》(1990)、《秘密之国西藏》 (1995)，青木文教著、长野泰彦、高本康子校订《西藏全志》(2010) 等。和青木文教相关的图书有：安云川町教育委员会编《青木文教》(1994)，长野太彦《国立民族学博物馆藏青木文教师带来的西藏民族资料目录》(1983) 等。

能海宽 (1868—1901) 著述有：《能海宽遗稿》(1998) 和《能海宽著作集：全 15 卷，别册 1 卷》 (2005—2009)。能海宽相关著述有：隅田正三著《西藏探险的先驱者：求道之师能海宽》(1989)，江本嘉神著《能海宽：在西藏失踪的旅行者》 (1999)，隅田正三著《求道之师能海宽》(2010) 等。

寺本婉雅 (1872—1940) 著述有：寺本婉雅译《佛说无量寿经・佛说阿弥陀经：藏汉和三体合璧》(1981)，寺本婉雅著《寺本婉雅选集 1・十万白龙》(2003)、《寺本婉雅选集 2 西藏传译佛所行赞》(2004)、《寺本婉雅选集 3 于阗国史》(2005)、《寺本婉雅选集 4 藏语文法》(改订增补)(2005) 和寺本婉雅译《寺本婉雅选集 5 印度佛教史》(2004) 等。

日本藏学研究的相关图书还有：村上护著《风之马——西藏求法传》(1989)，江本嘉伸著《西藏漂泊：被西藏迷住的 10 个日本人 (上下)》(1993—1994)，高本康子编《日本入藏僧人所拍西藏写真资料：以青木文教、多田等观、河口慧海中心》(2011) 等。

此外，日本在 2009 年至 2010 年间出版了《近代西藏史丛书》，共 9 卷。这套丛书也是藏学研究的珍贵史料。其中包括：第 1 卷《西藏问题：青木文教外交调查报告》 (青木文教著，外务省调查局、惠文社史料室编)；第 2 卷《西藏民族与文化》 (青木文教著)；第 3 卷《西藏探险记》(高山洋吉译)；第 4 卷《西藏：过去与现在》 (田中一吕译)；第 5 卷《西藏：英帝国主义的侵略史》(松山公三译)；第 6 卷《西康事情》(杨仲华著，村田孜郎译)；第 7 卷《青海概说》 (东亚研究所编)；第 8 卷《补注西藏通览》(山县初男编著)；第 9 卷《西藏关系文集：明治期文献篇》(日高彪编) 等。

第三，日本东洋文库是一个世界闻名的亚洲文献资料收藏中心，编辑出版了众多文献。1980 年之后编辑出版的有关藏学研究的文献有：《西藏佛教宗义研究：全 9 卷》(1974—2011)；《斯坦因蒐集藏文文献解题目录：全 12 册》(1977—1988)；福田洋一、东洋文库编《关于西藏历史、宗教、语言、民俗的基本资料的综合研究》（1988—1990）；文部省资助成果报告书《西藏伦理学研究：全6卷》（1989），《西藏佛教基本文献》（1996—2002）（已出版第1—4卷、第7卷）。

第四，其他学者藏学研究著述有：山口瑞凤著《吐蕃王国成立史研究》（1983）、《敦煌胡语文献》（1985）、《西藏的佛教与社会》（1986）、《西藏（上下）》（1987—1988）、《藏语文语文法》（1998）、《藏语文语文典概论》（2002）、《藏语语法文典要点》（2003）等。此外还有佐藤长著《中世纪西藏史研究》（1986），长野泰彦编《西藏的语言》（1986），长野泰彦、立川武藏编著《西藏的语言与文化》（1987），北村甫、长野泰彦合编《现代藏语分类辞典》（1990），盐泽孝萍著《时轮西藏：写真集》（2000），平野聪著《清帝国与西藏问题》（2004），大岩昭之著《西藏寺院·建筑巡礼》（2005），长野泰彦编《西藏苯教之神》（2009），松冈正子著《羌族与四川藏族：中国青藏高原东部的少数民族》（2009），正木晃著《西藏佛教美术》（2009），小堀熊三著《支撑天路列车西藏铁路的技术》（2009），高本康子著《近代日本西藏观的形成与展开》（2010），川胜守著《西藏诸族的历史与东亚世界》（2010），森雅秀著《西藏的佛教美术与曼陀罗》（2011），森一司摄影、大岩昭之编《拉达克·赞斯喀尔的佛教壁画》（2011），札西才让著《日语与藏语安多方言使役表现的对比研究》（2011）等。

日本西藏学会成立于1953年，是专门研究藏学的学术团体之一。该学会出版有《日本西藏学会会报》（简称：JATIS），该刊是日本唯一的藏学研究专刊，至2009年已出版55期。

关于日本藏学研究动向，可参考李丽、秦永章《河口慧海的入藏活动及其对日本藏学的贡献》①、秦永章《当代日本的藏学研究机构及出版物》② 及《日本藏学发展简史——萌芽和创立时期（1812—1954）》③、樱井龙彦、李连荣《百年日本藏学研究概况》④ 等文。

（二）蒙古族⑤

13世纪成书的《蒙古秘史》，是一部记述蒙古民族形成、发展、壮大

① 《西藏大学学报》（汉文版）2004年第2期。

② 《西藏大学学报》（汉文版）2005年第4期。

③ 《西藏大学学报》（汉文版）2006年第2期。

④ 《中国藏学》2006年第4期。

⑤ 参考《日本关于〈蒙古秘史〉的研究概况》。

之历程的典籍，受到国内外学者的重视。在世界范围内已形成了专门研究《蒙古秘史》的“蒙古秘史学”。日本学者研究《蒙古秘史》，首先是以翻译为主要途径，逐步深化研究的。与其他国家的研究相比，日本是《蒙古秘史》译注本最多的国家。进入20世纪80年代以后，日本学者对《蒙古秘史》的翻译与研究都取得了丰硕成果。

国际著名的蒙古学家小泽重男教授代表作有《元朝秘史全释（上中下）》（1984—1986）、《元朝秘史全释续考（上中下）》（1987—1989）。此六本书的完成，被认为是日本《蒙古秘史》研究史上的金字塔，意味着《蒙古秘史》译注这一重大工程业已完成。小泽重男著《元朝秘史》（1994）一书，是根据前人的研究成果，总结各家观点的著作，是作者多年从事《蒙古秘史》研究的精华之作，被称为是20世纪《蒙古秘史》研究的总括。小泽重男其他著述还有：《现代蒙古语辞典》（1983）、《现代蒙古语辞典》（修订版，1994）、《元朝秘史蒙古语文法讲义——附元朝秘史蒙古语辞典》（1993）、《元朝秘史蒙古语文法讲义（续讲）》（2000）、《元朝秘史蒙古语文法讲义（终讲，上）》（2005）、《蒙古语会话练习》（修订版，1996）、《元朝秘史（上下）》（译著，1997）。《蒙古语文言文法讲义》（1997）一书，作者使用浅显易懂的语言，对蒙古语语法进行了详细讲解，使此书成为人们利用字典能够自学蒙古语的参考书。在日本出版的有关蒙古语语法的书，战前有小岛武男著《蒙古语文典》（文求堂，1941年），战后《蒙古语文言文法讲义》属于第一部。

进入21世纪之后，贾林均编辑出版多部论著：《〈元朝秘史〉蒙古语全词汇、语尾索引》（与确精扎布合编，2001），《华夷译语（甲种本）蒙古语全单词、语尾索引》（2003），《〈御制满珠蒙古汉字三合切音清文鉴〉蒙古语排列对应词汇》（与呼日勒巴特尔合编，2006）；《〈元朝秘史〉蒙古语汉字音译、意译汉语对照词汇》（2009），《〈蒙文总汇〉：蒙古语拉丁字母转写排列》（2010）等。

日本蒙古学的著述还有：日本经济新闻社编《北方骑马民族文物展：中国内蒙古》（1983），大塚和义著《草原与森林中的民族：走访中国内蒙古草原和大兴安岭的少数民族》（1988）。梅棹忠夫著《梅棹忠夫著作集（2）蒙古研究》（1990），收有作者1944—1946年对草原进行田野调查的学术成果，对了解当时蒙古族社会情况及其研究状况有较高的参考价值。小长谷有纪著《蒙古之春》（1991），是作者1988年3月利用一个月时间在内蒙古锡林浩特市郊区牧区进行实地调查的报告。小长谷有纪著《蒙古万华镜》（1992），是关于蒙古游牧民族生活文化的概论。此外还有，亚细亚大学亚洲研究所编《变革中的教育及其诸问题：以蒙古、前苏联、中国（内蒙古）为中心》（1995），永瀬东彦著《中国内蒙古旅行日记》（1995），田正信著《内蒙古草原日記》（1999），森久男著《德王研究》（2000），井上治著《库图克台彻辰鸿台吉研究》（2002），藤井麻湖著《蒙古族英雄叙事诗之结构研究》（2003），佐藤正卫著《成吉思汗之源流：蒙古民族的文化基础与历史》（2006），武田和哉编《草原王朝、契丹国（辽朝）遗迹与文物：内蒙古自治区赤峰市区的契丹遗迹、文物调查概要报告书：2004—2005》（2006），森川哲雄著《蒙古年代记》（2007）、《蒙日辞典》（2007），蒙古研究所编《近现代内蒙古东部之变化》（2007），吉田顺一著《〈阿勒坦汗传〉译注》（合著，1998）和《黑城出土蒙古文书研究》（合著，2008），楠木贤道著《清初对蒙古政策史的研究》（2009），西秋良宏等著《东京大学综合研究博物馆所藏江上波夫教授旧藏资料目录第1部（内蒙古）》（2011），早稻田大学蒙古研究所编《蒙古史研究：现状与展望》（2011）等。

（三）满族

日本学者对清史、满族史颇有研究，且成果丰硕。

东洋文库藏有日本最大规模的满文书籍，其特色是档案类占了很大数量。而在东洋文库所藏档案中，规模最大的是《镶红旗档》。东洋文库清代史研究室对此进行整理，1972年编辑出版了《镶红旗档雍正朝》，1982年和1993年又分别编辑出版《镶红旗档乾隆朝1》和《镶红旗档乾隆朝2》，2006年出版《镶红旗档光绪朝目录：东洋文库藏》。神田信夫（1921—2003），日本著名史学家、满学家，主要研究领域为清史和满族史。近年来论著有《日本所藏清朝满、汉文档案史料的综合研究》（1991），《满学五十年》（1992）。与神田信夫有类的论著有：神田信夫古稀纪念编纂委员会编《清朝与东亚：神田信夫先生古稀纪念论集》（1992），《日本所藏清代档案史料的诸相》（1993），《世界历史大系中国史（4）明清史》（1999），《清朝史论考》（2005），神田信夫先生追悼文集编集委员会编《伤逝：神田信夫先生追悼文集》（2005），《紫禁城的荣光：明清全史》（2006）等。

满语研究论著有：福田昆之编著《满洲语文语辞典》（1987，2008年出版修订版），户部实之著《满洲语入门》（1989），爱新觉罗·乌拉熙春著《满洲语语音研究》（1992），中岛干起编《有关语言文化接触的研究第5号：对满洲语的语言学、文献学研究讨论会》（1993），河内良弘著《满洲语文语文典》（1996），中岛干起编《清代中国语满语辞典》（1999），池上二良著《满洲语研究》（1999），津曲敏郎著《满语入门20讲》（2002），河内良弘、清濑义三郎则府编著《满语文语入门》（2002），贾林均、呼日勒巴特尔编《〈御制满珠蒙古汉字三合切音清文鉴〉满语排列对应词汇》（2008）等。

满学研究其他论著还有：阿南惟敬著《清初军事史论考》（1980），滋贺秀三著《清代中国的刑法和审判》（1984），安部建夫著《清代史研究》（1985），近藤光男著《清朝考证学研究》（1987），石桥崇雄著《清代史研究》（1989），滨下武志著《中国近代经济史研究——清末海关财政与开港地市场圈》（1989），森田明著《清代水利社会史的研究》（1990），大谷敏夫著《清代政治思想史研究》（1991），细谷良夫主编《中国东北部的清朝史迹》（1991），小林一美著《清朝末期的战乱》（1992），滋贺秀三著《清代中国的法与审判》（1993）及《清代中国的法与审判（续）》（2009），内藤湖南著《清朝史通论》（1993），松村润先生古稀纪念论文集编纂委员会编《清代史论丛：松村润先生古稀纪念》（1994），阿部洋著《中国近代学校史研究——清末近代学校制度形成过程》（1994），大谷敏夫著《清代政治思想与鸦片战争》（1995），石桥秀雄编《清代中国的诸问题》（1995），松浦茂著《清太祖努尔哈赤》（1995），东亚近代史学会编《日清战争与东亚世界的变容（上、下）》（1995），石桥秀雄编《清代中国的诸问题》（1995），爱新觉罗·显琦、江守五夫共编《满族的家族与社会》（1996），冈本さん著《清代禁书研究》（1996），山田贤著《移住民的秩序——清代四川地域社会史研究》（1996），岸本美绪著《清代中国的物价与经济变动》（1997），林铁夫著《清朝考证学及其时代》（1997），早田辉洋著《满文金瓶梅译注》（1998），田尻利著《清代农业商业化研究》（1999），铁山博著《清代农业经济史研究》（1999）等。

进入21世纪后出版图书有：石桥崇雄著《大清帝国》（2000），佐佐木扬著《清末中国的日本观与西洋观》（2000），增井经夫著《大清帝国》（2002），富田升著《流失的清朝秘宝》（2002），山本进著《清代财政史研究》（2002），山本进著《清代的市场构造与经济政策》（2002），森田明著《清代的水利与地域社会》（2002），大谷敏夫著《清代的政治与文化》（2002），松浦章著《清代海外贸易史研究》（2002），山本进著《清代社会经济史》（2002），菅野正著《清末日中关系史研究》（2002），吉泽诚一郎著《天津的近代——清末都市政治文化与社会结合》（2002），熊远报著《清代徽州地区社会史研究》（2003），松浦章著《清代中国琉球贸易史研究》（2003），佐藤一郎著《中国文学的传统与重生：清朝初期至文学革命》（2003），大田省一、井上直美编《东京大学东洋文化研究所藏清朝建筑相关史料目录》（2004），市古尚三著《清代货币史考》（2004），松浦章编著《清代上海沙船航运业史研究》（2004），井上裕正著《清代鸦片政策史的研究》（2004），早田辉洋、寺村政男编《大清全书：附满语汉语索引、满语索引篇》（2004），大田省一、井上直美编《东京大学东洋文化研究所藏清朝建筑图样图录》（2005），松浦茂著《清朝对黑龙江政策与少数民族》（2006），吉田纯著《清朝考证学的群像》（2006），萩原守著《清代蒙古裁判与裁判文书》（2006），田尻利著《清代烟草史研究》（2006），村上信明著《清朝的蒙古旗人》（2007），冈洋树著《清代蒙古盟旗制度之研究》（2007），山本英史著《清代中国的地域支配》（2007），细谷良夫编《清朝史研究的新的地平》（2008），菊池秀明著《清代中国南部的社会变化与太平天国》（2008），松村润著《明清史论考》（2008），上田裕之著《清朝统治与货币政策》（2009），佐藤宪行著《清代喀尔喀蒙古都市研究》（2009），松浦章著《清代内河水运史的研究》（2009），吉泽诚一著《清朝与近代世界：19世纪》（2010），松浦章著《清代帆船沿海航运史的研究》（2010），石桥崇雄著《大清帝国之路》（2011），石滨裕美子《清朝与西藏佛教》（2011），党武彦著《清代经济政策史的研究》（2011），松浦章著《清代中国琉球交涉史研究》（2011）等。

除了东洋文库，日本天理图书馆被认为是日本满文藏书的重镇。1985年，河内良弘和赵展编《天理图书馆藏满文书籍目录》，收录满文书籍及相关书目314条，内容分为10大类，附有满文索引、汉字索引、欧美书索引等。该目录被认为是“编纂最科学、最详备、查找最方便的一本目录书”[①]。此外还有松村润编《美国国会图书馆所藏满语文献目录》（1999）。

1986年，日本成立了满族史研究会，发行会刊《满族史研究通讯》，从1991年11月至2001年4月，共发行10期。2002年5月该刊更名为《满族史研究》，至2010年已发行9期。

关于满学研究动向，可参考何傅滢著《日本收藏满文文献概述》（1996）、王晓秋著《1990年以来以日文发表的清史研究成果综述》[②]等文。

---

① 何傅滢：《日本收藏满文文献概述》，载《满族研究》1996年第4期。

② 于沛主编、国家清史编纂委员会编译组编：《清史译丛》（第1辑），中国人民大学出版社2004年版。

（四）维吾尔族

西域历来是日本学者研究的重点地区，也出版了多部有关新疆研究的重要论著。

东洋文库编有《吐鲁番、敦煌出土汉文文书研究文献目录》（1991）、《日本中东、伊斯兰研究文献目录：1868—1988，索引》（1992）、《敦煌、吐鲁番出土汉文文书的新研究》（2009）等书。

护雅夫继1967年出版《古代突厥民族史研究Ⅰ》，又出版了该书第二集（1992）和第三集（1997）。第三集分为正卷和别册。正卷从谈古代北亚游牧国家史概观开始，收有有关古代北亚诸民族和维吾尔文书的诸论文。尽管论文发表的年代有些久远，但它仍对学术界有裨益。特别是维吾尔文书与汉文文书进行比较研究，在维吾尔文书研究方法上取得了突破，其广阔的视野与丰硕成果在国际上仍有重要影响。别册由《古代突厥民族史研究Ⅰ—Ⅲ》总索引和《护雅夫著作目录》组成。这三卷论文集，包罗了护雅夫在其广阔的研究领域中有关古代北亚和突厥民族史的主要成果。

佐口透著《18—19世纪新疆社会史研究》（1963），论述了1760—1860年新疆社会史。佐口透著《新疆民族史研究》（1986），是在其重要论著《18—19世纪新疆社会史研究》的基础上编撰而成。此书除对前书进行了认真的修订外，还对前书未曾涉及的问题进行了研究，特别是加强了对少数民族史的研究。

片冈一忠著《清朝新疆统治研究》（1991），论述了清朝对新疆少数民族的统治情况。

庄垣内正弘著《回鹘文〈阿毗达磨俱舍论实义疏〉之研究Ⅰ、Ⅱ、Ⅲ》（1991，1993，1994），此书是目前所知最长的回鹘文文献，也是世界公认的最难研究的文献集。作者是国际公认著名的回鹘文佛典研究学者，《回鹘文〈阿毗达磨俱舍论实义疏〉之研究Ⅰ、Ⅱ、Ⅲ》是其代表作。

小田寿典、梅村坦、Peter Zieme、森安孝夫合编《维吾尔文契约文书集成（全3卷）》（又名：《回鹘文契约文书集成》）（1993），第一卷收山田信夫发表过的论文18篇；第二卷对121件回鹘文契约文书逐个重新转写、日译、德译、注释，属于高水平研究成果；第三卷是该著收录的120件回鹘文契约文书的照片。

其他还有，竹内和夫编著《现代维吾尔语1500常用词》（1985）及《现代维吾尔语四星期》（1991），小松格著《现代维吾尔语读本：文字与发音》（1986）及《现代维吾尔语辞典：维吾尔语—日语》（1993），饭沼英三著《维吾尔语辞典》(1992)，林徹编《现代维吾尔语乌鲁木齐方言词汇集》(1996)，菅原纯、河原弥生编《新疆和费尔干纳出土的麻扎文书》(影印，2006—2007)，菅原纯等著《现代维吾尔语接词索引》(2007)及《éling，éling！2007年度语言研修现代维吾尔语课本》(2007)，菅原纯编《现代维吾尔语小辞典》(2009)及《现代维吾尔语词汇集》(2010)，百济康义编《天理图书馆藏维吾尔文文献》(1986)，杉山德太郎著《维吾尔绒毯花纹考》(1991)，片冈一忠著《清朝新疆统治研究》(1991)，长泽和俊著《新疆东西交通干线与史迹研究》(1991)，权藤与志夫编著《维吾尔族：民族与文化》(1991)，李天国著《北京的新疆村》(1996)，李天国著《流动的新疆维吾尔族与中国社会》(2000)，岩崎雅美编《维吾尔族女性的家族与生活》(2006)，熊谷瑞惠著《从饮食与居住空间看维吾尔族的文化》(2011)等。

关于日本学界对维吾尔族的研究动向，可参阅拓和提《日本对我国维吾尔族历史文化的研究》①、牛汝极《日本的维吾尔学研究》② 等文。

(五) 苗族

继20世纪初鸟居龙藏出版《苗族调查报告》，上世纪80年代以来是日本苗族研究成果最丰富的时期。铃木正崇、金丸良子著《中国西南少数民族：贵州省苗族民俗志》(1985)一书，主要研究贵州省东南部的苗族。当时有关黔东南苗族的集中记述、报告，尚属阙如。因此，此书起到了先驱作用。此外还有，萩原秀三郎著《传播稻作文化的民族：苗族与江南的民族文化》(1987)。田畑久夫和金丸良子著《中国云贵高原的少数民族：苗族、侗族》(1989)(书尾收有《有关苗族、侗族的基本研究书、报告书的文献目录》)，伊藤五子和柴村惠子著《中国贵州省少数民族：黔东南苗族的生活与服饰》(1991)，名古屋女子大学生活科学研究所中国学术调查团编《走访中国贵州省少数民族：苗族、布依族的饮食文化》(1995)，鸟丸贞惠著《蜡染的魅力：中国贵州苗族染织探访13年》(1999)、《中国贵州省苗族染织探访15年》(2001)、《中国贵州省苗族染织探访18年》(与鸟丸知子合作，2004)。唐立、杨有庚、武内房司编《贵州苗族林业契约文书汇编：1736—1950》(2005)，全书共三卷，分为"史料篇"和"研究篇"，收入黔东南锦屏县文斗寨和平鳌寨从清代乾隆年间到民国时期的部

① 《民族研究》1995年第3期。

② 《中国西北边疆》2005年第3期。

分有代表性的现存林业契约853件，是研究清代到新中国成立前贵州黔东南地区林业法律条文的重要资料。[①] 金丸良子著《中国少数民族苗族的生态环境》（2005），该书在著者从1994年8月至2002年8月间进行的实地调查基础上，对云贵高原苗族的生态环境进行了探讨。田中一夫著有《歌伴一生：中国贵州省苗族村影集》（2011）。

关于日本的苗族研究动向，可参考日本曾士才口述、张晓记录整理的《日本学者关于苗族及中国西南民族的研究概况》[②] 一文。

（六）彝族

彝族研究日文专著虽然只有四部，但其学术性都很高。佐野贤治编《中国西南地区纳西族、彝族的民俗文化——民俗宗教的比较研究》（1999）一书，是著者1994—1996年间利用文部省科学研究基金进行的研究项目“汉族与周边诸民族民俗宗教的比较研究：纳西族、彝族与日本民俗宗教的比较民俗学之考察”之成果。中日学者联合组成西南中国民俗考察团，历时三年，主要对丽江纳西族和四川凉山彝族的民俗文化进行了实地考察。此书详载了这次考察的成果，内容丰富、翔实，书末附有《彝族文化研究资料目录索引》。工藤隆著《四川省大凉山彝族创世神话调查报告》（2003）一书，收录彝族创世神话《勒娥特依》的全部内容（共5680句）。福田和展著《凉山彝族的语言与文字》（2011）一书，是关于四川凉山彝族自治州彝族语言与文字的论著，书末附有“凉山彝族会话600句”。

关于日本彝学研究动向，可参考马学良撰写的《国际彝学研究的回顾与展望》[③] 一文。

（七）鄂温克族

朝克在日本出版多部有关鄂温克语的研究论著，值得重视。其中包括：《鄂温克语基本词汇集》（1991），《索伦语基本例文集》（1991），《通古斯语言文化论集3，朝克著〈鄂温克语基础语汇集〉索引》（1993），《鄂温克语三大方言基础语汇比较》（1995），《中国满通古斯诸语基础语汇

① 徐晓光：《日本法人类学及民族法学研究的历史与现状》，载《中南民族大学学报》2006年第3期。

② 《民族研究》1996年第12期。

③ http：//iel. cass. cn/yistudies/gjyxxs. htm，中国社会科学院民族文学研究所，中国民族文学网。

比较》（1997），《通古斯民族与语言》（2002），《鄂温克语形态语音论与名词形态论》（2003），《鄂温克语形态语音论与名词形态论》（2003），《鄂温克语指南》（与中岛干起共著，2005）等。

进入20世纪80年代以来，日本有关中国少数民族研究中所涉及的民族越来越多。其中，成果最为突出的是对朝鲜族和纳西族的研究，此外，对瑶族、侗族、哈尼族、佤族、傣族、布依族、乌孜别克族、鄂伦春族等民族的研究，也有专著出版。

（八）朝鲜族

山本将文《中国的朝鲜族：摄影报告》（1989）是一部影集。进入20世纪90年代以后，日本学界对我国朝鲜族的研究开始活跃起来，主要著作有：姜在彦著《满洲朝鲜人游击队：以20世纪30年代东满、南满为中心》（1993），高崎宗司著《中国朝鲜族：历史、生活、文化、民族教育》（1996），鹤岛雪岭著《中国朝鲜族研究》（1977）。中国东北部朝鲜族民俗文化调查团编《中国东北部朝鲜族民俗文化》（1999）一书，是中国、日本、韩国三国十余名多学科专家在日本文部省资助下，1994年至1996年对居住在中国东北三省的朝鲜族民俗文化进行调查的成果。此书是在日本出版的第一部利用田野调查法对中国朝鲜族进行人类学、社会学研究的成果。

进入21世纪以来，日本学界对中国朝鲜族的研究，主要论著有：鹤岛雪岭著《图们江地区开发》（2000），大村益夫著《中国朝鲜族文学史与发展》（2003），宫下尚子著《语言接触与中国朝鲜语的形成》（2007），李海燕著《关于中国朝鲜族形成的历史学研究》（2007）；权香淑著《流动的朝鲜族》（2011），本田弘之著《从“文化大革命”开始至改革开放时期中国朝鲜族的日语教育》（2012）等。

（九）纳西族[①]

与欧美相比，日本的纳西族文化研究很滞后。1966年日本学者西田龙雄出版《活着的象形文字——纳西族文化》，1977年山田胜美出版《曾存活的象形文字》后，日本对纳西文化的研究越来越重视。进入20世纪80年代以后，研究逐渐活跃起来，到90年代，日本的纳西文化研究出现了空

① 白庚胜译：《日本纳西学论集》，民族出版社2011年版，第505页。

前兴旺的景象，先后出版有：桥本万太郎著《纳西语料》（1988），诹访哲郎编《英语—日语—纳西语象形文字小辞典》（1986），诹访哲郎著《中国西南纳西族的农耕民性与畜牧民性：从神话与语言来看纳西族的原像》（1988），白庚胜著《中国云南纳西族民俗之色彩研究》（1998）等专著。

佐野贤治编《中国西南地区纳西族、彝族的民俗文化——民俗宗教的比较研究》（1999）一书，是1994—1996年间利用文部省科学研究基金进行的“汉族与周边诸民族民俗宗教的比较研究：纳西族、彝族与日本民俗宗教的比较民俗学之考察”之成果，书末附有“纳西族文化研究资料目录索引”。

进入21世纪以来，已有数部有关纳西族研究的论著出版。研究比较活跃的有黑泽直道，他重点研究纳西族的语言与文化，连续发表了数篇论文。2002年完成博士学位论文《中国少数民族口碑文学研究：依纳西语音声言語的“东巴文化”的再探讨》，2007年出版《纳西族宗教经典音声语言的研究：口头传承的“东巴经典”》，2011年出版《纳西族的古典文学》。其他还有西田龙雄主编《活着的东巴文字》（2001）及《东巴文字》（2001），远藤织枝著《中国云南摩梭人的母系社会》（2002），远藤耕太郎著《摩梭人母系社会对歌调查记录》（2003），山田勅之著《云南纳西族政权史》（2011）等。

关于日本学界对纳西族的研究动向，可参考白庚胜《谈谈日本的纳西族文学研究》①、《日本的纳西文化研究新动向》② 及秀梅《纳西东巴文字研究概况》③ 等文。

（十）瑶族

瑶族研究论著有：竹村卓二著《瑶族历史与文化：对华南、东南亚山地民族的社会人类学研究》（1981），田畑久夫、金丸良子著《中国少数民族志：云贵高原的瑶族》（1995）（书中收有170幅彩照，并附有10万多字的解说，内容涉及瑶族社会信条、宗教信仰、传统文化、经济生活、社会结构、婚姻家庭、祭祀礼仪、语言文字、科学技术和艺术等方面，通过具体事例系统论述瑶族的民族特征，书末附有“瑶族研究引用文献”、“瑶族研究基本文献”），田畑久夫著《照叶树林文化的形成与现状》（2003），

---

① 《民族文学研究》1989年第5期。

② 《丽江报》1995年9月1日。

③ 《吉林省教育学院学报》2010年第4期。

神奈川大学历史民俗调查报告之第 12 辑《关于中国湖南省蓝山县瑶族仪礼文献的报告 1》（2011）。

关于日本对瑶族的研究动向，可参考《近代国外瑶族研究概述》[①]一文。

（十一）侗族

国外对侗族的调查研究是从 20 世纪 80 年代以后开始的。日本的田畑久夫和金丸良子是其主要代表，他们合著有《中国云贵高原的少数民族：苗族、侗族》（1989）一书。此书根据对贵州省黔东南苗族侗族自治州的实地调查写成，是一部以图片为主的有关苗族和侗族的民族志，书末附有有关苗族、侗族的主要论著、报告书的文献目录。此外还有水上章著《侗族：水上章写真集》（1995）等。

（十二）哈尼族

有关哈尼族的研究，日本丽泽大学教授欠端实著有《神树与稻魂：哈尼文化和日本文化》（1996）。作者从 1991 年开始到云南对哈尼族进行调查，此书是其调查成果。该书是日本学术界研究云南哈尼族的第一本专著。书中论述了哈尼族的生命观，哈尼族文化中的神圣空间、丧葬礼仪、神树和稻魂信仰。

关于日本对哈尼族的研究动向，可参考《欠端实对哈尼族稻作祭祀的研究》[②] 一文。

（十三）佤族

佤族研究论著有：鸟越宪三郎著《稻作礼仪与猎头》（1995），鸟越宪三郎、若林弘子著《弥生文化源流考：云南省佤族调查与新发现》（1998）（主要考察、记录了佤族建村和建寨门习俗、接新火习俗、神判、鸟信仰、占卜、贯头衣、神话、孟连县海东村的母系家庭、干阑式建筑，论证了佤族文化与日本弥生文化的密切关系。此外还有山田敦士著《司岗里的传说：中国云南省佤族的口头传说》（2009）一书，作者根据实地调查，论述了佤族的生活与文化。

---

① 胡起望著：《瑶族研究五十年》，中央民族大学出版社 2009 年版，第 212—223 页。

② 张正军著：《文化寻根：日本学者之云南少数民族文化研究》，上海交通大学出版社 2008 年版，第 154 页。

（十四）傣族

在中国改革开放前，日本学者对傣族的田野调查集中于东南亚北部地区。直到中国改革开放，日本学者才开始到我国傣族地区进行考察、研究，到目前为止，主要研究成果有：根笈美代子著《西双版纳傣族：摄影集》（1982），西岛雅博著《西双版纳之行：中国纪行墨画集》（1990），加藤久美子著《盆地世界的国家论：云南西双版纳傣族史》（2000），古岛琴子著《云南傣族世界：攀枝花盛开的时候》（2001），绫部横雄著《傣族——其社会与文化》（2004），长谷千代子著《文化的政治与生活的诗学：中国云南省德宏傣族的日常生活》（2007），新谷忠彦著《傣族讲述的历史》（2008）等。

关于日本对傣族的研究动向，可参阅《日本学者对傣族史的研究》[①]一文。

（十五）布依族

日本学者对布依族的著述有：水上章著《布依族：水上章写真集》（1996）和名古屋女子大学生活科学研究所中国学术调查团编《走访中国贵州省少数民族：苗族、布依族的饮食文化》（1995）。

（十六）乌孜别克族

小松格一人编有多部乌孜别克语辞典和学习用书，包括：《乌孜别克语辞典》（1980）、《乌孜别克语辞典》（新版 2004）、《乌孜别克语辞典》（改订版 2009）、《乌孜别克语会话读本》（1982）、《用英语查询日语—乌孜别克语辞典》（1993）、《用英语查询日语—乌孜别克语辞典（附维吾尔语）》（2006）、《简易乌孜别克语》（2003）等。

（十七）鄂伦春族

日本学界有关鄂伦春的著述有：NHK 取材班著《走访秘境中的兴安岭 1，狩猎民、鄂伦春》（1988）。

进入 21 世纪之后，日本对中国少数民族的研究范围越来越广，不断开辟新的研究领域，对壮族、白族、羌族、赫哲族、柯尔克孜族、傈僳族等

---

① 张正军著：《文化寻根：日本学者之云南少数民族文化研究》，上海交通大学出版社 2008 年版，第 64—70 页。

民族进行研究的专著也陆续问世。

（十八）壮学

日本对中国壮学的研究较晚，始于20世纪80年代，塚田诚之被认为是日本壮学研究的开拓者。在塚田诚之研究壮学之前，在日本尚未见到专论壮族史或广西民族史的论著。塚田诚之从文化人类学视角研究中国少数民族。在20世纪80年代至90年代，他多次到壮族地区做田野调查，搜集资料，与中国学者进行学术交流，发表了多篇论文。他先后对唐宋时代左、右江流域少数民族、明清时代壮族史、明清时代广西非土司型壮族佃农化问题、明清王朝对壮族的统治体制、壮汉之间通婚问题、明清时代汉族移民与壮族关系等问题发表了多篇论文。[①] 2000年9月，塚田诚之著《壮族社会史研究：以明清时代为中心》和《壮族文化史研究：以明代以后为中心》同时出版。这是近20年来塚田诚之壮学研究成果之集大成，填补了日本壮学研究的空白。2001年，塚田诚之在日本北海道大学以《壮族社会文化史研究——以明代以后为中心》一文获得博士学位。

另外，手塚惠子著有《中国广西壮族歌圩调查记录》（2002），同时出版了与此书配套的《录像篇》；民博编《深奥的中国：少数民族生活与工艺》（2008），用照片介绍了壮族社会文化和西南少数民族的工艺。此外，还有菊池秀明著《广西移民社会与太平天国》（1998），官满博、池部亮编《迎接开放之际的中越国境地区：中国广西壮族自治区北部湾的开发》（2011）等。

关于日本研究壮族的动向，可参考《日本的壮族史研究动态》[②] 一文。

（十九）白族

白族研究论著有：横山广子等著《以中国云南白族为中心的民族特性变化之人类学研究》（2001—2003），川野明正著《神像咒符“甲马子”集成：中国云南省汉族、白族民间信仰志》（2005），工藤隆著《云南省白族对歌与日本古代文学》（2006），立石谦次著《云南大理白族的历史故事：南诏国的王权传说与白族的观音传说》（2010）。

---

① ［日］谷口房男著、覃义生译：《日本的壮族史研究动态》，载《广西民族研究》1992年第2期，第122—126页。

② ［日］谷口房男著、覃义生译：《日本的壮族史研究动态》，载《广西民族研究》1992年第2期，第122—126页。

关于日本对白族的研究动态，可参考《工藤隆对云南少数民族神话和对歌的研究》[1] 一文。

（二十）羌族

羌族研究论著有：松冈正子著《中国青藏高原东部的少数民族：羌族与四川藏族》（2000），此书是著者利用自己的实地调查成果撰写而成，是第一部由外国人撰写的、有关羌族和四川藏族的民族志，具有较高的学术价值。书后附有从18世纪至19世纪与羌族与四川藏族相关的中文、日文、西文文献目录。李绍明、松冈正子主编《四川的羌族：度过汶川大地震（1950—2009）》（2010），该书用600余幅照片和日、汉、英三种文字进行解说，属于记述中华人民共和国成立60年以来羌族历史文化的民族志。2004年，松冈正子以《关于中国青藏高原东部的少数民族的民族学研究：羌族与“西番”诸集团》一文，获得早稻田大学文学博士学位。

（二十一）赫哲族

赫哲族研究论著有：于晓飞著《濒临消失的中国少数民族语言与文化：以赫哲族的“伊玛堪（英雄叙事诗）”为中心》（2005）。

（二十二）柯尔克孜族

柯尔克孜族研究论著有：胡振华、西胁龙夫著《柯尔克孜族英雄叙事诗玛纳斯：柯尔克孜语、汉语、日语对译本（第一部）》（2000）。

（二十三）傈僳族

傈僳族研究论著有：何大勇著《中国云南省西北金沙江、澜沧江上流域傈僳族的民族生态史研究》（2005），是在其博士论文基础上写成的。

结　语

近30年来，日本学界对中国少数民族研究的成果很丰富。但由于中日两国在政治、历史、文化等方面长期存在的很多差异致使日本有关中国少数民族的研究成果的价值也呈多重性。有些成果以其客观性、真实性、学

---

① 张正军著：《文化寻根：日本学者之云南少数民族文化研究》，上海交通大学出版社2008年版，第123页。

术性引起了我国学者的重视；有些成果所反映的内容则不够客观、真实，甚至公开破坏我国民族团结，鼓吹民族分裂。因此，望读者在获取这些研究信息时应注意鉴别和取舍。

（本文所涉及有关中国少数民族研究的著述均由日语在日本出版或发表，故纳入日本学界对中国少数民族的研究动态中——作者）

倭人的起源——越

董楚平①

一、《山海经》中有关“倭”的解释

《山海经》成书于先秦时期。其中的《海内东经》以“海内东北陬以南者”为开头，有这样的记载：

> 钜燕在东北陬。
> 盖国在钜燕南、倭北。倭属燕。

这是中国现存古籍中有关“倭”的最早记载。由此可知，钜燕、盖国和倭均位于“海内”。钜燕的“钜”取巨大之意，因此，钜燕是个大国、强国，即指燕国。形容其为“钜”是因为燕国领土广大、势力强大。《史记·朝鲜列传》中提到“自始全燕时尝略属真番、朝鲜”，说的即是周朝的事。《山海经》是根据周朝之前的古代传说撰写而成，故《山海经》中记载的内容多有夸张。因此，《山海经》中所说的周朝“钜燕”的势力范围可能并没有实际那么大。另外，根据郝懿行的《山海经笺疏》所述，盖国指的是盖马，现在很多人也都基本认同这一说法。但是盖马位于朝鲜东北部，与中国吉林省相接。从方位上来看，位于钜燕遥远的东北角，而不是上文提到的“在钜燕南”，这是疑点之一。第二，古籍中没有把“盖马”简称为“盖”的例子。因此，郝懿行所说的“今案盖马疑本盖国地”中的“疑”是缺乏依据的，这很难成为定论。我们没有必要将“盖国”推定为

---

① 董楚平，男，汉族，1932 年生，浙江省社会科学院研究员。主要研究方向：吴越文化。

遥远的盖马。据笔者的考证，“盖国”应该是山东曲阜的古奄国。

先秦的古籍中偶有将“奄”写成“盖”的例子。例如，《墨子·耕柱篇》中说：“古者周公旦非关叔，辞三公东处於商盖。”《韩非子·说林篇上》中说：“周公旦已胜殷，将攻商盖……攻九夷而商盖伏。”这里出现的“商盖”指的都是商奄，即曲阜的奄国。冠以“商”是为了表明奄国是商朝的遗国，在周初仍怀念商朝而抗拒周朝。金文《禽簋》铭文中有“王禁伐侯”，《犅劫尊》和《冈劫卣》的铭文中均有“王征禁”等字样。这里的“禁”和“盖”一样从去得声，即与“盖”为同一个字。“盖”在古时属于“见”纽，“奄”属于“影”纽。“见”纽为牙声，而“影”纽为喉声，牙声和喉声是邻纽。“盖”的古音属于月韵，“奄”属于谈韵，谈韵（am）和月韵（at）的韵也十分相近，即“盖”与“奄”是近音字。另外，“盖”和“奄”还是近义字，都表示掩盖、包括之意。可见，“盖”和“奄”语义相同，声音相近，所以它们属于同源字。即“盖国”是指“奄国”，位于燕国南边，这样就与《山海经》的记载完全一致了。

“倭北”这个词也很棘手。根据常识，倭指日本，日本位于奄（盖）国海外的东边。但是《山海经·海内东经》中的倭在奄（盖）的南边，位于“海内”，即属于长江下游地区。而这一带是越文化中最发达的地区，因此这里的“倭”指的是越。倭和越是记录同一个民族的两个不同文字符号。

“倭属燕”中的“属”字从字面上解释是归属的意思。但是，古代记载中常有将普通的交流关系夸大为臣服关系的例子。燕国支配的渤海湾沿岸与太湖地区自古就存在着文化上的交流关系。辽东半岛和山东半岛上出土了南方越人日常使用的有肩石锛这种工具就是其中的一个例子。另外，商周时期，太湖地区突然出现了石室墓。从年代上看，大多为西周中期至春秋战国时期，个别可追溯到商朝。位于浙江南部沿海的瑞安市也出土了数十座石棚墓，其年代大致为西周。南方和中原之间关于石构建筑不存在能够探索的渊源关系。中国的石构建筑最早出现在属于燕的辽西一带，与其他地区相比更发达。继辽西之后，辽东半岛和山东半岛、太湖地区和浙江南部的瑞安也相继出现。石构建筑沿着海岸线由北至南依次扩展。① 根据这个考古学资料可以明确北方的燕和江南的越之间相互存在着文化上的交流，并且以遗址的形式成为“倭属燕”的佐证。

---

① 参见拙著《吴越文化新探》第三章第一节，浙江人民出版社 1988 年版。

从文献上也可以找到“倭属燕”的文字上的佐证。

对于《淮南子·汜论训》中“东至会稽、浮石”一句，高诱注解为：“会稽，山名。浮石，随水高下，言不没。皆在辽西界。一说会稽在太山下。”“辽西”属于燕，“太山”属于奄（“盖”）。高诱是东汉人，当时的人已经将会稽山当作江南绍兴的会稽山了，但是高诱却推定其为辽西和山东的“太山”。会稽山是泰山附近的小山，关于这点杨向奎先生曾经从各个角度做了考证。[①] 辽西的会稽山自高诱之后就无人谈及了。

汉代，辽西的郡治在阳乐，即今辽宁省义县西。其辖境范围大概是今河北的迁西、乐亭以东、长城以南，辽宁松岭山以东、大凌河下游以西地区。这一带是“钜燕”的领域和势力范围。在辽西存在着南方越族的“会稽”这个地名，说明“燕”和“倭”（越）之间存在着居民迁移，并因此将原来居住地的地名一并移到了新的居住地。这个事实也可以成为“倭属燕”的重要佐证。

辽西的东北有座醫巫闾山脉，该山脉与越史有着关联。

《墨子·非攻下》中有“越王繄虧”的字样，庐文诏、孙诒让都认为“繄虧即无馀”。繄与醫是同字。《广雅·释诂四》中有“醫，巫也”的说法。《说文》中提到“巫彭初作醫”。所以，醫字在古代也许被记作繄字。巫是最古老的醫生，醫字的古体就是由巫字变化发展而来，而且醫和巫同音。《周礼·职方氏》中说：“东北曰幽州，其山镇曰醫无闾。”《楚辞·远游》中将此山称为“於微闾”。洪兴祖《楚辞补注》中称为“巫无闾”。此外，《淮南子·地形训》中为“醫毋闾”，《汉书·地理志》中为“无庐”。从这些记载中可知，醫在古代与属于鱼部的“於”（乌）、“巫”同音。闾和庐在古代通用，并且与“馀”的发音极其相近。虧根据亏发音，亏在古代是乎字，属于鱼部。因此，繄虧、醫无闾、无庐等都是指“无馀”。无馀是越国的始祖。《越绝书·外传记地传》中称：“昔，越之先君无馀，乃禹之世，别封于越，以守禹冢。”“无馀初封大越，都秦馀望南，千有余岁而至勾践。”《周礼》中的“醫无闾”等全都是将“无馀”这个人名称作山名。辽西的醫无闾山现称为醫巫闾山，是一座东北西南走向的山脉。山脉西侧分布着红山文化，山脉的西南端是燕山山脉。燕山以南在今河北省玉田县北二十里处有一座徐无山。徐字在古代是不存在的，原字应该是“余”。馀字在古代也是不存在的，本来也应该是“余”。即徐无山

---

① 杨向奎：《夏本纪越王勾践世家地理考实》，载《禹贡》第2卷第1期。

是指馀无山，而“馀无”是“无馀”的误记。醫巫閭山脉和徐（余）无山都在“钜燕”的领域及势力范围内。前面引用的《淮南子》高诱注会稽在“辽西之界”。会稽和无馀，一个是越国的首都，另一个是越国的始祖，两者均在古代“钜燕”的范围内出现，这也可以成为“倭属燕”的主要佐证。高诱是涿郡（今河北涿县）人，即古代“钜燕”人。墨子是鲁国人，即过去的奄（盖）地之人。这两人都将“越王繄虧”这个古代名称记载遗留下来，他们的出身更加增加了这个佐证的可信度。

从地名学的角度也能进一步找到“燕”、“盖”和江南“倭”（越）人之间关系的线索。

吴越的地名、人名独具特色。例如，勾吴、勾容、勾韦、勾甬东、勾践、姑苏、姑蔑、姑熊夷、馀杭、馀姚、馀暨、馀祭、夫差、夫椒、诸樊、诸暨诸咎、无馀、无疆、无锡、乌程、於越、於潜等。除开头的“勾”字属于侯韵外，其他都属于鱼韵。上古音中侯部和鱼部是邻韵，两者可以相互通用。吴越的地名、人名大致都是以鱼韵和其邻韵的侯韵为接头词。南方其他的百越地区也能找到类似的地名、人名。令人惊讶的是，在北方也有大量这样的地名、人名存在。其中“盖”（奄）国所在的山东最多见。其次是“钜燕”所在的河北及受其影响的辽西、辽东地区。例如，无终是山戎的民族名，是根据河北省玉田县西北的无终山的山名来命名的。毋极或者无极是地名，位于河北中部，潴龙河和滹沱河之间。位于河北的中山国把江南的越称为“雩”，雩和滹可相互通用。[①] 因此“滹沱”是指越的地方，在其附近有越人。

《史记·货殖列传》中有“燕……北邻乌桓、夫馀，东绾穢貉……”一句。乌桓也可以写作乌丸，是东胡的一支，原居住在今内蒙古的乌桓山，其起源无法断定。该民族的名称以“乌”为接头词，具有古越语中固有名词的特征。“夫馀”也可记作“扶馀”，西汉时在今松花江的中游建国。《后汉书·东夷传》中的“夫馀国”即指“本濊之地”，《三国志·魏书·东夷传》也有“盖，本濊貉之地”一说。此外，东汉时夫馀国曾经有位名为“夫台”的国王。夫馀、扶馀、夫台等都是受到吴越影响的固有名词。“穢貉”的穢原为岁字，岁和戉在古代是同一个字。[②] “越”这个字原本是不存在的，越族在古代被称为“濊”。另外，和“穢”并称的“貉”

---

① 1978 年在河北省平山县中山王一号墓出土的中山王响鼎銘写有“吴人并雩”，“越”被写成“雩”。

② 郭沫若：《释歲》，载《郭沫若全集——考古篇一》。

在上古音韵中属于鱼部的入声。戉和岁的古音是甫和斧，同属于鱼部。[①]《史记·匈奴列传》中说“以临胡貉”，而《索隐》中说“貉即濊也”。濊即穢，也就是说和貉是同音字，可相互通用。

汉魏时期，东北有“穢（濊）貉”，而西南有“骆越”。骆字作为民族名使用最初见于《史记·南越列传》中：“佗因以兵威边，财物赂遗闽越、西瓯、骆，役属焉。”《集解》中引用《汉书音义》称“骆为越”。《汉书·贾捐之传》之《弃珠崖议》中说“骆越之人，父子同川而浴”，这里的骆和越相接出现。《后汉书·马援传》“自后骆越奉行马将军故事”中，骆和越也并称出现。李贤注释说：“骆者，越别名。”像东北的“穢（戉）貉”，西南的“骆越”这样用两个字来表示的方法与《逸周书》中的“越戲（古音为呼）”，《春秋》定公五年中的“於越”（用古越语将“戉”作为复音词标记）一样，全都是“越”的缓读，是古越语复音词特征的表现形式。西南的“骆越”是大家公认的百越之一，而东北的“穢貉”也是越族。广义的百越并不仅局限于南方地区。

无论是“钜燕”还是“盖”，都与江南越文化有着不可分割的关系。《山海经》中的“倭”位于“海内”、“盖”之南是明确记载的，“属燕”也做了解释。因此，这里的“倭”只能是指越。

二、《论衡》中的“倭”

谈及“倭”的中国古籍还有《论衡》。《论衡》中共有四次涉及了位于南方的“倭”。分别是：

《论衡·恢国篇》：“成王之时，越常献雉，倭人贡畅。”

《论衡·儒增篇》：“周时天下太平，越裳献白雉，倭人贡鬯草。”

《论衡·异虚篇》：“使畅草生于周之时，天下太平，倭人来献畅草。”

《论衡·超奇篇》：“白雉贡于越，畅草献于宛。”

“宛”有时被解释为“倭”，这是正解。“宛”和“倭”的上古音声母（字头子音）都是影纽。另外，“宛”的古韵为元韵，“倭”是微韵，微韵和元韵是旁对转的关系。《论衡》中其他三例中提到的献畅（鬯）草也都是倭人。因此，这里的“宛”应该读成“倭”。

《论衡》中共四次记载了倭人向周王朝献鬯草，畅和鬯相互通用。鬯

---

① 参见董楚平著：《吴越文化新探》第一章第一节，浙江人民出版社 1988 年版。

草指郁金香，中国古代将这种鬯草用于酿制祭祀神灵时的香酒。鬯草产于中国南方，日本并不产。因此，献鬯草的倭人不可能是日本人。把倭人和“越裳”一起记载，而“越裳”是中国百越之一，这样的话，倭人也应该是中国百越之一。那么，《论衡》中提到的倭人到底居住在什么地方，在百越中又占有多少部分呢？中国南方产鬯草，主要盛产于西南的鬱林郡，因此鬯草也被叫做鬱鬯。《说文》中解释说：“一曰鬱鬯，百草之华，远方鬱人所贡芳草，合酿之以降神。鬱，今鬱林郡也。”鬱和郁相互通用。《说文》的作者许慎是东汉人，当时，东南的越人大部分都移居到西南的郁林郡。郁林郡设置于西汉元鼎六年（前111年），郡治所在地为今桂平县西，其辖境范围包括今桂林、悟州和玉林在内的广西大部分地区。从《太平寰宇记》中记载的“郁林郡为西瓯”可知，那里自古就是西瓯族聚居的地方。根据《山海经》郭璞的注解“瓯在闽海中，郁林郡为西瓯”来看，西瓯是与东瓯相对而言的名称。郁林郡的西瓯是越族的一部分，可能是秦始皇统一中国后，由浙闽地区经海路沿西江迁移过去的。瓯和倭同属影纽，都是双声字，因此《论衡》中的“瓯”人被称为“倭”人。“瓯”和“倭”是记录同一民族的名称发音的两个不同文字。日本学者江上波夫也认同鬯草产于中国南方，《论衡》中的“倭人”分布在中国南方地区。①

《论衡》的作者王充是南方会稽人，以疾虚妄、提倡严谨的学风而为后人所知。《山海经》的作者也是南方人。这两部著作的作者都是南方人，并且双方都记载了越族中的“倭”，《论衡》中还曾四次提到。这个事实给予了倭越同族说极大的凭证和可靠性，说明这不是孤证，也不是不了解实情的人的吹嘘，更不是偶然的文字误写。

三、日本学者“寻根问祖”得出的结论

倭越同源说、同族说并非单单只有文献资料的证据。考古学、民族学领域内也发现了越来越多的线索。

20世纪60年代以后，日本学术界掀起了一阵“寻根问祖”的热潮，即寻找古代日本倭人及其文化的发源地。其中，考古学家将目光投向中国江南，而民族学家则到云南寻根。

日本东亚文化交流史研究会是以一批致力于探究日本文化根源的考古

① ［日］江上波夫：《东亚倭人的起源与活動》，《江上波夫著作集》第8卷，平凡社1984年版。

学家为中心的组织。近年来，该研究会先后几度派遣专家去江南进行调查研究。考古学家樋口隆康、国分直一、森浩一、金关恕等人都著有关于日本古代文化和中国江南文化具有共同性的著作。研究中国哲学的学者福永光司也曾数次到中国沿海地区进行走访调查，发表了不少阐明江南越人文化和日本倭人文化之间渊源关系的文章。东亚文化交流史研究会自 1989 年以来，共举办了三届“中日友好佐贺研究讨论会”并出版了三本论文集：《弥生使者——徐福》、《从中国江南到吉野里》和《吴越之风、筑紫之火》。显而易见，这三届研讨会都是以中国东南沿海和古代日本的文化交流关系为重点。

日本的民族学家大林太良、佐佐木高明、鸟越宪三郎以及作物学家渡部忠世等人都对云南的西双版纳感兴趣，他们屡次前往云南省进行调查。日本学者们一到云南就感受到“回到故乡”的亲近感。笔者也曾到过西双版纳考察，西双版纳的傣族是古越族的后裔，至今仍保留着一些古越族的习俗。笔者在那里发现了古籍中记载的吴越风貌，仿佛有“回到古代”的奇特感受。

云南和日本之间受山海阻隔，那么云南倭人的“根”是怎样延伸到日本的呢？提倡云南起源说的日本学者们大致认为，云南的“根”是沿着长江到达江南后，越海传到日本的北九州地区。例如，鸟越宪三郎推测中国古代南方的越族才是倭族。这些倭族起源于云南地区，并从云南移居长江下游地区，建立吴和越两个古代国家。并进一步向北扩张，到达山东半岛。接着，倭人或从山东半岛经由朝鲜半岛将稻作文化带到了日本，或从江南直接越海到达北九州。①

虽然日本学术界寻根问祖的结论不一，但在其基本观点上，即日本倭人真正的根源是越族这一点上却是意见一致。只是，考古学家在越族已经消亡了的江南探寻，而民族学家则从现在依然延续着越文化血脉的云南探寻倭人的“根”。江南越文化的遗址和云南越文化的活标本都与日本古代倭人文化的特征相吻合。根据考古学家和民族学家们的研究，不仅可以证明倭越同源，甚至还可以确定倭越同族。从《山海经》、《论衡》中可知“倭”人无疑是中国南方的越人。“倭”和“越”是记录同一个民族的两个不同文字符号。

---

① ［日］鸟越宪三郎著：《来自云南的路——探索日本人的“根”》，讲谈社 1983 年版。

四、从吉野里等遗址出土文物中得到的见解

1991年五月，笔者先后走访考察了福冈、佐贺、下关、奈良、京都、东京等地的博物馆和考古学遗址，并结合至今为止阅读过的考古学资料，进一步加深了从绳文时代、弥生时代到古坟时代日本就深受中国江南文化影响的感触。

玦（耳饰）是绳文前期的代表性出土文物之一。目前世界上的玦状耳饰基本分为两类。一类是耳饰的外缘有突起的角或者人兽形状的装饰，另一类耳饰的外缘没有装饰。前一类多见于我国台湾和东南亚地区，在台湾台东的卑南遗址出土很多。① 后者最早发现于长江下游地区，并在该地区出土数量最多。在河姆渡文化遗址、马家浜文化遗址和良渚文化遗址中都大量出土了这样无外缘装饰的玉玦。黄河流域的新石器文化遗址中原本没有玉玦，但是受河南龙山文化晚期和江南良渚文化的影响，在孟津小潘沟遗址中也出土了少量这样无外缘装饰的玉玦。② 日本绳文前期的玉石块也没有外缘装饰，自然是受长江下游文化影响所致。

日本绳文前期的遗址中出土了涂漆的梳子，后期遗址中出土了涂漆的弓和笼等物。中国的江南是涂漆技术的发源地，河姆渡遗址第三文化层中出土了世界上最早的涂漆木碗。此外，在属于马家浜文化的圩墩遗址中发现了涂漆残木片。良渚文化的涂漆技术也广为人知。日本绳文时代的涂漆技术自然起源于中国江南地区。

绳文时代存在混有碳化物的黑陶。这种陶器最早在河姆渡文化遗址发现且数量最多，独具特色。

日本用于祭祀的“高杯”从绳文、弥生时代开始一直到古坟时代都存在。“高杯”和中国名为“豆”的陶制器皿虽然名字不同，但形状却一致。中国是“豆”的故乡，被发现于大约7000年前的河姆渡文化遗址第四层中，是新石器时代我国东部地区广泛用于祭祀的器皿。商周时期全国各地广泛使用的鼎、豆、壶等礼器和祭器都起源于江南。日本长期以“高杯”作为祭器也与江南文化有着关系。

---

① 宋文薰：《论台湾及环南海史前时代的玦形耳饰》，载《“中央研究院”第二届国际汉学会议论文集》，1989年。

② 董楚平著：《吴越文化新探》，浙江人民出版社1988年版，第91页。洛阳博物馆：《孟津小潘沟遗址试掘简报》，载《考古》1978年第4期，第255页，图11、8上。

绳文时代已经有拔牙的习俗。同样的习俗也常见于新石器时代的山东和江南地区。

福井县鸟浜贝塚的绳文前期遗址中出土了用于栽培的葫芦。据作物学家的研究表明，日本本土没有野生葫芦，葫芦是由海外传播而来。[①] 而且，鸟浜贝塚出土的葫芦年份与河姆渡遗址[②]、罗家角遗址中出土的人工栽培葫芦基本一致。[③] 根据上述事实分析发现，中国的河姆渡文化、马家浜文化和良渚文化与日本的绳文文化之间以海为媒介早已存在着直接交流。

弥生时代是日本历史的转型期。这个时期稻作文化、金属器文化和干阑式住居传入日本，最早出现在北九州。

北九州弥生初期的稻作遗址有福冈市的板付遗址[④]、佐贺县唐津市的菜田遗址[⑤]、福冈县的曲田遗址[⑥]和北九州市的长行遗址[⑦]、长崎县的津吉遗址[⑧]等十多处。这些遗址基本分布在沿海地区，而这些地区、甚至整个日本列岛，都没有发现野生稻存在。因此，可以确定日本的稻作文化是从海外传播过来的。浙江省河姆渡遗址第四层和桐乡市罗家角遗址的下层都发现了大量的稻作遗迹，时间约为7000年前，这些地方被认为是世界稻作文化的发源地之一。马家浜文化、良渚文化也成为亚洲稻作文化的代表。舟山群岛上也发现了从河姆渡文化时期到吴越文化时期的稻作文化遗址，那里和日本隔海相望。日本的稻作很可能是从东海直接传播而来，抑或从东海、黄海经由朝鲜半岛传播而来。东海和黄海自古海路十分发达，相关证据已在解释《山海经》的记载“倭属燕”时论述，兹不赘述。比较上述两条路线，从江南直接传到日本的可能性更高。

日本的稻作文化是以中国江南为根源的证据如下。第一，日本北九州

---

① ［日］中西弘树：《种子的漂流和考古学》，《鸟浜贝塚》，1983年，第28—36页。

② 浙江省博物馆自然组编：《河姆渡遗址动植物的鉴定研究》，载《考古学报》1987年第1期，第95—106页。

③ 罗家角考古队编：《桐乡县罗家角遗址发掘报告》，载《浙江省文物考古所学刊》1981年，第20页。

④ ［日］山崎纯男：《板付遗迹调查概报》，《板付周边遗迹调查报告书5（1977—1978年度）》，《福冈市埋藏文化财报告书》第49集，1978年。

⑤ ［日］中岛直幸、田岛龙太等：《菜田－佐贺县唐津市初期稻作遗迹调查》，《唐津市文化财调查报告书第5集》，1982年。

⑥ ［日］桥口达也等：《石崎曲田遺迹》Ⅰ、Ⅱ，1982年。

⑦ ［日］宇野慎敏、山口信义：《长行遗迹》，载《北九州市埋藏文化财调查报告书》第20集，1983年。

⑧ ［日］萩原博文著：《律吉遗迹群发掘调查报告书》，平户市教育委员会，1986年。

出土的弥生初期碳化稻与中国江南地区出土的稻十分相似，两者都属于短粒型的粳米——日本稻型。中国农业史专家游修龄先生指出，日本学者根据酯酶酵素分析法，采集了亚洲各地八百种水稻品种比较分析其酯酶酵素的种类。结果表示，亚洲中部的云南、泰国、缅甸、印度东北部是稻作变异的中心，而亚洲的南部和北部是水稻传播、扩散的地区。根据酯酶酵素分析日本的水稻品种后发现日本的水稻由中国江南地区直接传入的可能性很大。① 第二，日本稻作所用农具和江南地区的农具有很多相似点。② 例如，砍伐用的石斧、石锛的形状和把手的安装方式，收割用的半月形穿孔石刀，耕地用的木锹都能在长江下游找到根源。近年，浙江省宁波慈湖遗址出土了木制的木屐，这与日本弥生时代水田耕种时使用的木屐十分相似，应该是他的原型。第三，与稻作文化同期在日本出现的干阑式建筑、环濠集落等新的文化要素的起源也来自江南。关于这点稍作详细论述。

日本古代居民长期居住在干阑式建筑中。佐贺县的吉野里遗址一处就发现了弥生时代的干阑式住居遗址 60 处。③ 干阑式建筑是一种在长江中下游地区以及长江以南的广大地区长期存在的住居形式。在六千年前至七千年前的河姆渡遗址和罗家角遗址中都有大量发现。另外，众所周知，云南西双版纳的傣族至今仍居住在其特有的“竹楼”中。吉野里遗址中多数干阑式建筑与稻作文化同时在弥生时代出现，其起源无疑在江南地区。

吉野里遗址总面积达 25 万平方米，并被内濠和外濠双重包围。使用环濠，主要是在弥生中期至后期④，像这样的环濠最早见于弥生初期的板付遗址中。⑤ 奈良县田原本町唐古・键弥生时代遗址中的环濠也完整保存了下来。⑥ 此外，大阪的龟井遗址和池上遗址、神奈川的大塚遗址中也能看到弥生时代的环濠村落。环濠村落与农耕定居生活密切相关，环濠具有防御和排水的功能。因此，与稻作文化同时出现在弥生时代。

中国从新石器时代到青铜器时代都广泛存在着环濠村落。北方有西安

① 游修龄：《太湖地区的稻作和稻作文化》，载《文化交流》第 9 期。

② ［日］森贞次郎、冈崎敬：《福冈县板付遗迹》，《日本农耕文化的形成》，1961 年。

③ 佐贺县教育委员会编：《环壕聚落吉野里遗迹概报》，1990 年。

④ 佐贺县教育委员会编：《环壕聚落吉野里遗迹概报》，1990 年。

⑤ ［日］山崎纯男：《板付遗迹调查概报》，《板付周边遗迹调查报告书 5（1977—1978 年度）》，《福冈市埋藏文化财报告书》第 49 集，1978 年。

⑥ 田原本町教育委员会：《唐古・键遗迹第 32 – 33 次发掘调查概报图版 2》，1989 年。奈良县橿原考古学研究所付属博物馆：《弥生、动乱的时代》，1989 年，第 20 页下图、第 27 页第 14 图。

的半坡遗址[①]、临潼的姜寨遗址[②]、内蒙古敖汉旗的兴隆洼遗址[③]，江南有江苏句苏的丁沙地遗址[④]、武进的淹城遗址[⑤]等。上述环濠村落出现的时间都早于日本的弥生时代。与弥生时代时间最为接近的是距今约2500年前的淹城遗址。该遗址是吴越文化的重要遗址，面积约为52万平方米，由三面城墙和宽约4—5米、深约10米的内外两重环濠组成。日本的环濠村落和稻作文化同时出现，既然稻作文化的发源地是江南，那么，环濠村落也不可能例外。

中国考古学家安志敏先生说过以下的话："弥生时代的玻璃璧是从中国传来的舶来品，这点毋庸置疑。但是据说吉野里的玻璃璧却是弥生时代固有的。然而那是一种含有钡的铅玻璃，在以江苏为中心的地区大量出土。因此，弥生时代玻璃的原料也直接由江南传播而来。"[⑥] 美国的Cornell玻璃博物馆的Brill等人对世界各地发现的上千件古代玻璃进行了化学分析，发现古代玻璃中只有中国和日本的玻璃含有铅和钡的成分。[⑦] 这种铅钡玻璃由中国创造发明，在春秋时期的吴越地区最早出现。[⑧] 例如，河南固始侯古堆勾敌夫人墓出土的玻璃珠[⑨]、江苏吴县通安严山吴国玉器窖藏出土的玻璃珠[⑩]、河南辉县百泉文物保管所发现的吴王夫差剑的剑柄上镶嵌的玻璃装饰[⑪]、湖北江陵望山一号墓出土的越王勾践剑的剑柄上镶嵌的

---

① 中国科学院考古研究所等:《西安半坡》图9，1963年。

② 中国科学院考古研究所等:《西安半坡》图9，1963年。

③ 固始侯古堆一号墓发掘组:《河南固始侯古堆一号墓发掘简报》，载《文物》1988年第1期。

④ 吴县文物管理委员会:《江苏吴县春秋吴国玉器窖藏》，载《文物》1988年第11期。

⑤ 辉县百泉文物保管所、崔墨林:《河南辉县发现吴王夫差铜剑》，载《文物》1976年第11期;《吴王夫差剑的考究》，载《中原文物》1981年特刊。

⑥ 湖北省文化局文物工作队:《湖北江陵三座楚墓出土大批重要文物》，载《文物》1966年第5期。

⑦ R. H. Brill "The History of Glass and Glass Making"，转引自姚勤德:《江浙地区的早期玻璃器和先秦時期的中西文化交流》1990年第5期。

⑧ 姚勤德:《江浙地区的早期玻璃器和先秦时期的中西文化交流》1990年第5期。

⑨ 固始侯古堆一号墓发掘组:《河南固始侯古堆一号墓发掘简报》，载《文物》1988年第1期。

⑩ 辉县百泉文物保管所、崔墨林:《河南辉县发现吴王夫差铜剑》，载《文物》1976年第11期;《吴王夫差剑的考究》，载《中原文物》1981年特刊。

⑪ 辉县百泉文物保管所、崔墨林:《河南辉县发现吴王夫差铜剑》，载《文物》1976年第11期;《吴王夫差剑的考究》，载《中原文物》1981年特刊。

玻璃饰品[①]等，都含有铅和钡的成分。这些铅钡玻璃的年代均早于目前日本发现的玻璃。因此可以认为日本弥生时代的铅钡玻璃是吴越两国灭亡后，由其贵族渡海流亡日本时带去的。像这样，弥生时代的很多文化要素，都与吴越战乱造成的遗民外流有关。

五、“百越”应包括古代倭人

阻断日本和江南的不是陆地，而是海洋。古代江南文化是如何传到日本的呢？倭和越是如何同源的呢？在探讨这些问题时，首先有必要转换表达方式。

我们在探索历史时易犯“以今推古”的错误。即按照现在的标准去推测过去，认为现在我们做不了的事，古人也做不成，也就是认为古代人常常比不上现代人。但是事实并非如此，钻木取火、埃及的金字塔、良渚文化的玉雕艺术等，即使在相同的技术条件下对于现代人来说也是不可能完成的事。

从人类历史进程的总体来看，人类的活动范围是从内陆扩大到海洋。但是在历史的某个阶段，世界的某个地区内，事实并非如此。新石器时代的原始人的海上活动能力很强，诸如对独木舟和竹筏的操纵能力，绝对是古代文明人所望尘莫及的，因此他们可能更喜欢在海上生活。中国东部沿海地区，史前文化遗址比三代、秦汉时期更加密集。例如，辽东半岛、山东半岛及附近的岛屿（如长岛）上新石器时代遗址非常密集，甚至与现代自然村的间隔并无差异。而另一方面，三代、秦汉时期的文化遗址却相对稀少。与此形成鲜明对比的是附近的内陆地区，三代、秦汉时期的文化遗址要比史前期遗址密集。众所周知，上海冈身以内向北有五六千年前的崧泽型文化，上海青浦的福泉山有四五千年前的良渚文化，那里甚至已经有了奴隶的殉葬。当时的上海人口稠密，是文化发达地区。然而，从进入文明时代的三代开始到汉唐，上海逐渐成为人烟稀少的落后地区。在福建的厦门、金门、东山等岛屿上，到现在为止仅发现新石器文化遗址，而没有发现青铜器文化遗址。在史前期，福建的文化中心是沿海闽侯的云石山。但是到了汉代，文化中心则变成了崇安时代的汉城。很明显其文化中心在向内陆地区移动。浙江的情况也是如此。从河姆渡文化、马家浜文化到良

---

① 湖北省文化局文物工作隊：《湖北江陵三座楚墓出土大批重要文物》，载《文物》1966 年第 5 期。

渚文化时期，沿海地区和钱塘江两岸非常发达，在舟山群岛、玉环岛、洞头岛上也发现了新石器时代文化遗址。但是，到了三代和秦汉时期，浙江沿海地区基本上成了落后地区。不过，春秋战国时期却摆脱了落后。这是因为浙江有越国出现，而越人的海上活动十分频繁。这些活跃于海上的越人在古籍中被称为“外越”。[①]“外越”即指海上越人之意，他们是将越文化传播到海外的先锋。

如上所述，中国沿海的新石器文化非常发达，海上交流也十分活跃。河姆渡遗址东始于宁波，北离杭州湾数十里。根据地质学调查，今杭州湾沿岸的平地在河姆渡文化时期还没有形成陆地。当时从河姆渡到杭州湾的水域比现在要近得多。根据河姆渡遗址第三、第四层中发现的六只木浆可以判断当时这片地区确实是由水路连接起来的。河姆渡人依靠舟桨出行海上是极其容易的事。时间上虽后于河姆渡文化遗址的发现，但从舟山群岛上也发现了多达十处与大陆完全相同的史前遗址。另外，余姚的河姆渡遗址出土了鲸鱼、鲨鱼等远洋型动物的骨头。[②] 在离海岸线具有相当距离的钱塘江余杭的反山、瑶山的良渚文化遗址中也发现了鲨鱼的颚骨。[③] 从这些我们可以窥视到新石器时代有一部分浙江人在海上活动。日本绳文时代的玉玦、漆器、“高杯”、黑陶和葫芦等，无一不是由这些人从江南地区经海路直接传到日本的。

春秋时期至战国时代，吴、越成为“五霸”中的“二霸”。[④] 这得归功于吴越独到的造船业和航海技术。

《越绝书·逸文》中关于吴国战船的规模和编制有如下记载：

伍子胥《水战兵法内经》曰：

> 大翼一艘，广一丈五尺二寸，长十丈。容战士二十六人，棹五十人，舳舻三人，操长钩矛斧者四人，吏仆射长各一人，凡九十一人。当用长钩矛斧者各四，弩各三十二，矢之千三百，甲兜

---

① 参见董楚平：《关于外越与倭、瓯之间的关系》，东亚文化交流史研究会编：《吴越之风——筑紫之火》，1991 年。

② 《河姆渡遗址动植物遗存的鉴定研究》，载《考古学报》1978 年第 1 期。

③ 浙江省文物考古研究所反山考古队：《浙江余杭反山良渚文化祭坛遗址发掘简报》，载《文物》1988 年第 1 期。

④ 《墨子·所染篇》、《荀子·王霸篇》、《荀子·议兵篇》、《吕氏春秋·当染篇》等先秦文献均以齐桓公、楚庄王、吴王阖闾、越王勾践为“春秋五霸”。《史记·货殖列传》也以越王勾践为“五霸”之一。东汉以后，吴王阖闾、越王勾践逐渐被秦穆公、宋襄公取代。

> 鍪各三十二。中翼一艘，广一丈三尺五寸，长九丈六尺。小翼一艘，广一丈二尺，长九丈。

和吴国的航海技术相比，越国的航海技术更为发达。《越绝书·外传记地传》中记载：

> 句践伐吴，霸关东，徙琅玡，起观台，台周七里，以望东海。死士八千人，戈船三百艘。

以及：

> 初徙琅琊，使楼船卒二千八百人，伐松柏以为桴。

从上文可知，越的水军有“戈船”、“楼船”等。戈船是用于近战的快速艇，楼船是具有好几层结构的大船。春秋战国时期，中国有五大港口，分别是碣石（今河北秦皇岛）、转附（今山东烟台）、琅琊（今胶南县）、会稽（今浙江绍兴）和句章（今浙江宁波）。公元前 473 年，越灭吴后，迁都琅琊。至此，越占据了五大港口中的三个，统治着全国的海运行业。越国为称霸中原并没有选择黄河流域的内陆城市，而是选择了沿海地区的琅琊，是为了通过海路将南北两都连接起来，扬长避短，充分发挥自己在海上优势。公元前 333 年，楚威王“大败越”，其后，楚怀王再次打败越国，但楚却未能灭越。原因在于越国的“制海权”没有被夺走。到了秦始皇 25 年，即公元前 222 年，越国才被秦所灭。但是越国的王侯贵族的后裔纷纷逃到海上，使“百越”受到重大影响。①

“百越”始见于《吕氏春秋》。在中国古代，“百”和“全”是同义词。即“百越”是形容越人全体的词。近代考古学、民族学、人类学和历史学的研究均表明，从中国长江中下游以南地区到中国台湾以及东南亚的广泛区域内都分布着古越人，他们与日本和朝鲜半岛的古代文化有着密切的关系。日本学者“寻根问祖”的结果明确了日本的倭人和中国越人有着同一根源。这样看来，广义上“百越”的分布范围不仅仅在中国南方，在西太平洋地区也有广泛分布。台湾的凌纯声先生将这一地区称为“东亚的

---

① 董楚平：《楚败越过程考略》，载《百越民族研究》，江西教育出版社 1990 年版，第 194—205 页。

地中海”，这一地区的居民（即百越）通过海上交通频繁往来，故其文化特征也与水上生活密切相关。因此，百越文化也被称为“水上文化”、“海上文化”。

浙江省社会科学院国际越文化研究中心于1990年8月在杭州举办了第一届“国际百越文化学术讨论会”。日本的林已奈夫、国分直一、森浩一等共20位学者参加了讨论会。国分直一、刘茂源、木下尚子3位学者还带来了32件在日本种子岛广田遗址中出土的贝雕，在讨论会上进行了展示。国分直一还朗读了由他和木下尚子共同执笔的学术论文《日本西南诸岛出土的史前贝符》。该报告考察了大量日本九州以南至中国台湾以北的弓状列岛上出土的史前贝雕，并认为这些贝符上的饕餮纹和蟠螭纹桥状纹及汉代禁书中的“山”字纹等，均起源于中国东南沿海地区。[①] 出土这些贝符的种子岛广田遗址，从年代上看大约相当于公元前3世纪至1世纪之间。这正值中国政治动乱，大量越国遗民和瓯、闽人逃亡海外的时期。

参加“国际百越文化学术讨论会”的学者被邀请到萧山的越国山城遗址参观。其后，日本学者森浩一在讨论会上做了题为《日本弥生文化的山城和越文化的关系》的学术报告。该报告通过比较研究日本弥生时代的高地集落和越国山城的配置、结构、分工等方面，认为日本弥生文化的高地集落受到吴越一带山城的影响。1991年5月26日，森浩一在日本第三届东亚文化交流史研究会上，再度发表了这个见解。

综上所述，位于“东亚地中海”东岸的日本和位于其西岸的中国是百越分布的地区。从新石器时代开始到春秋战国时期，“东亚地中海”东岸和西岸之间的居民在不断进行着交流。吴越在百越中文化最发达，因此吴越对倭人的影响不可轻视。史前时期能够表现文化的莫过于人。文化的类似性在某些方面可以从文化承担者本身的类似性得到确认。《山海经》、《论衡》中把中国南方的越人称为倭人，这是倭越同族的文献证据。要彻底揭开这个问题的真相，有必要站在体质人类学的角度去分析。本文仅仅考察了文献学和考古学的资料，以期为今后的研究提供借鉴。

---

① 国分直一、木下尚子：《日本西南诸岛出土的史前贝符》，载国际百越文化学术讨论会文集：《国际百越文化研究》。

小议江户汉诗中的茶与禅

——以中日诗歌中“茶烟”一词的语义差异为例

郭 颖[①]

早在9世纪初，茶作为一种先进精神文化的载体从中国传入日本，所以日本的上层人士一开始就特别珍视茶。他们在饮茶时，很少考虑止渴、消食、解毒、提神等物质功能，而是看重伴随饮茶活动而发生的精神享受。在他们看来，茶不是随便能喝的，没有诗，没有琴，没有高士清友，便没有了饮茶的必要性。[②]

饮茶对于一个文人来说，是极其重要的一项活动，其不仅仅是身份与品位的象征，还为文人之间交流诗画提供了一个绝佳的场所。日本江户时代著名的俳句家松尾芭蕉也经常在新茶上市之际召开茶会，在品茶的同时与众人共咏俳句。“朝茶のむ僧静かなり菊の花”，此为元禄三年（1690）9月，松尾芭蕉在受到其门人三上千那之邀，拜访祥瑞寺时所咏诗句。这首俳句叙述的是僧侣在结束早晨的修行之后，独自一人，悠闲静谧地饮着茶，身边的菊花开在一尘不染的庭院之中。通过这首俳句，我们可以看出，在日本饮茶习惯已经渗透到当时的生活之中，与人们的生活息息相关。下面，我们以“茶烟”一词为例，来考察其在中日诗歌中具体的语义之异同，并借此对日本的茶与禅之间的关系进行分析与探讨。

一、关于“茶烟”一词的解释

“茶烟”一词源于中国的诗歌。特别是在唐宋的诗歌作品中，出现次数极多，如白居易《即事》（《全唐诗》卷450）：“室香萝药气，笼煖焙茶

① 郭颖，女，满族，1978年生，文学博士，厦门大学外文学院日语系讲师。主要研究方向：中日文化比较研究。

② 滕军著：《中日茶文化交流史》，人民出版社2004年版。

烟。”由于中文的“烟”字多表示烧煮时飘起的炊烟，如韩愈《谢自然诗》（《全唐诗》卷336）：“须臾自轻举，飘若风中烟”。所以在中国，“茶烟”多指煮茶时炉子上升起的缕缕炊烟。具体使用例如下：

（唐）张继《山家（一作过山农家）》：莫嗔焙茶烟暗，却喜晒谷天晴。

（唐）杜牧《题禅院（一作醉后题僧院）》：今日鬓丝禅榻畔，茶烟轻扬落花风。

（唐）郑谷《雪中偶题》：乱飘僧舍茶烟湿，密洒歌楼酒力微。

（唐）韩偓《使风》：茶烟睡觉心无事，一卷黄庭在手中。

（唐）于鹄《送李明府归别业》：鹿裘长酒气，茅屋有茶烟。

（唐）刘禹锡《秋日过鸿举法师寺院，便送归江陵》：客至茶烟起，禽归讲席收。

（唐）白居易《即事》：室香罗药气，笼暖焙茶烟。

（唐）姚合《病僧》：茶烟熏杀竹，檐雨滴穿阶。

（唐）周贺《玉芝观王道士（一作章道士房）》：蠹根停雪水，曲角积茶烟。

（唐）郑巢《送琇上人》：茶烟开瓦雪，鹤迹上潭冰。

（唐）李中《寄庐岳鉴上人》：烘壁茶烟暗，填沟木叶干。

（唐）李中《访龙光智谦上人》：竹影摇禅榻，茶烟上毳袍。

（唐）贯休《归故林后寄二三知己》：何时重一见，谈笑有茶烟。

（唐）贯休《宝禅师见访》：茶烟粘衲叶，云水透蘅茆。

（唐）牟融《游报本寺》：茶烟袅袅笼禅榻，竹影萧萧扫径苔。

（唐）殷尧藩《暮春述怀》：邻屋有声敲石火，野禽无语避茶烟。

（唐）皮日休《过云居院玄福上人旧居》：龛上已生新石耳，壁间空带旧茶烟。

（唐）林嵩《赠天台王处士》：茶烟岩外云初起，新月潭心钓未收。

（唐）杜荀鹤《宿东林寺题愿公院》：檐底水涵抄律烛，窗间风引煮茶烟。

（唐）李中《题柴司徒亭假山》：萤影夜攒疑烧起，茶烟朝出认云归。

（唐）贯休《将入匡山宿韩判官宅》：帘卷茶烟萦堕叶，月明棋子落深苔。

（唐）贯休《寄王涤》：吟高好鸟觑，风静茶烟直。

（唐）李中《献徐舍人》：藓点生棋石，茶烟过竹阴。

（宋）陆游《饭昭觉寺抵暮乃归》：静院春风传浴鼓，画廊晚雨湿茶烟。

（宋）陆游《病中久止酒有怀成都海棠之盛》：说与故人应不信，茶烟禅榻鬓成丝。

（宋）陆游《秋霽（一作初春怀成都）》：病来几与麴生绝，禅榻茶烟双鬓丝。

（宋）陆游《湖山》：茶烟映山起，酒旆傍隄斜。

（宋）苏轼《安国寺寻春》：病眼不羞云母乱，鬓丝强理茶烟中。

（宋）苏轼《雨中邀李范菴过天竺寺作其一》：花雨檐前乱，茶烟竹下孤。

（宋）黄庭坚《次韵叔原会寂照房（得照字）》：僧窗茶烟底，清绝对二妙。

（宋）王禹偁《送夏侯正言奉使江南》：衣拂茶烟寻水寺，枕欹梅雨泊沙汀。

（宋）王禹偁《和陈州田舍人留别（之四）》：茶烟静拂听琴鹤，谷雨轻笼锄麦人。

（宋）王禹偁《听罗讦事话太湖洞庭之景因赋十韵》：离离鱼网垂村巷，漠漠茶烟出寺楼。

如上所示的唐宋诗例，中国诗歌中的“茶烟”多指烧茶时在空中升起的炊烟。

二、江户汉诗中的“茶烟”

让我们再来看一首江户初期儒学家兼汉诗人林春信的诗作《十月二十七日游高庸亭即事二十五韵》（收录于《梅洞林先生诗续集》）：

　　暦开念七蓂，风暖小春天。吾游狛氏宅，宅在东叡边。相伴者是谁，家弟棣枝连。

　　武陵城外路，行过几市廛。狛氏门前景，茅舍竹婵娟。入门何所见，桥下水潺湲。

　　主人欢相迎，谈笑自悠然。偶催野游计，缓步相后先。云远筑波岭，塔高浅草川。

　　漠漠水田阔，玉鹭立联拳。渺渺野烟簇，白雁乱翩跹。吟望浑无碍，千里眼欲穿。

　　市远轮蹄绝，聊尔忘世缘。善哉闲中意，自无外物牵。少焉促归兴，一路草芊芊。

归来芸亭上，牕下有陈编。笙笛手中弄，图画壁间鲜。主人为治具，鸟鱼更烹煎。

喫罢啜温汤，何须酒杯传。橘添霜后绿，茶扬碗中烟。园林一散步，庭柯青眼前。

柴篱正萧条，砌草既萎蔫。寒雀飞入巢，活鳞跃在渊。自是江湖趣，所奈赝钓船。

拍肩又挹袂，不觉寒漏迁。

诗人林春信（1643—1666），日本著名学者林罗山之孙，林鹅峰之子，字孟著，号勉亭、梅洞，博览群书，精通诗词。13 岁时便与朝鲜通信使互相唱和汉诗。年纪轻轻便锋芒初露，然而在 24 岁时却不幸英年早逝。著作有《史馆茗话》、《梅洞诗集》。上引诗是一首五言古诗，描述了诗人一行去高庸亭游玩，归途小憩，尽享丝竹管弦之音，山珍野味之味，曲终饭饱，再煮水泡茶，无酒亦能尽欢。诗中“橘添霜后绿，茶扬碗中烟”一联为对偶，首字的“橘”对“茶”，这也是中国诗歌中常用的对仗法。不仅仅是“橘”与“茶”的对仗，如下所示，此二句很明显受到了宋诗的影响：

（宋）洪适《答景卢怀旧》（《全宋诗》卷 2080）：

缓步竞移霜后橘，清谈旋碾雨前茶。

（宋）方岳《次韵酬章教授》（《全宋诗》卷 3216）：

适烹雨前茶，已擘霜后橘。

中国诗歌中常以“霜后橘”对“雨前茶”，而林春信则将其拆分开，把“橘”与“茶”二字放在了句首，并使得上下两句依然保持对仗。下句中的“碗中烟”一词，为林春信之造语，意为身边是下霜之后显得更加绿油油的橘子，而手中碗里冒着的是热腾腾的茶烟。

当时，唐宋诗歌在日本广为流传，对于日本后世的诗人影响颇大。因此，“茶烟”一词在其他日本汉诗之中也经常出现：

绝海中津《读杜牧集》（《蕉坚稿》）：风流独爱樊川子，禅榻茶烟吹鬓丝。

绝海中津《次明绝侍者雪中韵》（《蕉坚稿》）：积雪山中昼掩扉，鬻茶烟起湿林霏。

大沼枕山《二月一一日同梦香翁宽庭师镜湖乐山游新梅庄》（《枕山诗钞二编》）：时中艰虞游人罕，一榻茶烟寒酵。

嵯峨天皇《秋日皇太弟池亭赋天字》（《凌云集》）：肃然幽兴处，院里满茶烟。

龙湫周泽《和韵元正》（《随得集》）：去岁梅残日正融，茶烟轻扬落花风。

藤原实范《夏日游栖霞寺》（《本朝无题诗》）：午茶烟细僧炉下，子竹露危仙阁头。

善为政《秋日游东光寺各成四韵〈庆滋为政〉》（《本朝丽藻》）：茶烟才出山厨寂，松月迟升岫幌垂。

上面第一首诗《读杜牧集》，是日本五山文学代表汉诗人之一的绝海中津（1334—1405）所作，原诗为："赤壁英雄遗折戟，阿房宫殿后人悲。风流独爱樊川子，禅榻茶烟吹鬓丝。"后二句明显是受到杜牧《题禅院》中"今日鬓丝禅榻畔，茶烟轻扬落花风"二句之影响。绝海中津诗句的大意为，杜牧静坐在禅榻之上，面前是缓缓升起的煎茶的热气，而头上的白发随风飘扬，好不风流。此诗中的"茶烟"，被解释成了"湯気（ゆげ）"，即水蒸气。[①]

杜牧《题禅院》一诗亦收录在《三体诗》中。《三体诗》又称《三体唐诗》，是宋代周弼编辑的唐诗选，其将中国唐代 167 位诗人的近体诗，按照七言绝句、七言律诗、五言律诗加以分类，在日本的影响可以说要甚于《全唐诗》。日本学者村上哲见在解释《三体诗》时，将杜牧上面二句理解为"いまや髪も白くなって、禅寺の椅子のかたわらにあり、静かに茶をたてれば、湯気は軽やかにたちのぼり、落花の風にゆらぐ"，意思是如今已满头白发，坐在寺庙禅榻之上。和煦的春风之下，静静地泡着茶，茶碗里飘起的热气与飘落而下的花瓣一同在空中飞扬。[②]

林春信在描写茶烟时使用了"碗中烟"一词，因此可判断其诗中的烟并非煮茶时的炊烟，而是指茶碗中冒出的热腾腾的水蒸气。由此可见，日本诗人在泡茶时所说的"烟"，更多的是用来描述茶碗中升腾水蒸气。

其实，"烟"字在日文中为"煙（けむり）"，早在日本的江户时代，便用来指代弥漫在空中的雾状水蒸气。禅师不铁桂文（1600—1673）在《三百则抄》卷6"三圣不出"中记录道："陽焔は，水のうるをいある処に陽気がさし渡れば，けむりが立つ，夫れを陽焔と云なり"，意为阳焰，

---

① ［日］入矢义高编：《日本古典文学大系 68 五山文学集》，岩波书店 1976 年版。

② ［日］村上哲见编、吉川幸次郎监修：《新订中国古典选 91 三体詩》，朝日新闻社 1971 年版。

指阳光照在有水汽的潮湿之处，便有“烟”升起，人们称之为阳焰。这里的“烟”，指代的便是水蒸气。这样一来，日本人在解释中国诗歌中“茶烟”一词时，便自然而然会以为是茶碗中冒出来的水蒸气。

三、日本的茶与禅

在日本，除了汉诗之外，“茶烟”已经作为日语词汇使用于各种文体之中：

《よだれかけ2》…茶煙を霞とみるも僻事ならんといへば、傀儡子にじりいで、居座高になりていはく。（仮名草子）

「洛東芭蕉庵再興記」（《写経社集》）…緑苔やや百年の人跡をうつむといへとも、幽篁なを一炉の茶煙をふくむがごとし。（俳諧）

除此之外，禅语之中也可见，如“茶烟静”与“茶烟呈福寿”。[①]“茶煙静（さえんしずかなり）”是指，煮茶时升起的丝丝热气与大自然合二为一，面对此景，人的心也能变得更加安静祥和；“茶煙呈福寿（さえん、福寿を呈す）”是指，煮茶时的水蒸气是福寿的象征，可一人独饮，也可众人围饮，谈笑畅饮亦可。在日本，茶与禅实际上已经相互渗透，密不可分。除了“茶烟”，不少的禅语也与茶相关，具体如下：

喫茶去（きっさこ），意为“请您用茶”。时刻告诫自己，无论面对什么人，都要一视同仁，同样用心地上茶。

今日客来茶（今日客来たらば茶），今天有客人来，先为客人献上一杯茶。这种全心全意款待客人的精神，是极为重要的。

且座喫茶（しゃざきっさ/しばらく座して茶を喫せよ），意为“先请坐下喝口茶吧”。告诉我们不要摆架子，一切回归自然。

茶是長寿友（ちゃ、これ長寿の友），茶是治疗百病的万能药。坚持饮茶，无论在身体上还是精神上，都能起到功效，并且能够延年益寿。

茶十種徳（茶十種の徳），饮茶能够使人身具十种功德。

茶楽（ちゃらく/茶を楽しむ），世上的人们如果都能懂得饮茶之乐，那么贫困、悲伤等烦恼，便会变得烟消云散。

茶人住草木之間（茶人は草木の間に住む），此时的茶人指道人。因为在“茶”字中，“人”是在“艹”与“木”之间，所以达道之人会喜欢

---

① ［日］有马赖底监修：《禅语大辞典》，淡交社2002年版。

居住在静谧的山村之中。

茶是貴人（茶はこれ貴人），所谓贵人是指达到一种无为无心的崇高境界之人。倘若能够真正由始至终贯彻无心，按部就班地完成茶事，那便是真正的贵人。

茶足心（茶は足心なり），人若不知足，便不为人。意为茶的本意在于有一颗知足之心。

茶有延年寿（茶に延年寿あり），所饮之茶如具有功效，便能够延年益寿。茶十德中便有“寿命长远”一项。

所谓的“茶十德”，是由唐代刘贞亮所提出，即以茶散郁气、以茶驱睡气、以茶养生气、以茶除病气、以茶利礼仁、以茶表敬意、以茶尝滋味、以茶养身体、以茶可行道、以茶可雅志等十种茶德。后被人概括为“康、乐、甘、香、和、清、敬、美”。而日本茶道鼻祖千利休所提出来的茶德则为“和、敬、静、寂”，即通过饮茶进行自我思想反省，在品茗的清寂中拂除内心的尘埃和彼此间的芥蒂，达到和敬的道德要求。当然，“和静清寂”本身也属于禅语，更是日本茶道“茶汤（茶の湯）”的精髓所在。正如千利休在解释“和敬静寂”时说的“茶の湯とはただ湯を沸かし茶をのむばかりなり”所示，“茶汤（茶の湯）”其实不过是烧水饮茶之事而已。所以，日本人一提到茶道，脑海中便会浮现脚下踏着的沾满露水、色泽光鲜的石子路，需要低头才能钻入的矮小的窝身门，在极其狭窄的茶室里水壶烧开时发出的声音，还有壶里冒出来的丝丝蒸气。

日本最初主要以煎茶为主。这一习惯最初是受到中国文人的影响。而一名被称为卖茶翁的禅僧，可以说将煎茶在日本发扬光大的重要人物之一。卖茶翁曾在长崎向中国人学习煎茶的方法，晚年之后开始在京都卖煎茶。在卖茶之余，其本人与文人墨客的接触也变得十分密切。卖茶翁不仅使煎茶道得到广泛传播，对大潮元皓、六如等后世汉诗人亦产生了深远的影响。由于当时僧侣的汉诗文造诣较高，故不少都是著名的汉诗人，并留下了大量的诗作。日本后来的茶道也称为“茶汤（茶の湯）”，多指抹茶道。江户时期，由于煎茶道的盛行，不少人对抹茶道持一种批判的态度。六如等人甚至还作诗，认为千利休当初创立的“茶の汤”精神，在如今已经不复存在，而逐渐变得偏重形式，落入俗套。[①]

纵观历史，无论煎茶道还是抹茶道，日本的茶道从形成之日起，便已

---

① ［日］秋山忠弥著：《江戸文人的嗜好》，勉城出版2007年版。

经命中注定与禅密不可分。禅为茶赋予了更高层次的精神内涵，而茶作为禅的一个载体，使得禅更加贴近生活，更加为人所熟知。

结　语

江户时代是日本历史上一个十分重要的时期。随着当时生活水平的提高，饮茶这种由中国传入日本的行为，得到了进一步继承与发扬，并形成了日本特有的煎茶道、抹茶道。同时，江户时代也堪称日本汉诗史上的巅峰时期。本文仅从江户汉诗中“茶烟”一词入手，通过对其语义的解释，分析了中日诗歌中使用的异同。在中国，“茶烟”一词指代烧水煮茶时的炊烟，其注重的其实并非茶本身，而是更加偏重于煮茶或饮茶这种人的行为。而江户汉诗中的“茶烟”一词，同时也指茶碗中冒出的丝丝热气，描写的更加细腻具体，淋漓尽致。

通过这样的差异，我们可以发现日本人喝茶时更注重茶的细节，并用心去感受这些细节所带来的感动。因此，可以说中国人喝茶是“品”，而日本人喝茶是“悟”。与中国相比，正是因为茶与禅的合二为一，日本的茶道才得以进入一个高深的精神层次。

禅僧卖茶翁在晚年尚未病危之时，将自己常年使用的煎茶道具扔进火中。而千利休，在当时的最高统治者丰臣秀吉令其剖腹时，便把自己的几个知心朋友邀请到茶室，举行人生中最后一次茶会。在茶会尾声，千利休将自己最为心爱的名茶碗当场摔得粉碎，然后脱去作为茶人的上装，换上了纯白的装束，从容地剖腹自尽。[①] 可见，对于二人来说，茶已经成为人生的寄托。人在茶在，人亡茶亡。

总之，茶在日本早已被赋予了禅学的色彩，如今已成为日本思想文化的重要组成部分。

---

① ［日］柳田圣山著：《禅与日本文化》，译林出版社 1991 年版。

中日干阑式建筑的同源关系初探

黄才贵[①]

干阑式建筑是多种要素所组成的重层文化复合体，国内外学者久已展开了多学科的研究。近些年来，在与日本学者的学术交流中，特别是有机会参加中日侗族民居调查委员会，同日本学者一道作实地调查研究，对干阑式建筑诸问题有所感悟，于是产生了研讨本课题的想法。由于条件所限，一己拙见，望学者们赐教。

一

干阑式建筑系木（竹）柱底架上建筑的高出地面的房屋，自新石器时代至现代均有流行；主要分布在我国长江流域以南及东南亚、大洋洲、日本列岛，在我国内蒙古自治区、黑龙江省北部及西伯利亚、美洲、非洲等地也有传承。

我国的干阑式建筑，在壮、布依、傣、侗、水、仫佬、毛南、黎、高山、佤、德昂、布朗、苗、瑶、藏、门巴、彝、哈尼、纳西、傈僳、拉祜、基诺、白、普米、珞巴、独龙、土家、怒、景颇、鄂伦春、鄂温克等少数民族地区和江南山居的汉族地区均广泛流行。特别是壮、布依、傣、侗、水、仫佬、毛南等民族，对房屋的称呼较一致，与“干阑”一词在音、义上基本相同、相近。[②] 从我国各民族干阑式建筑的实例看，可分为支撑框架体系和整体框架体系两类。[③] 前一类系由下部支撑结构和上部庇护结构组合而成的复合结构体系，也就是说由立（埋）在地上的柱子或由

① 黄才贵，男，侗族，1945 年生，贵州省民族研究所研究员，先后任《贵州民族研究》杂志主编、副所长。主要研究方向：西南民族文化。

② 王均等编著：《壮侗语族语言简志》，民族出版社 1989 年版，第 825 页。

③ 杨昌鸣：《东南亚早期建筑文化特征初探》，东南大学博士学位论文，第 56、第 35 页。

原木纵横交错叠置的井干式结构及建在它上面的房子组合而成。海南白沙县黎族的“高脚船屋”，“一般离地70—180厘米，楼板用竹片或硬木地板铺设；支撑屋盖和支撑楼板的柱网分成两套，支撑屋盖的柱子前后柱距一般在三米左右，支撑楼面的柱子前后柱距一般在两米左右，形成底层柱子非常密集，整座房子均用传统的缚扎方法结合而成”。[①] 德国学者H. 史图博认为，这种船屋“保存着典型的木桩建筑房屋形式”[②]。云南怒江地区傈傈族的“千脚落地”屋及该地区的怒族和澜沧地区的拉祜族，其房屋形式也与此类似。[③] 贵州从江、榕江、黎平等县山区的侗族和苗族村寨，有一种木楼是建在穿斗成排的短柱上。建木楼时，先建下层短柱，柱高二至三米，上部四面凿榫眼，用枋穿斗成排，构成整座房屋的平座，再于其上竖立第二层柱架。其构架法称为“接柱房架”或“接柱建竖”。还有一种木楼，可看成是“接柱建竖”向“整体建竖”的过渡形式，即前檐柱和前金柱均采取两根短柱组合构架，而中柱、后金柱和后檐柱采用通长柱构架，形成“半接柱房架”。对这类桩柱（短柱）干阑式建筑，英、美等国学者称为 Pile dwelling，德国学者称为 Pfostenbon，日本学者译为“栈上家屋”。[④] 采用井干式结构达到桩柱或短柱架空上层房屋的作用，在西南少数民族住居中较多见。如四川炉霍县藏族的“棒壳”，西藏昌都地区藏族的“木楞子”[⑤]，云南德钦和中甸等地藏族采取楼上住人、楼下圈畜的干阑式的井干住房；[⑥] 四川凉山彝族的“搧架”，云南楚雄、宁蒗地区彝族的“木罗罗”；四川、云南交界一带纳西族摩梭人的“木楞子”[⑦]；云南大理山区白族的“垛木房”[⑧]；兰坪县等地普米族的“木楞房子”[⑨]；独龙江流域河谷地带独龙族的“木垒房”[⑩]，均属于这类建筑形式。日本学者称其为“高

① 刘耀荃编：《海南岛黎族的住宅建筑》，1982年，第57页。

② 刘耀荃编：《海南岛黎族的住宅建筑》，1982年，第116页。

③ 《思想战线》编辑部编：《西南少数民族风俗志》，中国民间文艺出版社1981年云南版，第195页、第33页、第232页。

④ 载《贵州民族研究》1991年2期。

⑤ 江道元：《西藏卡若文化的居住建筑》，载《西藏研究》1982年第3期。

⑥ 易学钟：《石寨山三件人物屋宇雕像考释》，载《考古》1991年第1期。

⑦ 江道元：《彝族民居》，载《建筑学报》1981年第11期。

⑧ 国家民委民族问题五种丛书云南省编辑委员会编：《白族社会历史调查》，云南人民出版社1983年版。

⑨ 国家民委民族问题五种丛书编辑委员会中国少数民族编写组：《中国少数民族》，人民出版社1981年版。

⑩ 国家民委民族问题五种丛书编辑委员会云南省编辑组：《独龙族社会历史调查》（二），云南民族出版社1985年版。

床式校仓住居”。[①] 后一类系下部支撑结构和上部庇护结构呈整体框架的结构形式，也就是用上下贯通的长柱取代下层短柱的栅居而发展为整体构架。这种体系的定型，以侗、壮、水、布依、傣、苗、土家等民族整体建竖房屋的完备为主要标志。它是在几根不等高的长柱上分别凿穿上、中榫眼或地脚孔，用枋将长柱和短柱穿斗成立帖，再将几排立帖用横枋穿斗组合，构成整座房屋的框架。上榫眼和木枋穿斗处正为天花板部位，中榫眼部位为铺楼板位置，地脚孔安上木枋构成地脚。平面为横长形，屋顶有悬山、歇山、悬山横向重叠、悬山加偏厦或抱厦等形式，盖茅草、木皮、木板或青瓦；盖草和木皮的屋顶，脊上压有横木、垂直方向压有叉手小圆木。该体系房屋的建竖，根据楼层利用、建筑剖面的不同，还可分为全楼居、半楼居和地楼居三种。贵州榕江一带的水族和一部分侗族，对其分别有专门称呼。全楼居，是以楼上住人，楼下圈畜或堆放什物为标志。楼面离地 2.5 米左右，廊、室布局依地势而定。侗族地区有高五层的木楼及开间总宽 20—30 米的长屋。江南山居的汉族也为该类木结构双层小楼，[②] 福建山区及沿江河、湖海地方仍保留这种木楼，[③] 日本学者称其为“高床家屋”或“高床住居”。半楼居，又称吊脚（柱）楼，是建筑在两级平台或斜坡面、平台上，立于下级平台或斜坡面的柱子要长得多，故名吊脚（柱）。日本学者将建在斜坡面上的吊脚（柱）楼称为“悬造”。两级平台的吊脚（柱）楼，一般以下级平台面为饲养、什物层，上级平台为炉灶间；斜坡、平台的吊脚（柱）楼，斜坡面一般不利用，平台部分作饲养、什物层，居住层均在楼上。地楼居，以卧室间铺作离地 30 - 40 厘米高的木地板为标志，与日本的“扬床”结构属同一类型。堂屋后间还设有火铺，是一个离地面约 50 厘米高，八九平方米的平台，其内辟火塘。这种居住形式，在湘西、黔东南一带的苗族、侗族、土家族村寨较多见。侗语称这种平台火铺为 Menl sac，直译成汉语叫“天（火）炕”。

仓库是民居建筑的一个重要组成部分。我国各民族的干阑仓库建筑，从设置地点看可分为三类：①设在干阑住居的二楼或三楼；②单独建在自己住房附近；③集中建在寨边组合成仓库群。仓库群的建筑，在贵州从江

① 周达生：《中国干阑式住居》，载《日本国立民族学博物馆研究报告》11 卷 4 号，1986 年。

② 刘诗中等：《贵溪崖墓所反映的武夷山地区古越族的族属文化特征》，载《文物》1980 年 11 期。

③ 陈文华著：《论农业考古》，江西教育出版社 1990 年版，第 78 页。

县侗族、荔波县瑶族和海南白沙等县黎族村寨较多见。从江巨洞寨有52幢不同构架的干阑谷仓组成的一个大仓库群，成为日本学者调查研究的重点对象。① 贵州荔波瑶族，罗甸、紫云、长顺交界一带的苗族，台湾高山族中的阿美人、邹人、排湾人、泰雅人和海南黎族的干阑谷仓，均由短柱支座、仓体和圆锥形仓顶三部分组成；而且短柱顶部均平放防鼠垫物，有的为圆形石板，有的为特制罐形陶器或光滑木板；这种谷仓与东南亚、大洋洲各民族的谷仓极为相似，是外国学者最感兴趣的调查研究对象。②

此外，作为宗教祭祀的干阑小屋，在贵州侗族和苗族村寨中也可见到。黔湘桂交界一带侗族村寨还有集会议事的干阑式鼓楼，海南黎族和台湾高山族有干阑集会所等建筑物，也是外国学者感兴趣的调查研究对象。③

日本现代都市住宅建筑正向国际化方向发展，然而其传统民居（住宅、仓库、住宅氏族神祠）主要是木结构的干阑式建筑。现在，东京都内木结构住宅仍占总住宅的23%。日本还成立木结构住宅推进委员会，提倡建造经济实惠的木构住宅。④ 一般认为，日本传统住宅是将一幢房屋分成两部分，一部分铺作离地30—50厘米高的地板，另一部分保持平整地面。也有将居住部分和厨房等副屋分开建筑，前者铺地板，后者为地面；主要分布在冲绳县、鹿儿岛县、宫崎县南部、熊本县北部、大分县西部、福冈县西部、爱知县南部、千叶县东部和南部、茨城县中部、从南西诸岛到九州的南部和中部、本州的太平洋沿岸广大地区。⑤ 对这种住宅，日本学者称为“分栋型”、“别栋型”或“二栋型”。关于这类木构住宅，日本学者看法不一，有的认为它“具有半高床形式的一般特征”，并将离地30厘米高的地板称为“扬床”，离地50厘米以上的楼板称为“高床”⑥；有的认为它属“扬床式”⑦；有的则认为“扬床式”属“高床式”的一种。⑧ 该住

---

① 见《贵州民族研究》1991年2期。

② 刘耀荃编：《海南岛黎族的住宅建筑》，1982年，第145页。

③ ［日］杉本尚次著：《地域和民居——日本及其周边》，明玄书房1977年版。

④ 贾惠萱著：《日本风土人情》，北京大学出版社1987年版，第230页。

⑤ ［日］杉本尚次编：《日本住居源流——日本底层文化探究》，文化出版局1984年版，第92页。

⑥ ［日］杉本尚次编：《日本住居源流——日本底层文化探究》，文化出版局1984年版，第4页。

⑦ ［日］杉本尚次编：《日本住居源流——日本底层文化探究》，文化出版局1984年版，第144页。

⑧ ［日］杉本尚次编：《日本住居源流——日本底层文化探究》，文化出版局1984年版，第285页。

宅平面多长方形，采用长、短柱穿斗叉手构架，屋顶有歇山、悬山，盖茅草、木板或瓦，墙壁有板、草、竹或用茅草和竹编成网状形，有用自然石或短柱支撑横枕铺作木板或用竹（木）帘作地板，并在上面垫草席（榻榻米）、铺卧具就寝，通常还在这里跪坐吃饭和接待客人。1972 年，鹤藤鹿忠教授在冲绳县与那国岛和久米岛拍摄了两张干阑住宅照片，前为歇山顶，盖茅草，屋脊上用竹帘，屋面用竹条将草顶纵横捆扎牢实，墙壁和门都分别用竹条捆扎而成，并将地板下架空部分全部遮蔽；后为覆盆状歇山草顶，屋脊用木、竹条捆扎压草，墙壁用竹片和木条捆扎成网状形，同样将架空部分遮蔽。① 为了抢救正在消失中的日本传统民居建筑，国立民族学博物馆于 1975 年 11 月上旬在全国开展调查，选出八种不同民居样式，绝大多数属扬床式、高床式结构。其中，有六种样式按1/10比例制作模型存列展出，有一处还列为国家重点文物保护单位的露天博物馆。② 奈良县天理市岩室为代表的“大和栋”，是以大和地方（奈良盆地）为中心，在大阪平原、山城盆地南部地方多见的悬山顶民居形式。中间盖草的大屋顶坡面较陡，在靠近两侧山墙部分盖瓦；山墙面较宽大，并在两侧山墙外各盖一幢低于大屋顶而具同样坡面的房屋作厨房等用，同时筑围墙构成院落，居住部分建成扬床形式。长野县下水内郡荣村小赤泽地方福原伊势吉氏宅为代表的秋山乡“中门造”，是在与主屋垂直方向的拐角处建一幢与主屋连体的房屋，并在外山墙一面开门的房屋形式。这部分房屋空间为加工作业场地或设马圈，主屋为宽大的房间，中间设火塘，四周铺芭茅草并在上面敷席，作为日常生活中心。这种构造形式与当地冬天积雪的山区相适应。富山县东砺波郡平村相仓地方池端贞汪氏宅为代表的“合掌造”，是用三角梁架支撑屋顶，构成合掌形陡坡屋面。高大的三角梁架全用绳索或藤条捆扎，分为三至四层楼。第一层作住居部分建成扬床形式，二至四层用作养蚕。主要分布在群山环抱、与外界隔绝的飞驒山地五箇山和白川乡，在相仓地方还保留着近 30 幢合掌造房屋，被列为日本国重点文物保护单位，建成露天博物馆。岩手县远野市土渕町野崎地方固中三郎氏舍为代表的“曲家”，平面与中门造相似，有所不同的是出入口设在副屋的正面，为适应东北地方养马过冬的独自生活样式，主要分布在盛冈市周围到日诘

---

① ［日］杉本尚次编：《日本住居源流——日本底层文化探究》，文化出版局 1984 年版，第 48 页。

② ［日］加藤九祚等编：《国立民族学博物馆陈列总目》（增补改订本），财团法人千里文化财团 1985 年版。

附近和远野盆地。屋顶盖茅草，并在屋脊上植草，主屋正面开落地窗，还有铺作木板的回廊。冲绳县八重山郡竹富町竹富岛地方小底朝泉氏宅为代表的“二栋造”，主屋与副屋分开建筑；主屋盖茅草，底部架空离地50厘米左右；厨房盖琉球红瓦，另外还单独建有猪圈小屋、厕所等；宅基地用珊瑚石砌围墙构成院落，入口有照壁遮挡。近些年来，这个地区已出现二栋合体化现象。北海道沙流郡平取町二风谷地方阿伊努族哥坦人的民居，由母屋（主屋）和副屋两部分联体组成，均为草顶草壁：母屋正中设火塘，上方置火炕。住房东南面建有干阑式井干结构的熊笼和干阑式仓库。仓库由掘立叉柱支撑的底座、方形草壁仓体和船棚形草顶三部分组成。还有，群马县赤城山麓粕川村的民居，主屋为长方形，穿斗构架，扬床式，竹条壁，歇山草顶的正中盖有突出升高的悬山小屋顶；主屋前檐中部内收，下设偏厦为开口式。京都古丹波国境芹生村的民居，主屋正方形，扬床式，歇山草顶，屋脊用短木捆扎保护，正檐加偏厦构成阶梯形。

另外，日本农村谷仓铺作的木板离地面也很高，样式因地而异。关东南部将在柱上铺作厚木板的谷仓称为“谷柜”或“贮谷仓”。在南西诸岛和伊豆诸岛的谷仓，用木板铺作的位置离地最高，具有“高仓形式”。[①] 据日本奈良国立文化财研究所研究员浅川滋男说，在这两处岛区还有“高仓群”。南西诸岛的高仓，也是由穿斗短柱支撑的底座、囤箩式仓体和圆锥形草顶三部分组成。[②] 还有日本农村的住宅氏族神祠，过去每个家庭都建有一幢，一般设在住宅的西北角，立四根穿斗木柱，在柱上铺作离地约50厘米高的木板，其上设神位，用茅草或木皮盖成悬山屋顶。[③]

总之，中日两国民间干阑式建筑的现状，在结构、形体和布局上都有相同、相似的地方。

二

中日干阑式建筑这种物质文化均为地理环境和人文因素的复合体，也都伴随历史的发展而发展。

我国的考古发掘和史籍记载，为干阑文化的研究提供了大量可贵资料。从考古上看，在浙江、江苏、湖北、湖南、江西、福建、广东、广

① ［日］大岛建彦等编：《日本文化生活大全》，株式会社社会思想社1982年版，第222页。

② ［日］田边泰著：《琉球建筑》，座右宝刊行会1972年版。

③ ［日］大岛建彦等编：《日本文化生活大全》，株式会社社会思想社1982年版，第523页。

西、贵州、四川、云南等省（区），先后发掘的自新石器时代早期至秦、汉时代的遗址和墓葬中，出土了大量干阑式建筑的遗存和明器。其中，新石器时代的河姆渡文化、马家浜文化和良渚文化的许多遗址，都发现埋在地下的木桩以及底架上的横梁和木板，表明当时已盛行干阑式建筑。河姆渡文化，年代约公元前5000年至公元前3300年，体现的建筑文化特征有梯形不对称刃石斧、拱脊厚体石锛等器物，凿卯带榫，燕尾榫，带销钉孔的榫，企口板等大批榫卯木构件。该遗址各文化层发现的干阑木构件共数千件，其中第四层遗留着大批公元前5000年左右的干阑长屋遗物。建筑使用木材，包括桩柱、大梁、地板、席箔（或席壁）及树皮屋面等。从桩木布置看，一座干阑建筑的残长就有25米，进深7米，前檐有1.3米宽的走廊。许多构件有重复利用的迹象，说明使用木结构已有相当长的历史。[①] 四川成都十二桥殷代建筑遗址，出土了木圆柱、方材、竹圆柱、竹席等大量构件，有大、中、小三种不同结构形式和规模的建筑物。大型建筑物是在地梁上凿榫眼立柱，小型的是在立柱上架楼枕，铺作地板构成离地面较低的干阑式建筑。[②] 铜石并用时代的云南剑川海门口遗址，也出土了大批木桩、横梁的干阑式建筑构件。[③] 西周前期的湖北省蕲春县毛家嘴遗址中，发现较大规模的干阑式建筑遗址，面积约2—3万平方米，木构建筑遗迹范围在5000平方米以上。其中有呈“∟”形排列的三个毗邻房间，45根木柱和一段四米长的木板墙，还有平铺木板和木制阶梯的残迹。[④] 江西清江营盘里新石器时代遗址出土的陶制干阑式建筑模型，带有长脊短檐式的屋顶。云南晋宁石寨山滇墓中发现的四件汉代青铜干阑式建筑模型，亦有长脊短檐式屋顶，均代表干阑式建筑的原始特征。[⑤] 而且，该滇墓出土的M3、M6、M13三件模型中，在山墙外立长柱支撑脊檩，并在上段接出的斜撑处悬挂牛头骨。还用“兽口吞脊”和“垂鱼”的搏风板装饰脊檩出头处。[⑥] 这类建筑及装饰形式，现在还盛行于马来半岛及南洋群岛等地，[⑦] 日

---

① 《中国大百科全书·考古》，第704页。

② 四川省文物管理委员会、四川省文物考古研究所、成都市博物馆编：《成都十二桥商代建筑遗址第一期发掘简报》，载《文物》1987年12期。

③ 云南省博物馆筹备处：《剑川海门口古文物遗址清理简报》，载《考古通讯》1958年6期。

④ 中国科学院考古研究所湖北发掘队：《湖北蕲春毛家嘴西周木构建筑》，载《考古》1962年9期。

⑤ 《中国大百科全书·考古》，第134页。

⑥ 易学钟：《石寨山三件人物屋宇雕像考释》，载《考古》1991年1期。

⑦ 刘敦桢主编：《中国古代建筑史》，中国建筑工业出版社1983年版，第28页。

本古建筑也有这类形式。广东、广西、湖南、湖北、四川和贵州等省（区）的汉墓中还发现许多陶制干阑式建筑模型，其中贵州赫章可乐西汉墓出土的陶屋，上层为住房，分前廊后室，底层四面无壁，仅有加工谷物的双碓置于其间[①]；这与四川新津牧马山出土汉代陶屋低层设置的单碓属同一类型。[②]

从史籍上看，对干阑由来、名称、形体、地理环境、人文因素等各方面都有记载。《魏书·僚传》记载：僚人“依树积木，以居其上，名曰干阑”。看来早期的干阑式建筑还带有巢居的痕迹，所以《新唐书·南蛮传》记载南方民族“依树为层巢而居”，直到明代“珠崖人皆巢居。《珠崖传》曰：……今黎俗住木栏是也”[③]。这与春秋战国时期记载的“橧巢”[④]，“构木为巢”均为同一类型。[⑤] 干阑、干栏、高栏、阁栏、木葛栏等不同名称，是不同时代不同人士对南方少数民族住居用语的译音。故有“裸形蛮……作‘木葛栏’舍屋”[⑥]，“南平僚者……人并楼居，登梯而上，号为干栏”[⑦]；“边蛮界乡村有僚户……俗构屋高树，谓之阁阑”[⑧]；“僮人……居舍茅绯而不涂，衡板为阁，上以栖止，下畜牛羊猪犬，谓之‘麻栏’”。[⑨] 阑即栅、棚、栈，如“结栅以居，上设茅屋，下豢牛豕，栅上编竹为栈”[⑩]；“安家之民（今福建北部）悉依深山，架立屋舍于栈格上，似楼状”[⑪]；“民居檐茅为两重棚，谓之麻栏”[⑫]。干阑建筑分上、下两层，“人栖其上，牛羊犬豕畜其下”[⑬]；也有“楼下为两部，一部为舂碾室，农具杂物亦储其间；一部为牲畜室，一家所饲鸡豕牛羊，悉处其内”。[⑭] 上层结构，“门倚脊而开，穴其旁以为牖。屋内架木为栏，横铺竹木”；“厨灶寝

---

① 贵州省博物馆编：《藏品志一》，贵州人民出版社1990年版，第44页。
② 安志敏：《“干阑”式建筑的考古研究》，载《考古学报》1963年第2期。
③ （明）黄佐：《广东通志》。
④ 《礼记·礼运》。
⑤ （战国）韩非：《五蠹》。
⑥ （唐）樊绰：《蛮书》卷4。
⑦ 《旧唐书·南平僚传》卷197。
⑧ （宋）乐史：《太平寰宇记·渝州风俗》卷136。
⑨ （明）田汝成撰：《炎徼纪闻》卷4。
⑩ （宋）周去非撰：《岭外代答·巢居》卷4。
⑪ （宋）李昉撰：《太平御览》卷780引《临海水土志》。
⑫ （宋）范成大撰：《桂海虞衡志》。
⑬ （明）邝露撰：《赤雅》。
⑭ （宋）刘锡蕃撰；《岭表纪蛮》。

处并在其上……屋止一间，男女不异处，昼同饮食，夜并寝宿”。[1] 近代，“楼上分三部或两部，左右为卧室，最狭，普通仅可容榻，中间为火塘”。[2] 历史上有栏“不施椅桌床榻，唯有一牛皮为茵席，寝食于斯”[3]；也有编织“露兜树叶席……除织为寝具外，并供晒谷及敷地坐谈之用”[4]；或“在地板上坐，晚上则铺上藤席睡觉”。[5] 至于下层架空部分，其高度并不一致。有“土人架竹为栏……架高至五六尺”[6]；在“黎内有高栏、低栏之名，以去地高下而名，无甚异也”[7]；还有“生黎栏在后，前留空地……席地炊煮，惟于栏上寝处”。[8] 干阑建筑的屋顶形式有覆盆、覆鉴、覆舟、篷帐几种：“结茅为屋，状如覆盆，上为阑以居人，下畜牛豕”[9]；“居室形似覆舟，编茅为之，或被以葵或藤叶”[10]；“白夷……房屋皆以大竹架造，形如篷帐，分上下两层，上层住人，下层圈牛猪六畜”。[11] 还有，清人知不足斋在《琼崖黎歧风俗图说》中将黎族居住的“高栏”描绘成干阑和樽形屋顶的组合体。清乾隆时的《台湾风俗图》也描绘了高山族的同类型高栏住居和圆锥形顶的干阑谷仓。此外，史籍还记录了各民族的干阑集会所等建筑物，如侗族的“罗汉楼”[12]、黎族的“栏房”[13]、苗族的“马郎房”。[14] 史籍记载，干阑建筑与特定的地理环境相适应，如“南平僚”地区“土气多瘴疠，山有毒草及沙虱、蝮蛇”，所以“干阑”居之。[15]“考其所以然，盖地多虎狼，不如是则畜皆不得安，无乃上古巢居之意欤”。[16] 人文因素对干阑建筑的发展也起到一定作用。如“仡佬以鬼禁，所居不着地，虽酋长之

---

① （清）张庆长撰：《黎岐纪闻》。
② （宋）刘锡蕃撰；《岭表纪蛮》。
③ （宋）周去非撰：《岭外代答·巢居》卷4。
④ 刘耀荃编：《海南岛黎族的住宅建筑》，1982年，第112页。
⑤ 刘耀荃编：《海南岛黎族的住宅建筑》，1982年，第146页。
⑥ （明）徐霞客撰：《徐霞客游记》。
⑦ （清）张庆长撰：《黎岐纪闻》。
⑧ （清）张庆长撰：《黎岐纪闻》。
⑨ （宋）范成大撰：《桂海虞衡志》。
⑩ （清）张庆长撰：《黎岐纪闻》。
⑪ （明）曹学佺撰：《蜀中广记·边防记》。
⑫ （明）邝露撰：《赤雅》。
⑬ 《古今图书集成》卷1391。
⑭ （清）贝清乔撰：《苗俗记》。
⑮ 《旧唐书·南平僚传》卷197。
⑯ （宋）周去非撰：《岭外代答·巢居》卷4。

富，屋宇之多，亦皆去地数尺，以巨木排比”。[①]

地处亚洲东部边缘的日本，从旧石器时代开始已有人类居住，最初住自然洞穴，后能建竖穴，到农耕时已能建造干阑式住宅。前几年，在阿久遗址发现了绳文时代晚期（前8世纪至前2世纪）大规模的柱列群和干阑构件遗迹。[②] 属弥生时代（前3世纪至3世纪）的静冈县登吕遗址还发现三座干阑式仓库遗迹，[③] 在鸟取县和大阪也发现同时期的干阑式住居遗迹。[④] 讚岐国出土的公元1世纪后期的一件铜铎，描绘有一座干阑式建筑物，正面为四根长柱构架，分上下两层，架空部分占通高的一半，左侧设楼梯，屋顶为长脊短檐悬山式，两侧山墙外各立一根长柱撑梁。[⑤] 到古坟时代（4世纪至8世纪），在日本已有更多的干阑式建筑出现，但仍与竖穴式建筑并存。奈良县佐味田古坟（4世纪）出土的仿制铜镜，因背面刻有房屋图，日本学者称为“家屋文镜”。该图由上下左右四座不同结构的房屋组成，右为竖穴，上为基坛房屋，左为钵顶通长柱干阑建筑，下为长脊短檐悬山干阑建筑。[⑥] 在群马县赤堀村茶臼山古坟（四五世纪）出土了八件陶屋模型，日本学者称“家形埴轮”。其中有四件明显属干阑式建筑，当中的三件均为长脊短檐悬山顶并以搏风板装饰。[⑦] 宫崎县西部原古坟（中期）出土的母子陶屋模型，正中是竖穴式高大的长脊短檐并以搏风板装饰的母屋，其中正、背两面各有一幢屋脊同向、屋顶相同的干阑式子屋。[⑧] 日本约有八万座神社，其本殿均为不同历史时期建造或按一定年限造替，建筑样式达十种以上，大多数为干阑式建筑，可分为固有型和变容型两类。前一类为传统样式，有“神明造”的如伊势神宫、“住吉造”的如大阪市住吉大社、“大社造”的如岛根出云大社、“大鸟造”的如大阪府大鸟神社等；具有三个特点：“高床式”的架空部分高2米左右；悬山屋顶盖茅草或丝柏皮；屋脊用“坚鱼木”（形若木鱼之圆木）、“千木”（即

---

① （宋）朱辅撰：《溪蛮丛笑》。

② ［日］杉本尚次编：《日本住居源流——日本底层文化探究》，文化出版局1984年版，第157页。

③ 日本建筑学会编：《日本建筑史图集》（新订版），彰国社1987年版，第3、第108页。

④ ［日］杉本尚次编：《日本住居源流——日本底层文化探究》，文化出版局1984年版，第157、第63页。

⑤ 日本建筑学会编：《日本建筑史图集》（新订版），彰国社1987年版，第3、第108页。

⑥ 日本建筑学会编：《日本建筑史图集》（新订版），彰国社1987年版，第4、第109页。

⑦ 日本建筑学会编：《日本建筑史图集》（新订版），彰国社1987年版，第4、第109页。

⑧ ［日］杉本尚次编：《日本住居源流——日本底层文化探究》，文化出版局1984年版，第189、第113页。

搏风）作装饰。在平面和结构上有所不同，如“神明造”为正面开门，两侧山墙外各立一根木柱支撑大梁。后一类是在中国佛教建筑影响下使前类发生变易，出现了新的形式，有“春日造”的如奈良市春日大社，“流造”的如京都市别雷神社，“八幡造”的如大分县宇佐神宫，“日吉造”的如大津市日吉大社，“祇园造”的如京都市八坂神社等；也具有三个特点：“高床式”的架空部分较低；屋顶形式多变，除春日造保持坚鱼木、千木装饰外，其他均改变装饰内容；主要部分涂朱红或彩漆。而且，在平面和结构上各具特色。[①] 还有，天皇举行即位、朝贡、节日聚会和休息的京都御所紫宸殿、清凉殿和京都二丸御殿的武将邸宅，均采取“高床式”建筑。有一部分寺院和书院如奈良东大寺法华堂、正仓院宝库、鸟取三佛寺投入堂、大津石山寺多宝塔、京都曼殊院书院也都为“高床式”建筑。[②] 山上忆良的《贫穷问答歌》认为：所谓“高床式”已成为日本民居基本的原初型的一个要素。[③] 邪马台国是公元 1 世纪末 2 世纪初出现在日本北九州（一说大和）的新兴国家，与中国古代三国时的魏国有往来。《三国志·魏书·倭人传》记载，邪马台国“收租赋，有邸阁”；国王“居处宫室楼观，城栅严设”。邸阁，即储藏谷物之仓库，可能属干阑建筑。据我国南朝宋怀远纂《南越志》载：“晋康郡（今广东德庆）夫阪县夷人曰‘稽’，其俗栅居，实为俚之城落”；看来“城栅”与“栅居”、“城落”有相似之处。近年，佐贺县发掘的吉野里遗址，是日本至今发现的遗址中规模最大的一处弥生时代至古坟时代的环濠集落的墓葬群。据日本学者研究，该处遗址的住宅建筑遗存，与邪马台国及属国的建筑有密切关系。在这处遗址上，发现有许多干阑式谷仓组成仓库群的遗存。其中，在吉野里Ⅴ区的外濠西侧就建有大小不同的 18 幢干阑式谷仓组成的仓库群遗迹。[④] 712 年成书的《古事记》记载：奈良时代（710—794）以前在日本已流行一种称为“足一腾宫”的住宅样式，在离地面不高处铺作地板。[⑤] 又据《年中行事绘卷》对日本民间习俗“斗草”图的描绘，场景后部有一座立柱于地梁上的干阑式建筑，与道祖神庙相似。[⑥]

---

① ［日］大岛建彦等编：《日本文化生活大全》，株式会社社会思想社 1982 年版，第 969 页。

② ［日］大岛建彦等编：《日本文化生活大全》，株式会社社会思想社 1982 年版，第 980 页。

③ ［日］大岛建彦等编：《日本文化生活大全》，株式会社社会思想社 1982 年版，第 61 页。

④ 日本佐贺县教育委员会编：《吉野里遗迹概报》，吉川弘文馆株式会社 1990 年版。

⑤ ［日］杉本尚次编：《日本住居源流——日本底层文化探究》，文化出版局 1984 年版，第 147 页。

⑥ ［日］大岛建彦等编：《日本文化生活大全》，株式会社社会思想社 1982 年版，第 682 页。

从考古和史籍上看，中日干阑式建筑也有许多相同、相似之处，而且现存的干阑式建筑样式是由历史发展所致，显示出传承性的历史痕迹。

三

中日两国固有建筑文化均属东方建筑文化系统。就干阑式建筑文化特征而言，只是该系统内的区域性建筑文化，可用“黔台—南岛干阑文化圈”加以概述。这个文化圈由两大部分组成：大陆部分，包括我国大陆长江流域以南直到中南半岛及马来半岛，东起我国南海沿岸，西至缅甸伊洛瓦底江；岛屿部分，北起我国海南岛和台湾岛、日本列岛、美国夏威夷，南达新西兰，西起非洲东南海岸的马达加斯加岛，东至智利复活节岛。中日干阑式建筑文化的源流，与该文化圈的形成和发展有着密切的关系。

瑞士学者G. 托麦尼克通过对印度尼西亚、密克罗尼西亚、美拉尼西亚等岛屿的实地调查和对我国南部新石器时代具有干阑式建筑原始特征明器的研究，提出了印度尼西亚“长脊短檐式屋顶”的建筑传统起源于中国南部新石器时代南岛文化的假说，而且还与东南亚和日本的长脊短檐式屋顶传统有着“共同的文化背景”①。这个假说，不仅给我们在“黔台—南岛干阑文化圈”中将干阑式建筑的起源地——中国南部与东南亚、日本列岛三地间又勾画了一个钝角三角形，而且还指明这里的文化底层是“南岛文化”。就此，日本学者大林太良、浅川滋男等也从另外的研究角度得出了类似的看法。② 南岛文化即南岛语系（Austronesian）诸民族文化的底层文化。该语系由太平洋各大小岛屿数百种亲属语言组成，分为印度尼西亚、密克罗尼西亚、美拉尼西亚和波利尼西亚四个语族，我国台湾高山族语言属印度尼西亚语族。在外国学者的研究中，多将我国语言学者认定的汉藏语系壮侗（侗台、侗泰）即黔台语族列入南岛语系或澳泰语系（Austro - Thai）。有的学者提出侗台语和仡央语合称为“侗台—仡央超语族”，还可跟泰雅语、布嫩语等台湾的“山民语”合为“百越次语系”；有的认为侗台语与南岛语系的印度尼西亚语族有许多同源词和一致的词序，因之侗台语经“语言类型转换”，由南岛语型转变为汉语型；美国学者白保罗则认

① Domenig. G：《由构造发达论到长脊短檐——以歇山覆状屋顶和干阑谷仓为中心》，载［日］田边泰著：《琉球建筑》，座右宝刊行会。除该假说外，笔者对他的其他观点则执怀疑态度。

② 参见《贵州民族研究》1991年第2期。

为，侗台语属澳泰语。[①] 1942 年，白保罗就认为我国仡佬语、黎语和越南北部的拉绨语、拉嘉语构成加岱语，并与泰语、印度尼西亚语有血缘关系，属原始南方语系。1966 年，他建立了有四个语族的澳泰语系。其中，一个语族包括大部分南岛语、印度尼西亚语及高山族的一部分语言；一个语族包括泰语、侗水语、临高话和加岱语。1975 年，他对澳泰语系作了修改，认为加岱语和南岛语属同一语族，其中加岱语除原来的四个语言外，又增加了泰语、北部泰语（即壮语、布依语）、侗水语、临高话。实际上，加岱语是我国学者所主张的壮侗语族。[②] 看来，不管将壮侗语族归属那一个语系，都说明该语族诸民族与我国台湾的高山族及泰国、老挝、缅甸、越南、印度尼西亚等国的许多民族都有渊源关系。G. 托麦尼克所说的“中国南部新石器时代南岛文化”，无疑与壮侗语族诸民族文化的底层文化即百越文化特征有关。他具体所指的文化现象，就是江西清江营盘里新石器时代后期遗址出土的带有长脊短檐式屋顶的干阑式建筑。据我国语言学者论证，现代汉语八大方言中的吴、闽南、闽北、粤等方言都不同程度地保留着壮侗语的语言底层，说明古代活动在中国东南沿海及南方的百越族群具有统一的语言，而且以上方言之地正为百越族群主要支系于越、东瓯、闽越、南越活动区域。[③] 那么，百越文化无疑与我国东南部新石器时代诸文化都有密切关系。至于百越文化特征，据考古资料和文献记载，除传统干阑式建筑和独自的语言外，还表现在水稻农业、葛麻纺织、使用有段石锛、铸造青铜剑、善用舟习水战、几何印纹陶器和原始青瓷器、流行断发文身和拔牙习俗、保留浓厚的原始婚俗、崇拜鬼神和迷信鸡卜、崖葬或悬棺葬和船棺葬、崇拜蛇或鸟图腾等。这说明百越文化基本上是土著文化，是在继承我国东南地区新石器时代原始文化的基础上发展起来的。[④] 春秋时代后，百越诸部已有“内越”和“外越”之说，[⑤] 分别指东南沿海和东海、南海及沿海诸岛的越人部落；他们分布广泛，交往密切，除血缘关系因素外，还具有擅长海上交通的特殊技艺，使百越文化得以在太平洋上传播。[⑥]

---

① 向零著：《赴美出席国际汉藏语言学会情况报告》，载中国西南民族研究会编：《西南民族研究动态》1990 年 12 月。

② 《中国大百科全书·民族》，第 131 页。

③ 赵加：《试探闽越中的壮侗语底层》，载《贵州民族研究》1991 年第 1 期。

④ 陈国强等著：《百越民族史》，中国社会科学出版社 1988 年版，第 32—75 页。

⑤ 《越绝书》卷 8：“引属东海内、外越，别封削焉”。

⑥ 石钟建：《铜鼓纹饰上的船是不是越海船》，载《贵州社会科学》1981 年第 6 期。

据中外学者研究，黔台—南岛干阑文化发展与中日干阑文化关系，可能存在两种情况。

（一）从中国东南和西南部传播东南亚，再经“黑潮文化”传播路线到日本。据我国学者研究，中南半岛属壮侗语族的掸人、泰人、寮人、岱人、侬人，藏缅语族的克钦、彝、傈僳、拉祜、阿卡、缅、Naga、Kongak、Ao、Chin、Garo、克伦，属南亚语系孟高棉语族的孟、高棉、克木、卡、sedag、Ma、Mnong、Ku1、Soach、拉佤、崩龙、佤，越芒语族的芒，马六甲语族的富裕、富芒，属南岛语系印度尼西亚语族的Cham、Jaral、Rhade；马来群岛属印度尼西亚语族的马来人、Jakun、Moken；Orang、Orangslater、Laut、Orang kuala、Sundanese、民南加堡、巴搭、Redlang、伊班、陆达雅、Ngadju、加扬、钧雅、母样、都山、Mianhas、杜拉其、Makasar、巴厘、Sasak、Suanbawa、Manggaray、Floreg、明打威、英加佬、尼亚士、More、达雅、Vlanya、Ken－ey、Tagalog、More、曼达雅，以上各民族均为干阑住居。① 美国学者克娄伯认为，在中国大陆和印度支那半岛、东印度半岛有“高顶草屋”和“巢居”等26种共同文化特质（我国学者凌纯声又补充了“楼居”等25种，共51种），“组成了东南亚古文化”。② 又据中日学者研究，大洋洲各民族也不同程度地保留着干阑式建筑，新西兰的毛利人有短柱结构干阑仓库，新几内亚岛西南海岸的巴布亚人多住干阑茅屋；美拉尼西亚群岛的所罗门人、瓦努阿图人、新喀里多尼亚人、斐济人多居干阑茅屋；密克罗尼西亚群岛的查莫罗人、加罗林人、马绍人、瑙鲁人、吉尔伯特人，住房多以石坛、土坛为基，与干阑房屋架空部分同高；波利尼西亚群岛的毛利人、萨摩亚人、汤加人、图瓦卢人、夏威夷人、塔希提人、托克劳人、库克岛人、瓦利斯人、纽埃人、复活节岛人，住房多为木、石柱和通长柱干阑及水上棚居，还盛行男子集会所。③ 看来，大洋洲各民族文化特质又与东南亚各民族的文化特质有内在联系。从发现的人类化石资料证明，中国大陆是蒙古人种起源和分化的重要地区之一。④ 上述河姆渡文化居民的种系类型既具有蒙古人种特征，又与现代澳大利亚—尼格罗人种

---

① 杨昌鸣著：《东南亚早期建筑文化特征初探》，东南大学博士学位论文，第35页。

② 凌纯声著：《东南亚古文化研究发凡》，载台湾《新生报民族学研究专刊》1950年第3期；又《南洋土著与中国古代百越民族》，载《中国边疆民族与环太平洋文化》上册，第989—409页。

③ 《中国大百科全书·民族·大洋洲各民族》；［日］杉本尚次：《大洋洲住居》，载杉本尚次编：《日本住居源流——日本底层文化探究》，文化出版局1984年版。

④ 《中国大百科全书·考古》，第526页。

特征相似；上海崧泽遗址、广东河宕贝丘遗址和增城金兰寺遗址、福建闽侯县石山遗址、广西桂林甑皮岩遗址等，出土的人骨化石，均具有蒙古人种南亚类型或蒙古人种特征兼有一些与现代尼格罗人种相似的特征。[①] 同时，在河姆渡等遗址中还出土了干阑构件和有段石锛等百越文化特征的文物。那么，以上新石器时代文化的居民不仅与百越人可能有直系关系，而且与分布在太平洋和印度洋各岛国的蒙古人种马来型的马来人可能也有关系。[②] 中外多数学者认为，通用南岛语系印度尼西亚诸语言的马来人，其祖先约在公元前三千年以后陆续从亚洲内陆（包括中国东南和西南）逐渐南下，一部分迁至中南半岛，并经马来半岛（一说安达曼群岛）进入苏门答腊岛，后往东扩散到爪哇、加里曼丹岛、苏拉威西岛和菲律宾群岛，往西扩散到马达加斯加岛；[③] 其中有一支从中南半岛西北来的藏缅系部落，从北部及东北部来的泰系部落及原始越南人，由东南部来的交趾部落之骆越系人。[④] 另一部分由我国闽粤沿海到台湾，后转到菲律宾、苏拉威西、苏禄、婆罗洲。[⑤] 这种迁徙浪潮持续数千年之久，按时间先后分为原始马来人、古马来人和新马来人。据菲律宾人类学家 H. O. 拜耶研究，历史上入菲移民有七次浪潮，其中的第五、第六两次系由台湾移入，[⑥] 这些移民当为古百越人。所以，徐松石说："马来人祖先来自北方的大越和闽越海邦"。[⑦] 由东南亚和大洋洲向东北的文化传播，日本学者称为"黑潮文化传播"，因北赤道海流在菲律宾群岛东岸向北转向而形成北太平洋西部流势最强的暖流——黑潮命名。黑潮主流沿中国台湾东岸、日本琉球群岛西侧北流，直到日本东南岸。日本学者认为，东南亚和密克罗尼西亚将干阑式主屋与厨房分别建筑的做法，就关系到"黑潮文化的直接传播"。现在日本冲绳特别是八重山诸岛的古民居中还遗留着二栋造的做法。还有从南西诸岛到南九州、熊本县西北部、筑紫平野、南四国、东海地方，房总半岛为主的主屋和厨房合体的过渡形式，都分布在黑潮流经的太平洋一侧。这

---

① 《中国大百科全书·考古》，第 711 页。

② 陈国强等著：《百越民族史》，中国社会科学出版社 1988 年版，第 31 页。

③ 《中国大百科全书·民族·大洋洲各民族》，第 262 页。

④ 苏联科学院编：《世界通史》第 2 卷，生活·读书·新知三联书店 1971 年版，第 581 页。

⑤ Dixon. R. B. The Racial History of Mad 1923，Г. И. Левинсои 著，魏林译：《菲律宾》；林惠祥：《南洋马来族与华南古民族的关系》，《林惠祥人类学论著》，福建人民出版社 1981 年版，第 517 页。

⑥ Beyer. H. O. The Earliest People Of the Philippines，Manila Bulletin，March 27. 1950.

⑦ 徐松石撰：《东南亚民族的中国血缘》第 4 章《马来人与闽越族》，《远东民族史研究》第 3 册，香港，1959 年。

种传播到东南亚、大洋洲的建筑形式，与传到日本的黑潮文化都有共同的起源地，那就是中国大陆南部。[①]

（二）从中国东南部利用黑潮流向直接传播日本。早在第四纪的大部分时间里，我国大陆与日本列岛曾以陆地相连；[②] 到第四纪末期的更新世晚期或全新世初期，日本列岛才与大陆分开。[③] 因海洋阻隔，在日本绳文时代早期与我国裴李岗文化、河姆渡文化等失去了联系。到绳文时代中、后期，人们可能掌握了渡海工具，我国的稻作文化便迅速传到日本。[④] 我国春秋时代曾将“善稻”称为“伊稉”，江苏南部方言读作“依女”，这与日本人称水稻为 ine 之语音相似，可能为吴语古音；而且，日本人数的概念也是由古越族人传入的，都说明传到日本的时间为绳文时代晚期。[⑤] 到日本的弥生时代，我国又有大批移民进入日本列岛，北九州和本州西部，并与当地土著居民通婚，曾一度改变了当地人的体质特征。[⑥] 当时，中国人已掌握了“反居水下”、“风辄引去”日本列岛的黑潮流向。[⑦] 随着移民的东渡，干阑式建筑和拔牙习俗等百越文化要素，也就很自然地在日本传承。[⑧] 所以，日本学者认为约到 5 世纪后半期至 6 世纪之间，日本的特殊阶层普遍采用干阑式建筑的居住形式；到 7 世纪以后，干阑式建筑已成为日本农村基本的居住形式。[⑨] 还有从中国台湾直接到日本的路径，早在 3 万年前台湾和大陆还连在一起，后来被海水分隔，长滨文化的主人已能从大陆渡海台湾，[⑩] 那里的古代民族属于秦汉时代闽越的一部分，即今高山族的祖先；[⑪] 我国汉代史籍将“夷州”（今中国台湾）和“东鳀人”

① ［日］杉本尚次编：《日本住居源流——日本底层文化探究》，文化出版局 1984 年版，第 246 页。

② 裴文中：《从古文化及古生物上看中日的交通》，载《科学通报》1979 年第 12 期。

③ ［日］凑正雄：《日本列岛的最后陆桥》，载《地球科学》1966 年 9 月号。

④ ［日］下条信行：《弥生时代农业技术的发展》，载《学习日本考古学》（2），有斐阁选书 1978 年版。

⑤ 陈文华著：《论农业考古》，江西教育出版社 1990 年版，第 77 页。

⑥ ［日］佐原真、金关恕编：《古代史发掘（4）——稻作之起因》，讲谈社 1975 年版；［日］和岛一诚编：《日本考古学》Ⅲ，河出书房 1966 年版；［日］池田次郎著：《日本人起源》，讲谈社新书 1982 年版。

⑦ 《史记·封禅书》、《史记·秦始皇本纪》。

⑧ 安志敏：《长江下游史前文化对海东的影响》，载《考古》1984 年第 5 期。

⑨ ［日］杉本尚次编：《日本住居源流——日本底层文化探究》，文化出版局 1984 年版，第 63 页。

⑩ 韩起：《台湾原始社会考古概述》，载《考古》1979 年第 3 期。

⑪ 陈国强：《从台湾考古发现探讨高山族来源》，载《社会科学战线》1980 年第 3 期。

（今日本九州、四国一带居民）、“亶州”（今琉球群岛）并提。① 可见，中国台湾与日本邻近；台湾的干阑文化通过黑潮传播日本，也是日本学者所认同的。② 日本学者还认为日语“倭”的读音和闽南话“越”的读音一致，倭族和越族同源，日本文化的根在一衣带水的闽台中寻找更为恰当。③

（本文原刊《贵州民族研究》1991 年第 4 期，现由作者修订）

① 陈国强等著：《百越民族史》，中国社会科学出版社 1988 年版，第 260—263 页。

② ［日］杉本尚次编：《日本住居源流——日本底层文化探究》，文化出版局 1984 年版，第 457 页。

③ 陈文华著：《论农业考古》，江西教育出版社 1990 年版，第 75、第 85 页。

日本入元求法禅僧与幻住派

纪华传①

元初，世祖忽必烈曾两次出兵进攻日本，由此导致两国一直处于敌对状态。这一时期，两国之间交流的主要方式有两个：一是民间贸易；二是僧人之间的往来。特别是后者，促进了中日文化的交流，使元代成为继唐宋之后的一个新高潮。据木宫泰彦《日中文化交流史》一书的统计，史册留名的入元日僧达222人，与此相比，南宋时期有109人，明代有114人。从人数上看，入元日僧达到历史上的最高潮，在元代不足百年的时间中，而且是在中日两国处于对立的情况下，这是令人惊叹的事情。② 正如日本学者道端良秀所言："日本历史上日僧涉足中国最多的时代却是成为敌国的元朝时代。这确是个不可思议的现象。"③ 本文以明本与日本禅僧的交往为例，探讨元代中日佛教的交流以及中国禅宗对日本佛教的影响。

一、元僧东渡与日僧入元

元世祖忽必烈于至元八年（1271）定国号为元，十六年（1279）灭南宋，统一中国，元朝成为横跨欧亚大陆、疆域辽阔的国家。这时高丽国已成为元朝的附庸。在此前后，元世祖一直有臣服日本之心。早在至元三年（1266），元世祖即派兵部侍郎黑的、礼部侍郎殷弘持国书出使日本。虽然表面上是希望"通问结好，以相亲睦"，但实际上是希望日本像高丽一样臣服于元朝，所以在国书中说："高丽君臣感戴来朝，义虽君臣，欢若父子……高丽，朕之东藩也。日本密迩高丽，开国以来亦时通中国，至于朕躬，而无

① 纪华传，男，汉族，1970年生，哲学博士，现为中国社会科学院世界宗教研究所副研究员，佛教研究室副主任，中国社会科学院佛教研究中心副秘书长。主要研究方向：中国佛教、禅宗。

② ［日］木宫泰彦著：《中日佛教交通史》下卷，第三章《日本与元人贸易》，商务印书馆1980年版。

③ ［日］道端良秀著：《中日佛教友好二千年史》，商务印书馆1992年版，第85页。

一乘之使以通和好。”并以武力相威胁：“以至用兵，夫孰所好。王其图之。”① 日本拒不接受，所以首次出使“不至而还”。此后，元世祖又多次派人出使日本，均无果而返。至元十一年（日本文永十一年，1274），出兵进攻日本，史称“文永之役”，结果元军失败。这场战役之后，元朝又有三次派遣使者至日本，希望通过外交手段使日本称臣，特别是至元十七年（1280）最后一次遣使中，国使杜世忠被日本杀害，于是在第二年，即日本的弘安四年（1281），元世祖又派兵14万人进攻日本，史称“弘安之役”。这次战争，因遭到日军顽强抵抗，并遇到台风袭击，最终大败而归。

弘安之役之后的几十年，中日两国一直没有建立起正式的外交关系。为改变这一状况，元世祖试图借助于佛教来加强两国的沟通和交流，认为日本“倾向佛乘，欲聘有道衲子，劝诱以为附庸”。② 至元二十一年（1284），“以其俗尚佛”，派王积翁与普陀山僧人如智往使日本，因船上有不愿去日本的人要谋杀王积翁，所以这次努力没有成功。元大德二年（1298），成宗赐临济宗高僧一山一宁（1247—1317）金襕袈裟及“妙慈弘济大师”之号，任命他出使日本。第二年，乘船到达日本九州博多。刚到日本时，一宁因为“元使”的身份所以引起镰仓幕府北条贞时的震怒，将其拘禁于伊豆（今静冈县）的修禅寺。后来听说一宁为元代著名高僧，逐渐得到后宇多法皇及公卿贵族的信任，并被奉为国师，请住建长、圆觉、净智、南禅等大禅寺。一山一宁之后，元代僧人被请到日本弘化，以及日本禅僧入元参学的往来不绝，促进了两国的文化交流。此后相继东渡日本的僧人有雪岩祖钦的弟子灵山道隐（1255—1325）、愚极智慧（临济宗破庵法系）的弟子清拙正澄（1274—1339）、虎岩净伏（临济宗松源法系）的弟子明极楚俊（1262—1336）、古林清茂的弟子竺仙梵仙（1293—1349）等，他们来到日本以后，都受到日本政府和幕府的优遇，对临济宗在日本的传播起到很大的推动作用。③ 据《本朝高僧传》卷二十五记载：“东渡宗师十有余人，皆是法中狮也。”④ 受其影响，不少日本僧人纷纷前往中国的江南参学，掀起了历史上日僧入中国求法的高潮。

---

① 《元史》卷208《日本传》。

② ［日］虎关师錬：《一山国师行记》、《一山国师语录》卷下，载《大正藏》第80册，第231页下。

③ 杨曾文著：《日本佛教史》第三章《镰仓时代日本民族佛教的形成》，浙江人民出版社1995年版；［日］木宫泰彦著：《日中文化交流史》第五章《入元僧和文化的移植》，商务印书馆1980年版。

④ ［日］师蛮著：《本朝高僧传》，载《大日本全书》102册，名著普及会1979年版。

二、明本与入元求法禅僧

在这些入元求法禅僧中，多至天目山跟随明本参学。如木宫泰彦曾言："在元朝，禅的中心与其说是在以径山为首的禅院五山各寺院，毋宁说好像已移到杭州路（即宋临安府）的天目山了。所以入元僧中就有不少在天目山挂锡的。"① 明本的弟子天如惟则曾代日本禅僧作一诗赋，其中有："余家海东兮扶桑，望中国兮水天渺茫。惟师（按：明本）道化之无方兮，殊邦异域咸仰其光。故余慕真灯之一见兮，向鲸涛万顷，寄命于风樯。天与不死，获拜猊床。沾法雨之霡霂，息外走之痴狂。既而世故之臬兀，倚师如勇将之幢夫。"② 由此可见明本在日本禅僧中的崇高地位。

下面根据木宫泰彦《日中文化交流史》、东初《中日佛教交通史》及明本的《中峰和尚广录》、《明本禅师杂录》等著作，将入元参学的禅僧中到天目山跟随明本学习及嗣法的情况列表如下：

禅僧名号	入元时间（中日）	回国时间（中日）	跟随明本参学及嗣法情况	明本著作中的记载	其他资料来源
远溪祖雄	大德十年德治元年（1306）	延祐三年正和五年（1316）	二十一岁入元③，上天目山，随明本禅师参学十年④，嗣其法，得明本所付自赞顶相而归国	《杂录》卷上"远溪雄上人求加持布衣为说偈"，卷中"示雄禅人"四则	《远溪祖雄禅师之行实》、《续扶桑隐逸传》、《本朝高僧传》、《延宝传灯录》

---

① ［日］木宫泰彦著：《日中文化交流史》，胡锡年译，商务印书馆1980年版，第465页。

② 《师子林天如和尚语录》卷八，"扶桑国众僧祭（代）"，第115页，《新纂卍续藏经》第70册，第830页。

③ 东初的《中日交通史》称远溪祖雄"二十岁入元"，误。

④ 木宫泰彦的《日中文化交流史》说祖雄"师事中峰明本凡七年"，东初《中日交通史》也说祖雄"上天目山师事中峰明本，七年嗣之法，归国"，均误。据《延宝传灯录》载，祖雄跟随明本参学第七年时，明本曾梦见日本丹州有山，形似天目山，安观音像。次日召祖雄询问，祖雄也做了同样的梦。于是明本便告诉祖雄，说他因缘已经成熟，应该马上归国。然祖雄不忍离去，又住了三年才回国。《本朝高僧传》说祖雄"参天目山中峰禅师，勤侍十霜，密得心印并禅门戒法"，《延宝传灯录》也说祖雄"上天目山拜中峰，参仕十霜，密得心印"。

续表

禅僧名号	入元时间（中日）	回国时间（中日）	跟随明本参学及嗣法情况	明本著作中的记载	其他资料来源
杰山了伟（如伟）	大德十一年 德治二年（1307）	延祐六年 元应元年（1319年）	白云惠晓的法嗣，师去世后入元，拜谒明本，为师乞赞	《杂录》卷下“示伟禅人”	《棘林志》、《卧云日件录》、《清拙正澄语录》、《空华集》、《不二遗稿》
复庵宗己（大光禅师）	至大三年 延庆三年（1310）	至顺元年 元德二年（1330）	与无隐元晦等一同入元，参学于明本，并嗣其法	《杂录》卷中“示宗己禅人”	《大光禅师语录》、《大光禅师略传》、《空华集》、《寂室元光语录》、《本朝高僧传》、《延宝传灯录》
无隐元晦（法云普济禅师）	至大三年 延庆三年（1310）	泰定三年 嘉历元年（1326）	与复庵宗已一同入元，参学于明本，并嗣其法	《杂录》卷下“示无隐晦禅人”	《清拙大鉴禅师塔铭》、《辅教篇》卷末刊记、《东海一沤集》、《五山传》、《扶桑五山记》、《本朝高僧传》、《延宝传灯录》
孤峰觉明（三光国济禅师）	至大四年 应长元年（1311）		心地觉心国师的法嗣，入元后参谒明本及断崖了义、云外、古林清茂、无见先睹等禅师		《孤峰和尚行实》、《三光国济国师塔之铭》、《不二遗稿》、《扶桑五山记》、《本朝高僧传》、《延宝传灯录》
祖继大智	延祐元年 正和三年（1314）	泰定元年 正中元年（1324）	莹山绍瑾法嗣。入元后参清茂、云外、中峰明本、无见先睹等禅师		《大智禅师偈颂》、《本朝高僧传》、《延宝传灯录》、《日域洞上诸祖传》、《日域洞上联灯录》
业海本净	延祐五年 文保二年（1318）	泰定三年 嘉历元年（1326）	与古先印元、明叟齐哲等同船入元，参明本，嗣其法	《杂录》卷中“示业海净上人”；《杂录》卷下“示本净上人”	《本朝高僧传》、《延宝传灯录》

续表

禅僧名号	入元时间（中日）	回国时间（中日）	跟随明本参学及嗣法情况	明本著作中的记载	其他资料来源
古先印元（正宗广智禅师）	延祐五年文保二年（1318）	泰定三年嘉历元年（1326）	参明本多年，嗣其法，又参学过古林清茂	《杂录》卷中“示日本元禅人”	《日本建长禅寺古先原禅师道行碑》、《古先和尚行状》、《竺仙梵仙语录》、《雪村大和尚行道记》、《东海一沤集》、《东归集》、《古林清茂语录序》、《本朝高僧传》、《延宝传灯录》
明叟齐哲	延祐五年文保二年（1318）	泰定三年嘉历元年（1326）	参学于明本，嗣其法	《杂录》卷中“示圣门哲禅人”	《竺仙梵仙语录》、《东归集》、《本朝高僧传》、《延宝传灯录》
义南		至正十年正平五年（1350）	入元与业海本净等同参明本，嗣其法，元顺宗赐以菩萨之号		《言外和尚行状》、《无文禅师行状》、《本朝高僧传》、《延宝传灯录》
寂室元光（圆应禅师）	延祐七年元应二年（1320）	泰定三年嘉历元年（1326）	约翁德俭国师的法嗣。参元僧一山一宁、东里弘会、东明惠日等，入元后参明本，又游历各地后回国		《寂室禅师语录》、《寂室和尚行状》、《圆应禅师行状》、《松岭秀禅师行状》、《翰林葫芦集》、《碧山日录》、《本朝高僧传》、《延宝传灯录》
可翁宗然（普济大圣禅师）	延祐七年元应二年（1320）		与寂室元光、钝庵俊等一同入元，参明本后又拜谒其他禅师而回	《杂录》卷中“示海东可翁然上人”	《寂室禅师语录》、《圆应禅师行状》、《无文选禅师行业》、《本朝高僧传》、《延宝传灯录》、《大德寺世谱》

续表

禅僧名号	入元时间（中日）	回国时间（中日）	跟随明本参学及嗣法情况	明本著作中的记载	其他资料来源
钝庵俊	延祐七年元应二年（1320）		入元参学于明本，又与寂室同游江南各地，于清拙门下领众修行		《寂室禅师语录》、《圆应禅师行状》、《禅居集》
西庭柏			一山一宁弟子，入元于湖州幻住庵跟随明本修学，并请明本为《一山国师语录》求跋	《杂录》卷下“示柏西庭禅人”	《一山国师语录》跋、《古林清茂禅师拾遗偈颂》、《天柱集》
别源圆旨	延祐六年元应元年（1319）	至顺元年元德二年（1330）	圆觉寺东明惠日的法嗣，入元参明本、清茂等而归		《古林清茂语录》、《南游东归集》、《别源和尚塔铭》、《竺仙梵仙语录》、《东海一沤集》、《禅居集》、《东陵永玙语录》、《空华集》、《本朝高僧传》、《延宝传灯录》
大朴玄素（真觉广慧禅师）	元应年间（1319—1321）	元弘年间（1331—1333）	入元参明本、古林清茂、灵石、月江等禅师，元文宗赐真觉广慧禅师之号		《大朴和尚传》、《本朝高僧传》、《延宝传灯录》
渊（首座）			入元随明本参学	《杂录》卷中：“示海东渊首座”	
平田慈均			入元参古林、中峰、月江等禅师		《平田和尚传》、《梦岩和尚语录》、《本朝高僧传》、《延宝传灯录》
足庵祖麟		至正十年平正五年（1350）	入元参学于天目山明本禅师	《杂录》卷下“示足庵麟上人”	《圆太历》、《延宝传灯录》

续表

禅僧名号	入元时间（中日）	回国时间（中日）	跟随明本参学及嗣法情况	明本著作中的记载	其他资料来源
灵叟太古			入元参学于天目山明本禅师		《延宝传灯录》
空（上人）			入元参学于天目山明本禅师，去世于中国	《杂录》卷中“示海东空上人”，《广录》卷四之上“示日本空禅师”。《广录》卷七为空上座“秉烛入塔”	

在上表中所列的二十一位禅僧，都是跟随明本参过学，多数并没有得到明本传法印可。根据《延宝传灯录》等记载，真正成为明本嗣法弟子的主要有七位：远溪祖雄、复庵宗己、无隐元晦、业海本净、古先印元、明叟齐哲和义南菩萨。《明本杂录》卷下中，还有两则开示日本居士的法语，即“示日本中浦居士”和“示日本平亲卫直庵知陟居士”。关于上述来自日本的参学和嗣法弟子，在《中国佛教史·元代》一书中，限于资料，将入元求法僧多归于明本门下。如称孤峰觉明“承嗣明本之法系”、寂室元光“在中峰和尚座下彻证临济骨髓”等说法是错误的。据《延宝传灯录》等记载，孤峰觉明为兴国心地觉心国师的法嗣，而寂室元光则是南禅约翁德俭国师的法嗣。该书又称，在日本入元求法禅僧中，“仅登浙江西天目山拜谒高峰原妙、中峰明本两位硕德的日本僧伽，就不下二百二十人”①。未知所据为何，可能将木宫泰彦《日中文化交流史》一书统计的二百二十余位入元僧人，误认为是上天目山的禅僧。下面据《本朝高僧传》、《中峰和尚广录》等相关资料，对明本的嗣法弟子以及在日本形成的幻住派加以研究。

三、明本的嗣法弟子与日本幻住派

（一）远溪祖雄

远溪祖雄（1286—1344）的资料主要见《本朝高僧传》卷三十二、

① 任宜敏著：《中国佛教史·元代》，人民出版社1995年版，第381页。

《延宝传灯录》卷五、《远溪祖雄禅师之行实》、《续扶桑隐逸传》卷中等。他是最早上天目山参叩明本的日本禅僧，并继承了明本的法统。受他的影响，跟随明本参学者络绎不绝，上天目山成为入元求法日僧的重要目的，天目山的地位甚至超过了南宋时期确立的江南五山十刹。祖雄，号远溪，丹波冰上郡佐治庄藤光基之子。19 岁时，投一山寺出家并受戒。德治元年（1306），祖雄渡海入元，师事天目山中峰明本。《明本禅师杂录》中有五则开示祖雄的法语，反映出明本对这位异域求法僧人的器重。卷上《远溪雄上人求加持布衣为说偈》中说："吾宗大雄，曾搭此衣。寸丝不挂，一肩横披。优钵昙花绽一枝。"① 将祖雄喻为稀有难得的优钵昙花，可见明本对祖雄给予的殷切期许。卷中《示雄禅人》四则的第一则中讲到："一须是放得从前知见解会底禅道佛法净尽。第二须把生死大事顿于胸中，念念如救头然。若不顿悟，决定不休。第三须是作得主定，但是久远不悟，都不要起第二念向外别求。任是生与同生，死与同死，有此真实志愿，把得定，管取心空及第有日矣。"第四则中讲："做工夫，无邪正曲直难易之差，但念无常，慎勿放逸，则步步皆正而不邪也。但信自心作佛而不向外驰求，自然心心质直而不致乎曲矣。"② 祖雄于明本门下十年，尽得临济禅法之正传。延祐三年（日本正和五年，1316）返回日本，临行前明本付以自赞顶相，表示传法之印可。祖雄回国后，先于筑前的岩穴中潜居隐修十余年。后于丹波瑞岩山结茅蓬宴坐，四方禅侣闻名而至，渐成丛林，即高源寺。《本朝高僧传》称赞祖雄继承明本隐逸清修的禅风："中峰和尚坐狮子岩，扫除自己闲枝叶，不打诸方烂葛藤，其自晦之风高于一世。雄公入其堂奥，将寒冰焉，不出大方，端居高源，终一生涯。诚哉斯父乃有斯子也矣！"③

（二）复庵宗己与无隐元晦

复庵宗己（1280—1358）与无隐元晦（？—1358）都是在至大三年（延庆三年，1310）一同入元，直上天目山，共同师事并嗣法于明本禅师。

宗己，日本常陆（茨城县）人，号复庵。幼年时出家，31 岁时乘船入元，于明本门下深受器重。明本令他参赵州和尚狗子无佛性话头，书法语勉励他："赵州因甚道个无字？此八个字是八字关，字字要著精彩看。"又

① 《明本禅师杂录》卷上，《禅宗全书》第 48 册，第 309 页。

② 《明本禅师杂录》卷中，第 332 页。

③ 《本朝高僧传》，第 372 页。

将他的法名与话头相联系说："自己即宗，惟宗即己。宗外无己，己外无宗。惟己与宗，俱成寐语……赵州因甚道无字？自己与宗都莫论。尽力直教参到底，便于无佛处称尊。"[①] 宗己于明本门下参学六年时，"一日，触境发机，赵州无字涣然冰消。急走丈室通所悟，峰即证焉"。[②] 开悟后又服勤三年。明本去世，宗己又为之守塔三年后才归国，前后在中国共居住二十年。宗己回日本后，效仿明本的禅风，寄迹山林，坚辞诸山之请。然声名远播，人们纷纷为他修建寺院，不得已住持常陆法云寺。此后，结城华藏寺、会津实相寺、古内清音寺，皆请他为开山祖师。"当时江湖云衲，不到其轮下，不意味遍参。僧众常有二千指。所到国都，僧俗瞻礼，称为活佛。"[③] 贞和二年（1347），曾派弟子神足慧持书信和钱币入元，呈苏州幻住庵住持玉庭月禅师和天目山塔主荣禅师，以表达嗣法之由。延文三年（1358）去世于法云寺，敕谥"大光禅师"，有语录一卷传世。

元晦，字无隐，丰前（福岗县）人。元晦与宗己同时于明本门下参学，明本示以两则法语，其中一则"一相三昧无功用法门"时说："惟有一个无义味话头，只要你信得及，靠得稳，把得住，一切处不起第二念，单单只与么参取。但参不透，但不要别起第二念，求方便，觅资助，总没交涉。只要信得及，只恁么参取，久之自然不知不觉以之悟入。"明本所言，是参话禅的关键。所谓"不起第二念"，就是念念安住于参究的话头上，日久功深，自然有开悟之时。泰定三年（1326）与元僧清拙正澄一起渡海回国。清拙住持建仁寺，元晦为首座。后受请开法于筑前显孝寺，拈香嗣法于明本。此后又相继住持圣福寺、圆觉寺和建长寺等，于壹岐开创安国寺，为开山祖师。凡学人有问，均以赵州无字公案令其参究。晚年回故里结庵居住。延文三年（1358）去世于福智寺，敕谥"法云普济禅师"。

（三）古先印元与"古先派"

古先印元（1295—1374），是明本重要的入室弟子，回日本后创立的古先派，为日本禅宗二十四派之一。关于印元的传记资料，《本朝高僧传》中列举了《古先和尚行状》、《宋学士全集补遗》第八、《释氏稽古略续集》第二、《延宝传灯录》、《新编镰仓志》第三、《镰仓五山记考异》、

① 《明本禅师杂录》卷中，《示宗己禅人》，第 331 页。

② 《本朝高僧传》卷二十八，第 396 页。

③ 《本朝高僧传》卷二十八，第 396 页。

《五山历代》七种著作。[①] 在木宫泰彦《日中文化交流史》中则列举了《古先和尚行状》、《天目明本禅师语录》、《竺仙梵仙语录》、《雪村大和尚行道记》、《东海一沤集》、《东归集》、《古林清茂语录序》、《本朝高僧传》、《延宝传灯录》九种著作。[②] 下面主要依据中峰明本的著作，以及《本朝高僧传》、宋濂《日本建长禅寺古先原禅师道行碑》和《延宝传灯录》等资料，对印元的生平及在日本弘传的明本禅法的情况作一概要论述。

印元，又称印原，字古先，俗姓藤原，萨摩（鹿儿岛县）人。8 岁时，随父往相州（镰仓），师事圆觉寺桃溪德悟。13 岁剃发，受具足戒。此后，遍参诸师门庭，均没有证悟。感叹说："中夏乃佛法渊薮，盍往求之乎？"[③] 于是在元仁宗延祐五年（日本文保二年，1318）入元。初至天台华顶峰拜见无见先睹禅师，先睹为临济宗虎丘派破庵禅系方山文宝的弟子，与明本同为"庵居知识"的代表性人物。先睹告诉印元说他的缘分不在此，明本禅师正在天目山说法，应该前往参学。印元到天目山，明本见他求法至诚，即令给侍左右，谆谆诲示。《明本禅师杂录》卷中《示日本元禅人》保存了明本开示印元的一则法语，指出"此心迷成生死，悟成涅槃，然生死之谜固是难遣，殊不知悟之涅槃犹是入眼金尘"，要靠所参话头，斩断一切情妄烦恼，直下彻悟而不退转。[④] 印元开悟并得到明本付法印可后，又往虚谷希陵、古林清茂、东屿海公、月江正印等禅师处参学，以其证悟亲切、机锋颖利而被誉为"丛林师子儿"。

泰定三年（日本嘉历元年，1326），随元僧清拙正澄回到日本。正澄在日本弘法，得到了印元的大力帮助。历应二年（1339），受京都天龙寺梦窗疏石国师的邀请，住持甲斐（山梨县）慧林寺，开堂说法时，拈香酬谢中峰法乳之恩。第二年，左武卫将军足利直义改京都等持寺为禅刹，迎请印元主持。此后，历迁京都真如寺、万寿寺，镰仓净智寺。印元的兄长创建普应寺，为开山祖师。此后又住持镰仓长寿寺、圆觉寺。印元极力倡导明本的禅风，重视不立文字，直指人心，曾将其《语录》和《外集》投入火中，以此告诫弟子不要执著文字。印元在法云寺逢中峰明本的忌日，

---

① ［日］师蛮著：《本朝高僧传》，《大日本全书》102 册，名著普及会 1979 年版，第 443 页。

② ［日］木宫泰彦著：《日中文化交流史》，胡锡年译，商务印书馆 1980 年版，第 427 页。

③ ［明］宋濂著：《日本建长禅寺古先原禅师道行碑》，《宋濂全集》，浙江古籍出版社 1999 年版，第 1131 页。

④ 《明本禅师杂录》卷中，《示日本元禅人》，第 333 页。

应请拈香示众时曾赞颂明本说："道契王臣，德被遐迩。智如沧海，辩似悬河。言满天下而无过，迹混尘中而不污。拒诸刹之请，深藏绝壑穷山；应他方之缘，多是放光动地。欲隐弥露，善应无方。"① 印元晚年居长寿寺，应安七年（1374）正月二十四日示寂，敕谥"正宗广智禅师"之号。其门庭极盛，弟子一千余人，受戒得法者不可胜记。主要嗣法弟子有友峰等益、竺西等梵和东曙等海。

（四）明叟齐哲、业海本净与义南菩萨

明叟齐哲（？—1364）与业海本净（？—1352）及古先印元等一起于延祐五年（日本文保二年，1318）入元，与义南禅师大约同时在天目山参学禅法。明本谆谆以参禅开悟策励齐哲："须知此事端的是悟始得。你若不曾悟去，任你尽世认个即心是佛，及眼光落地时，讨个心也不见，讨个佛也不见，甘受轮回，悔将无及……若不亲到大彻大悟之地，决定不休。能如是立志参究，久之顿悟，则知即心是佛，与个无字，总成剩语。"② 泰定三年（日本嘉历元年，1326）回国后，开始挂锡于清拙住持的建仁寺。齐哲首先开法住持于京都真如寺，次迁甲斐慧林寺。后创建正法寺，为开山祖师，《延宝传灯录》说他"克有幻住之家风"。③ 贞治三年（1364）去世，建塔于南禅寺云兴庵，有语录一卷存世。

本净（？—1352），号业海，入元后随明本参学六年，叩请问益，得嗣其法。明本曾多次向本净开示法语，在《示业海净上人》中，勉力本净要有"一片拨天志气"，真为生死，究明自己，说："更有一个最急末后句，真实相为，不辞举似：光阴身世浑如幻，生死无常莫等闲。"④ 明本又授以"父母未生前本来面目"话头令他参究："你若要了得自心真实底，直须将父母未生前那个是我本来面目话，三二十年参去，直待彻悟，方为谛当。你乡里人参禅，多不曾参而至于悟，但只以聪明之姿学解禅诠，妄认目前昭昭鉴觉者为自性，不肯下死工夫真实求悟，总是痴狂外边走，大不济事。"⑤ 本净回国后，喜爱山水，不愿出世住持寺院。贞和四年（1348），来到甲斐结庵居住，遂成禅刹，名为栖云寺，因所在的山酷似西

---

① ［日］师蛮著：《本朝高僧传》，《大日本全书》102 册，第 443 页，名著普及会 1979 年版。

② 《明本禅师杂录》卷中，《示圣门哲禅人》，第 333—334 页。

③ 《延宝传灯录》卷五，第 97 页。

④ 《明本禅师杂录》卷中，《示业海净上人》，第 321 页。

⑤ 《明本禅师杂录》卷下，《示无隐晦禅人》，第 346 页。

天目，因取名为西天目山。文和元年（1352）于此山去世。

义南禅师，俗姓源，为彻翁和尚的祖弟。出家后久居律寺，严持戒律。因慕禅宗教外别传之旨，入元参学于明本坐下，“解悟莹彻”。元顺宗钦佩其德行，赐菩萨号，故称“义南菩萨”。至正十年（日本正平五年，1350），和无文元选禅师一起归国。住在关西，其“机锋孤俊，不假人情，痛斥禅徒学虚头无实解”[①]，大弘明本禅法。

明本的嗣法弟子都继承了隐遁清修的禅风，最初都不住持名山寺院，由于他们注重真修实悟，所以为广大僧俗信众所仰慕，居住之处自然而成名刹。不管是居于山林僻壤，还是于寺院开法接众，均能以明本幻住禅风教育弟子。明本的弟子远溪祖雄、复庵宗己、无隐元晦、业海本净、古先印元、明叟齐哲和义南菩萨有着共同的禅风，后人将他们通称为“幻住派”。特别是到了室町中期，远溪祖雄的法孙一华硕由（1447—1507）及法嗣湖心硕顶等相继出世，此派与五山逐渐往来密切。后来，三圣、建仁、南禅、建长、圆觉诸寺遂系属于幻住派。[②] 至此，幻住一派蔚成大派，影响极大。追根溯源，幻住派的禅风及影响，皆离不开中峰明本禅师深厚的佛法修证和高洁的道德情操，由此亦可以看出元代中日佛教之间的密切交往以及中国禅宗对日本佛教的巨大影响。

---

① 《本朝高僧传》卷 32，第 444 页。

② 参见［日］中尾良信著：《关于幻住派》，载《印度学佛教学研究》64（32 - 2），1984 年；［日］原田弘道：《中世幻住派的形成及其意义》，载《驹泽大学佛教学部研究纪要》53，1995 年 3 月。

近十年中国日语语言学研究回顾与思考

刘艳文①

本文拟对进入21世纪以来我国日语语言学研究的概况做一简要的回顾与分析，旨在指出2000—2011年间国内日语语言学界的主要学术热点，勾勒出这一时期日语语言学各领域研究的大致走向、主要成就、存在的问题和未来发展趋势。

一、总体情况

（一）统计范围

本文的调查范围为中国发行的10种外语类核心期刊及代表中国日语研究水平的专门杂志《日语学习与研究》，共11种期刊在2000—2011年所发表的各期论文。

表1　统计范围

	期刊名	周期	统计范围 2000—2011年
外语类核心期刊	外语教学与研究	双月	共计72期
	外国语	双月	共计72期
	外语与外语教学	月刊	共计144期
	外语界	季刊	共计48期
	现代外语	季刊	共计48期
	解放军外国语学院学报	双月	共计72期
	外语学刊	双月（2004年至今） 季刊（2003年以前）	共计64期

① 刘艳文，女，汉族，1978年生，日语语言学博士，中央民族大学外国语学院日语系副教授。主要研究方向：日语语法。

续表

<table>
<tr><td></td><td>期刊名</td><td>周期</td><td>统计范围
2000—2011 年</td></tr>
<tr><td rowspan="3">外语类
核心期刊</td><td>外语教学</td><td>双月</td><td>共计 72 期</td></tr>
<tr><td>外语研究</td><td>季刊（2001 年以前）
双月（2002 年至今）</td><td>共计 70 期</td></tr>
<tr><td>四川外语学院学（2009 年起更名为外国语文）</td><td>季刊（2000 年以前）
双月（2001 年至今）</td><td>共计 72 期</td></tr>
<tr><td>日语研究
专门期刊</td><td>日语学习与研究</td><td>季刊（2007 年以前）
双月（2008 年至今）</td><td>共计 60 期
（含增刊 4 期）</td></tr>
</table>

（二）日语语言学相关论文刊载率分析

从上述期刊中检索到日语语言学相关领域①研究论文共 870 篇，其具体分布如表 2：

表 2　期刊中刊载的日语语言学论文数

期刊名	音声音韵	词汇	语法语言	汉日对比	教学	翻译	总计
日语学习与研究	14	48	354	74	122	32	644
解放军外国语学院学报	4	3	84	6	2	1	100
外语研究	5	2	47	15	6	1	76
外语与外语教学	1	1	22	3	3	4	34
外语学刊	1	4	17	1	1	0	24
外语教学	3	0	12	0	3	0	18
四川外语学院学报	1	3	2	3	1	0	10
外语教学与研究	0	0	3	0	3	2	8
现代外语	1	0	3	1	0	0	5
外国语	0	0	0	1	1	0	2
外语界	0	0	0	0	0	0	0
总计	30	61	544	104	142	40	921

① 关于研究领域的界定，参见徐一平：《2008 年日语语言学研究动态》，载《日语学习与研究》2009 年第 1 期。

各期刊刊载的日语语言学相关论文总数是有很大差异的，其分布状况如下：

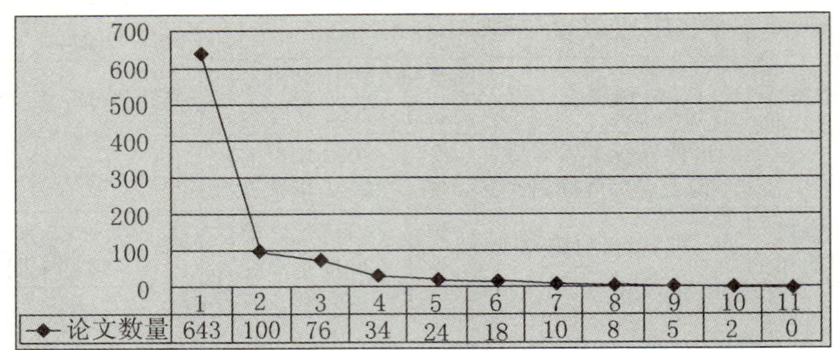

图 1　日语语言学研究论文在各期刊刊载总数分布图

1	日语学习与研究	4	外语与外语教学	7	四川外语学院学报	10	外国语
2	解放军外国语学院学报	5	外语学刊	8	外语教学与研究	11	外语界
3	外语研究	6	外语教学	9	现代外语		

如图 1 所示，《日语学习与研究》中刊载的日语语言学方面的论文占70%。《日语学习与研究》作为国内日语语言文学方面的专门期刊，每年都刊载大量的日语语言、文学方面的优秀论文，是日语语言文学界研究者交流经验、传播知识的重要平台。

与此相对，在外语类核心期刊中，日语语言学相关论文的刊载率还是相当低的。有些杂志像《外语界》12 年来都不曾刊载日语语言学研究相关论文。作为小语种，日语语言学的研究内容远不如英语研究覆盖面广，受关注度高，这是影响日语语言学相关论文刊载率的一个重要原因。同时我们也不得不承认国内的日语语言学研究的某些领域与英语语言学研究乃至汉语语言学研究相比，在研究方法和理论水平上还存在不足。① 目前外语研究中所涉及的语用、认知等相关理论都是由欧美语言学家首创的。日语界的研究多引用日本学者、中国学者的二手研究资料，这就在一定程度上限制了日语语言学研究成果的先进性和独创性。要改变这种局面，日语语言学的研究者们必须从自身入手，发掘语言本质的东西，多读第一手研究

① 参见刘海霞：《国内日语教育研究的发展与不足——基于十九种外语类主要期刊十年（1999—2008）的统计分析》，载《日语学习与研究》2009 年第 5 期。

资料，不断提高理论水平，努力缩小与英语语言研究和汉语语言研究的差距。

从年代差异来看，各年份发文总量呈曲线上升趋势。2010 年数量达到 12 年来最高，2011 年稍有回落，但也是居各年度发文总量的第二位。这充分说明了我国的日语语言学研究者们正在不断努力，推动本领域事业的发展。见图 2。

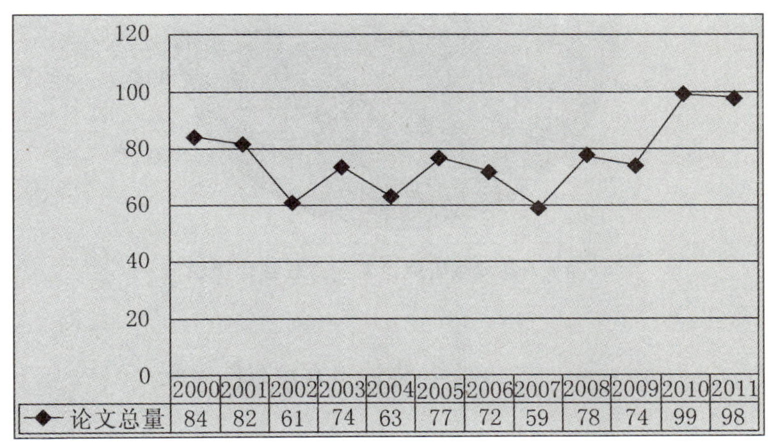

图 2　各年发文总量图

（三）刊载论文在日语语言学各研究领域的分布分析

从各杂志中刊载的论文在日语语言学各研究领域的分布来看，语法、语言研究一直都是国内日语语言学界关注的重点。另一方面，近年来日语教学方面的研究备受重视，呈现明显上升趋势。此外，汉日对比研究也是中国日语语言研究者非常关注的一个领域。

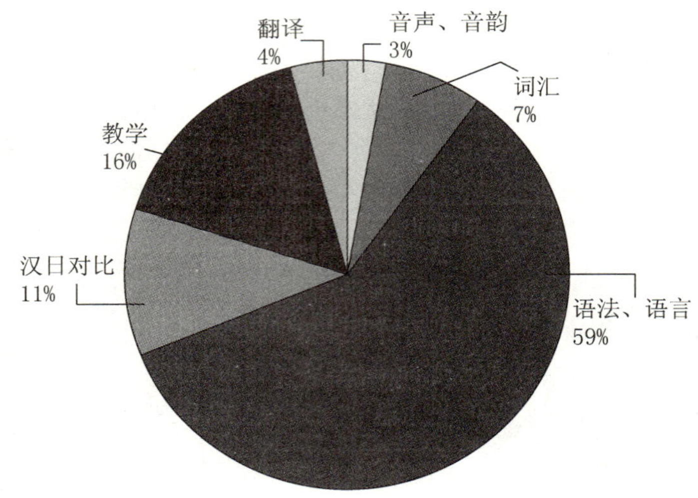

图 3　各领域研究论文所占总数比重图

二、对主要论文的综述

（一）音声、音韵研究

人类的语音在整个语言系统中是相对稳定、不易发生变化的部分，这在一定程度限制了音声、音韵领域的研究。本文调查结果显示，12 年来音声、音韵方面的研究成果是各领域中数量最少的，仅占发文总量的 3%。从历年的发文量来看 2003 年、2005 年各杂志都没有相关研究，2010 年、2011 年分别达到历史最高，也只有 5 篇论文刊载。见图 5。

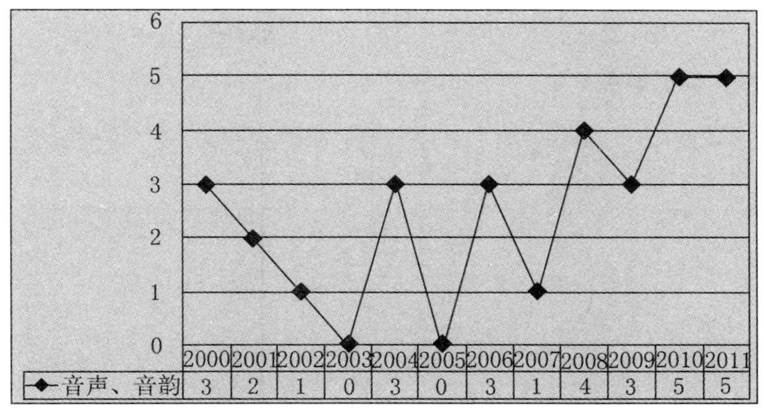

图4　音声、音韵研究成果数量历年分布图

从研究内容看，音声、音韵领域的研究大致可以分为三个方面：对争议性术语的阐释，对语音现象的归纳、概括，音声、音韵的实验研究。

相关论文有：

田忠魁、田葳的《日本的重音与汉语的声调》[①] 认为日语的アクセント和汉语的声调不是同一语言学概念。汉语除了音节具有声调外，单词还有重音，重音的实现手段不是使用音高而是音长，而日语则是使用音高而不是音长手段。因此汉语不是乐重音语言。

张升余的《关于日文汉字“子”字唐音读法的考察——以近世唐音为中心》[②]，以近世唐音资料为中心，对日文汉字“子”字的读音进行了考察。结论证实「ス」的读音为中世唐音，「ツ」「ツウ」的读音为近世唐音。提出根据日文止摄止（之）韵字读音的变化现象，考证汉语语音在同时期是否也发生过类似变化很有意义。

杨诎人的《日语否定句语调感知实验研究》[③]，通过日语否定句语调的感知实验研究发现，利用最小法时，学习者被试的感知范畴与日语母语被试一致。但为恒定法时，日语母语被试仅以音高变化为依据辨认陈述语调和感叹语调，其感知范围和分界线两侧的辨认率平稳；而学习者被试不仅以音高变化为依据，还利用句子时长作为线索辨认陈述和感叹语调，其感知边界游移，单侧辨认率波动较大。此结论证实，学习者辨认日语否定句

① 《日语学习与研究》2004年第1期。
② 《外语教学》2010年第5期。
③ 《外国语文》2011年第1期。

的陈述和感叹语调时受到母语注重时长线索的影响。

（二）词汇研究

如图 6 所示，2000—2011 年日语词汇研究成果不多，年度发文量差异较大。最多一年有 11 篇，最少只有 1 篇。

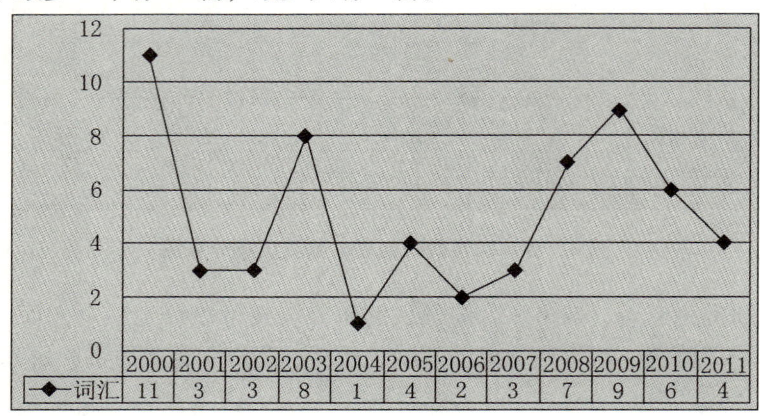

图 5　词汇研究成果数量历年分布图

从研究内容看，词汇研究主要集中在了构词法和词的语义分析两个方面。

相关的论文有：

张焜的《日语拟声、拟态词的内部理据探索》① 中提到，拟声、拟态词是人类语言系统中的一部分，其能指和所指之间的非任意性历来被认为是语言系统的外部现象而未被重视。在日语中拟声、拟态词不仅具有语言的外部理据，其语音上的促音、流音、拨音、长音和请浊音的规律，其形态上的重叠现象，以及其语义的起源和衍生，都说明拟声、拟态词还具有语音、形态和语义等内部理据。

王蜀豫的《现代日语基本颜色词再考》②，参照伯林和凯的假说中有关基本颜色词的语义标准，从词的形态、派生义项、能产性、词性等方面，对现代日语中黑、赤、青、黄、绿、茶、紫、桃、橙、灰 11 个颜色词进行了综合比较分析，发现现代日语基本颜色词的数目仍与古代日语的相同，有赤、白、黑、青四个词。

---

① 《解放军外国语学院学报》2004 年第 2 期。

② 《解放军外国语学院学报》2003 年第 4 期。

（三）语法、语言研究

语法、语言研究历来都是国内日语语言学研究的热点所在，也是国内外日语语言学研究的重中之重。因其涉及的范围广，适用的研究理论、研究方法多，每年都能保持较高的刊载量，遥遥领先于其他各领域。

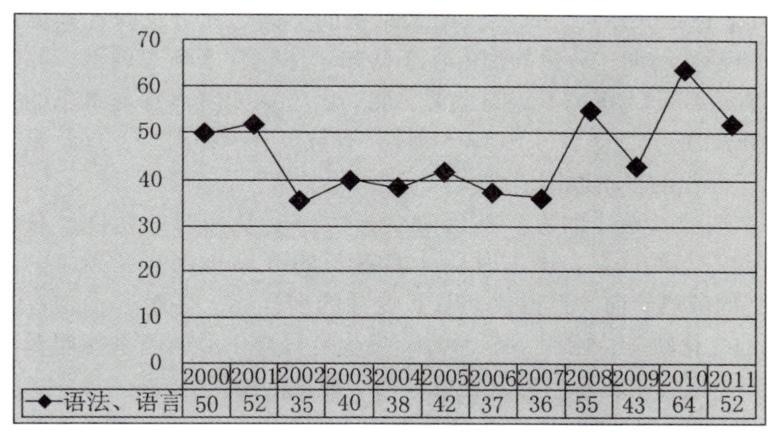

图6　语法、语言研究成果数量历年分布图

从研究内容看，2000—2011年语法、语言研究涉及了对语法理论的理解与应用、对具体语法结构、语法意义的分析等方面。

相关论文有

许宗华在《时枝城记语用学思想初探》[①] 中，对时枝城记语言观的语言过程说及其语言理论中包含的深刻语用学思想进行了阐释。时枝城记认为语言就是思想的表达过程（行为），也是思想的理解过程（行为），重视语言主体在语言活动中的作用，可以说是不同于奥斯汀的言语行为理论的另一种言语行为思想。另一方面时枝城记的语言理论中还包含了重要的语境制约语言意义的思想，其中不乏与奥斯汀言语行为理论的基本思想一致的观点，时枝城记还从语言使用的角度界定了语言的功能，这是其另一语用学特征。

张燕在《日本文化语言学理论基础初探》[②] 中提到，日本文化语言学是一门新兴学科，其理论基础主要在于语言与文化相互影响、相互制约的

① 《外语学刊》2011年第5期。

② 《解放军外国语学院学报》2001年第5期。

“共变”关系。语言研究不可能脱离文化而发展下去。现代日语反映了现代日本社会的结构和特征，并积淀了日本民族时代变迁以及与异文化接触的历史，从而形成了具有许多独特个性的语言文化。

陈访泽、杨柳的《日语授受动词三分化的认知基础与语法结构》[①]，从认知语言学的角度考察属于认知Ⅰ模式的日语授受动词「やる」「くれる」「もらう」的语义结构，指出其语义结构的不同也充分反映在其据法结构上。日语授受动词三分化的理由在于认知主体包含于事态内部，并且承担了经历者（EXPERIENCE）的意义功能。由于认知主体参与事态的行为主体（AGENT）和领受者（RECIPIENT）有且仅有三种组合，这就是日语授受动词三分化的根本原因。

孙文选的《论「おる」的历时变异性》[②]，从历时的角度，通过分析上代「おる」的语义、中古时期「おる」的「卑語化」变异、中世时期「おる」的敬语趋向、近世「おる」变异的多样性，描述了「おる」在各个时期的变化轨迹，阐明了「おる」发生变异变化的原因是使用者群体的差异及「いる」「おる」方言在标准语中地位的转换等。

费建华在《日语间接请求及其语用策略》[③] 中提到，间接请求是间接地实施请求的言语行为。塞尔的间接言语行为理论为间接地实施请求提供了理论依据，他对间接请求的分类虽然有不足之处，但也可以从中受到启示：可以分别以说话人、听话人和请求的内容为出发点来分析在日语中实施间接请求的语用策略。

李所成的《「テイル」的意义及其制约因素和实现条件》[④]，分别对「テイル」的意义、「テイル」意义的制约因素、「テイル」意义的实现条件进行了简要论述。认为「テイル」的中心意义是表达“样态存在”，“动作的持续”、“变化结果的存续”只不过是不同“样态存在”的外在表现。“样态存在”可以分为“动态存在”和“静态存在”两大类。制约「テイル」意义实现的因素不是前接动词的语义特征，而是事件是否含有“外界”。如果所描述事件有外界，那么「テイル」就表达“静态存在”，如果所描述事件无外界，那么「テイル」就表达“动态存在”。数量词、数量副词等具有赋予事件外界的功能。

---

① 《外语教学与研究》2011 年第 1 期。

② 《外语与外语教学》2010 年第 4 期。

③ 《解放军外国语学院学报》2002 年第 1 期。

④ 《日语学习与研究》2011 年第 1 期。

（四）汉日对比研究

汉日对比研究一直也是国内日语语言学研究的一个热点。2000—2011年该领域研究成果的年刊载量起伏较大，但基本上保持了总体的较高数量。作为汉语母语日语学习者，我们在学习、研究日语时会不自觉地关注其与母语的异同，汉日语言相关领域的横向比较和联系会在很大程度上促进我国日语研究事业的进步和发展。

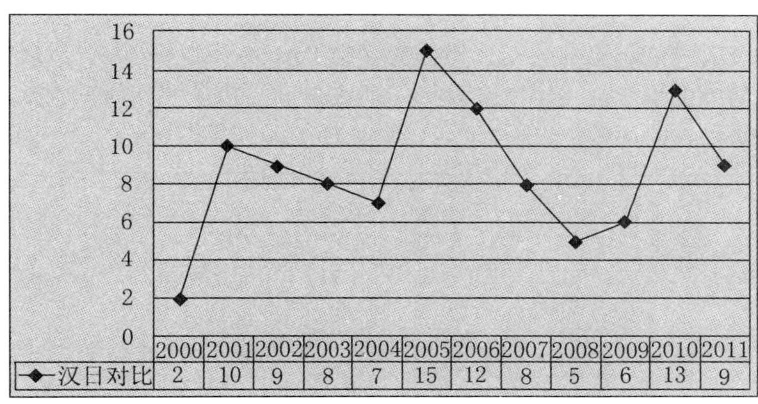

图7 汉日对比研究成果数量历年分布图

从研究内容看，该阶段汉日对比研究涉及语音、词汇、语法等方面。

蔡全胜在《中日音节的特征》[①]中提到，日语除了“音节”概念外还有“拍（＝モーラ）”表示音长的概念，两者定义时常被混淆，本文通过中日音节特征的比较，力图说明日语的“拍（＝モーラ）”更能体现日语语音特色。日语中的“拨音”、“长音”、“促音”是拍节而不是音节。

王静的《汉日味觉词“甜”、「甘い」的隐喻现象对比研究》[②]，通过对金山词霸软件、《中日对译语料库》等的真实语料进行定量分析，就汉日味觉形容词“甜”、「甘い」的隐喻现象进行了归纳整理，并在此基础上进行对比分析，就其在词义转移时因中日民族文化差异而产生的相异或空缺现象进行探讨，并探究其背后的文化信息，以避免在实际语用过程中因母语负迁移而造成的误译、误用现象。

① 《外语与外语教学》2004年第9期。

② 《外语研究》2011年第3期。

铃木裕文的《主观位移表达的日汉对比研究》①，从视觉主体的位移和视觉主体的视线移动这两个角度对日语和汉语的主观位移表达形式进行了对比分析。研究发现，日语和汉语之所以对于同样的信息采取不同的表达方式，是因为汉语在采取主观位移的表达方式时要受到一些限制。另外，日语中可以运用“综合扫描”和“顺序扫描”的形式，而汉语倾向于采取“综合扫描”的形式。

（五）教学研究

教学研究近年来的论文总刊载量仅次于语言、语法研究，位居国内日语语言研究的第二位，2011 年达到了历史最高。该领域的研究正处于蓬勃发展态势。

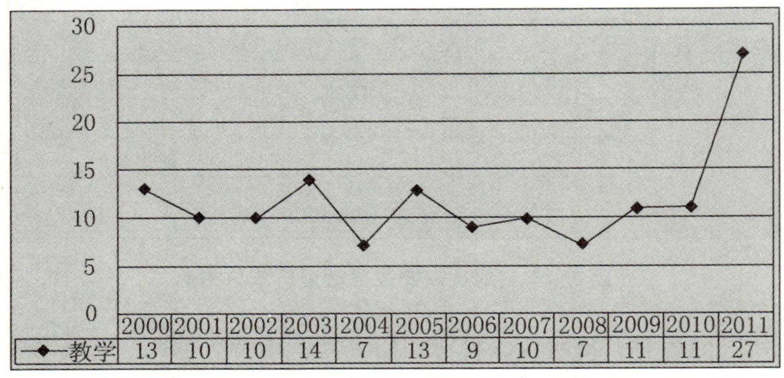

	2000	2001	2002	2003	2004	2005	2006	2007	2008	2009	2010	2011
—◆—教学	13	10	10	14	7	13	9	10	7	11	11	27

图 8　教学研究成果数量历年分布图

该领域的研究内容涉及教学理论、教学方法、试题评价等方面。

相关论文有：

彭广陆的《论日本的教学语法系统》②，对影响我国日语语法教学的日本学校语法系统、日语教学语法系统、教科研语法系统的特点进行了概括性的论述，以期对我国的日语教师从体系上认识这三套语法系统的异同有所帮助。

徐卫的《日语的文体及其教学问题探讨》③，通过对文体意义和性质的探讨指出日语文体三个方面的描述：共性层面的个人文体和类型文体以及

① 《现代外语》2005 年第 1 期。

② 《日语学习与研究》2011 年第 4 期。

③ 《日语学习与研究》2011 年第 5 期。

个性层面的语言文体。日语语言文体的特点主要表现为敬体和简体、口语体和书面体的对立。与此相对应，学习者在文体使用上的问题点大多体现在敬简体的不统一和书面体与口语体的混用上。文章最后从教学研究等方面提出了对文体教学问题的有关探讨。

宫伟的《日语高年级听说课中影视教材的导入》① 认为，在高校的日语教育中，如何给日本本土以外的日语学习者创造一个人为的、模拟的日语环境，对于全面提高日语学习者的各项技能、尤其是听说能力是至关重要的。而有效地利用丰富的影视教材，无疑是一个有效的途径。文中还探讨了日语高年级听说课教学中影视教材利用的诸多问题。

谭晶华、杨诎人的《全国日语专业八级考试分析研究》②，对 2005 年 12 月根据《全国日语专业八级考试大纲（修订本）》实施的全国日语专业八级考试的各种答题数据进行了分析研究，根据答题情况剖析了目前考生的一些实际情况，找出了尚存在的不足之处，并对今后提高试题区分度等问题提出了建议。

（四）翻译研究

翻译研究在 2000—2006 年基本上处于上升趋势，到了 2007 年急转直下，2008 和 2010 年几乎没有研究成果。

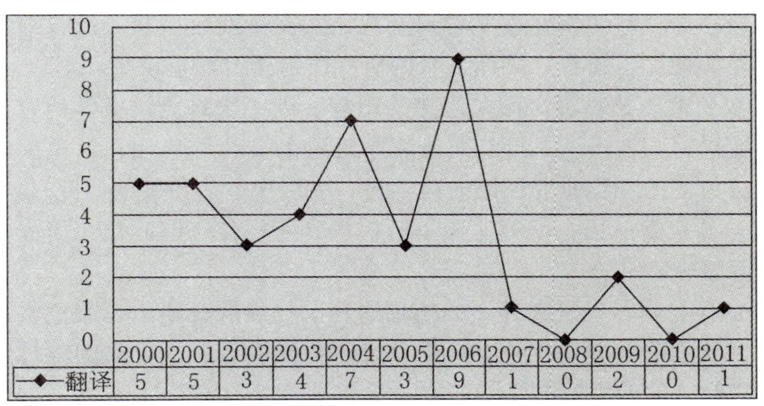

	2000	2001	2002	2003	2004	2005	2006	2007	2008	2009	2010	2011
—◆—翻译	5	5	3	4	7	3	9	1	0	2	0	1

图 9　翻译研究成果数量历年分布图

---

① 《外语与外语教学》2007 年第 7 期。

② 《外国语》2008 年第 6 期。

从研究内容看，主要包括对翻译过程中汉日不同语法表达的解析和汉日词汇的差异归纳两方面。

相关论文有：

陈福康的《关于鲁迅日文书信的误译》[1]，在对1981年人民文学出版社出版的《鲁迅全集》进行修订过程中出现的表达错误进行了列举和说明。

张南薰的《论新闻文体中汉日同形词的日译》[2]中提到，日语新闻文体大量使用汉字词，汉日同形词的翻译成功与否将直接影响到新闻文体翻译的效果。本文以汉日翻译为例，重点探讨新闻文体汉日同形词翻译中的误译现象、翻译原则、翻译方法以及需要注意的问题。

结　语

本文以近十年国内主要外语类学术期刊上发表的论文为对象，对国内日语语言学研究进行了简单的回顾。由于资料掌握及本人归纳分析能力有限，难免有遗漏和偏差，还请学界同仁批评指正。根据以上分析，可对近十年国内日语语言学研究的概况总结如下：

（1）研究内容：语法、语言始终是研究的热点，科研成果刊载量12年来一枝独秀。教学研究逐渐受到重视，发文量逐年增长。汉日对比研究发展平稳。词汇、语音、翻译领域的研究成果所占比重较小。

（2）研究方法：受国际化趋势的影响，近年来日语语言学研究也从对语言事实描写归纳逐渐过渡到对语言学理论的介绍和应用；从单一的以语言学方法为主的理论研究逐渐向跨学科、多层次、多角度的研究过渡。

（3）研究者队伍：研究队伍不断扩大和年轻化、国际化，研究前沿逐渐与国际接轨[3]。

（4）存在问题：从在外语类核心期刊上刊载的日语语言学论文所占比重来看，日语语言学研究的国际化程度还有待提高。近年来国内日语学界积极引进和采纳西方语言学的研究成果和研究方法，但人云亦云，生搬硬套和重复性研究较多，缺乏新意；日、汉、英语间横向的跨界对比研究也

---

① 《外语教学与研究》2004年第2期。

② 《日语学习与研究》2011年第1期。

③ 参见彭广陆：《2007年日语语言学研究现状与动向》，载《日语学习与研究》2008年第1期；徐一平：《2008年日语语言学研究动态》，载《日语学习与研究》2009年第1期。

不多见；对西方语言学理论和研究成果的评价或批判性的研究几乎没有。上述问题直接导致了国内日语语言学研究在外语研究总体中缺乏典型性、代表性和示范性意义，也间接导致了日语语言学的研究论文在核心期刊上的刊载量。

（5）发展趋势：尽管还存在很多困难和不足，国内的日语语言学研究在研究者们的积极努力下正在不断发展和进步。由于西方先进研究理论、研究方法的引进和采纳，日语语言学各领域的研究范围都在不断扩大、研究方法也逐渐呈现多元化。但是，要想树立国内日语语言学界的新形象，提高日语语言学研究在国内外语学界的整体地位，增加日语语言学论文在核心期刊的发文量，就需要日语语言学研究者进一步加强与英语语言学界、汉语语言学界的交流，不断提高的自身素质，以期创造出更高质量的研究成果。

参考文献

[1] 蔡全胜：《中日音节的特征》，载《外语与外语教学》2004 年第 9 期。

[2] 陈访泽、杨柳：《日语授受动词三分化的认知基础与句法结构》，载《外语教学与研究》2011 年第 1 期。

[3] 陈福康：《关于鲁迅日文书信的误译》，载《外语教学与研究》2004 年第 2 期。

[4] 费建华：《日语间接请求及其语用策略》，载《解放军外国语学院学报》2002 年第 1 期。

[5] 宫伟：《日语高年级听说课中影视教材的导入》，载《外语与外语教学》2007 年第 7 期。

[6] 李所成：《「テイル」的意义及其制约因素和实现条件》，载《日语学习与研究》2011 年第 1 期。

[7] 铃木裕文：《主观位移表达的日汉对比研究》，载《现代外语》2005 年第 1 期。

[8] 刘海霞：《国内日语教育研究的发展与不足——基于十九种外语类主要期刊十年（1999—2008）的统计分析》，载《日语学习与研究》2009 年第 5 期。

[9] 彭广陆：《2007 年日语语言学研究现状与动向》，载《日语学习与研究》2008 年第 1 期。

[10] 彭广陆：《论日本的教学语法系统》，载《日语学习与研究》2011 年第 4 期。

[11] 孙文选：《论「おる」的历时变异性》，载《外语与外语教学》2010 年第 4 期。

[12] 谭晶华、杨诎人：《全国日语专业八级考试分析研究》，载《外国语》2008 年第 6 期。

[13] 田忠魁、田葳：《日本的重音与汉语的声调》，载《日语学习与研究》2004 年第

1 期。
[14] 王静：《汉日味觉词“甜”、「甘い」的隐喻现象对比研究》，载《外语研究》2011 年第 3 期。
[15] 王蜀豫：《现代日语基本颜色词再考》，载《解放军外国语学院学报》2003 年第 4 期。
[16] 王忻：《2009、2010 年日语语言研究综述》，载《日语学习与研究》2011 年第 2 期。
[17] 徐卫：《日语的文体及其教学问题探讨》，载《日语学习与研究》2011 年第 5 期。
[18] 徐一平：《2008 年日语语言学研究动态》，载《日语学习与研究》2009 年第 1 期。
[19] 许宗华：《时枝诚记语用学思想初探》，载《外语学刊》2011 年第 5 期。
[20] 杨诎人：《日语否定句语调感知实验研究》，载《外国语文》2011 年第 1 期。
[21] 张焜：《日语拟声、拟态词的内部理据探索》，载《解放军外国语学院学报》2004 年第 2 期。
[22] 张南薰：《论新闻文体中汉日同形词的日译》，载《日语学习与研究》2011 年第 1 期。
[23] 张升余：《关于日文汉字“子”字唐音读法的考察——以近世唐音为中心》，载《外语教学》2010 年第 5 期。
[24] 张燕：《日本文化语言学理论基础初探》，载《解放军外国语学院学报》2001 年第 5 期。

水稻人工栽培的发明与稻米之路

梁庭望[①]

据美国《读者文摘》披露，在全世界大米、小麦、玉米三大粮食作物中，以大米为主食的占人类过半。正因为如此，二百多年来，世界上若干国家都在争夺水稻人工栽培的发明权，把这视为一个国家民族的荣誉。到19世纪中叶，农业史学界形成了两派观点，一派认为水稻人工栽培法最早源于中国，另一派认为源于印度。19世纪末叶，多数专家认为，无论是中国、印度或东南亚，都对水稻人工栽培技术的发展做出了贡献，但水稻人工栽培的最早发源地，应在中国的江南。1881年，德国农业史专家康德尔（D·Camdolle）撰文认为，印度水稻人工栽培应在中国之后。1884年，他在《作物起源》一书中进一步指出，从中国南部到东南亚，稻是最早的农作物，并且预言中国江南应当有野生稻。1917年，英国农业史专家墨里尔（Merrill）亲自到中国华南做田野调查，他沿珠江主流西江西进，在广东罗浮山麓发现了野生稻，循此西行一直到西江支流黔江一带的石龙（今广西武宣县），发现西江流域有广泛的野生稻分布，证实了康德尔的预言。1926—1933年，我国著名农业史专家丁颖多次到广州东郊犀牛尾泽地、番禺、增城、从化、清远、三水、阳江、茂名、吴川、遂溪等地及广西西江流域考察，果然发现了野生稻的更广泛分布，这就为栽培稻起源提供了可靠的依据。

关于水稻最早起源于中国的论点，得到了日本科学家的赞同。1942年，日本农业史家比野曾经到海南岛考察，认定海南岛有野生稻。1944年，日本学者宇野撰文考证，印度尼西亚爪哇于公元前1000年左右已开始种稻，但那是公元前1000多年澳尼民族（Austronesian）由中国南方带去的。有的专家是从语言角度考证的。如认为公元前1世纪，印度北部巴佛

---

① 梁庭望，男，壮族，1937年生，中央民族大学原副校长，中央民族大学少数民族语言文学学院教授。主要研究方向：壮族文化。

哈那加（Bahudhanaka）的游得希亚（Yaudheya）民族已确知有稻，在这前后，即公元1—2世纪之间，印度梵文古籍已提到稻字。更早的公元前1000多年印度阿闍婆吠陀（Athrvavida）赞美诗中也已经见到稻字，可见印度是水稻的发源地。但欧洲农业史专家察脱（Chatterjee）认为，中国古籍《说文解字》提到商代初年（公元前1750年左右）伊尹时中国南方已经种稻，当时称为秏，比印度早600多年。他又根据马提哈善（Mhdihassan）的研究成果，于1951年撰文认为，拉丁语中的oryza（稻）并非源于印度语的Arishi，而是来源于中国宁波方言的ou—li—zz，因为印度Arishi不是源于本土，而是来源于宁波方言的li—zz，倒装为Zz—li。关于水稻人工栽培法的传播，1935年欧洲专家伯兰根布（Blankenburg）认为，水稻人工栽培法是经过桂南与越南、老挝，滇南与泰国、缅甸之间的通道向西传到印度阿萨姆邦（那里有壮侗语族即侗台语族阿含人）的，传到印度后再经过伊朗传入巴比伦，而后传入欧洲和非洲，新大陆发现后才传入南美。伯兰根布画了一幅完整的传播图。1951年，日本人安藤广太郎著文指出，水稻人工栽培术是于公元前1—2世纪由中国南方经东南沿海的海路传到日本的，形成了“稻米之路”。1956年，日本人野口发表文章，同意安藤的观点。

以上争论的根据是野生稻分布、语言材料和古籍记载，所以虽然多数专家同意康德尔观点，但结论始终未能确定下来。直到新中国成立后，考古成果提供了确切的证据。这些成果主要是：（1）湖南澧县彭头山遗址。20世纪80年代末在此发掘出大量稻谷、稻米炭化物，经C^{14}测定距今5000到8000年之间。（2）河南舞阳遗址。1991年发掘时在红烧土块中发现10枚稻壳印痕，经光学显微镜（LM）和扫描电镜（SEM）观察比较，发现与现代稻粒长度接近。印痕纵沟宽140—350微米，也与现代稻粒的140—280微米大致吻合。经测定为8000年左右。（3）浙江河姆渡遗址。20世纪70年代末发掘，在$400M^2$的范围内发现很厚的人工栽培稻炭化物，以及石磨、骨耜、木铲等谷物生产工具。经测定距今6700±200年左右，是已经比较发达的水稻。（4）桂林甑皮岩遗址。1965年发掘，发现石杵、石磨、石磨棒等稻谷加工工具，还有火候较低的陶片。经测定为10000年左右，但未发现稻谷炭化物。世界陶瓷史表明，陶的产生与农业密切相关。最初，人们用藤条编个小框装米，放在火上烤，但藤条容易烧着，便有人在框外糊些稀泥。烧久了藤条化为灰烬，留下成形的泥胎，这便是最早的陶器。（5）广西南宁地区贝丘遗址。20世纪60年代发掘，出土了石杵、石磨、石磨棒等谷物加工工具和大量陶片，经测定为10000到11000年左右，但未发现稻谷炭化物。上述成果虽然基本可以肯定与水稻人工栽培有关，但1—3项与印度的发现较为接近，4—5项由于没有发现稻谷炭化物，故结论仍不易为人所接受。1987年美国《读者文摘》11月号《大米颂》一文仍认为："稻原是亚洲的野生植物。有些考古学家相信，最先有人栽种这种谷物的地方，是东南亚和中国南部。"另外一些历史学家则认为，稻源于印度一种名为："'尼伐拉'的野生植物。印度已发现了年代可远溯到公元前5000年的稻谷。"

事情在20世纪90年代终于有了重大进展，1993—1995年，北京大学考古系、江西省文物考古研究所和美国安德沃考古基金会组成联合考古队，对江西省万年县大源乡仙人洞和吊桶环两处相隔仅800米的遗址进行发掘，发现了大量栽培稻的植硅石和兽骨，被认为是猎兽屠宰场和打谷场。"两处遗址的文化堆积明显分为属于两大时期的上下两大层，上层距今约0.9—1.4万年，属新石器时代早期，下层距今1.5—2万年，属旧石器时代末期。"在《光明日报》1996年3月26日登载的《1995全国考古新发现》中透露，自1993—1995年起湖南省文物考古所对零陵地区道县寿雁镇玉蟾岩进行了发掘，发现了兼具野生稻、籼稻、粳稻的栽培稻炭化稻粒以及火候较低的陶片。初步测定为距今12000年，后经国家文物局专家组鉴定，稻壳距今已有1.8—2.2万年。[①] 两地的考古发现，使学术界兴奋不已，在中国1995年十大考古新发现中名列前茅。回过头来再看桂林甑皮岩、南宁地区贝丘（14处）等遗址，不管是有稻谷炭化物还是稻谷加工工具，都无疑证明是稻作文化遗址，并且形成了年代先后的序列。以此可以得出这样的结论：中国是世界上最早发明水稻人工栽培的国家。最早发明水稻人工栽培的是江南越人的先民，江南越人是当今江南汉族和华南、西南壮侗语诸族（壮族、侗族、布依族、傣族、黎族、仡佬族、水族、仫佬族、毛南族）的祖先，壮侗语诸族的先民也对中国最早发明水稻人工栽培做出了重大贡献。

关于道县寿雁镇玉蟾岩栽培稻炭化稻粒的族属，我在1998年新作《栽培稻起源研究新证》[②] 中作了探讨。道县属于湖南的零陵地区，古代是壮族祖先苍梧部的地域。苍梧部是壮族先民中强大的部落，其居地在广东的西北部，广西的东北部，湖南的东南部即零陵地区，地跨三省区。舜帝时，苍梧部由氏族部落上升为苍梧高古国，处于阶级分化的初期阶段。苍

---

① 《人民日报》，1996年4月3日海外版。

② 梁庭望：《栽培稻起源研究新证》，载《广西民族研究》1998年第2期。

梧古国相当强大，舜帝曾经到苍梧部视察，死在该部，壮族祖先用壮人至今仍沿用的瓦棺礼葬他于零陵地区宁远县的九嶷山。《史记·五帝本纪》载，舜“践帝位三十九年，南巡狩，崩于苍梧之野，葬于江南九疑，是为零陵”。《淮南子·原道训》高诱注：“九疑，山名也。在苍梧，虞舜所葬也。”九疑地望，“在今县治（宁远县——笔者注）南五十九里”。“西界道县，南界广东之州，东北界常宁，北界祁阳”。“九疑亘其南”。[①] 又梁玉绳的《史记志疑》引《史通·疑古篇》称，苍梧又称仓吾，“于楚则川号汨罗，在汉则邑称零陵。地总百越，山连五岭”。宋罗泌：《路史·国名纪丙》称，苍梧古国“自广东至湘潭”。由此可知，苍梧古国在汉立为苍梧郡，“辖境相当于广西都庞岭，大瑶山以东，广东肇庆、罗定两市以西，湖南江永、江华县以南，广西藤县、广东信宜市以北”。[②] 今广西的苍梧县和梧州市，皆因苍梧古国而得名。楚人是战国时才进入零陵地区苍梧辖境的，战国以前的文化遗址，出土的都是带肩石斧有段石锛等越人文物，可见道县的炭化稻谷当是苍梧部也就是壮族先民留下的。因而壮族是我国乃至世界上最早发明水稻人工栽培的民族之一。该文引起较大反响，新华社将该文缩为专稿发往该社在全世界的160多个点，这次没有收到反对的信息。《广西日报》、《南华早报》等都曾把摘要转载，中央人民广播电台也广播了新华社的对外摘要专稿。

2004年，联合国粮农组织在湖南召开世界粮食安全研讨会，笔者应邀去作了《谁先发明水稻》的学术报告。主持大会的联合国官员正好是印度人，他虽然是联合国的一个官员，但却带去了两位印度农业史专家。因我的报告主要是考古内容，历史证据、科考依据明确、属实，让专家、学者们听后，心服口服，得到了专家、学者们的认可，没有人能提出反驳的理由。在一次国家民委召开的古代少数民族科学技术会议上，笔者提出来人工栽培稻，应该是中国的第五大发明。因为这并不比四大发明影响小，它主要解决了人的温饱问题。与会专家同意，但他们觉得四大发明说了这么多年了，不好改，但同意和认可这种说法。

壮族由于是最早发明水稻人工种植的民族，形成了浓郁的稻作文化，举凡农业生产链、生活习俗、文化氛围、民族性格，都在稻作文化的熏染和制约范围之中。稻米甚至已经升格为生命的象征和代码，乡村壮族人年过五十，每人都有一个寿米缸，里面的米代表生命，每年生日做寿，要请

---

① 曾继梧：《湖南各县调查笔记》上册，民国20年版。

② 见《辞海》上，上海辞书出版社1999年版，第1610页苍梧条。

师公或道公诵经，子女往缸里添加新米，表示增寿，也就是延续生命。里面的米平时可以掏一把熬粥给老人喝，但绝对不可掏尽，那样就意味生命即将终结，不吉利。所以壮族人把做寿叫做“补粮”。此外，壮人认为在多种粮食作物中，稻米品位最高，故而祭祀神灵必须用大米饭或粽子、糍粑、汤圆等大米制品，这是种植水稻历史之久远的民族形成的奇妙意识，趣意盎然。

渤日通聘在中日关系中的地位和作用

卢　伟[①]

一

渤海国是唐朝册封体制下高度自治的少数民族政权，渤海国从公元698年大祚荣建国开始到926年被辽太祖耶律阿保机灭亡为止，历世229年。在渤海国存在期间，渤海国向唐朝称臣纳贡，接受唐朝的册命与封号，具有对外遣使等高度自治的权力。渤海统治者为了满足消费需要，积极发展渤海的政治、经济和文化，在与唐朝保持密切关系的同时，也频繁地向日本遣使。而当时日本处于奈良时代（710—789）和平安时代（794—1185）。自大化改新后，历代日本天皇除直接汲取先进的唐文化外，也和渤海国交往，从中间接地学习唐朝的政治、经济和文化。

727年，渤海国第二代统治者大武艺派高仁义为大使出访日本，表示要"永敦邻好"，日本派引田回访渤海，表示了"沧波虽隔，不断往来"的愿望[②]，从此铺开了渤海和日本友好往来的道路。至渤海亡国前的919年，前后192年间，渤海聘日34次，平均7年左右一次。728年，日本国第一次向渤海遣使，至811年，共聘渤海13次。双方共交聘47次，平均每四年即有一次往来。渤海和日本的友好往来，大体上可分为三个阶段。

第一阶段（727—763）：这一阶段又可以分为两个时期。即大武艺时期（727—737），渤海为"斥大土宇"，实施了北侵黑水靺鞨，南防新罗，

---

① 卢伟，男，汉族，1969年生，硕士，牡丹江师范学院历史与文化学院副教授、副院长，研究方向：渤海国史。

② 金毓黻编：《渤海国志长编》卷18，《文征·国书》，长春：社会科学战线杂志社1981年翻印本。

武力抗唐的政策。大武艺遣使日本就是要与日本建立军事上、政治上互相援助的关系，希望得到日本的支持，达到“亲仁结援”的目的，因而这一阶段的遣日使节主要是军事将领。大钦茂时期（737—763），渤海采取亲近唐朝，联合日本，警惕新罗的外交战略，和日本往来密切，这一时期，渤海共遣使日本11次，日本回访9次。

第二阶段（763—822）：渤海政治稳定经济繁荣，在这一阶段渤海出使日本14次，渤日通聘完全转向官方的商业贸易，贸易成为渤日交流活动的中心。随着日本经济的衰落，日本朝廷认为接待渤海使团是沉重的负担，因此对渤海访问日本的聘期加以限制，798年约定6年通聘一次，811年日本派林东人回访，成为日本最后一次回访渤海。

第三阶段（822—919）：824年，日本再次对渤海访问日本的聘期加以限制，约定渤海12年通聘一次，违约就拒不接待。这个时期渤海共有14次访问日本，双方除了贸易往来外，文化交流成为重要内容。

渤海的34次使团，最少的由22人组成，最多的达359人，以100多人组成的使团为多。乘船少则1艘，多时达17艘，一艘乘30—60人不等。使团人员大体是由四部分人组成：一是中央官员（大使、副使、判官、录事），这是使团的主要成员，是渤海地方政权的政治代表，选任武将文官或通晓经史、娴于文辞的人充任。二是事务官员（译语、史生、天文生）。三是地方首领，这是渤海的地方政治势力代表，可能是代表六十二州的，是不容忽视的一个方面。四是艄公。

渤海通往日本的陆路、海路，史书上称为“日本道”。渤海使者所走的日本道，大体是从上京龙泉府出发，向东南翻越老爷岭，到达东京龙原府，从龙原府南行三十里穿过长岭子山口关隘，循海岸东行，抵介于现在清津、海参崴之间的毛口崴。渤海使者在此乘船，横渡日本海，初期由于缺乏经验，海路知识有限，渤海使者经常漂到出羽一带（今日本北部山形、秋田县），随着航海经验和知识的增加，渤海人掌握了这条海路的规律，其后渤海使者，从秋天到十二月结冰前，利用大陆吹来的北风和西北风和自北而南的寒海流，扬帆赴日，在能登、加贺、越前（今日本石川、新潟、福井县）等地登陆，而后到达日本国都平城京、平安京。到了夏季，渤海使者，乘海上吹起的南风和东南风，驾船北归。只有第九次，776年史都蒙等是从南京南海府的吐号浦出发，经过对马，到达日本的。日本道全程1130公里，陆路约230公里（从上京龙泉府到毛口崴），海路约900公里（从毛口崴到能登、加贺）。两国的使节，驾驶着帆船，冒着风险，历尽艰辛，有的献出了宝贵的生命，有文献可查殉难的大使就有3

人，随行人员罹难的在200人以上。

渤海对日本通聘，是以追求贸易之利为首要目标，日本与渤海通聘的目的则在于使渤海对其执事长之礼，奉为“上国”，借此提高日本的国际地位和天皇在国内的权威。双方通聘过程中，曾多次因彼此应遵循的礼仪问题及来往年限发生分歧和争执，但友好往来，长期和平共处仍是其主流。

二

渤海与日本的友好往来，在中日关系中起到了四个方面的作用。

1. 在政治上，加强了中日两国的密切联系和两国人民的深情厚谊

在渤日二百多年的通聘过程中，虽然两国在交往过程中存在关于国书体例和聘使往来年限的分歧和争论，但两国的统治阶级没有根本的利害冲突，又有一定的共同要求。双方政治关系的主流还是睦邻友好、自主平等。渤海和日本在互相访问时，互致国书，互相问候，相互祝贺国王或天皇登极践祚，有时互相吊丧，发展和加强了两个政权间的政治关系。758年，小野田守从渤海访问归来，向淳仁天皇报告了唐王朝安禄山之乱的情况，淳仁天皇指示有关大臣，要提高警惕，防备安禄山“掠于海东”，要“予设奇谋，纵使不来，储备无悔”。[①] 大兴二十五年（761）渤海使王新福向日皇报告：唐玄宗、唐肃宗已经逝世，代宗摄政，“年谷不登，人民相食”。史朝义起兵作乱，“邓州、襄阳已属史家，李家独有苏州，朝聘之路，固未易通”。[②] 日本朝廷根据报告，对唐王朝的使臣做了安置。渤海使者尽管有时受到日本朝廷的冷遇，但多数时候日本对渤海国聘使的接待是很隆重的。为了做好对渤海使的接待工作，日廷在加贺、能登等地修造了迎宾馆。在渤海使臣登陆后，地方官即驰及京师。天皇诏令当地官员热情接待，任命“存问使”前往接洽，并派出“领客使”和“掌客使”前往迎接，引导他们入京。如果是重要聘使，入京前，天皇还要加派“郊迎使”，迎接他们入京。入京后，下榻于鸿胪馆，太政官派人慰问、赐时服。在约定日期，渤海使者前往八省院递交渤海国王致日本天皇启函、中台省致太政官牒及信物等。天皇一般在乐殿亲自设宴款待使者，并按渤海使官位高低，授予日本官位，赠送礼物，与百官诸藩一同参加朝贺仪式。此

① 《续日本纪》卷24，天平宝字二年条。

② 《续日本纪》卷24，天平宝字二年条。

后，天皇敕使到鸿胪馆宣诏，“赐”渤海王玺书及太政官致中台省牒，并赠礼物。如果渤海使者擅长诗词，日皇还特地诏令文采风流的文人学士，与渤海使者诗赋唱和，酬酢往来。渤海使者返回时，天皇会专门派领客使送行，也常派送客使渡海陪送渤海使回聘。其中高丽大山和上毛嗣益就是送渤海使时去世的。史书上虽无渤海王对日使的招待，想必也是同样热情周到。

许多渤海使者与日本官员建立了深情厚谊，成为中日两国和两国人民历史上友好往来的佳话。其中，渤海裴氏父子和日本菅原父子两代人的友谊最为典型。882 年，文籍院少监裴頲出使日本。裴頲“硕学通才，典领文籍，风仪甚美，邻国雅重视之”。① 因裴頲来聘，天皇派菅原道真等人接待。菅原道真是日本行式部少辅兼文章博士，也博学多才，二人相见恨晚，“唱酬甚欢”。在 12 天应酬宴饮中，裴頲才思敏捷，出口成章，赋诗 59 篇，被菅原道真赞誉为“七步之才”，并写诗赞云：“座客皆为君后进，任将领袖属裴生。”② 衷心推裴頲为两国诗坛的领袖，裴頲称菅原道真“诗似白香山”。③ 日本京城文士，借裴頲诗歌的不同韵脚而发挥、唱和者不计其数。894 年，裴頲再次出使，天皇又命菅原道真等人接待。旧友重逢，分外亲热，二人“赋诗唱酬，以叙离怀”。907 年，裴璆出使日本，裴璆是裴頲的儿子，也是一位超凡的文豪。天皇派菅原道真的儿子菅原淳茂等人为掌客使。裴璆与菅原淳茂均“擅文藻，如其父”，所以，“言及先人进事，璆咸叹欷歔。异域之人，两世邂逅，以为奇遇”。淳茂赠诗裴璆，感情充沛地写道：“裴文籍后闻君长，菅礼部孤见我新。年齿再推同甲子，风情三赏旧佳辰。”④

2. 在经济上，加强了中日两国之间的互市贸易

渤海政权巩固之后，社会经济逐渐发展，被称为“海东盛国”，农业、手工业、畜牧狩猎业都达到一定水平，加上比较丰富的物产，这都是渤海开展对外贸易的经济基础。由于渤海地处北温带，棉丝较少，换回日本纺织品，满足生活的需要，成为渤海贵族的要求。因而，渤海政权派出的使团，不仅为了政治上加强联系，“永敦邻好”、“不断往来”，更兼有贸易团

---

① 金毓黻编：《渤海国志长编》卷 10，裴頲传，长春：社会科学战线杂志社 1981 年翻印本。

② 金毓黻编：《渤海国志长编》卷 18，文征 · 菅家文草，长春：社会科学战线杂志社 1981 年翻印本。

③ 金毓黻编：《渤海国志长编》卷 10，裴頲传，长春：社会科学战线杂志社 1981 年翻印本。

④ 金毓黻编：《渤海国志长编》卷 18，文征 · 菅家文草，长春：社会科学战线杂志社 1981 年翻印本。

体、文化交流团体的性质。渤海使到日本，赠送礼物和地方特产，日本朝廷照例回赠礼物，对使节按级别各有赏赐，实际是一种采取国家礼仪形式的特殊贸易——宫廷贸易。渤海使赴日本时，带去了渤海出产的貂皮、虎皮、罴皮、豹皮、人参、松子、蜂蜜，还有玳瑁杯等工艺品。如 739 年，渤海第 2 次遣日使团赴日，己珍蒙等出使，献“大虫（虎）皮、罴皮各 7 张，豹皮 6 张，人参 30 斤，蜜 3 斛”。① 总的来看，渤海是以动物毛皮和野生特产为主，这些特产博得日本皇室贵族的欢迎。日本以赠赐形式给渤海使团的礼物，有帛、绫、罗、绵、绢、丝、布等，此外还有黄金、水银、金漆、漆、海石榴油、水精念珠、槟榔扇，其中主要是以丝绵为原料的手工纺织品等宫廷贵族需要的奢侈的生活用品。如 777 年，史都蒙等出使，带回了“绢七十匹、絁七十匹、丝二百绚、绵四百屯、黄金一百两、水银一百两、金漆一缶、漆一缶、海石榴油一缶、水精念珠四贯、槟榔扇十枚”。②

在渤海与日本的 34 次通聘中，只有几次是渤海使团同日本官方机构或某些官员进行交易，而大多是与当地百姓交易，亦即进行官方许可的私相交易。如 872 年杨成规率团赴日通聘时，赠送日本清和天皇的礼物有“大虫皮七张、豹皮六张、熊皮七张、蜜五斛”。③ 其余所带的商品，次年五月就市交易。“己丑，内藏寮与渤海客回易货物；庚寅，听京师人与渤海交关；辛卯，听诸市人与客徙私相市易，是日，官钱四十万赐渤海使等，乃唤集市廛人卖与客徒此间土物。”④ 可见，日本官方为渤海使团提供相当数量的货币，即钱 40 万要其购日本货物，亦即用日本货币购买日本京师的各种土特产品。日本官方给渤海使团钱 40 万不会是无代价的，也许渤海客人带去的珍稀物品，为东道主喜欢，想各种办法易得。

除官方贸易外，渤海与日本也有半官方和民间的贸易往来。如 746 年，“国人及铁利部人千一百余，贾于日本”。⑤ 779 年，“渤海和铁利部三百五十九人”访日互市，他们所带的“珍货”深受日本的欢迎，贸易的规模较大，获利较多。

9 世纪以来，日本朝廷对外采取锁国政策，加上社会经济的衰落，对

---

① 《续日本纪》卷 13，圣武天皇天平十一年十二月条。

② 《续日本纪》卷 34，光仁天皇宝龟八年四月条。

③ 《日本三代实录》卷 20，清和天皇贞观十四年五月条。

④ 《日本三代实录》卷 20，清和天皇贞观十四年五月条。

⑤ 金毓黻编：《渤海国志长编》卷 3，世纪第一，文王钦茂条，长春：社会科学战线杂志社 1981 年翻印本。

渤海使接待，认为是个得不偿失的负担，826年日本右大臣滕原嗣绪上表天皇说："渤海客徒"，"实是商旅，不是邻客。以彼商旅，为客损国"。"经营重叠，骚动不遑，又顷年旱疫相仍，人物共尽"。"一度账给，正税欠少，况复临农要，弊多途送，人疲差役"。① 这代表了日本朝廷的认识。日本朝廷采取措施限制渤海使，不许交易，更不许日本臣民与渤海交易。官吏违例，从重处罚，庶民违例，决杖一百。但是，互通有无，开展贸易，毕竟是日本和渤海贵族、人民的共同要求，日本朝廷有时又不得不允许。渤海与日本的交聘形式的商业贸易活动，使双方交换了大宗产品，互通有无，丰富了各自的经济生活，刺激了两国商品经济的发展。

3. 在文化上，加强了中日两国和两国人民之间的联系和交流

八九世纪中国的儒学、盛唐的文风浸濡着日本和渤海，日本和渤海的贵族，许多人精通儒学和汉文学，社会上尤其是在贵族中间已为唐代文化所笼罩。渤海派往日本的使臣，许多人都娴于辞藻，擅长文学，文学造诣很深，如杨泰师、王孝廉、释仁贞、杨成规、裴頲等；日本接待渤海使的官员中，有许多是当时著名的学者，如都良香、菅原道真、菅原淳茂、藤原博文、大江都纲等。渤海使臣和日本的文学之士诗赋唱和，吟诗论学，留下许多诗作，也被称作"鸿胪馆文学"。如815年，渤海第十七次遣使赴日，大使王孝廉与录事释仁贞等都擅长诗赋，"日本诸臣多与唱和"。② 日本的《文华秀丽集》中记录了王孝廉的五首诗，即《奉敕陪内宴》、《春日对雨得情字》、《在边亭赋得山花戏寄两领客使并滋三》、《出云州书情寄两敕使》和《和坂领客对月思乡之作》。五首诗热情赞美了邻邦，歌颂了友谊。王孝廉与日本著名高僧空海结为密友，王孝廉病卒日本后，空海曾作诗痛悼，慨叹"一面新交不忍听，况乎乡国故园情"③，情真意切，催人泪下。871年，渤海第二十八次遣使赴日。大使杨成规擅诗赋，天皇命日本著名文人都良香、大江音人等接待他，"赐曲宴飨赉甚厚"④，杨承规即席赋诗，备受日本文人的赞赏，都良香盛赞杨成规之文采"绝于旁人"。为增进友谊，杨成规赠送都良香貂裘、麝香、暗摸靴等贵重物品。都良香为此特写《谢渤海大使赠貂裘、麝香、暗摸靴状》一文答谢⑤，这

① 《类聚国史》卷194，天长三年（826年）三月戊辰条。
② 金毓黻编：《渤海国志长编》卷10，长春：社会科学战线杂志社1981年翻印本。
③ ［日］空海著：《高野大师广传·卷下》，转引自《渤海史料全编》，第294页。
④ 金毓黻编：《渤海国志长编》卷10，长春：社会科学战线杂志社1981年翻印本。
⑤ ［日］都良乡编：《都氏文集》，卷4；转引自《渤海史料全编》，第342页。

已成为古代中日友好的珍贵历史文献。都良香还亲绘团扇二十枚，分赠渤海客人，祝愿友谊长在。

在艺术（音乐、舞蹈、书法）方面，渤海人以能歌善舞著称于世。740 年，渤海使己珍蒙第一次在日本为天皇演奏渤海乐，从此渤海乐传入日本。日本也曾派留学生内雄等到渤海学习音乐，学成归国，十年无消息。日本文献尚有平安时代后期演奏渤海乐的记载。749 年，日本天皇等拜东大寺，“百官及诸民人咸会于寺，请僧侣五千人礼佛诵经，作大唐乐、渤海乐、吴乐五节及田舞、久米舞”①。这样，渤海乐成了日本宫廷乐之一。渤海乐的传入丰富了日本的音乐。与此同时，日本音乐舞蹈也以传入渤海。文献记载，777 年，渤海遣使朝唐，“献日本国舞女一十一人”②。渤海与日本也有着间接的书法艺术交流。891 年渤海使王龟谋出使日本时，日本给渤海的答聘书和太政官牒是由书法家藤原敏行和小野美材书写的。日本史载藤原敏行“有能书之名，多写佛经，且其墨痕传于渤海”。③

在历法方面，859 年，渤海使乌孝慎向日本进献长庆宣明历，④ 从此长庆宣明历传入日本。宣明历为唐司天官徐昂在长庆二年（822）制定，同年唐王朝颁行，892 年废止，行用七十年。徐昂的宣明历在日食计算方面提出时差、气差、刻差三项改正，把因月亮周日视差而引起的改正项计算更向前推进一步，简化了历法的计算步骤。862 年日本天皇批准颁行长庆宣明历，尔后一直使用至 1684 年，日本才停止使用长庆宣明历。可见宣明历传入日本，对日本历法的影响是很大的。

在宗教方面，渤海与日本的文化交流中，佛教占了相当的部分。如 815 年，王孝廉出使日本时，便有著名的佛教僧人释仁贞随行，释仁贞在日本与各界僧人切磋佛法、研读佛经，加强了中日两国佛教上的交流。860 年，遣日使李居正“携有梵本东胜咒传于日本，捂藏山城东胜寺”。⑤有的渤海人在日本久居下来，在那里招收日本学生传播渤海文化。如 809 年，参加遣日使团的渤海首领高多佛，毕命后“独脱身留于越前，日廷遣

① 《续日本记》卷 17，天平胜宝元年十二月丁亥条。

② 《旧唐书·渤海靺鞨传》，中华书局 1975 年版。

③ 金毓黻编：《渤海国志长编》卷 2，总略（下），长春：社会科学战线杂志社 1981 年翻印本。

④ 《日本三代实录》卷 5，《类聚代格》卷 17。

⑤ 金毓黻编：《渤海国志长编》卷 10《李居正传》，长春：社会科学战线杂志社 1981 年翻印本。

史生羽粟马长并习语生往就多佛习渤海语”。[①] 总之，渤海与日本的友好往来，是中日两国和两国人民友谊史上的光辉篇章，正如渤海文王大钦茂所派赴日使臣乌须贺对日本官吏所说的那样：“渤海日本往来聘问，如兄如弟。”[②] 这正是古代中日关系的真实写照。

① 金毓黻编：《渤海国志长编》卷10《高多佛传》，长春：社会科学战线杂志社1981年翻印本。

② 《大日本史》卷240《渤海上》引《续日本纪》。

汉日同形词对比研究

李　蕊[①]

中日两国文化的交流源远流长，对于两国来说，汉字是继承与发展文化所不可欠缺的载体。

一、汉日同形词辨析

汉字词，或称为“汉源词”，是指位于汉字文化圈（东亚文化圈）内的日本、韩国、朝鲜、越南等国语言中存在的、从古汉语中派生出的词汇。它可以由几个汉字组成，也可以由一个汉字组成。汉语中所有的词都是汉字词。从词源上看，汉语中的汉字词绝大多数是汉族语言的词，但也有一小部分是非汉族语言的外来词。如葡萄、罗汉、马拉松、迪斯科等是音译外来词。在日语中，“汉语”通常指吸收并改造汉语（中文）的词汇，当中包括和制汉语。大部分与中文意思相同或相近，其中一小部与中文意思完全不同甚至相反。具体有以下几种情况：

（1）词义范围的区别。中日两国语言在各自的发展过程中，在保留了一定的相同意义的基础上，又产生了一些新的派生意义。由此产生了词义范围的区别。关于这一点，大致可归纳为三种类型。日语词义范围大于汉语。如「道具」，日语中该词有着和汉语相同的意思，表示工具，舞台道具等。除此之外，日语还有三种意思：①制作东西时使用的器具的总称。如：「大工道具」（土木工具）。②家庭生活用具。如：「勝手道具」（厨房炊事用具）。③手段。如：「結婚を出世の道具に使う」（把结婚当作发迹扬名的手段）。汉语词义范围大于日语。如「東西」，汉语中该词有着和日语相同的意思，表示方向的东西，东方和西方，东部和西部，东洋和西洋

① 李蕊，女，汉族，1982年生，云南民族大学外国语学院副院长、讲师。主要研究方向：日语语言学及跨文化交际。

等。除此之外，汉语还有两种意思：①指具体或抽象的事物。如："语言这东西，不下苦功夫就学不好。"（言語というものは一生懸命に勉強しなければものにならない）。②特指人和动物（含有喜欢或厌恶的心情）。如："这小东西真可爱"（こいつは実に可愛い）。词义范围部分相同部分相异。如「意見」，汉语词义：①对事物的看法和想法。如："倾听群众的意见"（大衆の意見に耳を傾ける）。②对人或事的不满。如："你该好好儿地想想，人家对你的意见可大啦"（よく考えてみるがいい、みんなはひどく君に不満なんだ）。日语词义：①意见，见解。如：「人の意見に賛成する」（赞成别人的意见）。②劝告，规劝，提意见。如：「いくら意見してもだめだ」（尽管怎样规劝他也无用）。两者相比，中日词义①项相同，②项不同。在汉日同形词中，有些日语词的词义范围大于对应汉语词的词义范围，有些汉语词的词义范围大于对应日语词的词义范围，但词义范围部分相同部分相异的情况居多，往往是某几个义项上重合，同时又包含对方所没有的义项。

（2）词义虚实的区别。所谓虚实，是指某些词语在文句中看似虚词义，实际上却是实词义，这是"似虚而实"；相反，某些词语在文句中看似实词义，实际上却是虚词义，这是"似实而虚"。总的说来，"虚"是指抽象的事物，"实"是指具体的事物。有些同形词在中日两国语言中指代的事物有所不同。如「境界」，汉语词义：境界；程度；境地。如："达到完美的境界"（完璧の域に達する）。日语词义：边境的疆界，边界。如：「境界を定める」（划定边界），「境界河川」（边界河流；界河）。由此我们可以看出，汉语中的"境界"指抽象的事物，而日语中的「境界」指具体的事物。又如「把握」，汉语词义：①紧握。如："司机把握着方向盘"（運転手はハンドルを握っている）。②抓住。如："把握一切机会"（あらゆる機会をとらえる）。③自信，成功的可能性。如："他很有把握地回答了所有问题"（彼は自信をもってすべての問題に答えた）。日语词义：紧握，充分理解，掌握，抓住。如：「実態を把握する」（掌握实情）。由此我们可以看出，汉语中的"把握"既可以指抽象的事物，也可以指具体的事物。而日语中的「把握」只可以指抽象的事物。

（3）词义轻重的区别。词义轻重是指词义在表达上的轻重程度。词义轻重的不同反映了人们对事物的看法及强调内容的不同。从词义轻重的角度来看，大致分为两种。汉语中的词义比较重。如「失敗」，汉语词义：输；战败；失败。如："这次战斗敌人失败了"（今回の戦闘では敵が負けた），"失败是成功之母"（失敗は成功のもとである）。日语词义：失败；

错；没有成功。如：「実験は失敗だった」（实验没有成功）。该词在中日两国语言中的基本语义一致，但在词义轻重上存在差异。汉语中“失败”的词义较重，通常用来修饰重大事件。如“失败的战斗”。日语中「失敗」的词义较轻，含有事情进展不顺利的意思。又如：「質問」，汉语词义：追问；质问；盘问。如：“国会议员被质问为什么没有实现自己的诺言”（国会議員はなぜ約束を果たさなかったのかと詰問された），“妈妈质问老大为什么要打弟弟”（お母さんはなぜ弟を打つたのかと長男を問い詰めた）。日语词义：询问，提问；问题。如：「質問はありませんか」（有没有问题）。该词在中日两国语言中的基本语义一致，双方都有询问原因的意思。但在语感上存在差异。汉语中的“质问”的语感较强，带有指责对方的意思，和日语的「詰問」有相似之处；日语中的词义比较重。如「告訴」，汉语词义：告诉；通知；告知。如：“这件事别告诉我妈妈”（このことをどうか私の母に告げないでください），“有什么消息，告诉我一声”（何かニュースがあったら教えてください）。日语词义：告状；控告；提起诉讼。如：「告訴の手続きを取る」（办理起诉手续），「裁判所に告訴する」（向法院控告）。汉语中的“告诉”是通知的意思。日语中的“告诉”词义较重，有控告，诉讼的意思。

（4）本义与引申义的区别。词的本义指文献记载的最初的意义。是词义引申的基础、源头。也可以说，指文字产生时的意义，即文字形体结构所反映的并有史料证明的意义。引申义是指从词的本义引申出来，或者说发展出来的意义。有些汉语词汇在借入日语之后一直保持着古代汉语的本义，至今仍在使用。而在中国，这些词汇在汉语自身的发展过程中发生了语义演变，由本义发展引申，以致放弃本义而使用引申义。如「結束」，汉语词义：停止，终止。如：“结束战争”（戦争を終結させる），“同学们结束了四年的学校生活”（学生たちは4年間の学生生活を終了した）。日语词义：捆束，捆扎；团结。如：「古い新聞を結束して売る」（把旧报纸捆起来卖掉），「結束して敵にあたる」（团结对敌）。现代汉语中，“结束”主要使用引申义，指停止，终止。与此相对，现代日语中的「結束」还固守着古汉语本义，指捆扎，团结。语言适应社会的需要，处在不断的发展变化之中。词汇是语言中最活跃的因素，而词义的变化又比词形的变化更为显著，在历史发展的每一个历史阶段，都可以考察到词义的发展变化。由于中日两国语言中词汇的发展，造成了现代汉语和现代日语中同形词词义的差异。

（5）感情意义的区别。词的感情意义用于表达人们对事物的主观评价

和态度，如词义的贬褒、是否带有亲密感等。[①] 感情意义具有强烈的主观性，是人们根据自己的价值观对客观事物或现象进行的评判。感情色彩的不同反映了人们对事物的不同评价和看法。根据感情意义的不同词有褒义词，贬义词和中性词三类。褒义词具有肯定、称赞、喜爱、仰慕的色彩，贬义词则具有否定，轻蔑、厌恶、反感等的色彩，中性词既不表示肯定，也不表示否定。有些同形词在中日两国语言中的褒贬含义不一样。大致分为两种情况：日语中是褒义词或中性词，在汉语中是贬义词或兼有贬义。如「得意」，日语中常用「得意」来表示拿手、擅长。如：「わたしは人の前で話をするのはあまり得意ではない」译为“我不擅长在人前讲话”。而汉语中“得意”常用于表示自满，具有贬义色彩。如：自鸣得意（自分で得意がる）。又如：「検討」，该词在日语中的含义是“讨论，探讨研究”，属于中性词。如：「その問題を会議に出すかどうか今検討中だ」是“是否在会议上提出这个问题正在商讨之中”的意思。汉语中的“检讨”含有“自我批评”的意思，具有否定和反感的感情色彩如：“因工作疏忽向上级检讨错误”（仕事をミスしたため、上司に過ちについて自己批判をした）；日语中是贬义词或兼有贬义的词，在汉语中是褒义词或中性词。如「深刻」，该词在汉语和日语中都有深刻、严肃的意思。日语中的“深刻”一词含有消极因素。它的含义是“深、严重、尖锐、严峻”等，它的感情色彩是“糟糕，危险”。如：「生活難がますます深刻になってきた」是“生活困难问题越来越严重”的意思。汉语中的“深刻”含有“接触到事物或问题本质”的意思，是用以表达难以忘怀的抽象事物的形容词，它的感情色彩贬义性不大。例如“他说的话含义深刻，耐人寻味”（彼の言葉は意味深く、味わいに富む)。

（6）文化伴随意义的区别。文化伴随意义是指一些词语在不同的语言中，所具有的特定的感情评价意义和历史文化联想。也就是一个词的概念意义在使用过程中产生并附着于概念意义上的意义，它与人们的生活经验、情感以及语言集团所独有的文化特征密切相关。词汇是民族文化内涵的载体。由于语言与文化的密切关系，词汇的联想意义体现了各民族的文化内涵。由于中日两国文化历史发展的渊源不同，孕育文化的土壤不同，部分汉日同形词在也熏染上了民族文化的个性。

① 翟东娜：《日语语言学》，高等教育出版社 2006 年版。

二、日语中汉字词的分类、地位与作用

汉语中的汉字词，从构词的角度来看，可以分为单纯词和合成词两类。日语中的汉字词大致上与日本人所说的“汉语”相当；不过“汉语”一般指音读汉字词，而我们所说的汉字词则不论音读、训读，只要是用汉字组成的就行。在日本学界，也有人主张“汉语”不限于音读汉字词的，如柏谷嘉弘著《日本汉语的条谱》在第二章《汉语的范围》中认为“汉语”应该包括下列六种类型的词：1. 汉语词：仁、义、天命、明月、王昭君、一进一退。2. 汉语外来词：袈裟、狮子。3. 和汉混种词：爱す、及第す、老（おい）、法师、故殿（との）。4. 汉欧混种词：ドイツ语、フランス革命。5. 和制“汉语”：大根、火事、返事、出来。6. 西欧译词：哲学、心理、手术、原子、酸素。这种分法是从汉字词的来源分的，如果从语音类型来分，则可以大致分为音读汉字词、训读汉字词和音训混读汉字词。

在全部日语词汇中，汉字词的比例要占到半数以上。根据日本国立国语研究所对昭和三十一年的90种杂志所作的统计调查，“汉语”在全部词汇中所占的比例是47.5%，而前面说过，日本人所说的“汉语”是指音读汉字词，汉字词则还要包括训读汉字词和音训混读汉字词。所以说，汉字词在日语中所占的比例肯定要占到50%以上。另外，对昭和四十九年以及昭和五十年的理科和社会科的高中教科书中的词汇的统计调查显示，其中“汉语”所占的比例是58.77%，还不包括人名（10.22%）和地名（9.57%）。我们所讨论的汉字词也包括人名和地名，把这两项也加进去，总的比例达到78.56%；如果再加上训读汉字词和音训混读汉字词，总的比例就要超过80%。① 从上面的数字可以看出，汉字词在日语中的地位是何等重要。

汉字源于中国，传入日本之后，从内容形式、方法内涵上丰富了日语语言的表达，对日语在文字、语音、词汇等方面产生了很大的影响。在文字方面，汉字的输入，不仅使日本产生了音标文字“假名”，日本人还根据汉字的特点，用“六书”造字法，造出了日本“国字”。汉字不仅是日本文字的母体，而且也是日本文字主要的构成部分；在语音方面，汉字的

---

① 蔡新中、何华珍：《汉字书同文研究》，香港文化教育出版社2004版。

传入，给日语增加了新的音节，充实了日语的语音系统；在词汇方面，汉字的传入，弥补了日语抽象名词贫乏的不足。和语中表达抽象概念的名词以及有关星座、人体器官的词汇很少，汉语的传入给日语增加了词汇，特别是弥补了用和语词无法表达的抽象概念词汇的不足，如“忠、孝、礼、德、百、千、万”等，增加了日语的词汇量。另外，汉字对日语的词汇结构也产生了影响。日语的词序是宾、补在前，动词在后，这与汉语恰恰相反。日本人在接受汉语的同时，不知不觉地吸收了汉语语法的词序，创造出了反映近、现代文明生活的新词语。如：“発電”“入学”等。这些词语的产生，说明了日本人的某些语言习惯有汉语化的迹象。

三、语言学视角中的汉日同形词辨析对策

首先，树立不同语言的概念。目前，全世界的所有语言分为以下十大语系：汉藏语系、印欧语系、阿尔泰语系、闪含语系、乌拉尔语系、伊比利亚－高加索语系、马来－波利尼西亚语系、达罗毗荼语系、南亚语系、非洲苏丹及美洲印第安诸语种。语言学研究迄今为止的结论是：汉语属于汉藏语系，日语在系谱上被认为是孤立的语言。[①] 20世纪初，日本语言学家、日本语学者藤冈胜二博士首先提出日语与阿尔泰语相近的论点。在语法上，日语与乌拉尔－阿尔泰语的相同之处包括：修饰语置于被修饰语之前，宾语在动词之前，疑问句在句尾加有表示疑问的助词，没有冠词，动词在词尾发生有规则的变化，用以表示细微的意义差别，语法没有性的区别。在音韵组织上，日语与乌拉尔－阿尔泰语的相同之处包括：词头没有重子音，没有词头是r音的语汇；元音调和（同一个单词内元音统一为相同音或同类音的音韵现象）。在语汇上，日语与乌拉尔－阿尔泰语的相同之处还有待研究，目前尚无有说服力的研究成果。日本著名史学家、日本史权威坂本太郎教授赞成关于日语起源的如下观点：在石器时代早期，有一支属于乌拉尔－阿尔泰语系的种族从欧亚北部向东迁移，经库页岛、北海道来到日本列岛，逐渐培育起独特的语言和文化；日语中有同南方语（包括汉语）、朝鲜语相同或类似的语汇，是后来文化交流、融合的结果。这也就是说，日语和汉语并非同源，日语和汉语“同文”的说法不能成立。

---

① 金田一春彦：《日语概说》，北京大学出版社2001版。

其次，分清汉日同形词的语义差异和语感差异。日语和汉语虽然分属于不同的语系，但汉字传入日本后经过长时间的演变，到今天已完全蜕变成为标记日语的一种非常成熟的文字。汉语和日语中有不少同形词。这些汉日同形词中有一部分是在两千多年前汉字传入日本时保留下来的；有一部分是日本人在吸收西方文化时，使用汉字造出来的新译词，而后又被引入汉语中来的；还有一部分是我国制造出来的新译词，被日语吸收过去的。在历史演变过程中、在不同的社会文化环境里，这些从外形上看完全相同或相似的词汇在中日两国各自的语言系统中，意思却完全不同或只是部分相同，在语气和语感上均有微妙的差异，而且在文体、褒贬色彩、词汇搭配等方面也不尽相同。

中日两国虽然同处亚洲，而且都使用汉字，但是由于经历的历史不同，所以汉字的变化也各不相同。汉语对日语的发展产生了很大的影响，现代日语的常用汉字约 1945 个，其中，1154 个形相同或极为相近。日语虽然将汉字作为表意符号，也使用汉字的含义，但是，其意义与中国古代汉语的含义相同。而且有一部分汉字在日本写法和意义都发生了变化，所以，不能简单地引用汉字，完全按照汉语的含义来理解日本的汉字。中国人和日本人都使用汉字词，对中日两国的汉字词进行比较研究，无疑十分有意义。

参考文献

[1] 柏谷嘉弘:《日语汉语词汇的谱系》，东宛社 1987 版。
[2] 徐国庆:《现代汉语词汇系统论》，北京大学出版社 1999 版。
[3] 王力:《王力语言学论文集》，商务印书馆 2000 版。

（本文原发表于《学术探索》2012 年第 11 期，现由作者略作修订）

关于日语和维吾尔语的名词化研究

木田章义[1]

一、关于词类

所有的语言都存在具有不同特征且可以分为词类的词群。而可以区分的最典型的词类就是动词和名词。一般来说，名词表达事物的名称，且具有比较固定的意义。比如，日语中，在马路随处可见的坚硬的块状物被称为「iʃi（いし）」，上空中广阔的空间被称为「sola（そら）」。而在维吾尔语中则分别称为“taš”和“asman”。动词表达的是动作和变化，它包含了时间的概念。比如，在纸上写字的动作我们用「kaku（かく）」，食物变质则用「kusalu（くさる）」来表达；而这些动作在维吾尔语中却分别使用“yaz－”和“čiri－”来表示。动词具有概括句子的作用，而需要表达更复杂的意义时，则可以在动词后连接词缀或词尾，添加时态、推量等意义。比如，表达已发生的动作时，可以与「kai－ta（かい－た）」一样，以「i」来替换动词词干的末尾音，再加上表示完了及过去的助动词「ta（た）」来表示该动作已完成。在维吾尔语中则在“yaz－”后缀加表示过去的词缀“di”构成“yaz－di”来表示过去时。

与其他语言一样，日语和维吾尔语中，也会发生词类之间相互交替的现象。根据这两种语言各自语法特点的不同，其交替方式也会不同。比如，日语中动词「かく」的形态变化形式之一「かき」就成为该动词的名词形式，而在维吾尔语中，是通过动词后缀加名词化词缀“š”后，才可以构成名词，如“yez－iš”（a 变为 e）。如上所述，有一些语言会通过形态变化或缀加词缀、词尾等方式交替词性，而也有一些语言不用改变其形

① 木田章义，男，1950 年生，日本京都大学大学院文学研究科教授，日本训点语学会会长。

态就可以进行词性交替，其中最典型的就是汉语。

汉语词汇虽然也可以分为词类，但是形态上不会有任何变化。举例来说，名词“气”表示“气体”、“空气”、“气息”、“天气”等多种意义。如“没气了”可以表示“（人）没有呼吸了，即死了”，也可以表示“（轮胎）没有空气了”。另一方面，在“听了这话，他很气”、“她气我”等句子中，“气”可以作为动词来使用。虽然形态相同，但却分为名词和动词。另外“笑话”一词在“你别说笑话”中是名词，但在“你别笑话人家”中却变成了动词。如上述例句，汉语中的动词和名词不会有任何形态上的变化，只会根据它们在句子中的位置来改变其词性。

在英语中也一样，“perfect”一词既可以作为形容词表达“完美”之意，也可以作为动词表示“完成”之意。虽然形态都一样，但根据上下文的不同，其词性也会有相应的变化，在这点上与汉语相似。如果在“perfect”后再缀加副词词缀 - ly 变成“perfectly”，那该词还可以成为副词。“imagine”一词是表达“想象”的动词，也是表达“画像、映象”等意义的名词。如果进一步在该词后附加“ - tion”也可以构成“想象力、创作力”等表示更抽象的概念的新名词。再比如，动词“believe”可以变成“belief”的形式，成为表达“相信、信用、信念”之意的名词。也就是说，英语中，名词、动词、形容词不变化其形态就可以相互交替词性，也可以通过连接词缀的方式来改变其词性。

日语和维吾尔语中，名词和动词原则上不仅形态不同，而且在其后附加的词缀也不同。因此需要通过某种词缀的连接才能改变其词性。比如，现代日语中名词变为动词时会直接在名词后附加「する」，如「研究する」、「謝する」。但是这一结构只在音读汉语名词变为动词时使用，而和语（日语固有词汇）中，很少有名词动词化的现象。在维吾尔语中，只要在名词之后缀加动词化词缀“la”就可以构成动词。如“guman（怀疑【名词】)”变为“guman - la - （怀疑【动词】)”，“dawa（治疗方法）”变为“dawa - la - （治疗【动词】)”等。动词化在语法中有其统一的变化规律，相对简单。然而与此相比，名词化的形式却略复杂一些。

二、维吾尔语中的名词化现象

维吾尔语中，不同词性的词后附加词缀构成名词。

(A) 动词的名词化

可以使动词名词化的词缀有两种：(a) 名词化词缀（构成与该动词相

关的其他意义的名词）；（b）功能性词缀（不改变动词的原义，使其语法功能变为名词）。

（a）名词化词缀：附着于动词的词干后，构成与该动词具有相关意义的名词。常见于日常用语中。

（1）［t/it，ut/üt］：构成与该动词意义相关的名词。

čäk－（画）＋it→ček＋it（线）/kiy－（穿）＋it→kiyit（作为聘礼的服装）

（2）［aq/q/iq/äk］：构成与该动词意义相关的名词。

yat－（躺）＋aq→yataq（宿舍）/yaz－（写）＋iq→yeziq（文字）

（3）［n/in/un］：构成与该动词意义相关的名词。

yiɣ－（集中）＋in→yiɣin（会议）/aq－（流动）＋in→eqin（小河）

（4）［n č/in č］：构成与该动词意义相关的名词。

qorq－（害怕）＋in č→qorqin č（恐惧【名词】）/tayan－（依赖）＋n č→tayan č（顶梁柱）

（5）「ɣu/qu，gü/kü」：构成与该动词意义相关的名词。

čal－（拉，弹）＋ɣu→čalɣu（乐器）/tuy－（感受）＋ɣu→tuyɣu（感觉【名词】）

（6）「ɣa/qa，gä/kä」：构成与该动词意义相关的名词。

tut－（抓住）＋qa→tutqa（把手）/süpür－（扫除）＋gä→süpürgä（扫帚）

（7）「ɣaq」：构成与该动词意义相关的名词。

or－（割）＋ɣaq→orɣaq（镰刀）/quru－（晾干）＋ɣaq→qurɣaq（干燥）

（8）「ɣu či/kü či」：构成表示动作者的名词。

yaz－（写）＋ɣu či→yazɣu či（作家）/oqu－（读）＋ɣu či→oquɣu či（学生）

（9）「ɣu č/qu č，gü č/kü č」：构成表示各类用具名称的名词。

siz－（绘制）＋ɣu č→sizɣu č（尺子）/a č－（打开）＋qu č→a čqu č（钥匙）

（10）「ɣin/qin，gin/kin，gün/kün」：构成表示动作结果的名词。

yan－（燃烧）＋ɣin→yanɣin（天火，野火）/sat－（出售）＋qin→satqin（汉奸）

（11）「m/im/um/üm」：构成与该动词意义相关的名词。

kir－（进入）＋im→kirim（收入）/čiq－（出去）＋im→čiqim（支出）

（12）「ma/mä」：构成与该动词意义相关的名词。

bašqur－（管理）＋ma→bašqurma（管理部门）/uyuš－（凝固）＋ma→uyušma（协会，联合会）

（13）「maq/mäk」：构成与该动词意义相关的名词。

qis－（夹住）＋maq→qismaq（夹子）/čaq－（发光）＋maq→čaqmaq（闪电；火焰；打火机）

（14）「ma č/mä č」：构成表示“小”的意义的名词。

qatur－（加固）＋ma č→qoturma č（烙饼的一种）/köm－（埋）＋mä č→kömä č（在余烬中烤出来的馍）

（15）「miš/muš/müš」：构成与该动词意义相关的名词。

kä č－（经过）＋miš→kä čmiš（经历）/öt－（度过）＋müš→ötmüš（过去）

如上所示，在维吾尔语中，有不少可以使动词变为名词的词缀。这些词缀由各种音构成，且都遵循元音对应规律，是词缀中比较稳定的一类。

（b）功能性词缀

（1）动词词干后缀加［š/iš，uš/üš］

缀加该词缀后的动词，虽然还是表示动作的概念，但会失去其动作性意义，而完全变成名词。

uxla－（睡觉）＋š→uxlaš（睡眠）/yaz－（写）＋iš→yeziš（写【名词】）/bar－（去）＋iš→beriš（去【名词】）

uxlaš salamätlikkä paydiliq.（睡眠有利于健康。）

xät yeziština bäk zeriktim.（我已经厌烦写信了。）

（2）动词词干后缀加［maq/mäk］

该词缀在维吾尔语语法中被视为形动词词缀，它具有名词性语法功能，和名词一样可以连接格、人称等名词词缀。而缀加该词缀后构成的词虽然会保留一定的动作性意义，但在语法上会成为名词。

bar－（去）＋maq→barmaq（去【名词】）/yaz－（写）＋maq→yaz-maq（写【名词】）/al（拿）＋maq→almaq（拿【名词】）

hazir barmaq－tin bašqa amal yoq.（现在除了去之外，没别的办法了。）

almi－qing asan，ämma bärmiking täs.（借进容易，借出难。）

（3）动词词干后缀加［ɣan/gän/qan/kän］

该词缀在维吾尔语语法中被视为形动词词缀，表示过去时。该词缀附加在动词后，使其成为定语（形容词化），或者使该动词名词化。近来还可以直接用于句末，起到终止句子的作用（终止用法）。

uning kir－gin－ini tuy－ma－p－ti－män.（没有注意到他进去了。）

taqqa bar－ɣan adäm（去了山里的人。）

tünügün yamɣur yaɣ－qan.（昨天下雨了。）

与（1）中的词缀同样该词缀也可以被视为名词化词缀。

（4）动词词干缀加［diɣan/digän］

该词缀也被视为形动词词缀，与（3）同样有形容词化、名词化功能及终止用法。而与（3）的区别在于，该词缀表达的是现在时，且在终止用法中表示的是过去反复出现的动作。

uning dora i č－idiɣin－ini bildim.（我知道了他在吃药。）

uning kör－idiɣan kitapliri（他要读的书）

ular daim bizning öygä kel－idiɣan.（他们曾经常来我们家。）

与（3）同样，该词缀也可以归类为名词化词缀。

（B）形容词的名词化

形容词不仅可以直接作为名词使用，而且其后缀加「－liq」、「－čiliq」也可以构成表示“……的”、“……的是……”之意。而此形式所表达的意义很多情况下比形容词直接做名词时所表达的意义更为抽象。

（1）［liq/lik、luq/lük］

yaman（坏）→yaman－liq（坏事）/yaxši（好）→yaxši－liq（好事、恩情）/pakiz（干净）→pakiz－liq（干净【名词】）/čirayliq（美丽）→čirayliq－liq（美丽【名词】）

（2）［čiliq/čilik］

artuq（多余）→artuq－čiliq（长处）/mol（丰富）→mol－čiliq（富裕、富足）/qiyin（难）→qiyin－čiliq（困难）/az（少）→az－čiliq（少

数）

（C）由名词派生名词的词缀

在现代维吾尔语中，有不少接在名词后构成新名词的词缀，具体如下：

（1）［či］一般构成表达“……人，……者”之意的名词。

iš（工作）→iš－či（工人）/ämgäk（劳动）→ämgäk－či（劳动者）

（2）［daš］接在名词后，多数情况下表示“共同做……人”的意思。

yol（道路）→yol－daš（同路人、爱人）/xizmät（工作）→xizmät－däš（同僚）

（3）［aq/q］接在名词后，具有指小的功能。

baš（头）→baš－aq（穗）/qara（黑）→qara－q（眼珠）

（4）［čaq/čäk、čuq］接在名词后，具有指小的功能。

qap（袋）→qap－čuq（小袋子）/qiz（女孩子）→qiz čaq（小女孩）/köl（湖）→köl－čäk（池塘）

（5）［liq/lik，luq/lük］接在植物名称或水果名称后，表示“……（植物、水果）比较多的地方”或“……（地名）出身的人”之意。

buɣday（小麦）→buɣday－liq（小麦田）/qoɣun（甜瓜）→qoɣun－luq（甜瓜地）

turpan（吐鲁番）→turpan－liq（吐鲁番人）/xotän（和田）→xotän－lik（和田人）

（6）［čiliq/čilik（či＋liq/lik）］接在名词后，表示行业名称。

yipäk（丝绸）→yipäk čilik（丝绸业）/dehqan（农民）→dehqan－čiliq（农业）

（7）［duruq/turuq/dürük］是很古老的词缀，缀加在名词后可以构成表示传统农业和生活用具的名词。

boyun（首）→boyun－turuq（桎梏）/eɣiz（口）→eɣiz－duruq（马辔）

（8）［laq/läk］：缀加在表示季节的名词后，可以构成表示“度过……的地方”之意的名词。其中也有一些词可以分析为“名詞＋la”变成动词后再加“－q”构成的。

qiš（冬）→qiš－laq（村庄、过冬的地方）“qiš－la”（越冬）/yay（夏）→yay－laq（草原、度过夏天的地方）/küz（秋）→küz－läk（度过秋天的地方）

（9）［čä］接在名词后，可以构成表示语言的名称及具有“……式”之意的名词。

uyɣur（维吾尔人）→uyɣur－čä（维吾尔语）/yapon（日本、日本人）→yapon－čä（日语）/ayal（妇女）→ayal－čä（妇女用）/dehqan（农民）→dehqan－čä（农民用）

（10）［čä］（波斯语；表示“小”的词缀）接在名词后，构成“小”的名词。

kitab（书）→kitab－čä（小册子）/baɣ（庭）→baɣ－čä（小庭院）/siziq（线）→siziq－čä（短线、小横杠）/baɣaq（邀请函）→baɣaq－čä（便笺）

（11）［xan］（波斯语；［xune］（屋、家））接在名词后，表示“……的人”的意思。该词缀不能单独使用。

kitab（书）→kitab－xan（读者）/ɣäzäl（歌）→ɣäzäl－xan（歌手）/sahib（主人）→sahib－xan（东道主）/wäz（训诫）→wäz－xan（说教者、劝诫者）

（12）［dar］（波斯语；［dar－］（持有））接在名词后，表示“……的所有者”、“……比较多的人”之意。

qul（奴隶）→qul－dar（奴隶主）/pul（金钱）→pul－dar（富翁）/qärz（债）→qärz－dar（债多的人）/ämäl（权利）→ämäl－dar（官员）

（13）［xor］（波斯语；［xor－］（食用、使用））接在名词后，表示“多做……的人”之意。

qan（血）→qan－xor（吸血鬼＝残暴的人）/bala（灾难）→bala－xor（祸害、灾星）/göš（肉）→göš－xor（吃肉多的人）/guman（猜疑、怀疑）→guman－xor（多疑的人）

（14）［dan/dun］（波斯语）接在名词后，表示“用具”之意。维吾尔语的固有词汇后也可以附加该词缀。

čay（茶）→čay－dan（茶壶）/kül（灰）→kül－dan（烟灰缸）

（15）［šunas］（波斯语；［šunas］（专家））接在名词后，表示“专家”之意。

til（言語）→til－šunas（言語学家）/tarix（历史）→tarix－šunas（历史学家）

（16）［xana］（波斯语；［xanä］（店、建筑物））接在名词后，表示“场所”之意。

aš（食物）→aš－xana（餐厅）/dora（药物）→dori－xana（药店）/iš（工作）→iš－xana（办公室）

（17）［zar］（波斯语；［zar］（场所））接在名词后，表示“……多的地方”之意。

gül（花）→gül－zar（花坛）/üzüm（葡萄）→üzüm－zar（葡萄园）/čimän（草）→čimän－zar（草原、草地）

（18）［gir］（波斯语）接在名词后，表示“人”之意。出现在波斯语借词中。

baj（税）→baj－gir（税务官）/jahan（世界）→jahan－gir（侵略者）

（19）［käš］（波斯语；［keš］（善于；拿手））接在名词后，表示“习惯于……的人”或“有……癖好的人”之意。

haraq（酒）→haraq－käš（酒鬼）/täxsä（盘子）→täxsi－käš（阿姨奉承者）/po（大话）→po－käš（自傲的人）

从例（1）到例（9）多为维吾尔语固有的词缀，大部分遵循元音和谐规律。其中也有可能存在古代借用于其他外语的词缀。另外，这些词缀都包含相同的「č」、「q」、「liq」等音，其中不乏复合而成的词缀。而从例（10）到例（19）的词缀则为来自波斯语的外来语。

三、日语的名词化

（A）日语词类的划分

维吾尔语和日语在词类划分方法上有所不同。首先，概述一下日语的词类划分法。日语的词类大致可划分为如下几类：

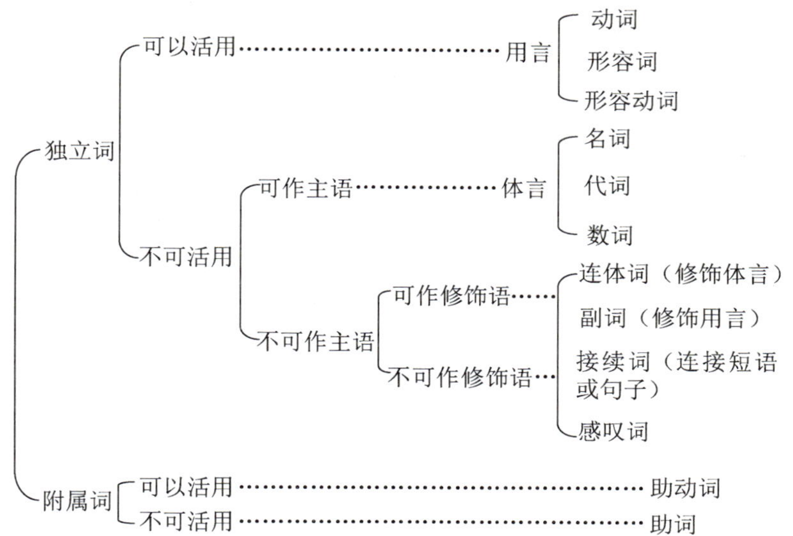

实词是可以单独使用的词，而虚词则是不能单独使用，常常附着于其他词后使用的词。词汇分为上述两大类之后，可进一步根据其是否具有“活用（形态变化）”可分为两类。之后，再结合每一类词的功能和用法加以区分。该分类法从词语能否单独使用；是否具有所谓活用形式即形态变化；词语在句子中承担什么样的角色（是否具有做主语、做修饰语等语法功能）等角度出发对词进行分类。该分类法利用了与众不同的分类标准，简单清晰，且符合日语的实际情况，从而容易接受。

名词表示事物名称，基本上没有词形变化。动词则根据其语法功能的不同而改变其形态（称之为“活用”）。形容词是用来修饰名词的词，描写事物的状态、程度等。日语的“形容词”和动词虽然形式不同，但也可根据其语法功能的变化改变其形态（也称之为“活用”）。形容动词是形容词的一类，但由于活用形式的不同，为了区别于“形容词”而命名为形容动词。副词是用来修饰动词的词，它为动词添加程度、状态等修饰意义。

助动词与助词不可单独使用，因而被称为虚词。助词接续在名词之后，表示前置名词与动词之间的关系。如，「彼・が・書いた」中的助词「が」表示「彼」是实施「書く」这一动作的主体。句子「山・に・登る」中的助词「に」则表示进行「登る」这一动作的场所是「山」。助动词附着于动词之后，为其添加判断、时间、意志等意义。例如，在句子「彼が書いた」中，动作的结束通过助动词「た」来表示。若将该句换成「彼・が・書く・だろう」，那么「だろう」则会表示推断。

日语语法的上述词类划分法大体上可以适用于以维吾尔语为代表的阿尔泰语系语言，然而由于阿尔泰语系语言中不存在相当于“活用”的形式，导致缺少一个非常重要的分类基准。因此阿尔泰语系语言必须根据词汇的功能和用法进行词类划分。例如，阿尔泰语系语言中，形容词与名词非常相近，形容词可以直接作为名词使用，这样一来名词和形容词之间的区别变得十分模糊。比如，“yaxši（好）”一词可以有以下几种用法：

在名词前作定语：yaxši adäm（好人）

在句末起终止句子的作用：bu ädäm yaxši（这个人好）.

作为名词使用：yaxši－ni talli－dim（我选了好的）.

“yaxši”既可以做名词，也可以做形容词使用。而其词性只能根据该词的功能、用法及后续词缀等加以区分。而日语中的形容词是可以活用的，因此根据其活用、活用形式可以明确地区分出形容词。

另外，日语中助词不可以活用，助动词则可以活用，因此也可以对此进行清晰的分类。但是，由于阿尔泰语系语言中没有活用，助词和助动词则根据其功能及接续方式进行分类。大体上可以理解为，维吾尔语中附着于动词之后的词缀相当于日语的助动词，而附着于名词之后的词缀相当于日语的助词（顺便补充说明的是，维吾尔语语法中被称作“助动词”的词相当于日语语法中的“补助动词”）。

在助词方面维吾尔语与日语没有太大差别，只是阿尔泰语系语言中，主格和宾格不需要用助词来表示，而日语中却由助词「が」表示主格，由助词「を」表示宾格。

彼が書いた＝u yazdi.

彼は本を読む＝u kitab（ni）oquydu.

（B）活用

日语词汇分类中“活用”是非常重要的分类标准之一。下面笔者就“活用”进行简单地说明。

“活用”是指动词、形容词、形容动词在句子中根据其不同作用而发生词形变化的现象，可分为“未然形、连用形、终止形、连体形、假定形、命令形”六类。例如动词「書く」有如下词形变化：

未然形	连用形	终止形	连体形	假定形	命令形
かか－ かこ－	かき－	かく	かく－	かけ－	かけ
(kaka－ kako－)	kaki－	kaku－	kaku－	kake－	kake－

终止形为动词的基本词形，词典词条中的动词也以该形式出现。比如，需要表达「書く」一词的否定意义时，将其终止形「かく（kaku)」的元音「u」变为「a」，再连接表示否定的助动词「ず（zu)」，就可以构成表示否定的「かかず（kaka－zu)」（维吾尔语［以下简称“维”］为yaz－may－的形式)。

句子中顿时或将动词变为名词形式时，将元音变为「i」从而构成「かき（kaki)」（维：yezip－、yez－iš）的形式。

表示假定条件时，将「u」变为「e」，再接条件助词「ば（ba)」构成「かけば（kakeba」（维：yaz－sa）的形式。

综上所述，日语中的动词可以根据其语法功能的不同而交替元音，之后再接续助动词或助词，对该动词的意义加以补充。而这种元音的交替及附加词缀的现象被称为“活用”。

以上所示词例的变化形式是被称为“五段活用”的活用形式。日语使用音节文字，如动词终止形「か－く（ka－ku)」由两个音节表记，且可分为「か」和「く」两部分，「か」为动词词干，「く」为活用词缀。如果该词以罗马字表记，不变的部分则为「kak」。我们也可以将该部分解释为词干，可在其后附加元音a、i、u、e、o，从而发生词形变化，即活用。近年来学界中越来越多的人认为进行语法说明时该解释法非常简单易懂。

下面笔者简单归纳了一下各活用形式的功能及用法：

未然形：接续否定助动词「ない」的形式（「私は書かない（我不写)。」)（维：yaz－may－）

接续使役、被动助动词「れる（られる)」、「せる（させる)」的形式（「彼に笑われる（被他嘲笑)。」「彼を笑わせる（让他笑)。」)（在维吾尔语中动词“kül－”（笑）没有被动形式，只有使动形式“kül－dür－”（让……笑）

接续意志助动词「う」（「私が書こう（我写吧)。」)（维：yazay）

连用形：以连用形中顿句子（「手紙を書き、お茶を飲む（写信并喝茶。」)（维：yezip）

作复合动词的前项（「書き直す（改写)。」)（维吾尔语中原则上没有此形式，勉强可以说，“yezip özgärtidu”或者“özgärtidu”）

作连用形名词（「手書きの手紙（手写的信)。」)（维：yazɣan xät）

终止形：结句的形式（「手紙を書く。」)（维：yazidu）

连体形：修饰名词的形式（「今から書く手紙。」)（维：yazidiɣan xät）

命令形：表示命令的形式（「早く書け！」)（维：yaz）

动词、形容词的终止形和连体形形式相同，原本无需加以区分，位于句尾则为终止形（「私は本を読む。」），位于名词前则为连体形（「私の読む本はこれ。」），即可以根据该词在句子中所出现的位置来判断其形式。然而在现代语法中，为了与形容动词的活用形式相对应，形容词和动词的终止形和连体形也被加以区分。

动词活用形式除五段活用外，还有一段活用和变格活用。一段活用以「欠ける」为例：

kake　kake　kakeru　kakeru　kakere　kakero

kake 这一形式比较固定，元音不会发生交替，只需要在动词词干后连接词缀 ru、re 即可。但这一变化形式同样也被称为“活用”。究其原因为，虽然现在上述形式已不存在元音交替的现象，但实际上在古代这类动词曾有过元音 e 和 u 交替变化的时期（如下所示），也正因如此，与五段活用一样被称为“活用”。

kake　kake　kaku　kakuru　kakure　kakeyo

另外，如下所示还有カ行变格活用（只适用于「来る」一词）和サ行变格活用（只适用于「する」一词）：

カ行变格活用

ko　ki　kuru　kuru　kure　koi

サ行变格活用

se　si　suru　suru　sure　seyo

sa

si

（C）动词的名词化

（C－1）连用形名词

日语中，使动词变为名词（即名词化）的词缀包含在动词的活用形式中，即连用形。例如「negau（願う）」的连用形「negai（願い）」可以成为名词形式。因此，原则上所有的动词都具有名词形式。

五段动词：かく－かき（書）、はなす－はなし（話）、つくる－つくり（作）

下一段动词：はじめる－はじめ（始）、かける－かけ（欠）、こえる－こえ（越）

上一段动词：みる－み（見）、きる－き（着）、にる一に（煮）

カ行变格活用：くる－き（来；不会单独使用）

サ行变格活用：する－し（為；不会单独使用）

相当于动词「けむる－けむり（煙）」、「つくる－つくり（作）」的连用形名词形式的「けむり」、「つくり」可以直接作为独立名词使用。这些词自古以来作为独立名词使用，现在已完全成为名词，人们也已经意识不到它与动词之间所存在的联系。另一方面也有不少虽然同为连用形名词形式，却不能单独使用，只能作为复合名词的一部分出现的形式。例如，「書く」的连用形名词形式「書き」一般会作为复合词的一部分使用。它常被形容词词干所修饰构成「早書き」这样的形式；或是与其它连用形名词形式结合构成如「読み書き」这样的复合名词。但是它却不能如「書きが悪い」或「書きが早い」被独立使用。该形式还可以在后面连接名词或连用形名词形式构成「書き方」、「書き手」、「書き損じ」、「書き分け」等结构的复合名词。根据「書き方」、「書き手」等例子我们可以看出，连用形名词形式「書き」，已使「書く」这一动作名词化，虽然词义中包含着「書く」这一动作的含义，但在语法上却已完全变成了名词，也正因如此它可以和其它名词结合，构成复合名词。

日语中，连用形名词形的造词功能比较强，几乎所有的动词都可以变为名词形式，不过其中也不乏有不能作为名词使用的动词。如「こばむ（拒む）」、「たえる（耐える）」、「つかまえる（捕まえる）」等动词的名词形式「こばみ」、「たえ」、「つかまえ」等一般不会被直接使用，只有在其后添加名词「方（かた）」便可成为名词使用，如「こばみ方」、「たえ方」、「つかまえ方」等。如果动词作为动词使用的话，上述动词应使用连体形，即「こばむ方」、「たえる方」、「つかまえる方」等形式，但是这种表达形式一般不会被使用。如果使用动词的连体形，其形式也会相应的变为「拒む方法」「耐える方法」「捕まえる方法」。

综上所述，能够与形式名词「方（かた）」连接后构成名词的动词活用形式，一般为连用形，即便有些动词的连用形不能单独使用，但它还是具有成为连用形名词的资格。

（C－2）由连体形构成的名词

在古代，连体形可以直接作为体言使用。如，「行くはやさし」。但这一用法在现代日语中已经不存在，且变为「行くのはやさしい」，即使用「の」来连接（「の」起到是动词体言化的作用，故称为“准体助词”）的形式。该例句和「行くことはやさしい」意义相同，「の」和「こと」也可以被替换。但是，在「私が行くのは天国です」中的「行くの」与「行くこと」不同，是「行く（予定の）ところ（打算去的地方）」之意。所以不能说「私が行くことは天国です」。这说明「の」和「こと」不是

等价的，会根据上下文的不同，意义也会发生变化。如：

棄てるのはやめなさい。

棄てるのはいらない物だ。

前一句中，「の」表示的是「棄てること（扔）」之意，所以也可以用「こと」来替换；而后一句中却表示「棄てる物（仍的物品）」之意，则不能用「こと」来替换。反之，可以说，

棄てることはできない。

但不能说

棄てるのはできない。

如上所示，「の」和「こと」是使动词体言化的助词和形式名词，其表达的意义基本相同。但是在语言习惯上，根据与其组合的动词和形容词的不同，有时「の」和「こと」均可使用，有时只能使用其中一个。在什么样的情况下可以替换「の」和「こと」，什么情况下不可以替换这两个词，需要根据每一个动词或形容词的具体情况而定。

除了「の」和「こと」以外，还有「はず（筈）」「てん（点）」「よし（由）」「わけ（訳）」「あいだ（間）」、「とき（時）」「うち（内）」「とおり（通り）」「くらい（位）」「ため（為）」等名词具有语法化的语义，一般接在动词之后使其体言化。如，「書くはず」表示“写”这一动作的发生在计划以内；「書くわけ」表示“写”的理由，「書くよし」是“写这回事”之意。「とおり」、「くらい」的语法化程度也很高。上述结构一般被分析为“动词＋形式名词”，而所谓形式名词是否可以划分为名词化词缀，目前还无定论。笔者认为将形式名词划分为副助词一类符合日语的实际情况（后述）。在这些词当中，也有如「わけを言う」、「あいだがあく」、「その点」、「うちは広い」、「ためになる」等，作为独立名词使用的词。

因此，可以做名词化词缀的只有「こと」和准体助词「の」，它们不为动词添加任何新的意义并使其名词化。日语中，名词化词缀并不十分发达，其主要原因或许是因为动词的连用形名词形式具有其较完整的体系。

（D）形容词的名词化

动词的连用形可以成为其名词形式，但形容词的活用形式当中并没有这样的形式。在古代日语中，形容词的连体形作为其名词形式使用，如，「赤きを取る（选择红的）」。而该形式在现代日语中已与动词一样，需要在中间加入准体助词「の」来表达。因此上述例句在现在已变为「赤いのを取る」，即形容词附加「の」后才能作为名词使用。

现代日语中，形容词一般需要通过附加名词化词缀「さ、み、め、け、げ」才能变为名词。

〈さ〉：基本适用于所有形容词。

あかい－あかさ、しろい－しろさ、あかるい－あかるさ/うつくしい－うつくしさ、きびしい－きびしさ、さびしい－さびしさ

（从/往左是ク活用形容词，往右是シク活用形容词。所谓ク活用、シク活用是指古代日语中形容词分为两类时使用的名称。这两类形容词不仅活用形式上有所不同，而且ク活用形容词倾向于表达状态，シク活用形容词则往往倾向于表达感情。）

「あかさ」表示「赤い（红色）」一词的抽象化意义，即有“红色的程度（「赤い程度」）”之意。

〈み〉：

あかい－あかみ、しろい－しろみ、あおい－あおみ、にがい－にがみ、あつい－あつみ、からい－からみ、あかるい－あかるみ、

附加「み」的形容词，仅限于一部分表示颜色或味道的形容词及一部分描写状态的形容词。附加「み」的名词「あかみ」与附加「さ」的名词「あかさ」所表达的语义不同，它表示“让人感觉带点红色的”一种状态。可以附加「み」的形容词当中，多数为ク活用形容词。虽然也有看似像シク活用形容词的「かなし－かなしみ」等词，但是将其看做动词「かなしむ」的连用形名词形式可能更为合适一些。「かなしみ」是来自于「かなし」，还是来自于「かなしむ」，日本人也没有得出明确的结论，但或许是因为动词的连用形从造词法的角度来看更为稳定一些，所以在语感上人们会觉得「かなしみ」来自于动词「かなしむ」。

类似于「かなしむ」，由形容词演变而来的动词多数来自シク活用形容词。例如：

くるしい－くるしむ－くるしみ

したしい－したしむ－したしみ

たのしい－たのしむ－たのしみ

おしい－おしむ－おしみ

不过，有一部分ク活用形容词也曾演变为动词。例如：

くぼい（凹）－くぼむ－くぼみ

つよい（強）－つよめる－つよみ

〈め〉：

接在形容词词干后构成表示“有……倾向”之意的名词。例如：

ほそい－ほそめ（細）、みじかい－みじかめ（短）、ながい－ながめ（長）、ひろい－ひろめ（広）、せまい－せま（い）め（狭）、よわい－よわめ（弱）、つよい－つよめ（強）（「め」也有附加在动词连用形之后的情况，如「控えめ」）

〈け〉：

表示形容词所表示的状态或其程度。例如：

ねむい－ねむけ、さむい－さむけ、あまい－あまけ（甘）

但是也存在如下用法。

〈名词之后〉：水気、塩気、雨気、色気

〈动词连用形名词之后〉：かざりけ（飾り気）、はきけ（吐き気）、くいけ（食い気）

上述词例可以解释为是「け（気）」语法化之后构成的形式。但也有一些观点认为「け」是来自于汉语的「气」（后述）。

〈げ〉：

「げ」主要附加在シク活用形容詞之后可以构成名词，如「わかげ（若気）」、「おしげ（惜し気）」等，但是按理说该词缀应属于构成形容动词词干的词缀。例如：

うれしい－うれしげ、かなしい－かなしげ、いそがしい－いそがしげ、

いとしい－いとしげ、やさしい－やさしげ、わびしい－わびしげ

如「うれしげ」表示「うれしそう」（看起来很高兴的样子），「かなしげ」表示「かなしそう」（看起来很伤心的样子），都可以表示从外观看上去感受到的某种状态，但是这些都不能单独使用，必须在后面附加「に」、「な」、「だ」等才可此用，如「うれしげに」、「うれしげな」。因此可以推断「げ」相当于形容动词的词干。

另外，还有一部分形容词看似可以直接作为名词使用，如「あかい－あか（赤）」、「しろい－しろ（白）」，但实际上该形式是在古代，形容词词干被独立使用的时期形成的，现在应将其看做独立名词。

（E）形容动词

几乎所有的形容动词都可以接「さ」变为名词，在这点上它与形容词相同。

<和语形容动词>：しずかだ－しずかさ（静）、あざやかだ－あざやかさ（鮮）、ゆるやかだ－ゆるやかさ（緩）、はるか－はるかさ（遙）

<（音读）汉语形容动词>：親切－親切さ、痛切－痛切さ、大胆－

大胆さ

也有若干名词是形容动词词干后附加「み」构成的，例如：

まろやか－まろやかみ、ゆたか－ゆたかみ

与该形式类似的还有，如「あざやか－あざやかみ（?）」、「あでやか－あでやかみ（?）」等，但并不普遍。

还有如「あたたか－あたたかみ」、「やわらか－やわらかみ」等形式中，「あたたかだ」对应「あたたかい」，「やわらかだ」对应「やわらかい」，即都有相对应的形容词形式，因此将其看做形容词附加「み」而构成的名词会更为恰当。另外，某些汉语形容动词，如「滑稽だ」、「親切だ」，各自都有相应的「滑稽み」「親切み」等名词形式。而这里的「み」来自汉语词「味（み）」（语法化后成为名词化词缀）的可能性较高，这与形容词、形容动词的名词化词缀「み」有区别。反之，也存在形容词、形容动词的名词化词缀「み」本身就来自于汉语词「味」的可能性。

（F）由名词构成名词的词缀

由名词构成名词的词缀并不太多。例如：

<ころ>：いしころ（石）、あんころ（餡）、いぬころ（犬）、ちんころ、（参考：いちころ、ごろつき）

<こ（っこ）>：むすめっこ（娘）、あまっこ（尼）、へっこ（屁）、すみっこ（角）

あてっこ、どろんこ（泥）、なれっこ（馴）、にらめっこ（睨）、ねっこ（根）

<ぺ>：いなかっぺ、（田舎）、ほっぺ（頬）

<き>：あにき（兄）、あねき（姉）、おじき（伯父）

<ぽ>：おっぽ（尾）、しっぽ（尾）、さきっぽ（先）、からっぽ（空）、しょせいっぽ（書生）、そっぽ（外）

<づく>：うでづく（腕）、かねづく（金）、ちからづく（力）

<たり>：ひとたり（一人）、ふたたり（二人）

<たり>：しきたり（仕来）、つけたり（付）、

<ごかし>：くめんごかし（工面）、おやごかし（親）

<ぱり>：いじっぱり（意地っ張り）、ごうじょうっぱり（強情っ張り）

<ら>：そこいら、なから、こけら、のら、あから

<だらけ>：傷だらけ、本だらけ、灰だらけ（接在名词后表示“满是……”、“净是……”之意）

上述词缀中「ころ」、「こ」、「ぺ」、「ぱり」等词缀所表达的意义并不很明确，一般可以构成表示亲近感或侮蔑感的一些名词，但各自对应的词例不太多。

除了上述词缀外，还可以将表示复数意义的「ら」、「たち」、「ども」理解为构成复数名词的词缀。

数词后续「め」（如「三番目」、「四番目」）构成序数词，但在「三番目が良い」这样的句子中又构成名词。这说明「め」也可以是构成名词的词缀（日语中数词包含在名词范围内）。

另外，还有一些形式很难判断其属性，即，是词缀还是名词语法化之后的形式。例如：

<ふ（生）>：たけふ（竹生）、たかふ（竹生）、よもぎふ（蓬生）、はにふ（埴生）、しばふ（芝生）

<かた>：あらかた、めかた、くれがた、かしかた

<へ（べ；辺）>：ゆくへ（行）、いけべ（池）、かたへ（片方）、のべ（野辺）、うはべ、かはべ（川辺）

<へた（べた、ぺた）>：ほっぺた（頬）、しりっぺた（尻）、しりべた（尻）、うみべた（海）、じべた（地）

<ぶり>：かきぶり（書きぶり）、えだぶり（枝）、そぶり（素振り）、くちぶり（口ぶり）

<がら>：なきがら（亡骸）、ひとがら（人柄）、やから（輩）、はらから（腹から）、（参考：「がらが大きい」）

<べり>：ふなべり（船緣）、うすべり（薄緣）、かわべり（川緣）、うみべり（海緣）

<ちり>：ながっちり（長尻）、でっちり（出尻）

<つき>：ごろつき、あしつき（足）、こしつき（腰）、かおつき（顔）、はだつき（肌）、くちつき（口）

<すけ>：のみすけ（飲み助）、ちゅうすけ（鼠）、でれすけ、さんすけ（三助）

<け（気）>：しおけ（塩気）、ひとけ（人気）、おとなげ（大人）

「ふ」表示「生えるところ」（生长的地方）之意。「へ（べ）」是表示「辺（あたり）」（周围）之意的名词形成的词缀，而「へた」是表示水果之意的「蔕（ヘタ）」一词语法化之后形成的词缀。「ぶり」是从表示样子之意的「ふり」，「がら」是从原本表示「本体」（即“本质、主体”）之意的名词「から（柄）」，「べり」是从「緣」（屋檐），「ちり」

是从「しり（尻）」等词演变而来。虽然不能确定上述词例中的「つき」与「付く」的连用形名词形式「つき」相同，但一般理解为“带……的”之意。「すけ」估计是来源于古代官职名称「～助（介）」，从而演变为表示人的词缀。而「け」是否与形容词的名词化词缀「け」有关还不是很清楚（后述）。如上所述名词派生名词的词缀中，功能明确的并不多，与其对应的词例也很少，且其中大部分还被认为是名词语法化之后形成的。这说明名词派生名词的词缀在日语中并不是很发达。

名词的名词化词缀，在古代应该比现在更多一些。日语是单一音节结构语言，且古代日语中单音节词又较多，因此即便存在名词化词缀，它也自然成为词汇的一部分，因此有很多词缀已无法识别。例如：「ありか（在処）」、「すみか（住処）」、「あらか（正処）」和古语「くぬが（陸）」、「おくか（奥処）」等词中可以提取的词尾「か」似乎曾有过（表示“场所”之意，但现在已不存在独立词「か」，因此「か」也只能被视为其他词的一部分。当我们运用上述词例时都已意识不到其中存在共同的要素（如，「かくれが」常被书写为「隠れ家」，实际上该词曾表达的是「隠れる処」之意）。「あさげ」、「ゆうげ」中的「げ」也是由古代日语中的「け（笥）」（一）（盛装食物的器具）转变为「食事」之意后产生的。「なきがら」、「ひとがら」等词中的「がら」曾经也是名词「から（柄）」（品格之意），之后又成为其他词的一部分，现在也就很难意识到该词曾是派生新名词的词缀。

上述名词已成为词汇的一部分，而且不具备构成新名词的功能，从而也就不能将它们解释为名词化词缀。

（G）来自汉语的词缀

来自汉语的名词化词缀有「分、点、式、法、形……」等。

汉语专用的造词成分「法」（如悪法、医療法、永久法、口語法等）原则上是附加于汉语词之后。这是遵循汉语语法或者受汉语影响而产生的表达方式。

虽说来自汉语的名词化词缀原则上应附加在汉语词之后，但是例如「分（ぶん）」，由于已和语化，有时也能与和语词汇复合构成新词。例如：

汉语：塩分、一期分、一部分

和语：おやぶん（親分）、あにきぶん（兄貴分）、いもうとぶん（妹分）、おとうとぶん（弟分）

上一节中涉及的形容词的名词化词尾「け」，还有附加在名词后的「け」，也有以下用法：

和语名词+け：あまけ（雨気）、しおけ（塩気）、ひとけ（人気）、みずけ（水気）、やまけ（山気）、ゆげ（湯気）、いろけ（色気）

和语形容词+け：さむけ（寒）、ねむけ（眠気）、かわいげ（可愛げ）

和语动词连用形+け：おじけ（怖じ気）、かざりけ（飾り気）、くいけ（食い気）、ねばりけ（粘り気）、はきけ（吐き気）

音读汉语词+け：俗気（ぞくけ）、毒気（どくけ）、湿気（しっけ）、邪魔っ気（じゃまっけ）

附加于音读汉语词汇之后的「気」来自汉语的可能性较大。而观察「和語+け」的词例也会发现似乎和语中也曾有过独立使用的「け」一词。比如，平安时代就曾出现过被形容词修饰并独立使用的「け」，如「なまめしきけもはべらず」（《宇津保物语》）。但是目前认为「け」来自于汉语的观点比较多。

来自汉语的上述词汇，除了一部分已和语化了的以外，仍然保持着汉语原本的特点，因此属于汉语词之间构成的复合词，就此不再赘述。

（H）副助词的问题

（H-1）日语的助词

日语语法中还有一组被称为副助词的词可以划为名词化词缀。以下先对日语助词的分类进行简单说明。

格助词（が、の、を、に、へ、と、より、から、で、や）：附加于名词后，表示该名词和其他词之间的格关系。

系助词（は、も）：附加于名词后，表示指示或对整个句子增添疑问、反问等意义，并且与谓语具有呼应关系。

副助词（なり、やら、しか、でも、さえ、こそ、だけ、ばかり、くらい、ほど、まで、など）：接在体言及副词后，为其增添某种意义，并且和副词一样，与后续的用言有所关联。

接续助词（ば、ど、ども、が、に、ところが、のに、ものを、も、し、と、けれど、けれども）：接在动词、形容词等词后连接后续的句子。

间投助词（ね、よ、さ、なあ、てば……）：接在句子中的短语后，为其添加各类语调及语气或增添一些言外之意。

终助词（か、な、の、こと、ぞ、ぜ、わ……）：接在句尾表达感叹、愿望、禁止、强调等意义。

准体助词（の）：接在动词、形容词、形容动词后使其变为名词。

（H-2）副助词

关于副助词的分类问题目前还没有一个统一的观点，有的学者不承认有副助词并将其解释为系助词的一部分。但是，副助词后可以附加格助词构成「本ばかりがある」的形式，但是系助词后不能附加格助词，所以不存在「本がばかりある」「本もがある」等说法。因此，虽然系助词和副助词有相似之处，但它们还是属于特性各异的助词。

下面，看一看副助词和名词化词缀之间的关系。

所谓副助词有以下几类。

だけ、ばかり、くらい、ほど、まで、きり、など、なり、やら

（有一些学者将「さえ、しか、でも」也视为副助词，但一般这些词都被归为系助词之列。）

副助词会出现在各类词后，为前置的词添加限定、例举、程度、范围等含义。如，「酒やらを買ってきた」中的「酒やら」通过例举「酒」表示买回来的不仅仅只有「酒」。该句中因附加了「を」，副助词「やら」没有直接修饰动词，但如果去掉此「を」，变为「酒やら買ってきた」，「やら」就可以直接修饰动词。再来看看「食べるだけが楽しみではない」一句。该句中格助词「が」直接出现在「食べる＋だけ」之后，「食べるだけ」成为名词短语，限定了“吃饭”这一动作。

副助词具有名词性特性，即可以在后续副助词的短语之后直接附加格助词「が」和「の」，也可以在句末直接在副助词后附加判断助动词「だ」来结束句子。例如：

この山は岩だけが取り柄だ。山は岩だけだ。

本ばかりが重要ではない。部屋は本ばかりだ。

拳くらいが適当だ。大きさは拳くらいだ。

二人きりが良い。生活は二人きりだ。

观察上述例句可以发现，「岩だけ」、「本ばかり」、「拳くらい」、「二人きり」等短语已如同一个体言。「だけ」、「ばかり」、「くらい」、「ほど」、「まで」、「など」分别是缩略「丈」、「計り」、「位」、「程」、「両手」、「何と」而形成的，而「きり」则由「限（き）る」的连用形名词演变而来。如此看来，附加副助词的句子一般会构成名词句，从而也可以将副助词视为名词化词缀。

如上所述，附加在名词后的所谓名词化词缀很多都是名词语法化之后的形式。而由名词构成名词的词缀并不发达。其原因恐怕是由于日语具有通过动词、形容词有规则地变化构成名词的一套体系，因此可能就没有必

要发展由名词构成名词的词缀。还有一个原因是，自 8 世纪到 19 世纪末，汉语和汉文在日本被视为正式文体，故一直在延续一种习惯，即通过汉语来书写复杂且逻辑性强的文章。这有可能也与汉语具有造词功能强，容易创造新词等特点有关。

四、日语和维吾尔语的比较

至此，我们观察了维吾尔语和日语的名词化词缀。首先来看看从名词派生出名词的词缀。在日语中它是名词语法化之后的产物，也可以认为是复合名词的组成部分。在维吾尔语中，此类词缀的一半都来源于波斯语，除此之外的词缀，也都包含「č」、「q」、「liq」，这也可以理解为它们是与「č」、「q」、「liq」复合而成的词缀。这样一来，维吾尔语中的名词化词缀的数量有可能会变少。如果将日语中的副助词视为名词化词缀，那么维吾尔语和日语的名词化词缀在数量上就不会有太大的差距了。

下面再来看看动词的名词化词缀。在日语中，此类词缀是被包含在动词的活用形式当中，在语法上比较稳定。五段动词是含有元音「i」的形式，一段动词则是含有元音「i」或元音「e」的形式。同样，在维吾尔语中词缀「－š/－iš」与日语中的连用形名词有着相同的特点，实际上也可以说它们具有相同的功能。维吾尔语中的「maq/mäk」虽然保留着动词的动作性意义，但其性质和日语中的连体形相近。日语的连体形也保留有动词的动作性意义，虽然在现代日语中，连体形要接续「の」才能体言化，但如前所述，古代日语中连体形也可以直接变为体言。这样一来日语和维吾尔语的相似性又近了一步。

虽然可以将连用形名词和前置连体形的名词同样视为名词化形式，但是它们之间还是有一定的区别。例如：

早く書くことが大切だ。（×早く書きが大切だ。）

早書きは止めるべきだ。（×早書くは止めるべきだ。）

上述例句中连体形「書く」被形容词的连用形（「早く」）所修饰，而连用形「書き」则被形容词词干（「はや」）所修饰。连用形是修饰动词和形容词的形式，「書く」被连用形所修饰意味着「書く」具有动词的特性。而「書き」却被形容词词干所修饰，这也意味着「書き」已完全成为名词。这样一来，连体形和连用形虽同样属于名词化形式，但其语法特性有所不用。在这一点上与维吾尔语的「maq」和「（i）š」的关系互相平行，表现出其相似性。（原本应该对“连体形”和「maq」，“连用形”和「（i）š」的名词化形式分别进行讨论，但为了避免该论文内容过于烦琐，本文中将这两种形式都称为“名词化形式”。）

但是需要补充的是，在维吾尔语动词的名词化形式（A）中所列举的词缀在日语中几乎不存在。而问题在于这种差异是因这两种语言本质上不同所致，还是只是表面的差异所致。

日语从8世纪开始就已完善了动词的“活用”体系。而动词也因此可以直接作为名词使用，且无需在其后附加名词化词缀。如果当时没有对活用形式进行系统的调整，或许还是一直会保留各类词缀。

例如，在8世纪时期日语的形容词的活用形式不是很完善，已然形也没有完全形成。直至步入文献时期后，形容词的活用形式才日益完备。那一时期，形容词的名词化形式也曾有各种表现形式。诸如连体名词（「赤し－赤き」）、「ク形式」（「良い」成为「良けく」来表达「良いこと」之意的表现形式），带有词缀「さ」、「み」的形式，还有一部分形容词的词干本身成为名词的形式（青し－青）等。日语中的形容词在其“活用”形式完善的过程中，摒弃了词干名词、ク形式以及连体形名词，相反增加了「め」、「け」等词缀来表达形容词意义之间存在的微妙差异。且形容词也没有如动词的连用形名词形式一样的形式，这主要是形容词的“活用”形式得到完善较晚所致。

维吾尔语中的词尾没有如日语的“活用”形式那样被体系化，因此依然保留着通过接续各类词缀实现名词化的方式。另一方面，维吾尔语受波斯语（阿拉伯语）的影响，而日语则受汉语的影响，也可能是导致这两种语言产生差异的原因。借用外来语时，虽然最初只接收名词，最终还是会发展到吸收动词和形容词的阶段。在这一过程中有些借词会失去其本身实际意义而成为具有词缀特征的词。维吾尔语正是经历了这一过程，导致来自波斯语的词缀逐步增多。

在日本，人们的意识中，与和语及和文文章相比，音读汉语及汉文文章具有更高的价值，所以产生了一种尽可能使用汉语的倾向（现在也是如此）。而且，汉文一直作为正式书面语来使用。在日常用语中使用汉语的情况也越来越多，致使汉语的造词法也原封不动地被移入日语中。即便没有上述原因，由于汉语的造词功能强，通过汉语生成新词汇应该是既简单又明了的方法。而与之相应地和语的造词功能也就渐渐削弱。

总而言之，日语和维吾尔语在名词化词缀的数量上产生的差别，主要是日语词汇具有完善的活用体系及这两种语言文化背景不同所致。

如果能够对日语和维吾尔语由古语到现代语的变化过程进行细致的分析，相信这两种语言的名词化词缀的发展过程会变得更加清晰。①

（此文由中央民族大学外国语学院日语系研究生朱宁、郑琳、马铭阳、任林蕙协力译成中文，由新疆大学外国语学院日语教研室赛丽塔那提·哈力克老师审定）

① 本人虽然目前热衷于从事维吾尔语语法的分析研究，但是却不会说维吾尔语。其主要原因在于一直从事日语历史研究的我从来没有想到会研究现代维吾尔语。如果不会讲某种语言，即使理解了其语法框架，但最终还是会欠缺语感。这种表达方式是否自然；接续的词缀是维吾尔语固有词，还是由其它词缀组合而成等基于语感的分析在语言分析中成为非常重要的依据。本文引用了很多例句，其主要来源是本人与阿不都热西提·亚库甫先生正在共同编著的《维吾尔语语法》（拟定题目）一书。另外也得到了阿依达尔·米尔卡马力先生的协助。但事先需要声明的是，关于本文涉及的维吾尔语知识的文责全由我本人承担——作者。

平安朝公卿日记中的琵琶

裴晓宇①

“琵琶本出胡中，非华夏旧器”。丝绸之路开通之后，琵琶随着西域的驼队一起来到中原。到了唐代，在唐人崇尚胡风的大背景下，再加之琵琶本身独特的艺术魅力以及帝王对它的偏爱，成为首屈一指的乐器，十部乐中有八部使用琵琶，在音乐机构中有专门的人员教授和学习琵琶演奏的技巧。恰在这一时期，中日交流史上迎来了著名的遣唐使时代，使节团中有音声长、音声生等音乐相关人士，唐乐开始大规模流入日本列岛，中日音乐交流史上迎来了第一个高峰。日本全面学习唐朝的音乐制度，在律令制度的指导下建立了历史上第一个专门的音乐机构——雅乐寮；唐朝的燕乐、散乐、踏歌、女乐等各种音乐体裁也纷纷东传。学习唐朝的音乐制度和音乐体裁，自然需要将乐器一并带回，于是使节们回国时还从唐朝带去了很多乐器，包括琵琶、筝、箪篥、尺八等。关于这一点从正仓院现存的古乐器便可窥见一斑。日本的音乐学家田边尚雄在其《日本正仓院乐器的源流》中曾经逐一考察了这些古乐器的渊源，认为正仓院中的琵琶来自唐朝，是通过丝绸之路传入中原的乐器，后来日本使节在学习唐乐的过程中，又将琵琶带去了日本。所以，从文化传播的角度来看，追寻琵琶这一乐器在日本得到演变和接纳的过程，也可以管窥唐代文化、乃至丝路文化东流日本的状况。

《小右记》、《中右记》、《御堂关白记》等平安中后期的公卿日记，多使用汉文书写（也有小部分属和汉混交文），记录的内容涉及宫廷节会、仪式和贵族生活的方方面面，行文风格稍显刻板，虽然文学价值不高，但是作为研究平安时代的史料却堪称一流。细细读来，可以看到一些与琵琶相关的记载，对我们理解平安中后期日本对琵琶的接纳有一定的帮助。

---

① 裴晓宇，女，汉族，1985年生，浙江外国语学院教务处。主要研究方向：日本文化及中日文化交流。

从这些记载来看，平安中后期琵琶即与其他乐器合奏，也会独立演奏。在雅乐和“御遊”中同其他管弦乐器合奏，琵琶法师表演时琵琶又是独奏。下面以公卿日记中常见的几种琵琶使用形式为线索，探讨琵琶在各种音乐体裁中的使用状况。

一、雅乐和琵琶

广义的雅乐涵盖范围广泛，可以包含三个范畴：神乐、东游等日本原始时代流传下来的传统音乐；自亚洲大陆（该范围包括朝鲜、中国甚至中亚）传到日本的宫廷音乐；平安朝中后期模仿唐乐风格创作的催马乐、朗咏、今样、披讲等声乐曲。[①] 为便于研究，本文姑且取狭义的雅乐概念，即：汲取大陆音乐特点的宫廷音乐，该系音乐自奈良时代起传承至今，是归属专门音乐机构管辖的仪式性音乐，演奏形式上分为管弦和舞蹈两种形式，雅乐寮司掌与之相关事宜，深受隋唐俗乐体系影响。平安朝初期仁明天皇伊始，雅乐逐步在乐调、乐曲、乐器等方面进行调整，迈出本土化进程的重要一步[②]，始有左方乐、右方乐之分，其中左方乐主要沿袭唐乐的风格，右方乐则以朝鲜半岛的音乐为摹本。吉川英史曾对左右两方的乐器使用做过整理，二者很大的区别在于弦乐器的使用，即左方乐使用乐器种类丰富，弦乐器中使用琵琶和筝；而右方乐使用乐器单调，且原则上不使用弦乐器。[③] 这种雅乐在宫廷仪式、神社仪式、寺院法会等都经常演出。

如前文所言，自仁明天皇乐制改革开始日本依据自己的文化特点整合音乐，对于雅乐乃至整个日本音乐史而言，这一时期无疑是一个从唐风音乐迈向和式音乐的分水岭。在此之前，以雅乐为代表的日本传统音乐对琵琶的使用仅限于唐乐，如《西大寺资财帐》中记载“唐楽、琵琶、六面、各在紫檀拔（译为：各件琵琶都配有紫檀拨）、三面、紫檀槽、唐、一面、木節槽、二面、桑槽”、“大唐楽、一面、紫檀”，高丽、新罗等其他外来音乐中却不见记载使用琵琶的内容。林谦三认为“唐乐”和“大唐乐”分别为乐家常言之“古乐”与“新乐”，都指传自唐朝的音乐，依传日时间

① 赵维平：《中国古代音乐文化东流日本的研究》，上海音乐学院出版社 2004 年版，第 101 页。

② 赵维平：《中国古代音乐文化东流日本的研究》，上海音乐学院出版社 2004 年版，第 110 页。

③ ［日］吉川英史：《日本音乐的历史》，创元社 1965 年版，第 67 页。

之先后而区别，记载中大唐乐琵琶数量少于唐乐，这反映出随着时间的推移，唐乐中琵琶的使用频率有所降低。另，《聚类三代格》大同四年（809）三月条记载“唐楽師（尺八師箜篌師箏師琵琶師……）、右依舊為定、余皆停止”，嘉祥元年（848）九月二十二日条对雅乐寮杂色生做出新规定，有“応減定雅楽寮雑色生二百五十四人事（減二百五十四人、定一百人）、唐楽生六十人（減二十四人、定三十六人）、琵琶生二人（元三人）”的记载，可知：进入平安朝后雅乐寮中唐乐的规模有所缩减，其中琵琶生的配置也相应发生变化，由原来的“三人”变成“二人”，从新乐中琵琶数量的减少和雅乐寮琵琶生减员这两点我们不难看出，仁明天皇乐制改革之前一直作为唐乐乐器使用的琵琶已经开始显现出用例减少的倾向。

这种减少和整个时代的大背景是密不可分的。如前文所述，平安朝开始大陆音乐的影响开始慢慢减弱，尤其是仁明天皇乐制改革之后，日本人开始以自己的审美趣味和需要构建音乐系统，唐乐的削减是其中一个重要表现，而唐乐中琵琶生的减少正是这种变化产生的必然结果。不过，唐乐中琵琶使用频率的降低并不代表这种乐器淡出雅乐表演，据平安中后期文献记载，历经改革之洗礼之后，琵琶又以另外的形式参与到雅乐表演中，越来越为日本文化所接纳。

这种新的形式，是指从平安朝中后期开始，官员弹奏琵琶参与到雅乐表演中的现象。如《御产部类记》宽弘五年（1008）十月十六日条有：“雅楽寮依例発音楽、（中略）、左中弁道方朝臣弾琵琶、右近少将済政朝臣吹横（後略）”；《小右记》康和四年（1102）一月二十日条有：“次雅楽参入、舞四曲（中略）、予拍子、左大弁琵琶、宗補笛、顕仲笙、峻頼篳篥”；《中右记》同年三月九日条记载有：“左大弁琵琶（玄上）”；《殿历》永久一年（1113）一月十六日条有：“治部卿基綱卿弾琵琶。”如上所列文献中官员弹奏琵琶参与雅乐表演的情景在平安朝中后期数见不鲜，在前朝的文献中却不见类似记载，不得不说是这一时期的日本人使用琵琶的新特点。同时，乐器受到统治阶层的抬爱，一方面说明它已经开始深入新文化内部，另一方面也显示了其本身具有的强大艺术魅力和旺盛生命力。

之所以会频频出现官员弹奏琵琶参与雅乐表演的现象，这和平安朝中后期雅乐的特点密不可分。《中右记》康和四年（1102）三月九日条中详细记载了一次雅乐试乐活动，记载内容详尽，整个雅乐试乐的流程、乐器、乐曲悉数包含其中，是难得的音乐史料，据载：此次试乐首先“乱声三度”演奏雅乐的登场曲，拉开整个表演的序幕，吹调子贺王完成雅乐的仪式性任务；

接着有未成年的男子敲鼓并表演龙王舞，左、右方舞人、乐人分别就位准备表演，至此，舞蹈表演暂告段落，随后记载："次吹調子（平調）、左方万歳樂（宗輔朝臣、実隆朝臣、師重朝臣、能明、通季、宗能）、右大臣於御座前弾箏給、右地九四人（師隆朝臣、師時、顕国、家定）、次春鶯囀、此間管弦物ホ給楽屋（蔵二人取之、渡前庭来楽屋、重隆持笛、御筥蓋入木佐絵？青竹、盛季（源）取玄上）、爰仰左大弁基綱？右宰相中将忠教遣楽屋（出於殿上更着沓、出従仙華門向楽屋、左大弁弾琵琶玄上、予吹簫青竹）。"同书康和四年三月十八日记载了一些人员的信息，有："右中将宗補朝臣"、"左少将実隆朝臣"、"左兵衛能明"、"右兵衛佐通季"、"左兵衛権佐宗能"、"左馬頭師隆朝臣"、"右少将師時朝臣"、"蔵人左少将顕国"；三月二十日条有："蔵人大学助重隆六位"、"右少将家定"；三月二十四日条有："左少将師重朝臣"；五月二日条有："蔵人盛季"，康和五年（1103）三月四日条有："舎人助盛季"，这些记载的时间和该次试乐活动的时间非常接近，所记各位公卿的官位应该不会发生较大变化，故所得各位演奏者的职位信息应当是可靠的，笔者做出如下整理：

姓名	官职	位阶
藤原宗辅	右中将	从四位下
藤原实隆	左少将	正五位下
源能明	左兵卫	从五位上
藤原通季	右兵卫佐	正六位下
藤原宗能	左兵卫佐	正六位下
源师隆	左马头	从五位上
源师时	右少将	正五位下
源显国	藏人左少将	正五位下①
藤原重隆	藏人大学助	六位
中原师重	左少将	正五位下
源家定	右少将	正五位下
源盛季	藏人，后舍人助	——

① 藏人为藏人所职员，管理皇室重要文书、物品，也负责年中行事等仪式。左少将官至正五位下。

早在奈良时代五位就已经是贵族官僚和下级官僚的分水岭，六位虽不能够算作是严格意义上的贵族，但也是据高层次官僚相去不远了，对于其他下级官员而言，“五位”当为可望而不可及的岭上之花[①]。平安时代这种情况依然延续。纵览上表，不难发现，大量官员参与到这次雅乐的试乐活动中，且除藤原重隆藏人大学头和源盛季藏人两人以外，其余参加者皆为位列五位之上的贵族官僚，类似记载也散见于其他平安朝中后期的公卿日记中，说明平安朝中后期的雅乐表演中常常有达官贵人们的表演，而演奏琵琶也是这种表演的内容之一。

在这种官员组成的小乐队中，时常可以看到弹奏琵琶的场景，不同于普通乐人的是，拥有一定身份地位的官员们往往可以手持当朝琵琶名器参与表演。像这次康和四年三月九日的表演上源盛季所持“玄上”就颇有一番来历。《禁秘抄》中记载：“玄上、累代宝物也。置中殿御厨子、根源様、人不知之。此琵琶霊験、内里焼亡之時飛出、撥面文消、所々有赤色、不知其絵、代々有沙汰未決、後房公曰、良首云琵琶、移玄上、彼撥面文不可上達、彼唐人打毬球也。或云、玄象呑青波之水、所謂玄象、又玄上、宰相献延喜帝、乃號玄上、両説也、但妙音院入道付玄上説。”可知，源盛季所弹奏的玄上琵琶乃平安朝名器。另，平安朝还有与玄上琵琶互成双对的“牧马”、蝉丸所弹奏的“无名”，嵯峨天皇爱用之物“贤圆”等数十件琵琶名器。[②] 在浩如烟海的史料中，我们可以一再看到这件小小的乐器的身影，一方面说明它的确是久负盛名，另一方面，也反映出时人对琵琶的喜爱。雅乐寮乐人地位低微，当然没有资格弹奏这些赫赫有名的琵琶，只有社会地位较高的官员们才能怀抱这些名器，在雅乐表演中一展音乐才华。

总之，受到平安文化大背景的影响，这一时期的雅乐也表现出了新的特点，唐乐逐渐削减，雅乐寮中唐乐所用各乐器的演奏规模也相应变小，琵琶生数量的缩减就是最好的例证。但是，琵琶这种乐器并没有因此远离人们视野，一方面得益于贵族官僚的垂青，另一方面，官员们广泛参与到雅乐表演中去，使得琵琶不仅没有淡出雅乐舞台反而以新的形式活跃在雅乐表演中。这说明，平安时代开始，尤其是经历了仁明天皇的乐制改革之后，雅乐表演中，琵琶已经不仅仅作为唐乐的乐器参加表演，而是经贵族

① 王丽：《怀风藻研究——以具有海外背景的诗人为对象》，浙江工商大学硕士学位论文，2007年。

② 详见：《古事類苑·楽舞部·琵琶·名器》。

官员之手换了身份登台表演了，这是琵琶融入日本文化的重要表现。

二、“御遊”和琵琶

若想探讨琵琶在“御遊”中的使用状况，有必要先明晰“御遊”的概念。成书于室町时代的《御遊抄》将御遊界定为宫廷中贵族们演奏的管弦音乐，和雅乐一样，是仪式音乐的一种。推崇这种观点的学者不在少数。但是，家永三郎认为御遊是平安时代宫廷中举行宴会的时候公卿贵族们合奏管弦并且唱歌的助兴表演。[①] 显然，家永氏的观点与《御遊抄》在本质上是不同的，前者认为御遊的性质是仪式性音乐，而后者认为是宴会席间的娱乐性助兴演出。荻美津夫的观点比较中肯，认为御遊是贵族和高官的管弦合奏，最早可以上溯到仁明天皇时。[②] 其实，荻美氏在讨论时避开了其性质，为御遊做出了更为直接的定义，即它是由贵族们演奏的管弦合奏。渡辺あゆみ的研究认为，《御遊抄》把御遊定性为仪式性音乐，是因为它成书于中世，御遊发展到中世的确已经具有很强的仪式性，但是平安朝中的御遊，还没有定型，即有仪式性的一面，同时也具备家永氏所提的娱乐性[③]。笔者在《小右记》等公卿日记中也发现，记述御遊的条目不在少数，从演奏形式上讲，这些御遊是由贵族公卿在宫廷中演奏的管弦合奏，有时在宫廷仪式上的雅乐表演之后单独演出，如《小右记》宽仁三年（1019）八月二十八日条记载了东宫皇太弟的元服礼，奏乐时首先由雅乐寮诸位乐人于日月两华门外奏乐，后分立承明门坛下，演奏立乐，包括大唐舞、高丽舞等，盛装了然，如同宫廷节会一般。大臣参拜着座，几番仪式之后，又有御遊表演。[④]《中右记》康和五年（1099）十一月二十八日条有：“御神楽後有御遊”，讲藤原忠实于东三条第举行神乐后有御遊表演。另外御遊也可能作为和歌会、作文会等非正式的休闲娱乐活动的伴奏或者余兴出现，如《殿历》嘉承二年（1107）三月六日条记有“鳥羽殿和歌御会”，其中有御遊伴奏助兴的记载；再如《中右记》长永元年（1096）三月十七日记有“師通作文会”，其间召御遊管弦于殿下助兴。从这些记

---

① ［日］家永三郎：《御遊的成立及其文化史意义》，《历史地理》1942 年第 79—4 期。

② ［日］荻美津夫：《平安中末期音乐文化的展开》，《日本古代史论考》，吉川弘文馆 1980 年版，第 216—231 页。

③ ［日］渡辺あゆみ：《平安朝史料中所见“御遊”的概念》，《创价大学大学院纪要》2008 年第 9 期。

④ 详见：《小右记》宽仁三年八月二十八日条。

载可知，御遊既可以作为仪式性音乐，在雅乐之后表演，亦可成为和歌会、作文会等休闲活动的余兴，我们不好盲目地判定它有哪一种性质。总之，御遊滥觞于仁明天皇时期，从性质上讲，平安时代尚未定型，从演出形态上讲，它是一种公卿贵族的管弦合奏，是具有日本民族特色的本土音乐形式。本小节的主题即是探讨琵琶在这种音乐形式中的使用状况。

御遊中的琵琶主要是作为一件弦乐器同其他管弦共同完成整个表演，是这种管弦演奏会的乐器之一。《中右记》宽治七年（1093）七月七日条记述了藤原师实主办的一次作文会。席间出现了两种音乐形式，一是“丝竹”，一是“御遊”。兹录原文如下：

“今夕殿有御作文興、申時許人々参会、先尾於寝殿東透渡殿有糸竹之遊、（中略）、此外管弦殿上人四人許在南北欄之外、権左中弁基綱朝臣、琵琶、太宮権亮道時朝臣、付歌、中納言中将付歌又筝、左少将有賢和琴、右少将宗補笙、少納言家俊、笛、律呂之間居肴物……時々朗詠、簾中又琵琶、筝合音曲、神也妙也。”

这则文献比较详细地记载了师实的作文会，达官贵人们咏唱和歌并朗咏，舞文弄诗之余，召集了管弦御遊为之助兴。其中权左中辩基纲弹奏琵琶，中纳言中将弹奏筝曲，左少将有贤抚奏和琴，还有右少将宗辅、少纳言家俊分别吹奏笙和笛，这次御遊可谓管弦和鸣，其乐融融，为我们展示了一幅平安时代贵族的文化休闲生活绘卷。

同书宽治二年（1088）十二月十四日条中，记述了一次宫廷节会上的御遊演出，据载，这次表演中“民部卿執拍子、笛刑部卿政長、篳篥召人、笙予、琵琶内大臣、次右中弁基綱朝臣、呂安名尊、席田、鳥破、律青柳、万歳楽（後略）”同样是琵琶与其他乐器的合奏。

诚然，御遊本身是管弦合奏表演，琵琶与其他乐器合奏演出，本不是稀罕之事，但据笔者统计琵琶在御遊中的地位并不普通，从其使用状况来看，琵琶当为御遊表演中最重要的弦乐器。关于这点，我们可以通过统计琵琶在御遊中出现的频率得知。因《中右记》对平安朝院政期的各种典礼、仪式等进行了比较详尽的记载，本论姑且先以《中右记》的相关记载为例，对御遊中的琵琶的使用频率略作统计。

表1 《中右记》中所见御遊及其乐器使用状况

编号	时间	演奏场合	所使用乐器	备注
01	宽治一年十一月二十一日	巳日节会	笙、筝、琵琶、拍子	(前略)下官取坐吹調子之間、俄有仰、渡笙於新宰相弾箏、内大臣弾琵琶、民部卿取拍子、自餘如前、双調、平調、事了給事上達部(後略)
02	宽治二年一月二日	媞子内亲王拜礼	拍子	(前略)御遊、民部卿被執拍子
03	宽治二年一月十九日	大炊殿朝覲行幸	不详	没有记载御遊中所使用的乐器
04	宽治三年一月三日	院临时客	拍子	盃酌数巡之後御遊、拍子政長朝臣、入夜殿上淵酔
05	宽治五年一月十三日	还御五坛法始	不详	没有记载御遊中所使用的乐器
06	宽治五年一月二十二日	媞子内亲王迁升为中宫	琵琶、和琴、笙、笛、拍子	(前略)堪管弦殿上人依次参進、有御遊之興、琵琶(内大臣基綱朝臣)、和琴(源有賢)、笙(予)、笛(三位中将宗通朝臣)、拍子民部卿、源大納言、皇后宮権大夫、源政長大臣ホ付歌(後略)
07	宽治六年四月十二日	于四宫御方御遊和歌	拍子、笙、笛	(前略)予拍子、新少将有賢笙、左少将藤原忠教笛、席田、賀殿、万歳楽、五常楽急、三台急(後略)
08	宽治六年七月七日	乞巧奠	不详	今乞巧奠如例、但終夜有御遊、頭中将藤原宗通、源中将国信、予、有賢、宗補候御前
09	宽治六年八月三日	飨膳定文	拍子、横笛、笙、和琴	(前略)其後有御遊、民部卿早退出、仍源大納言拍子、中納言中将殿執横笛、少将有賢先吹笙、次弾和琴、事了退出(後略)
10	宽治七年一月十九日	中宫院号选定	不详	没有记载御遊中所使用的乐器

续表

编号	时间	演奏场合	所使用乐器	备注
11	宽治七年二月二十二日	女御笃子内亲王立后	拍子、琵琶、筝、和琴、笙、笛、篳篥	（全略）有御遊、先敷円座、階下敷召人座、有盃酌、温酌、勧盃藤中納言、拍子（民部卿）、琵琶（内大臣）、筝（中納言中将）、和琴（左少将有賢）、笙（宗忠）、笛（頭中将宗通）、篳篥（召人）、先安名尊（二返）、鳥破（二返）、急四五返許、次律、青柳（二返）、万歳楽（一返）、五常楽急（五六返）、三台急（二返）
12	宽治七年三月十一日	中宫御遊	琵琶、和琴、筝、拍子、笛、笙	（全略）御遊、内大臣（琵琶）、大夫（和琴）、中納言中将（筝）、皇太后宮権大夫（拍子）、笛（頭中将小納言家俊）、笙（少将宗補）、下宮（付歌）、呂（桜人、席田、柳花苑、鳥破急）、律（青柳、太平楽急）、其外時々有朗詠、亥時許事了各々退出
13	嘉宝一年五月二日	修念法华八讲	琵琶、笙、笛	（前略）其間召御遊具ホ、大納言（笙）、民部卿（琵琶）、左大将（笙）、右少将藤原宗補（笛）、与楽屋合曲也（後略）
14	嘉宝一年八月十五日	上皇鸟羽殿观乐御会	拍子、琵琶、筝、笛、笙、和琴	（前略）先於船有御遊、藤大納言（拍子）、帥大納言（琵琶）、左大将（筝）、宰相中将（笛）、宗忠（笙）、有賢（和琴）、皇太后権大夫併政長朝臣付歌、先双調、紀伊州、席田、鳥破急、平調、太平楽破、伊勢海、廻忽五常楽急、帥大納言朗詠、磐石調、秋風楽三帖、青海波、蘇香急、各及数返（後略）

续表

编号	时间	演奏场合	所使用乐器	备注
15	嘉宝一年八月十九日	季卿读经结愿	琵琶、筝、笛、拍子笙	(前略)次召管弦具、有御遊、帥大納言(琵琶)、藤大納言(箏)、左大将(笛)、政長朝臣(拍子)、予·宗補(共笙)、皇太后宮権大夫付歌、呂安名貴鳥破、律更衣·台平楽破、三台急(後略)
16	永长一年二月二十三日	京极殿和歌管弦会	筝、琵琶、笛、笙	召御遊物具、有り御遊、(中略)其間御遊具ホ、大納言(箏)、民部卿(琵琶)、左大将(笛)、右少将藤原宗補(笙)、与楽屋合曲也
17	永长一年二月二十九日	上皇鸟羽殿中宫管弦御会	不详	没有记载御遊中所使用的乐器
18	永长一年三月一日	上皇鸟羽殿和歌管弦御会	和琴、拍子、笙、笛、琵琶、筝	(前略)有御遊、中宮大夫(和琴)、皇太后宮権大夫(拍子)、藤原宗忠併源行基朝臣(笙)、新宰相中将(笛)、女房於簾中琵琶、箏、又候砌下藤原知定·左忠·実源ホ四五人吹笛、小童、呂、桜人、席田、春鴬囀颯踏、入破、鳥破急、美乃山、律(庭生)、万歳楽、五聖楽破·急、太平楽破、甘州、廻忽、三台急、陪臚、其間人々且進和歌(後略)
19	永长一年三月十一日	清凉殿和歌管弦御会	筝、和琴、拍子、笙、琵琶	御遊、呂、左大将(箏)、中宮大夫(和琴)、皇太后宮権大夫(拍子)、蔵人少将宗補(笙)、右大弁基綱(琵琶)、下官付歌、(後略)

续表

编号	时间	演奏场合	所使用乐器	备注
20	永长一年三月十七日	师通第参加作文会	拍子、和琴、箏、琵琶	（前略）中宮大夫（和琴）、左衛門都·左大夫（箏）、新中納言·中宮権大夫·皇太后宮権大夫（拍子）、殿上人、右大弁·下官·蔵人少将、左人在砌下、時忠·時元·時方·黒丸·女房在簾中弾琵琶、月前遊興、先僧ホ誦物、管弦相合、次催馬楽、朗詠（後略）
21	永长一年四月二日	当宗祭梅宫祭中山祭延引	不详	没有记载御遊中所使用的乐器
22	永长一年五月二日	师实于高阳院举办赛马会	不详	没有记载御遊中所使用的乐器
23	承德二年四月二十九日	御遊	琵琶、箏、笛、拍子	（前略）入夜有小御遊、頭弁源基綱（琵琶）、四位少将宗補（箏）、御笛、予拍子、府生時源（笙）、及深更退出
24	承德二年十一月十五日	师通行幸神祇宫	笛、琴、篳篥、拍子	（前略）源顕通朝臣（頭）、源顕仲朝臣、予、顕時朝臣、藤原兼時朝臣（琴）、宗補朝臣（笛）、師実、家俊（拍子）、敦兼（篳篥）、蔵人盛家·雅職·佐実·藤原時光、己及暁更事了、其後互以朗詠、徹明之後帰家
25	康和四年一月十七日	御览法皇御贺之舞	不详	没有记载御遊中所使用的乐器
26	康和四年二月十二日	御览御贺之舞	不详	没有记载御遊中所使用的乐器

续表

编号	时间	演奏场合	所使用乐器	备注
27	康和四年三月九日	法皇御贺试乐	箏、琵琶、笛、篳篥、笙、和琴、拍子	（前略）次有御遊、召管弦殿上人於年中行事障子傍、右大人（箏）、右衛門督（笛）、下官（拍子）、左大弁（琵琶）、顕仲朝臣（笙）、有賢朝臣（和琴）、宗補朝臣（笛）、俊頼朝臣（篳篥）、家保（笙）、呂（安名尊・席田・鳥破）、律（伊勢海・三台急）、其間禄於公卿
28	康和四年三月十八日	法皇五十算贺鸟羽殿行幸	笛、箏、拍子、琵琶、笙、篳篥	（前略）次御遊、天皇御笛、右大人（箏）、宗忠（拍子）、左大弁（琵琶）、宰相中将（笛）、顕仲朝臣（笙）、俊頼朝臣（篳篥）、呂（安名尊・席田・鳥破・急）、律（青柳、万歳楽）（後略）
29	康和四十年三月二十日	御贺后宴	不详	没有记载御遊中所使用的乐器
30	康和四年五月三日	御览御贺御舞	不详	没有记载御遊中所使用的乐器
31	康和四年九月二十七日	——	不详	没有记载御遊中所使用的乐器
32	康和五年一月二十二日	女御贺产第七夜	箏、琵琶、笛、拍子	（前略）次有殿上人召之、有御遊、予執拍子、右宰相中将忠教（笛）、召人之中孝清（箏）・博定（琵琶、地下召人給引物、殊所不見也）、呂（安名尊・席田・鳥破・急）、律（伊勢海、万歳楽、三台急）（後略）
33	康和五年十一月二十八日	藤原忠实在东大条第举行神乐	不详	没有记载御遊中所使用的乐器
34	康和五年十二月十二日	御遊	不详	没有记载御遊中所使用的乐器
35	长治一年一月二十四日	御遊	不详	没有记载御遊中所使用的乐器

续表

编号	时间	演奏场合	所使用乐器	备注
36	长治一年二月九日	御遊	不详	没有记载御遊中所使用的乐器
37	长治一年四月二十二日	春日社迁宫	不详	没有记载御遊中所使用的乐器
38	长治一年四月二十四日	中宫御所崛河殿和歌管弦御会	筝、拍子、琵琶、笛、笙、篳篥、和琴	（前略）次従簾中女房被推出歌三首（紅、紫、松重薄様）、講了後有御遊、右大人殿（筝）、下官（拍子）、左大弁（琵琶）、左宰相中将（笛）、源有賢朝臣（笙）、俊頼朝臣（篳篥）、藤原宗補朝臣（付歌）、源師親朝臣（和琴）、呂、此殿、席田、鳥破·急、賀殿急、律、更衣、万歳楽、及夜半事畢退出
39	长治一年五月二十八日	小御遊	不详	候御遊前之間有小御遊、予執拍子、晩頭退出、
40	长治一年七月七日	内里乞巧奠御遊	不详	七日、晩頭参殿下、次参内、入夜乞巧殿前有小御遊、宰相中将（忠）、殿上人五六人候之、暁天事了、実感二星之佳会、長祈万歳之宝算
41	长治一年十一月十二日	法皇还御杂御遊	不详	今夕又宿侍、於黒戸方終夜有雑御遊、神楽、風俗、雑芸、朗詠、皆書音曲、源中納言併殿上人五六人、終夜候宸遊也
42	长治二年一月五日	大炊殿举行朝覲	笙、笛、琵琶、篳篥	（前略）有御遊、右大臣殿取御笛令進主上給、召内大臣吹笙、下官取拍子、宰相中将忠教横笛、左大弁琵琶、藤原敦兼朝臣篳篥、右衛門併左兵衛左宗能付歌、呂（此殿·席田·鳥破）、律（青柳·万歳楽·三台急）（後略）
43	长治二年一月十九日	御遊	不详	十九日、晩頭参内宿事、於北面御所方有種々雑御遊
44	长治二年一月二十日	御观舞	不详	御北面御所方有御遊

续表

编号	时间	演奏场合	所使用乐器	备注
45	长治二年闰二月二十四日	中宫化合	不详	（前略）次有御遊、殿下・権中納言・下官・源中納言・宰相中将被候
46	长治二年三月五日	清凉殿和歌会管弦饗会	不详	（前略）先有御遊、管弦物具蔵人ホ進之、堪管弦殿人依召候東宝（後略）
47	长治二年五月二十三日	御遊	不详	没有记载御遊中所使用的乐器
48	长治二年十月二十七日	土御门行幸	箏、拍子、琵琶、笛、笙	（前略）次有御遊、右大臣殿、（箏）、下官拍子、左大弁（琵琶、基綱）、左宰相中将（笛、忠教）、蔵人左兵衛佐宗能付歌、右進少将源雅定（笙、虽有年少恐、無殊失也）、呂、安名尊二返、席田、鳥破・急、賀殿急、律、伊勢海、万歳楽（後略）
49	嘉承一年五月十八日	僧事延引	琵琶、笙、	僧事延引間事委令申了、入夜参内、於黒戸方有小御遊、女房於簾内弾琵琶、雲客両三輩候宸遊、下官吹笙、終夜祗候（後略）
50	嘉承一年五月二十日	法皇御返事	不详	於御前有小御遊、左宰相中将（忠）、予併殿上人五六輩候之、
51	嘉承一年十一月十九日	御遊	不详	終日祗候、有種々御遊、及深更退出
52	嘉承一年十二月九日	盛宝女法事	不详	於北面御所方有種々御遊
53	嘉承一年十二月二十三日	光仁天皇国忌	不详	今夜於北御遊所方終夜有御遊

《中右记》中共有53条记录记载有御遊表演，其中有28条记载不详，如长治二年（1105）五月二十三日条记有“御物忌也、終日祗候、於御前有御遊、入夜退出”，只是一笔带过，既没有提及参加御遊表演的人员，更没有讲明各自所用乐器；或者只记录了参加御遊表演的人员，如宽治六年（1092）七月七日条记载：“今乞巧奠如例、但終夜有御遊、頭中将宗通、源中将国信、予有賢、宗補候御前”，虽然记录了参加的人员但是并无使用乐器等详细记载。此类记述对我们研究各种乐器在御遊中的使用状

况没有帮助。

除此之外的25条记载均对当时演出时使用的乐器做了记录。从上表不难看出，拍子的出现频率最高，几乎在每一次乐器记载中都可以找到，盖因打拍子是控制表演节奏的必须乐器，对整个表演的基调产生重要影响。其余各种乐器中出现频率最高的是笙和琵琶，各19条；其次是笛，18条。其余有筝：15条，和琴：10条，篳篥最少，只有6条。从这些数字中不难看出，在御遊合奏中，琵琶、笙和笛的出现频率最高，从乐器分类角度来看，笙、笛均属管乐器，琵琶属弦乐器。① 不难发现，琵琶是御遊演奏中的当家弦乐器，筝尚可与之媲美，而同为弦乐器的和琴，其重要程度就远在其后了。

如前文所述，御遊是日本民族土生土长的音乐形式，并非沿袭大陆音乐所产。纵览其乐器使用状况可知，在这种和风色彩浓重的音乐形式中，大陆系的乐器却占据了主要的席位，而本论所讨论的琵琶超越了日本本土乐器和琴和同为外来乐器的筝，是御遊表演中使用频率最高的乐器。

笔者在本小节伊始已提及，御遊常常为和歌会等文学形式伴奏，整理过程中也发现此种用例不在少数，御遊表演过程中的确常常看到和歌、作文相附的情景。众所周知，和歌是日本民族固有的文学形式，如果说汉诗代表着气韵非凡的唐风文化，那么和歌则是温婉舒缓之和风文化的典型，在文学史上汉诗、和歌势力一度呈现的此消彼长之态势在平安朝尤为明显。前期的平安朝依旧沉浸在前朝唐风文化的光环中，诗歌领域中仍是汉诗占有绝对优势。自9世纪末的宇多天皇开始宫中歌人云集，经常举办和歌会，贵族们对和歌的热情日渐高涨②，可以说和歌之隆盛是平安朝中后期日本文化和风色彩日渐浓厚的特点在文学领域的重要表现。和歌会上经常有御遊表演为之助兴，体现平安朝中后期文学形式和音乐形式的结合，而琵琶作为一种外来乐器，通过御遊表演巧妙地接触并融合到日本本土文学形式中，不得不说是其渗入日本文化土壤的一个佐证。

总之，御遊是颇具日本特色的管弦合奏表演，将当时的管乐器和弦乐器组合演奏，或作为仪式音乐的一种在大型节会上表演，或做娱乐休闲之用为当时的和歌会、作文会等做助兴演出。琵琶作为弦乐器的当家花旦每每登场，和笛、笙等合奏演出，并与和歌等形式融合，逐渐渗透到日本的本土文化中，时人对它的使用，早已不再停留于机械地将它编入唐乐，而

---

① ［日］黒泽隆朝：《图解世界乐器大事典》，雄山阁1972年版，第276—277页。

② 张如意：《日本文学史》，河北大学出版社2004年版，第25页。

是有意识地在更加广泛的场合使用琵琶，促进这种乐器在日本的本土化进程。

三、琵琶法师

论及琵琶法师，往往会让人想到怀抱琵琶说唱战乱悲欢离合的盲人流浪艺术家。他们喜用悲伤、凄凉的琵琶曲做伴奏，说唱战乱中武士的悲欢离合，后来形成了别具一格的平曲。① 音乐史上往往将这种艺术形式视作中世武士文化的代表。事实上，在平安中后期的公卿日记中我们也可以找到琵琶法师的记载。但是细细研究可以发现，此“琵琶法师”的概念远比后来武家文化中的“琵琶法师”含义丰富。

第一，佛教法会中的琵琶法师。这里琵琶法师的所指应理解为佛教音乐中的“盲僧琵琶”，他们往往在佛教仪式中弹奏助兴，比如：《小右记》治安三年（1023）正月八日条记载藤原道长修缮法成寺金堂并举办庆典，其间“導師前後併琵琶法師散楽”，同书万寿四年（1024）正月九日条记载佛教法会“夜間大導師以前有咒師？琵琶法師等興”。散乐较多使用于各种节会或者仪式的余兴活动中，以为整个活动添加热闹的气氛。平安时代有一种散乐与密教相融合的宗教艺术，叫做咒师猿乐。它主要来自佛教的法事活动。② 从这两例中我们可以得知，琵琶法师在佛教法事活动中正是和咒师散乐放在一起表演，也是助兴活动之一。

根据《盲僧琵琶由来记》和《玄清法印芳踪记》记载，盲僧琵琶乃一唐人在九州传于一位盲僧，此为日本盲僧琵琶之滥觞，奈良末期传遍九州地区。③ 此时，九州地区的盲僧玄清入京，皈依旧天台佛说宗，自此将盲僧琵琶引入天台宗，后玄清回到本乡九州，在筑前博多开成就院，是为筑前琵琶之始。玄清虽回九州，但是盲僧琵琶已通过他的上京传到了统治中心④，《今昔物语》本朝世俗部有载“盲僧蝉丸是成就院四世祖”，但事实上，蝉丸曾经将玄清的盲僧琵琶一派迁至比睿山志野尾将妙音院作为本山，怎么会成为筑前成就院的四世祖呢？恐怕只可能是因为他继承了玄清

---

① 王勇：《日本文化》，高等教育出版社2001年版，第328页。

② 赵维平：《中国古代音乐文化东流日本的研究》，上海音乐学院出版社2004年版，第89页。

③ ［日］吉川英史：《日本音乐的历史》，创元社1965年版，第61页。

④ ［日］左藤正映：《地神盲僧琵琶——关于成就院玄清法流》，载《别府史谈》2000年第14期。

在旧都奈良所创的盲僧琵琶，玄清再次回乡的时候建立了成就院一派，受到他的影响但留在旧都奈良的盲僧琵琶逐渐就形成了后来蝉丸所在的一派。因此，追根溯源，蝉丸的妙音院和九州的成就院算是同根同源。蝉丸的妙音院一派发展到平安末期，宝山检校跟随岛津忠久来到萨摩，建常乐院为本山，是为萨摩琵琶之始。至此，形成了我们现在熟悉的两大盲僧琵琶派别。

公卿日记中记载的在佛教法会上表演的琵琶法师，应该是指蝉丸妙音院的盲僧琵琶一派。日后随着宝山检校迁徙萨摩逐渐演变成为萨摩琵琶，直至今天，萨摩琵琶的本山常乐院每年的纪念法会上还会表演《妙音十二乐》①。从这套乐曲的名称上也可以略知常乐院和妙音院的渊源。

第二，早期从事说唱艺术的琵琶法师。这种琵琶法师应为前文所提到的平家琵琶的前身，他们弹奏琵琶乐曲做伴奏，讲述广为流传的故事，逐渐脱离宗教音乐的框架，形成一种风格独特的说唱艺术，当为平家琵琶之滥觞。比如：《殿历》永久三年（1115）三月二十八日条载："天陰、雨間々降、早旦参院、数剋之後退出、自院琵琶法師二人給之、歌琵琶、及夜陰、給禄遣了。"很显然，这条记载与佛教法会毫无关联，仅仅是召琵琶法师亦弹亦唱以娱日常闲情。但是，公卿日记中所见这类琵琶法师的记载并不多，只有区区几例，很难从中进一步解读出它的说唱内容，只是知道平安中后期已经有一种说唱琵琶艺术活跃在宫廷贵族之中。至于它是从盲僧琵琶发展而来，还是从前文提到的雅乐和御遊中的琵琶蜕变生成，仅从笔者现掌握的资料来看，暂不宜妄加猜测。此外，音乐史学界也尚缺乏这方面的研究与论证，期待在后期的研究中可以有所突破。

总之，平安朝中后期的琵琶法师不同于本章前两节所论述的琵琶使用状况，它们在这一时期仍旧与宗教有着千丝万缕的联系，但是早期的说唱艺术也已雏形初现，表现在贵族招请琵琶师入宫说唱，以娱闲情。从现有文献材料中我们难以详细解读宫廷贵族中出现的这种说唱艺术，但是有一点可以肯定，即这一时期作为说唱艺术的琵琶也开始渗入统治阶层内部，从整个历史大背景来看，这一时期贵族逐渐走向没落，而武士阶层悄然崛起，这种色彩新鲜的艺术形式又积极与历史发展相顺应，说唱战乱中武士的悲欢离合，使它没有随着贵族阶层的没落走向消亡，而是逐渐发展为日本武士文化的重要组成部分。

---

① 《妙音十二乐》指宝山检校所传 12 首长短不一的乐曲，1971 年被指定为县级非物质文化遗产。

结　语

到了平安时代，尤其在平安朝中后期，琵琶开始脱离唐乐的束缚，受到公卿贵族的青睐，广泛参与到日本的本土音乐形式中，终于从单纯模仿唐乐走向消化、吸收，并大胆创新的道路。雅乐中琵琶不仅作为唐乐乐器登场，还有贵族官员怀抱琵琶参与表演；御遊中琵琶更是独当一面的弦乐器，经常为和歌会、作文会等伴奏，开始和本土文学形式结合；另外，说唱性极强的琵琶法师也相继出现，虽然记载不多，但是足以向我们证明，日本对琵琶的接纳已经进入了自我创新的阶段，传自大陆的琵琶文化已经在列岛生根发芽，即将孕育出新的文化形式。

中国傩戏与日本能剧比较研究的国内外研究现状

潘贵民[①]

中国傩戏与日本能剧因其汉字发音的相似性以及悠久的历史渊源、相同的面具艺术等，为二者的比较研究提供了可能。比较研究，是人类认识事物的基础，是认识、区别和确定事物异同关系最常用的思维方式和手段。因此，运用比较研究法对中国傩戏与日本能剧进行分析，是认识、区别和确定这两种古老艺术“活化石”异同关系的重要手段，为我们全面认识这两种古老艺术提供了客观、现实的科学依据。

对中国傩戏与日本能剧的比较研究，始于改革开放后的20世纪80年代，并在90年代形成了研究的高潮，随后研究热情逐渐减退。近年来，对于面具舞的傩戏与能剧的比较研究又逐渐进入学者们的视野，并重新掀起了一股热潮。对二者比较研究状况的起伏变化，笔者认为无不与当时的政治、经济以及国内外环境等密切相关。

中国傩戏与日本能剧的比较研究，涉及人类学、民俗学、历史学、宗教学、神话学、文化交流史和戏剧发生学等相当广泛的学科，具有十分重要的研究价值。对两种戏剧及文化的单独研究，一直以来都是两国相关学者关注的课题，并因此形成了若干个研究高潮，但是对二者的比较研究，却是20世纪80年代以来的事情。到目前为止，国内外学术界对中国傩戏与日本能剧的比较研究都有较为深入的探索，并取得了突出的成果。本文将从学术界对傩戏与能剧的分别研究论述入手，在此基础上从各学者的研究内容等方面对其比较研究状况进行初步的归纳和分析。

---

① 潘贵民，男，汉族，1980年生，中山大学比较文学与世界文学专业在读博士研究生，吉首大学外国语学院日语系主任。主要研究方向：中日比较文学与日本文学。

一、研究概况

到目前为止，国内外学术界对傩戏与能剧都有比较深入的研究，并取得了十分突出的成果。

在傩戏研究方面，从整体上进行研究的学者有庹修明、康保成等。他们撰写了《中国傩戏傩文化》、《傩戏艺术源流》① 等专著，从整体上对中国傩戏进行了较为深入的研究。尤其是庹修明的《中国傩戏傩文化》一书，可以说是我国傩戏研究的第一本理论专著。其就傩信仰与“人为宗教”信仰的区别、傩文化与北方萨满教文化的比较等问题进行了深入浅出的阐述。此外，从地域、民族等方面对傩戏进行深入细致的调查和研究的学者也有不少，其研究给世人展现了这门中国古老戏剧的独特魅力。从民族傩戏研究方面来看，学者主要从傩戏的发展历史、表现形式、音乐、面具、功能等方面进行研究。如《中国苗族傩戏艺术述论》②、《土家族傩戏简论》③ 等。从地域研究来看，学者主要对湖南湘西、四川、重庆、贵州、西藏、云南等地傩戏的来源、功能、演出、剧目、音乐等进行详细的调查走访的实地研究、比较研究等。如李怀荪④、庹修明⑤等。此外，还有许多的学者在傩戏傩文化方面进行过细致的研究，并发表了可观的学术论文。如《中国“傩文化”论析》⑥、《人类文明的“活化石”——傩文化小议》⑦、《傩戏　遥远古朴的面具绝唱》⑧、《中国“傩文化”艺术研究》⑨、《傩文化地位、功能与传承保护》⑩、《中国傩文化的发端和流变》⑪、《傩戏的艺术形态与形成新探》⑫、《刍议傩文化的现代教育价值》⑬、《傩戏艺术

---

① 庹修明著：《中国傩戏傩文化》，中国世界语出版社，1997 年。

② 过竹、邵志中：《中国苗族傩戏艺术述论》，载《贵州民族研究》1993 年第 3 期。

③ 胡绍华：《土家族傩戏简论》，载《三峡文化研究》2005 年第 5 期。

④ 李怀荪：《湖南湘西少数民族傩戏》，载《中华艺术论丛》2009 年第 9 辑。

⑤ 庹修明：《中国西南傩戏述论》，载《贵州民族学院学报》2001 年第 4 期。

⑥ 王欣、应佳：《中国“傩文化”论析》，载《中国西部科技》2009 年第 33 期。

⑦ 丁玉莲：《人类文明的“活化石”——傩文化小议》，载《魅力中国》2009 年第 9 期。

⑧ 孙文辉：《傩戏　遥远古朴的面具绝唱》，载《民族论坛》2009 年第 3 期。

⑨ 苏家文、李培：《中国“傩文化”艺术研究》，载《飞天》2009 年第 23 期。

⑩ 杨军昌、李小毛：《傩文化地位、功能与传承保护》，载《教育文化论坛》，2010 年第 3 期。

⑪ 李海平：《中国傩文化的发端和流变》，载《甘肃高师学报》2010 年第 4 期。

⑫ 刘祯：《傩戏的艺术形态与形成新探》，载《中国政法大学学报》2010 年第 3 期。

⑬ 陈玉平、龚德全：《刍议傩文化的现代教育价值》，载《教育文化论坛》2010 年第 3 期。

的美学阐释》[①]、《傩文化的保护现状与对策》[②] 等。

在能剧的研究方面，学者们主要通过对能剧的起源、历史背景、舞台、演员、音乐、剧目等方面进行研究和论述，给世人提供了解能剧的详细素材。如《日本的乐剧—能》[③]、《神人交流——论日本能乐艺术的起源》[④] 等。此外，台湾学者陈贞竹以自身的亲身体验，撰写了系列论文《当代日本能剧的传承方式》[⑤]，对当代日本能剧进行了详细的介绍，并对其传承方式进行了论述。陈君、李文英的《试析日本能乐的历史变迁及其特点》[⑥]，就日本能剧的形成、发展、转型、保护等时期的历史变迁及其各自特点进行了论述。此外还有《日本民俗传统艺能——能和狂言及用语》[⑦]、《论日本狂言中的"暖"色调》[⑧]、《日本能剧》[⑨]、《世界上最古老的活剧——日本能剧》[⑩]、《由〈风姿花传〉论日本"能乐"的"美"》[⑪]、《日本能乐的形式与宋元戏曲》[⑫]、《"能乐"的精神性与日本人的美学趣味》[⑬]、《日本戏剧中的民族文化探析》[⑭]、《世阿弥的能乐理论构建》[⑮] 等。

国外学者对本课题的研究，成就最为突出的为日本学者，他们在傩戏与能剧的研究上做出了很大的努力。日本学者比较重视田野调查和实证研究，其研究和论文基本上都是建立在亲身的实地调查采访的基础上，其在研究方法上的特色值得借鉴和仿效。田仲一成在《中国巫系演剧研究》[⑯]

---

① 周政文：《傩戏艺术的美学阐释》，载《大家》2010 年第 11 期。

② 智联忠：《傩文化的保护现状与对策》，载《艺苑》2011 年第 3 期。

③ 周广平：《日本的乐剧——能》，载《戏剧》1995 年第 1 期。

④ 滕军：《神人交流——论日本能乐艺术的起源》，载《中央戏剧学院学报》2007 年第 4 期。

⑤ 陈贞竹：《当代日本能剧的传承方式》，载《中国戏剧》2004 年第 5、6 期。

⑥ 陈君、李文英：《试析日本能乐的历史变迁及其特点》，载《日本问题研究》2007 年第 2 期。

⑦ 李锋传：《日本民俗传统艺能——能和狂言及用语》，载《日语知识》2006 年第 6 期。

⑧ 汪多维：《论日本狂言中的"暖"色调》，载《科技信息》2006 年第 8 期。

⑨ 王莹：《日本能剧》，载《世界》2007 年第 3 期。

⑩ 张静、温彩玲：《世界上最古老的活剧——日本能剧》，载《电影文学》2008 年第 9 期。

⑪ 毕明辉：《由〈风姿花传〉论日本"能乐"的"美"》，载《人民音乐》1998 年第 4 期。

⑫ 张哲俊：《日本能乐的形式与宋元戏曲》，载《文艺研究》2000 年第 4 期。

⑬ 张媛媛：《"能乐"的精神性与日本人的美学趣味交响》，载《西安音乐学院学报》2003 年第 1 期。

⑭ 张琼：《日本戏剧中的民族文化探析》，载《沧桑》2008 年第 5 期。

⑮ 唐月梅：《世阿弥的能乐理论构建》，载《日本研究》2008 年第 3 期。

⑯ ［日］田仲一成著：《中国巫系演剧研究》，东京大学出版社 1993 年版。

和《中国祭祀演剧研究》[①] 中，对中国的傩戏进行了考察和研究，从一个国外学者的视野透视了傩戏的独特魅力和内涵。增田正造从美学的角度对日本能剧的表现形式进行了详细的论述。[②] 他们的研究开辟了能剧研究的新领域和新视野。有泽晶子从一个外国学者的眼光通过面具这一媒介对傩与能进行了比较研究。[③] 吉叶美子对日本能乐剧本《山姥》的思想背景进行了分析，发表了《能乐〈山姥〉的思想背景》。[④] 此外，日本学者奥富利幸从建筑学的角度，对日本能剧的舞台能乐堂进行了深入系统的研究，发表了《明治末期能乐堂改良论的展开》[⑤]、《明治末期至昭和初期公馆中能乐空间的变容》[⑥] 等一系列论文。

在傩戏与能剧的比较研究上，许多学者也进行了大量的前期研究，为本课题的继续深入研究打下了良好的基础。这些学者的比较研究主要集中在对二者的共同点进行比较上，如面具研究，在异同的比较上，又着重于趋"异"，而在"同"这一点上没有进行更深层次的挖掘。江丽珠、李基额的《散议"傩"与"能"》[⑦] 将傩与能进行了简单的分析和介绍，并从形式、内容功效、动作特点与艺术魅力等方面进行了异同比较。顾朴光的《中国傩戏面具与日本能乐面具之比较》[⑧]、吴贤义的《从中国傩面与日本能面看面具艺术》[⑨] 均对傩戏与能剧的面具艺术进行了对比和分析，具有十分典型的意义。曲六乙的《中国傩戏与日本能乐的比较——兼议东方传统艺术的特征》[⑩]，对中国傩戏与日本能剧的起源、与宗教的关系、剧目等方面进行了比较研究，为本课题的研究指明了方向。

以上学者在这两种文学研究方面都做出了各自突出的贡献，也取得了丰硕成果。但对于傩戏与能剧的比较研究方面，虽然起步比较早，但理论

---

① ［日］田仲一成著：《中国祭祀戏剧研究》，北京大学出版社 2008 年版。

② ［日］增田正造：《能的表现——其逆说的美学》，中央公论新社出版社 1988 年版。

③ ［日］有泽晶子：《作为面具文化的傩与能的异同论》，载《中央戏剧学院学报》1990 年第 2 期。

④ ［日］吉叶美子：《能乐〈山姥〉的思想背景》，载《舞蹈学》，1998 年第 21 期。

⑤ ［日］奥富利幸：《关于明治末期能乐堂改良论的展开》，《日本建筑学会计划系论文集》，2008 年。

⑥ ［日］奥富利幸：《关于明治末期能乐堂改良论的展开》，《日本建筑学会计划系论文集》，2008 年。

⑦ 江丽珠、李基额：《散议"傩"与"能"》，载《日本研究》1991 年第 3 期。

⑧ 顾朴光：《中国傩戏面具与日本能乐面具之比较》，载《民族艺术》1994 年第 2 期。

⑨ 吴贤义：《从中国傩面与日本能面看面具艺术》，载《电影评介》2007 年第 19 期。

⑩ 曲六乙：《中国傩戏与日本能乐的比较——兼议东方传统艺术的特征》，载《民族艺术》1996 年第 3 期。

成果不是十分丰富和突出，尤其是最近10多年未见新的成果。因此，这一课题仍然值得继续深入研究。以下，笔者将对前期的比较研究成果进行简单的归纳和总结。

二、研究分析

对中国傩戏与日本能剧的研究，中国学者和日本学者都热衷于各自的单独研究上，对二者的比较研究方面，往往由于条件的局限没有进行深入分析，其研究也都注重于典籍的考据等，且主要集中在以下几个方面：影响与被影响研究、面具的比较研究、传承与保护研究等方面。

1. 渊源关系（影响与被影响）研究

对二者渊源关系（影响与被影响）的研究，一般都是研究中国傩、傩文化对日本能乐的影响问题。从众多学者的研究中我们不难得出以下结论：

（1）日本能乐由猿乐和狂言演化而来，而早期的猿乐受中国的散曲（在日语中，散曲的“散”与猿乐的“猿”音近）等的影响，而散曲受中国傩、傩戏的影响。故，日本能剧与中国傩戏有很深的渊源关系，至少是有间接的历史渊源。

（2）从学者们的研究中可以看出，古代日本大量吸收中国文化，傩文化在当时的日本可以说是照搬照抄。这在日本古籍中都有记载。

在本研究中，学者们常引用的典籍有：

（1）国内典籍：《礼记·月令》：“季春”之傩“以毕春气”，“促秋”之傩“以达秋气”，“季冬”之傩“以送寒气”。《说文通训定声》：“国傩有三，方相氏掌之：季春傩阴气，促秋傩阳气，季冬送寒气。”《周礼·夏官》云：“方相氏掌蒙熊皮，黄金四目，玄衣朱裳，执戈扬盾，帅百隶而时傩，以索室驱疫。”唐段安节《乐府杂录》：“用方相四人，戴冠及面，黄金四目，衣熊皮，执戈扬盾，口作‘傩傩’之声，以除逐也。”此外还有《后汉书·礼仪志》、《新唐书·礼乐志》、《乐府杂录》等。

（2）日本典籍：《细沙抄》：“庆云元年（704）始行大傩。”《续日本纪》“庆云三年”，“是年天下诸国疫疾，百姓亡死众多，始作土牛大傩”。《内襄式》“十二月大傩”。《西宫记》：“戌刻，王卿以下着座……阴阳寮下部八人给方相缣。”《贞观仪式》卷十“十二月大傩仪”。《公事根源》下卷：“所谓追傩，是为驱赶年中疫气而设。方相氏，鬼，戴黄金四目之面，形容恐怖，手执戈盾，率领二十名着绀布衣的侲子，回环奔竞于内里中门。庆云二年始设。是年天下百姓疫疠流行，故设。”《类聚国史》：“庆云三年，始作土牛大傩。”

主要有以下学者的研究著作和论文：日本学者山中裕著有《平安朝的年中行事》[①]，在书中，其对能乐进行了较为详细的论述。国内学者徐建新《中国傩（戏）与日本能（乐）之比较》[②]，对傩戏与能剧关系进行了考据，并对傩与能在“亡灵与鬼”“假面与戏”两方面进行了研究；江丽珠、李基额《散议“傩”与“能”》，从历史的角度对傩与能进行了审视，并进行了简单的异同比较；翁敏华《傩文化的日本流与中国源之比较》[③]，从戏剧的角度出发比较了传至日本的傩文化与我国古代傩文化的异同。此外，曲六乙《中国傩戏与日本能乐的比较——兼议东方传统戏剧的特征》、张爱萍《中国傩文化在日本的流变》[④]、张静《能乐中的中国古代“傩”元素》[⑤] 等也分别从各个角度分析了傩戏与能剧的异同。

2. 关于面具的比较研究

中国傩戏与日本能剧，由于共同的面具艺术，长期以来，国内外学者都热衷于研究这方面的内容。其研究大都是关于以下内容的比较研究：（1）面具作者、工艺、造型等；（2）艺术审美；（3）面具特征；（4）面具人物形象。

在面具的比较研究上，学者们研究论文较多，且大多趋同，有的甚至研究内容一致。如：有泽晶子《作为面具文化的傩与能的异同论》[⑥]，对傩与能的面具文化进行了比较；中国台湾学者叶汉鳌《日本能面剧与大傩》[⑦]是研究傩面与能面学术造诣比较深的著作之一，引经据典，对傩面与能面的异同进行了较为深入的分析；顾朴光《中国傩戏面具与日本能乐面具之比较》从面具的作者、工艺、造型三个方面入手对傩面与能面进行了比较研究；此外，吴贤义《从中国傩面与日本能面看面具艺术》；张昆《中日

---

① ［日］山中裕著：《平安朝的年中行事》，一条书房出版社 1984 年版。

② 徐建新：《中国傩（戏）与日本能（乐）之比较》，载《戏剧艺术》1991 年第 3 期。

③ 翁敏华：《傩文化的日本流与中国源之比较》，载《上海师范大学学报》1992 年第 2 期。

④ 张爱萍：《中国傩文化在日本的流变》，载《温州师范学院学报》2004 年第 1 期，修订稿见本期论丛。

⑤ 张静：《能乐中的中国古代“傩”元素》，载《广东工业大学学报》2009 年第 5 期。

⑥ 有泽晶子：《作为面具文化的傩与能的异同论》，载《中央戏剧学院学报》1990 年第 2 期。

⑦ 叶汉鳌：《日本能面剧与大傩》，载《民族艺术》1993 年第 2 期。

面具艺术的审美比较》①；吴茜婷《中日面具艺术之比较》② 等都从艺术的角度对中日面具艺术进行了比较研究。

3. 关于传承与保护的研究

中国傩戏与日本能剧在传承与保护方面，都遇到了前所未有的难题。其所面临的难题主要为：（1）两者都面临着后继无人与观众稀少的尴尬。（2）两者都面临着保护与开发的矛盾。尤其是中国傩戏，由于现在主要流传于西部少数民族地区，而受到市场经济的冲击，面临着原生态保护与市场开发的困境。（3）虽然日本能剧已经纳入世界非物质文化遗产保护范畴，中国的傩戏已经纳入国家非物质文化遗产保护范畴，两者都面临着推广与资金、意识认同等的窘境。

在此课题的研究上，比较研究方面比较少，只有少数学者涉足，还有很大的研究空间和潜力。如日本学者广田律子《日本传统戏曲与中国民俗艺能之继承关系与应用立体坐标法解释》③，其运用立体坐标法进行解释，提出了新的研究技巧和方法；中国学者袁琛、日本学者諏访春雄《中国的傩与日本的能——浅析两者的传承关系及发展轨迹不同之原因》④，对二者传承的轨迹及造成异同的原因进行了分析。

4. 研究热潮及其原因

国内外学者对中国傩戏与日本能剧的研究，20 世纪 80 年代以来掀起了两次比较明显的研究热潮：第一次是 20 世纪 80 年代末至 90 年代初；第二次是 21 世纪初的 10 年。第一次热潮兴起的原因与当时改革开放不久，人们思想逐渐开放，中日之间的交流也逐渐深入有很大的关系。人们在经济发展的同时开始关注传统文化及其变化问题。第二次热潮的兴起大致有以下几个方面的原因：首先依然是人们对逐渐消失的传统文化的关注；其次是随着傩戏、能剧影视作品的上演，在一定程度上扩大了人们的关注力度；最后是人们保护传统文化及非物质文化遗产意识的不断增强。随着社会、经济的发展，人们越来越关注传统文化的发掘与保护，这样的研究热潮还将持续下去。

---

① 张昆：《中日面具艺术的审美比较》，载《学理论》2010 年第 2 期。

② 吴茜婷：《中日面具艺术之比较》，载《大舞台》2010 年第 12 期。

③ ［日］广田律子：《日本传统戏曲与中国民俗艺能之继承关系与应用立体坐标法解释》，载《贵州民族学院学报》2007 年第 6 期。

④ 袁琛、諏访春雄：《中国的傩与日本的能——浅析两者的传承关系及发展轨迹不同之原因》，载《江西社会科学》2005 年第 3 期。

5. 其他比较研究成果

关于中国傩戏、日本能剧分别与其他戏剧的比较研究方面，也有学者涉及，这对二者的比较研究也有启发和借鉴意义。如国内学者纪松龄《日本能与桂林傩为同一母体的姊妹花》[①] 对日本能与桂林的傩从历史、艺术的角度进行了比较分析；彭吉象《中国戏曲与日本能乐美学特征比较略论》[②]，从中日两国文化背景出发，通过表现性、综合性、程式性、虚拟性等几个方面，分析了中国戏曲与日本能乐在美学特征上的相同之处与差异；此外，还有金梅《中国京剧与日本“狂言”》[③] 等论文。关于傩戏与能剧的比较研究的研讨会、国际会议还鲜有出现；对于二者的比较，缺乏系统的研究与整理。

结　语

通过对中国傩戏与日本能剧的比较研究，有助于人们加深对这两种戏剧的了解和认识，有助于加深对这两种戏剧活化石的文化内涵的体会与把握，发掘其中的艺术美感，分析其相似之处与不同之处，对丰富和发展世界戏剧文学、戏剧文化、民俗文化等方面具有十分重要的理论和实际意义。此外，通过比较研究，对发掘、整理这两种戏剧文学，对保护濒临失传的非物质文化遗产将会产生积极的影响。并且，通过对这两种戏剧文学的比较研究，找出其中的内在联系，发现中日两国的文化联系，对加深中日两国人民的相互认同感等方面也有十分重要的意义。本文对国内外学者近 30 年来对中国傩戏与日本能剧比较研究的成果进行了简单的综合、概括和归纳，以期为今后更好地研究本课题提供些许借鉴和启发。

---

① 纪松龄：《日本能与桂林傩为同一母体的姊妹花》，载《民族艺术》1992 年第 1 期。

② 彭吉象：《中国戏曲与日本能乐美学特征比较略论》，载《文艺研究》2000 年第 4 期。

③ 金梅：《中国京剧与日本“狂言”》，载《中国京剧》1997 年第 3 期。

中日古代妇女游风之比较

——以明清时期与江户时代为中心

汤　丽[①]

中国明清时期是理学进一步社会化的时期，主张妇女“大门不出，二门不迈”、“三从四德”等，对女性的行为做出了很多限制与规定，明清时期中国女性的地位越显低下。而在与清朝大致同一时期的日本江户时代（1603—1867），受中国理学影响，在女性认识及女性观上表现出了很多相似性。但中国现存明清地方志有关岁时节日的记载中，有不少内容涉及女性参与岁时节日或出游的情况。关于女性参与岁时节日及出游的资料，日本有女性写下的游记流传至今，真实反映了当时女性出游的风潮。这种妇女出游的现象，对同受儒家伦理思想影响的中日两国来讲，是有违“妇德”，甚至是伤风败俗。然而在实际生活中，中日女性往往表现出偏离传统伦理道德的生活方式；无论是中国，还是在日本，现实社会风尚具有相当的开放性，女性的行为表现比想象的具有更多的自由度。本文通过总结与本课题相关的先行研究及资料，对中日两国古代妇女出游的类型、方式与特点进行对比研究，以期对中日两国的民俗研究以及妇女史研究有所裨益。

一、中国明清时期妇女出游状况

由于明清时期江南商品经济的长足发展以及吴人好游等地域风俗，使得江南民众广泛参与旅游活动。乾隆《吴县志》记载：“吴人好游，以有游地，有游具，有游伴也。游地则山水园亭，多于他郡；游具则旨酒嘉肴，画船箫鼓，咄差（嗟）而办；游伴则选伎声歌，尽态极妍，富室朱

① 汤丽，女，汉族，1977 年生，博士，北京理工大学外国语学院日语系讲师。主要研究方向：日本文化。

门，相引而入，花晨月夕，竞为胜会，见者移情。”① 可见明清时代的江南具备一定的适游条件，这里的“吴人好游”，不仅指男人，也包括女人。明清江南戏子、歌女等往返于苏、杭、宁、扬之间已属司空见惯。不仅如此，封建士大夫之眷属、士女、商女以及普通下层劳动妇女也广泛参与旅游活动，江南妇女游风早在明中后期便开始兴起，妇女出游多得甚至引起封建官府及其卫道士们的强烈反应。

近年来，很多从事明清史研究的学者对明清时期旅游现象的研究投注了热情。研究表明，现存明代地方志有很多记载涉及女性出游。比如：赵崔莉在《明代女性的休闲生活》中从女性休闲的角度认识女性生活，通过对明代女性各种休闲生活的总结与梳理，指出明代妇女注重并享受着休闲生活，她们大胆地走出闺阁，自由地参加节日庆典和文化娱乐活动，并出游成习。常建华在《明代方志所见岁时节日中的女性活动》② 中指出“女性是岁时节日的主要参与者，女性在节日有相当的活动自由”，此外，张金岭《中国古代女性出游行为特征新探》③、陈建勤《明清节令游俗与江南社会》④、宋立中《明清江南妇女游风述论》⑤、《明清江南妇女“冶游”与封建伦理冲突》⑥ 等，都对中国古代女性广泛参与旅游的状况做了论述。高彦颐在《“空间”与“家”——论明末清初妇女的生活空间》中从明清闺秀的诗文观察到早在明清时期，就有闺秀经由旅游及文学创作，扩大她们的活动空间，证实了明清时期闺房并非妇女唯一的生活空间，进而颠覆了传统妇女被禁锢在家的刻板说法。

（一）出游类型

明清时期女性的旅游根据出游的目的大致可分为从宦游、赏心游、谋生游。

1. 从宦游

女性作为官员的家属而游历的事例不少，即“从宦游”。其中高彦颐在《“空间”与“家”——论明末清初妇女的生活空间》中王凤娴的例子就是一个代表。王凤娴的闺秀诗作《东归纪事》中记载了妇人携家小循露

---

① 转引自宋立中：《明清江南妇女游风述论》，载《福建师范大学学报》2009 年第 6 期。
② 《中国史研究》（韩国）（中国女性史特辑号）第 20 辑，2002 年 10 月。
③ 《中华文化论坛》2005 年第 2 期。
④ 《苏州科技学院学报》2006 年第 2 期。
⑤ 《福建师范大学学报》2009 年第 6 期。
⑥ 《妇女研究论丛》2010 年第 1 期。

客行踪自江西至浙江而行，篇幅虽短却意味深长，显示出女性在旅游休闲中的主动性与创造性。“所历州郡，或遇穷途艰苦，怀古兴亡，或遇日暖风和，波澄月皎，怡情玩眺，得失异同，俱不忍忘去。书此备后日展观，宛然胜游在目，且可当重来程记也。”①

2. 赏心游

（1）参与节日游

中国传统节日如清明、端午、中秋等节日成为广大妇女出游的最好借口，她们是岁时节日的主要参与者。常建华《明代岁时节日中的女性活动》中就指出女性与男性一起参与家里的祭祀祖先的活动，而且在一些重要节日如立春、上元节等公共场合，也能看到女性外出娱乐，观看民俗演出的身影。例如清明节是正值春光明媚，踏青游玩的好时节，自然也少不了女性。正德陕西《朝邑县志》记载：“清明妇女尽出游观，三日乃已。不得举女工，云即举之目盲。”万历江苏《扬州府志》也载：“清明前后三五日，郡人士女靓容冶服，游集胜地，陆行踏青，舟行游湖。”因此便有了“姑苏三月虎丘道，家家女儿踏青草”② 的说法。同时，端午、中秋、重阳节等节日还是妇女回娘家探亲的时机。回娘家的出行、休息，与亲人团聚的温馨伴随着已婚女性，她们并不是只住在丈夫家而不能外出。

总之，明清时期妇女甚至家庭主妇出门旅游已成为一种较普遍的现象。而且，女性在节日中拥有相当的活动自由。

（2）参与游园、游湖等活动

明清妇女参与出游包括游湖、游河、游山、游园等多样形式。江南园林为中国三大古典园林体系之一，久负盛名。私家园林众多，不仅为达官贵人提供宴饮游赏之地，也为广大民众尤其是妇女提供了游憩机会。在清代特别是晚清，江南私园开始对游人开放，甚至成为公众集会之所。同时，江南广阔的水域为江南百姓和旅游者（包括妇女）提供了良好的旅游场所，有不少妇女参与画舫游。据载，清乾隆末，南京的一些大家闺秀，皆乘秦淮画舫，以作清游。

（3）参与宗教朝圣游

妇女参与宗教朝圣游在商品经济发达的明清时代比较普遍。明中期以后，佛道信仰盛行。妇女多随着香会出行，朝山进香礼佛，游历宗教圣地

---

① 转引自邓小南、王政、游鉴明主编：《中国妇女史读本》，北京大学出版社 2011 年版，第 185 页。

② 陈建勤：《明清节令游俗与江南社会》，载《苏州科技学院学报》第 23 卷第 1 期。

和名山大寺。苏州、杭州周围有上方山、支硎山等佛教名山，琼林宝刹之所在，集山水园林之胜。不仅有近游，也有远游。浙江普陀山、杭州灵隐寺以及湖北武当山都是江南妇女们朝山进香的目的地。神诞日也是妇女出游的最佳时机之一，届时妇女们往往结队出游，成为一道亮丽景观。江南妇女利用节日之机遍历丛林宝刹，几成吴中一景。妇女宗教旅游突破男女之大妨，江南地方志对妇女某些反传统行为多有评论。“惟妇人多不事女红，又往往藉入庙烧香以游览名胜，此则习之最陋。”① 可见外出游览已经成为某些阶层妇女的自觉追求，从而积淀成吴中所特有的朝山进香的宗教游俗。同时，妇女们宗教朝圣游还兼带购物，山间寺僧也投其所好，生产一些玩具、宗教法器等，以满足妇女们的购物需求。

3. 谋生游

除了以上类型外，还有女性为了生计而离家出游。高彦颐以黄媛介为考察对象，介绍了明末清初少数女诗人女画家投身笔耕，为了谋生而奔波营役半世，虽然游尽江南，其旅途中所作诗歌多为对“空间”的无聊表现以及对“家”的企盼，看不到对旅途的流连，实有一种为了生计而迫不得已的感觉。如：“忧危只有客心微，赢得湖光蔽竹扉，囊有千诗聊寄赏，家无四壁亦怀归，青山断处饶红叶，黄菊开时少白长。近水阴晴容易变，忽惊风雨打牕飞。”②

综上所述，在明清游风盛行之际，自然少不了女性的存在。尽管关于女性的记载非常简略，但通过这些记录能透视当时女性的生活状态。明清时期女性尤其在岁时节日中行动相对自由，拥有属于自己的生活，节日调节了女性的生活节奏和生活内容，释放出女性对美的追求、走出家门的期盼以及内心的独白。

（二）出游原因

究其原因，首先，明中叶以后江南商品经济的发展，妇女广泛参与到丝织业、棉纺织业等生产劳动，妇女经济地位较以前有明显的提高。许周鹤、王仲、李伯重、张翔凤等从实证研究的角度都证明了江南地区因棉纺织业和丝织业的发展，妇女经济贡献甚至超越男子而获得较高的经济地位。妇女在经济上的独立，必然使其家庭地位得到提高。

其次，晚明以来萌动一股妇女解放思潮，为江南妇女营造出相对宽松

① 袁景澜撰：《吴郡岁华纪丽（卷1）正月烧十庙香》，江苏古籍出版社1998年版。

② 《湖中秋日》。

的社会环境。当时江南士大夫开风气之先，率先对封建礼教进行了抨击和批判。江南开明文人士大夫的妇女解放呼声客观上有利于广大妇女情感的自然流露，有利于女子主体意识的觉醒。因而其行为表现有别于传统自然经济结构下的妇女循规蹈矩。作为个性的张扬，江南女子好游便是表现之一。

最后，明清以来江南女子文化创造和参与活动，促进了女子社会地位的提升和主体意识的觉醒。当时社会上已形成一股崇尚才女的风气，肯定女子的文化创造能力和成就，对“女子无才便是德”的封建教材是一种讽刺。江南才女的涌现，不仅对自身有所提高，也有利于该地域妇女整体地位的提升。

明清江南商品经济的发展为广大妇女提供一展身手的机会，经济地位的提升为其文化创造活动提供物质保障，反过来又促进了其社会地位的提升。消费水平的提高以及晚明以来思想解放思潮为江南特定地域的女子营造较为宽松的社会环境，同时为她们广泛参与旅游活动创造了条件。

二、日本江户时代女性出游状况

（一）出游情况

自 17 世纪后半期开始，随着日本农村的繁荣、城市的兴起，元禄文化盛行。农村和城市开始出现富农和富商，一般老百姓也开始享受文化。曾经属于少数统治者的学问与文化在日本江户时代已经深入民众，在全国范围内普及开来。虽然没有中央地区的町人文化那般绚烂，但偏远的农村或山村也能见到文化的普及。人们为了追求学问，学习诗歌、俳句、艺能等各方面技能而踏上旅途。亲眼目睹或亲身体验各地风情，留下了很多诗歌游记，并且旅途中互相切磋，寻觅感同身受的师友，结交了很多志同道合的朋友。

十返舍十九的《东海道中膝栗毛》这部著名的通俗小说就将 19 世纪初日本大众化的旅游情形淋漓尽致地表现出来了，其中不乏大量的女性出场。此外，江户时期以旅行为主题的《伊势参宫名所图会》与《东海道五十三次》等绘画作品中也描绘了许多踏上旅途的女性身影。可见日本江户时期女性主动参与并享受旅游是个不争的事实。

而且，近年研究发现，从江户时期女性写下的游记中能够窥见当时女性的各种旅行情形，是了解当时女性旅游状况的重要资料。比如充真院充

（1800—1880）就曾留下游记『五十三次ねむりの合いの手』，其中有一段写到：

> 浜松へ着く。本陣の名、梅谷市左衛門、この宿は諸家様の奥方、私ども入り、四軒にて殊の外こんざつゆえ、定めし明朝は何方にても渡りいそぎ早かるべし、少しにてもおくれし時はそれだけおくれ不都合なり。御関所もあるゆえさしつかえなきうちとて、一番に荒井の渡し舟に乗るようにと表方よりいわれしまま、朝七つに支度し立ち出るころに成るや、外様にては一番ぶれの様子、門前ごたごたとしこの方早くと喜ぶ（中略）。舟は荒井なる岸に付く。追々上りて女子の方は前に御関所あらため、末に私の駕籠とおすとの事。①

充真院充是彦根藩主井伊直中的女儿，与日向延冈藩主内藤政顺结婚。34 岁时丈夫去世后便落发改称为“充真院”，精通文艺、绘画、技艺等。以上日记记载：她于文久三年（1863）4 月 15 日旅行到达东海道浜松的驿站旅馆，与各大名的妻子们一行同宿，秩序非常混乱。次日清晨为了避免换房混乱，早早离开旅馆。在新居（荒井）关卡处，等侍女们先检查、办完手续，最后她坐着轿子直接通过。

关于日本近世、江户时期女性游记的研究，需要特别一提的是，柴桂子开拓了江户女性旅行研究领域。她长年从事该方面的研究，数年间走遍日本全国寻找近世女性留下来的作品，一共收集到了 160 多篇女性写的游记，足见当时日本庶民女性的旅游现象已是司空见惯。不同阶层的各种女性留下了和歌、俳句、汉诗、故事、小说、散文、日记、历史故事、教训书、书简等多种多样的作品。尽管女性被教导服侍公婆、丈夫，居家育儿，操持家务，不能随意外出，但是仍然会有踏上旅途的女性，体现了近世女性多姿多彩的人生。

柴桂子在《对旅游日记中所见近世女性的考察》一文中对自己收集到的 1602—1868 年的一百多篇游记进行了分类。按照当时女性的旅游目的，大致分为两大类：一类是主动参旅，即根据自己意愿参拜神寺社及游山修炼，或是学习诗歌、俳句、学问、艺术、宗教等。有的还为了政治活动、

---

① 综合女性史研究会编：《从史料看日本女性发展史》，吉川弘文馆 2000 年版，第 127 页。

温泉治病、回乡省亲、拜祭祖先、复仇等目的旅行，共计101篇；另外一类是被动参旅，即由于外部客观条件的压制而不得已踏上征程，如任务之旅、流浪之旅和远嫁之旅等，共计32篇。而从时间来看，进入19世纪后出游的相对较多，其中主动旅行占64例，被动旅行的只有21例。其中值得注意的是出现了女性俳句诗人。她们为了学习俳句而走访各地，拜师会友，游览胜地。18世纪，女性游记比17世纪增加不少，主要以学习俳句和歌道为目的。进入19世纪后，女性游记进一步增多，其内容也伴随时代的变化而呈现多样性。到了幕末，女性也参与到各地的倒幕运动中，以往世纪从未曾见到的政治活动之旅出现了。另一方面，在当时时代大变动中也有女性被迫离乡背井，踏上流浪之旅。

这些游记中踏上旅途的女性以40岁以上的中老年妇女为主，但也不乏10岁至20岁的年轻姑娘。这主要是因为中老年妇女从家中主妇之位退下，将主妇权（管理家务的权利）转交给下一代，因而有更多时间外出参拜寺庙、游山玩水。

从身份阶层来分析，庶民阶层妇女人数居多（108人中有64人）。但从全体人口比例来看，还是武士阶级女性占居多数。武士阶级女性的主动出游较少，而被动之旅偏多。相反，庶民阶层女性出游多出于自愿，受外界强迫而旅行的几乎不存在。尤其是町人阶级女性，和男人一样管理家业，将主妇权移交给下代之后仍然位居高位，拥有一定的经济实力，得到家人的尊敬。

（二）出游原因

首先，江户时期商品经济发展。德川幕府分权和集权恰到好处地结合的政治体制，给日本创造了一个发展经济的安定环境。17世纪日本走上太平社会的轨道后，各市町的经济发展史无前例。农村生产发达，商业繁盛，城市生机勃勃。农村经济作物的生产，促进了手工业的发展。随着商业的发达，城市日趋繁荣，特别是江户城及大阪城，使地区间贸易及农业商品化进一步获得扩大。据1693年的调查，江户总人口数达到100万，超过当时欧洲最繁华的城市伦敦。德川中期以后商品经济得到了极大发展，全国形成了大阪、江户、京都为中心的商品经济圈。

其次，交通发达。受“参勤交代”制以及产业发展的影响，形成了以江户为中心的呈放射状的交通网，各地交通发达，治安良好，出行安全得到保障为旅行提供了前提条件，使得这一时代的日本保持着当时世界少有的相对成熟的旅游文化。江户时代旅游之风盛行，农民、町人等一般庶民也都可以踏上旅途，甚至生活上没有外出必要的人们也开始旅游颐养性情。当时人们大多以为了治疗疾病前往温泉或为还愿巡礼寺社为理由向官厅提出出行申请，并得到批准。

第三，“男尊女卑”等儒家礼教对日本广大妇女日常行为的约束力弱于中国。日本妇女吸收儒家文化时是有选择性的，封建儒教对日本妇女的束缚相对松一些，比如日本女训明示“七去”离婚法，女性具有受教育、学习文字的权利等。总体上中国儒家伦理对日本女性表现得比较温和，这也使得日本女性表现出更大的行为自由。

结　语

以上，笔者对中日古代妇女的游风及其形成原因进行了考察，从中可以看出中日两国女性在出游方面存在着各自特点，中日两国古代妇女的生活并非人们所想象的那样简单，而呈现出了多样性特点。中日两国古代妇女的出游成风在一定程度上冲击了封建伦理道德，对于开阔女性视野以及促进女性身心解放起到了积极作用，客观上有利于社会进步；女性自身精神面貌的改观和素质的提高，为日后妇女解放思潮的萌发提供了合适的土壤。

浅谈日本稻作文化

——以新尝祭、大尝祭、神尝祭为中心

汪玉林[①]

有关日本稻作文化已经有很多人从各个方面进行了研究。不少日本人到中国进行广泛的调查，从中国稻作入手研究日本的稻作文化。本文主要通过日本的“新尝祭”、“大尝祭”、“神尝祭”探讨日本稻作文化的一些现象和特质，以期进一步了解日本稻作文化的内涵。

一、日本水稻遗址及稻作传播路线

日本是从何时种植水稻，走进农耕文化圈的，这一课题一直吸引着众多的研究者。《古事记》中的描述毕竟是神话传说。科学地论证水稻种植还要靠真凭实据。考古发现表明，在日本冈山南沟手遗址中发掘出土的绳文陶器表层里有水稻的植硅体。在福冈县板付遗址和佐贺县菜田遗址发现了种植水稻的遗址。板付遗址中有明显的水田田埂。菜田遗址中发现了木制农具和收割水稻的石刀。板付、菜田二处遗址距今已有 2500 年的历史。可以证明，在今天日本九州北部 2500 年前已开始了水稻种植，农耕文明已出现曙光。

水稻种植技术是从中国传入日本的，这已成为共识。水稻是通过哪些路线传到日本的，大体上有北方路线和南方路线两种学说。归纳起来，目前有以下几条推断的路线。

（1）以中国黄河文明为起点，经辽河流域、朝鲜半岛传入日本。

（2）以中国长江文明为起点，经山东半岛、朝鲜半岛传入日本。

（3）以中国长江文明为起点，经海上、朝鲜半岛南部传入日本。

（4）以中国长江文明为起点，经海上直接传入日本。

---

① 汪玉林，男，汉族，1952 年生，北京外国语大学日语系教授，武藏野学院大学大学院教授、博士生导师。主要研究方向：日本语言文化。

（5）以中国南方为起点，经中国台湾及冲绳传入日本。

是哪一条路线最先把水稻传入日本，目前还没有一条公认的结论。有待今后的进一步研究。中国的水稻遗址无疑是这一研究的重要对象。中国湖南省道县寿雁玉蟾岩遗址发现了距今已有12000年前的水稻。中国江西省万年县仙人洞和吊桶环遗址发现了距今已有12000年前的水稻。中国广东省英德市牛栏洞遗址发现了距今已有12000年前的水稻。中国浙江省余姚县河姆渡遗址第四文化层中发现了距今已有6000至7000年前的大量水稻。中国的这些遗址为世界的水稻种植史提供了可靠的物证，也为日本的稻作文化研究提供了依据。

二、新尝祭、大尝祭、神尝祭三大祭祀

稻作技术传入日本后，在日本形成了形形色色的稻作祭祀文化，其中被称为日本皇室“三大祭祀”的新尝祭、大尝祭、神尝祭尤能体现日本稻作文化的内涵和特质，以下介绍这些祭祀仪式的内容。

1. 新尝祭

新尝祭是日本皇室每年举行的重要祭祀。最早的文献记载是《日本书记》中皇极天皇元年（642）阴历11月16日举行的新尝祭。16日是丁卯日，从此每年阴历11月第二个卯日成了举行新尝祭的正式日子。

明治时代（1873）改用阳历纪年后，新尝祭日期改为阳历11月23日。昭和时代（1948）把11月23日定为“勤劳感谢日”，新尝祭又演变成了全国的法定节日。新尝祭追其源头应是与水稻种植普及共生的庆祝丰收的节日。日本皇室所举行的新尝祭则增添了神圣色彩。

在日本皇宫有一块天皇亲耕的水田，每年插秧时节，天皇都要亲自插下秧苗。到了秋天，天皇亲自动镰收割新稻谷。由天皇种植的水稻收割后，要作为新尝祭祭祀之用。

皇宫举行的新尝祭由天皇亲自主持。11月22日入夜，天皇在皇宫绫绮殿举行“镇魂之仪”告慰先皇之灵。11月23日入夜（下午6点至8点）在皇宫神嘉殿举行“夕之仪”。11点到翌日1点举行“晓之仪”。天皇主持“夕之仪”，“晓之仪”时要端坐4个小时。祭祀殿内神座的黄边席和御座的白边席的正面都向着皇宫西南方向的伊势神宫。

祭祀的供品有用新产稻米、粟米蒸的御饭和御粥、用新稻米酿造的白酒和黑酒、用盐净过的鲜品和干品鱼类、去皮的新鲜水果、煮好的海菜、上品的汤类等。祭祀稻米除天皇御田产的以外，还有日本全国各都道府县

奉献的精大米各一升，精粟米各五合。所有祭品的加工制作，都由皇宫内的专职男性人员按古代之制作方法来完成。当日黄昏，天皇在绫绮殿更换白色祭服，由侍从持御剑和御玺陪伴到神嘉殿主殿，一一供上祭品后，向以天照大神为首的天神地神上奏“告文”感谢一年的五谷丰登。

接下来，天皇请下供品中一部分御饭、御粥、白酒、黑酒亲自品尝，与神共膳。在天皇举行祭祀的四个小时里，皇太子也身着白色祭服在西隔殿端坐静陪。皇太子不可亲眼欢看整个祭祀过程，但要用心去体会。与天皇在皇宫举行祭祀同时，伊势神宫也举行同样的祭祀活动。

新尝祭是从日本古代传下来的。在《日本书纪》、《风土记》、《万叶集》中都有记载。在日本民众中收获新谷敬奉神灵的习俗早已有之。至今在能登半岛及关东地方也有类似的祭祀活动。

在日本古代神话里有谷物神、稻灵神的传说。这些传说也融入了各种祭祀活动之中。

2. 大尝祭

大尝祭是与天皇登基一系列重大仪式一同举行的重大祭祀。一代一代天皇的大尝祭，其意义远远超过了新尝祭。

天皇的登基大典有“践祚式”、“剑玺等承继之仪”、“大尝祭”。“践祚式”、“剑玺等承继之仪”可于先帝驾崩后适时举行。而大尝祭则要适年举行。举行大尝祭要先用龟甲占卜选“斋田”，种稻谷。“斋田”的稻谷收割后才能举行大尝祭。

大尝祭是天皇登基重要仪式的组成部分，其意义超过了一般的仪式。

在明治22年（1899）制定的“皇室典范”和“登极令”中规定大尝祭同即位礼都在京都举行。

昭和22年（1947）新的“皇室典范”规定，“天皇继承皇位，举行即位礼”。没有规定大尝祭举行与否。

3. 神尝祭

神尝祭是皇室和伊势神宫每年秋季举行的新谷供神祭祀。神尝祭供奉的是天照大御神。举行神祭祀的目的是向神感谢每年的五谷丰登。

神尝祭在古代定为每年的阴历九月十一日举行。明治5年（1872）改为阳历9月11日举行。后因阳历9月新谷未熟，又于明治12年（1879）把祭祀日改为每年的10月17日举行。

天皇在东京的皇宫举行神尝祭时还要遥拜伊势神宫。皇宫与伊势神宫的神尝祭两地同祭，内容相同。每当祭祀前，皇宫还要派出特使赴伊势神宫献上皇宫供品。

伊势神宫一年一次的神尝祭同样特别庄重。每次都要把祭服、祭器更换一新。神尝祭更如同伊势神宫过大年。按古制，伊势神宫每20年要翻新神殿。翻新神殿时也要举行神尝祭。伊势神宫把翻新神殿举行的神尝祭称之为大神尝祭，其规模更大。

三、“三大祭祀”的特点及意义

新尝祭、大尝祭、神尝祭有一个共同的特点，就是用秋季收获的稻米、粟米祭祀皇神与皇祖。这反映了农耕文化祭祀活动的鲜明特征。人们用耕作的成果，感谢上天，庆贺五谷丰登，祈盼来年的更大丰收。

种植稻米、粟米等是人类从采猎生产转为农耕生产的重要标志。日本从古至今，从民众到皇室都把用稻米祭祀祖先与神灵作为一项重要的仪式。每当新年到来，日本家家户户都把精心制作的“镜饼”供奉在佛前、神前、祖前。这更反映了农耕文化祭祀活动的普遍性。

尽管新尝祭、大尝祭、神尝祭在历史发展进程中升华到了各具特殊性质的仪式。但从这些仪式中仍可以看出农耕文化的传统。祭天、祭神、祭祖、登基庆典、祈盼五谷丰登等农耕文化中的传统仪式在日本通过不同形态表现出来，又通过不同形态被规范了。这些祭祀活动是历史的传承，又是历史的发展。增加神秘色彩的仪式，为保护这些仪式的传承发挥了一定的作用。日本农耕文化仪式的传承无疑对保护传统文化起到不可取代的作用，对一个民族的文化共识也会产生共鸣的作用。

结　　语

中国是水稻的发源地，中国水稻的种植对人类社会的进步和发展起到了伟大的作用。伴随水稻种植而产生的文化影响了更广泛的地域。至今，中国一些民族仍保留着古老的尝新节。有些尝新节的神秘面纱尚未揭开。中国的尝新节与周边国家有哪些异同和关联，这些都有待今后的研究。“喜看稻菽千重浪”，文化光芒照四方，尝新追古源何处，翻土揭石有文章。

参考文献

［1］仓野宪司校注：《古事记》，岩波书店 1963 年版。
［2］魏常海著：《日本文化概论》，中国文化书院 1987 年版。
［3］奥野义熊著：《祈愿、祭祀习俗之文化》，岩田书院 2000 年版。

唐代渤海国时期的中日文化交流

王　玲[①]

我国自古以来就是一个多民族的国家，各民族在历史发展进程中为中华民族的共同繁荣发展做出了巨大贡献。同时在中外交往和交流中，由于其所处的特殊地理位置和自身的社会历史背景，我国少数民族政权也做出了特殊贡献，渤海国频繁与日本交往，将中国文化传给日本，给日本文化以深刻影响，就是其典型事例。本文就此问题做一简述。

一

渤海国（698—926）是满族先民——粟末靺鞨族建立的政权，698 年，大祚荣依靠靺鞨和高句丽贵族，建立了震国，大祚荣自立为震国王。705 年，震国确定了与唐朝的隶属关系，后定国名为渤海。其国王历代受唐王朝册封，是唐王朝的边郡属国。渤海国历史有两百余年，历经 15 代国王，其地域广阔，军事力量雄厚，被中原誉为“海东盛国”。

日本学者对于渤海国的认知，经历了一个过程。当今，日本学者认为渤海国是从奈良时代后半期至平安前半期，与日本关系最为密切的友好邻国。其基本根据是历史上渤海国曾 34 次派遣使节赴日本，与日本进行了广泛的经济文化交流。

从渤海国建立至成为“海东盛国”这一发展过程中，唐朝文化起到了至关重要的作用。渤海国在向唐朝朝贡、贸易的同时，积极汲取唐朝文化。渤海国还派遣留学生到唐朝学习儒佛经典和典章制度，有的留学生甚至参加科举考试，获得了“进士及第”殊荣。一些王子、朝贡官员、使节利用朝觐、贺正的机会，得到儒学洗礼，并有机会和唐朝诗人往来酬酢，

---

① 王玲，女，汉族，1955 年生，日本文学硕士，西南民族大学外国语学院日语系主任、教授。主要研究方向：中日文化交流史。

吟诗唱和。①

渤海国在建国后的200余年中，社会相对稳定，成为东北亚地区经济文化中心。从渤海国的社会经济实际和自然条件看，人们主要从事农业、渔猎和狩猎。渤海国有优越的地理位置，山高林茂，江河湖泊纵横，水源丰富，有茫茫草原和辽阔海域，土地肥沃，农业、畜牧业发达。农业是渤海经济的主要支柱。在敦化敖东城、上京龙泉府遗址和俄罗斯滨海地区的尼古拉耶夫斯科等地均出土了铁铧、铁镰等农业生产工具。《新唐书·渤海传》记载了渤海国特产："俗所贵者，曰太白山之菟、南海之昆布、栅城之豉、扶余之鹿、鄚颉之豕、率宾之马、显州之布、沃州之緜、龙州之紬、位城之铁、卢城之稻、湄沱湖之鲫、果有丸都之李、乐游之梨。"太白山即今长白山。菟为兔，昆布为鹅掌菜或海带。豉出产于栅城，即今吉林省珲春一带。扶余即今吉林省农安县。鄚颉为黑龙江省阿城市。率宾即黑龙江省东宁县或俄罗斯乌苏里斯克。位城即今或黑龙江依兰，朝鲜茂山，吉林省安图或俄罗斯尼科拉耶夫斯科等地。显州、沃州、龙州分别吉林省和龙县一带、朝鲜咸镜南道一带以及黑龙江省安宁市渤海镇。卢城在今海兰江流域。湄沱河为今黑龙江镜泊湖。丸都为今吉林省集安市。乐游不详。② 这些都说明渤海国经济门类十分丰富，经济形式具有多样性。渤海人擅长狩猎，所猎获的动物的种类也很多，如虎、豹、熊、罴、鹿、狐、貂等，这些动物的毛皮被运至日本贸易。渤海的陶瓷工艺制品也十分发达。871年（大虔晃十五年，清和天皇贞观十三年）冬，政堂省左允杨成规访日，同行百五人，成规携珍货，日廷允许就市交易："己丑，内藏寮与渤海客回易货物；庚寅，听京师人与渤海客交关；辛卯，听诸市人与客徒私相市易。是日，官钱四十万赐渤海国使等，乃唤集市廛人卖与客徒此间土物。"③ 876年，渤海聘日使团带去自己生产的玳瑁杯等工艺珍品，令日本人士大开眼界，交口称赞。正是渤海国的社会经济发展，奠定了与日本经济文化交流的基础条件。进而使渤海国与日本建立了友好关系。

二

渤海建国后不久就与日本密切往来，两国保持使臣互访关系长达200

① 陈振龙：《渤海国与唐朝和日本的友好交往》，载《黑龙江史志》2010年10期。

② 黄斌、黄瑞、黄明超著：《渤海国史话》，吉林人民出版社2004年版。

③ 金毓黻编：《渤海国志长编·食货考》，辽阳金氏千华山馆1934年版。

余年。渤海国使节第一次访问日本是727年，高仁义、高斋德等带领24人赴日。从渤海国写给日本的国书和日本回渤海国的国书来看，当时双方交好的愿望非常强烈，这次外交活动的成功，为以后渤海国与日本的友好交往开辟了广阔前景。

据《新唐书·渤海传》记载，渤海国当时通向日本的干道是“日本道”。这条“日本道”为渤日两国的交往提供了方便条件。渤海国与日本交往的前期具有军事结盟的性质。渤海国建国后不久的727年，首次派遣使节到日本。当时的日本，由于与新罗对立，十分重视与渤海国结成友好关系。渤日交往的后期则变成文化交流。

渤海国与日本之间富有特色的文化交流，主要是以使节往返为媒介展开。两国政府与文人之间的书信、诗文往来颇多，流传下来的也不少，仅在《渤海国志长编》中就收有相关诗歌六十余首。外交国书中也有值得称道的精彩诗句，如渤海国大玄锡王五年（876）中台省致日本政太官牒中写到：“鳌波千里，我有善邻，谁谓路阻，早结和好，无衍使期。”

渤海国使臣与日本文士之间的诗词唱和之风兴盛。日本文人与渤海国诗人在日本现存汉诗集《凌云集》、《文华秀丽集》、《经国集》中收有与唱和的一部分优秀诗篇，如《文华秀丽集》（卷上036）收有日本诗人坂上今继作《和渤海大使见寄之作》一首：

宾亭寂寞对青溪，处处登临旅念凄。万里云边辞国远，三春烟里望乡迷。

长天去雁催归思，幽谷来莺助客啼。一面相逢如旧识，交情自与古人齐。

《文华秀丽集》（卷上024）收有巨势识人作《春日饯野柱史奉使存问渤海使》一首：

使乎远欲事皇皇，芳惜睽离但有觞。迟日未销边路雪，暖烟遍著主人杨。

天涯马踏浮云影，山里猿啼朗月光。策骑翩翩何处至，春风千里海西乡。

《文华秀丽集》（卷上038）收有桑原腹赤作《和渤海入觐副使公赐对龙颜之作》一首：

渤海望无极，苍波路几千。占云遥骤水，就日远朝天。
庆自紫霄降，恩将丹化宣。以君吴札耳，应悦听薰弦。

《文华秀丽集》（卷上 037）收有滋野贞主作《春夜宿鸿胪，简渤海入朝王大使》一首：

枕上宫钟传晓漏，云间宾雁送春声。辞家里许不胜感，况复他乡客子情。

渤海国与日本交往时，出访官员多以文人身份与日方官员、文人吟诗唱和，各展才华，结下了深厚友谊。758 年，渤海国第四次遣日使归国时，日本文士赋诗送别，副使杨泰师作诗和之。《经国集》卷十三收录了此次杨泰师所作《夜听捣衣声》、《奉和纪朝臣咏雪诗》两首诗。《夜听捣衣诗》一诗描写了作者在日本夜晚听到“邻女捣衣声”，触景生情，表达了“霜天月照夜河明，客子思归别有情”的思乡之情。《奉和纪朝臣公咏雪诗》是杨泰师与日本廷臣观雪景赋诗奉和之作，诗云：“昨夜龙云上，今朝鹤雪新。怪春花发树，不听鸟惊春。四影凝神女，高歌似郢人。幽兰难可继，更欲效而频。”属于上乘之作。814 年，渤海国第十七次访日大使王孝廉、副使高景秀、录事释仁贞等都能吟诗。其时，王孝廉作奉敕陪内宴诗一首：“海国来朝自远方，百年一醉谒天裳。日宫座外何攸见，五色云飞万岁光。”[①] 日本诸大臣多与之唱和。王孝廉的即兴诗作以及与坂上今雄、坂上今继、滋野贞主等人的唱和诗五首也被收入《文华秀丽集》。王孝廉访问日本返回时海上遇到风浪，船楫俱裂，漂到越前，日本为他重新造船。王孝廉病故后，与他有着深厚感情的日本高僧空海致书王孝廉夫人，表示慰问，表达了深厚情谊。

渤日文人交流中比较典型的是裴颋父子与菅原道真父子之间的交往，后来发展到“世交”。裴氏担任出访日本大使，才学出众，风仪超群，受到日本阳成天皇等日方人士敬重。菅原道真曾随遣唐使访问过唐朝，后被日本尊为学问神、文化神。裴氏和菅原道真以诗相会，多次赋诗交流，度过了难忘的时刻。当裴氏即将告别日本之际，菅原道真满怀依恋之情写诗送别。两位诗友的后人也彼此结下了深厚友谊。

---

① 《文华秀丽集》（卷 016）。

除了文人之间唱和诗歌外，在书法、历法、语言、宗教、音乐等方面，渤海国与日本也进行了交流。740年访日的渤海国人已珍蒙，在日本演奏渤海国音乐，把渤海国音乐介绍给日本。之后，内雄被日本派遣到渤海国学习音乐，历经10年返日，使得渤海国音乐成为日本宫廷音乐之一。渤海国音乐传入日本，极大地丰富了日本音乐。859年，渤海国人乌孝慎访日，将大唐“长庆宣明历”带入日本，862年日本天皇批准使用。自862年一直到1684年，“长庆宣明历”在日本使用了823年。860年李居正访日，将唐朝的“东胜咒”传入日本；宣王时，渤海国名僧释贞素受日本在唐高僧灵仙大师之托将“舍利万颗、新经两部、造敕五道”转呈日本。释贞素为了弘扬佛法，多次辗转于唐朝和日本之间。

中日端午习俗比较研究

王晓东[①]

据文献记载，端午节早在先秦时代就已存在，至今在中国大地上传承了两千多年。端午节又称端五节、端阳节、天中节、重五节、五日节、浴兰节、女儿节、地腊、诗人节、龙日等，南方民间多称“五月节”。《燕京岁时记》记载：“初五为五月单五，盖端字之转音也。”显然，每一种称呼的背后都有一段有趣的故事，都是端午源起的历史见证。

端午节产生于中国，远播世界各地，有中国人的地方就有端午节。不仅如此，在朝鲜、韩国、日本等历史上长期受中国文化影响的东亚国家，端午节甚至成为其国家、国民的节日而备受重视。不过，虽然都叫端午节，但在不同的国度，受其自身文化的影响和融合之作用，源于中国的端午节发生了很大变化。本文关注的日本端午节就是其中的典型例子。

闻一多、黄石、刘德谦、何星亮等许多学者都从不同角度关注过端午节的起源问题。笔者对 CNKI 相关数据的统计，到 2011 年 12 月，关于中国端午节的文章有 80 余篇，主要探讨了起源、仪式活动、食俗、地域差异等。但是，有关中日端午习俗异同的探讨却非常少，只有几篇。如《中日端午民俗文化比较》[②]、《论中国端午节文化在日本的传承与发展》[③]、《论端午节在日本的变异》[④]、《关于日本端午习俗的历史考察》[⑤]、《日本端午习俗考》[⑥] 等。而且从整体上看，这些文章基本上都是从历史的角度，历时地考察了中国端午节在日本的传播及演变过程；历时性考察较多，而共

---

① 王晓东，男，汉族，1968 年生，博士，鲁东大学外国语学院日语系副教授。主要研究方向：中日文化比较、日语教育学。

② 武宇林：《中日端午民俗文化比较》，载《北方民族大学学报》2011 第 2 期。

③ 张建芳：《论中国端午节文化在日本的传承与发展》，载《赤峰学院学报》2010 第 7 期。

④ 闫苗：《论端午节在日本的变异》，载《日语学习与研究》2006 第 4 期。

⑤ 张奚渝：《关于日本端午习俗的历史考察》，载《贵州教育学院学报》1993 年第 4 期。

⑥ 方勇、张瑜：《日本端午习俗考》，载《日本研究》1992 第 3 期。

时性考察较少。

笔者认为，一种文化内容传播异地并在那里本土化过程中，一定要适应当地的文化风土，在适应中找到生存和发展的空间，中国的端午节在日本的发展就是一个很好的例证。端午节作为一个具有特殊意义的文化形式，在日本传播与发展过程中，其原有的象征意义和功能都发生了很大变化。之所以发生变化、变异，是与日本人的文化需求密切相关，日本人要通过端午节所表达的意愿和实现的目标，是端午节内容发生变异的原动力。基于上述认识，本文通过对中日端午节习俗的起源、内容及其象征意义和功能等方面的比较，探讨中日两国人在思维模式、心理需求方面存在的差异，为揭示中日两国人心理结构之异同提供线索，错误之处，敬请各位同仁斧正。

一、端午节的起源

1. 中国端午节的起源

从国内学术界的研究成果及端午节习俗本身等情况观察，中国的端午节内容的起源并非一元。在民间，流传着端午节起源于为纪念伍子胥、介子推、屈原等仁人志士的传说；而学术界则认为起源于“恶日”、“夏至”、“龙图腾”及“浴兰节”等，有关端午节的起源，说法不一。但无论是民间传说还是学术研究成果，均表明中国端午节在起源方面有以下两个特征：

第一，历史悠久。

汉礼学家戴德编的《大戴礼记·夏小正》载言：“五月……煮梅，为豆实也，蓄兰为沐浴也。”屈原的《九歌·云中君》中言道：“浴兰汤兮沐芳，华采衣兮若英。”从这些涉及端午习俗的古代文献记载看，中国的端午习俗早在先秦时代就已出现，至今已有两千多年的历史。

第二，多元性。

诸多的起源说表明，中国端午节的起源具有多元性特征，“非一地、一时、一族群起源”的特点极为突出。端午起源的多元性特点说明，在古代，生活在中国各地域的人们对自身生活和生存环境的认识不同；同时，端午起源的多元性也体现了中国文化起源的多元性特征。

2. 日本端午节的起源

据笔者目前所掌握的资料，涉及日本端午起源的内容几乎都与“屈原”有关。

众所周知，屈原为战国时期人，但关于端午节起源于纪念屈原的记载，最早出现在南北朝时期南朝梁人宗懔撰《荆楚岁时记》和吴均撰《续齐谐记》等文献中。结合日本端午节出现的年代进行考察，可以推断，端午习俗在6—8世纪间从中国传到了日本。8世纪初成书的《日本书纪》等文献记载了日本宫廷过端午节的情景，说明在奈良时代（710—794），中国的端午节已传至日本，后经平安、镰仓、室町至江户时代（1603—1868），逐渐从宫廷走向民间，在社会上普及开来，成为普通日本国民的习俗。

我们知道，汉武帝时期，朝鲜半岛被纳入中国辖制范围，当时在朝鲜半岛设立了乐浪、玄菟、真番、临屯四郡，朝鲜半岛得到了受中国文化滋润的先决条件，很多情况下，先于日本受到中国文化的影响。所以，日本端午节的起源，恐怕要晚于朝鲜半岛，在东亚各国中，日本的端午节起步较晚是其特征之一。

二、中国端午节

1. 中国端午节的习俗

暂且不论有关端午起源的那些民间传说和学者们的观点是否与史实相符，单从时令上看，端午节所属季节正是春夏交替之时。此时的气候特点是“从温暖转炎热”、“从少雨干燥转多雨潮湿”。在这种气候条件下，万物生长，生命开始进入活跃期。同时，各种病毒、细菌也迅速滋生，人畜都易染病。古代先民们在经历了无数次生活实践之后，发现了这一规律性现象，于是就想办法“驱邪除病、强健身体”。笔者认为，端午习俗就是在这种实际生活需求的作用下被催生出来的。那么，在中国，端午节有哪些习俗呢？

提起端午节的习俗，恐怕绝大多数人立刻会想到“粽子”。的确，端午节包粽子的习俗在中国较为普遍。但实际上，端午起源的多元性特点也在暗示着我们，端午习俗的形成也是多元的。人类学调查表明，虽然都过端午节，中国各地的端午习俗却有着很大的区别，可谓东西各异、南北有别。例如，河北一些地方在端午节这天要吃樱桃桑椹和五毒饼，山东一些地区要给儿童手腕缠五色线，陕西有些地方男女戴艾叶，陕西一些地方要缝小角黍和小偶人，甘肃有些地方挂香包，江苏有些地区吃石首鱼、竞龙舟，四川有些区县有“出端午佬”的习俗，江西一些地方的人用百草水洗浴，湖北一些区县竞渡和作草船“送瘟”，广东有些地方要烧符水“送灾难”等。一些少数民族也过端午节，如白族人端午节喝雄黄酒、包粽子、挂艾草菖蒲于门上，用百草水给孩子洗澡。苗族端午节期间在门外挂菖蒲和艾叶，也有以艾叶扎一只狗形挂在门外的。彝族各家也都要喝雄黄酒等。

根据史料记载和人类学调查，笔者对中国各地的端午节的共性内容大致作了如下归纳：

2. 中国端午节的法物

艾草、菖蒲。艾草，俗称家艾、艾蒿。其茎、叶含有挥发性芳香油，可驱蚊虫，并有较高的药用价值。《本草纲目》载言：“艾叶取太阳真火，可以回垂绝元阳。服之则走三阴，而逐一切寒湿，转肃杀之气为融和。灸之则透诸经，而治百种病邪，起沉疴之人为康泰，其功亦大矣。老人丹田气弱，脐腹畏冷者，以熟艾入布袋兜其脐腹，妙不可言。寒湿脚气人亦宜以此夹入袜内。”菖蒲，又名昌阳、尧韭、水剑草。具有风寒湿痹，咳逆上气，开心孔，补五脏，通九窍，明耳目，出音声等药用功效。当然，人们用艾草、菖蒲作为端午之法物，当取自其驱邪祛病的药用功效。

五色丝线。东汉应劭的《风俗通》载：“五月五日以五彩丝系臂，名长命缕，一名续命缕，一命辟兵缯，一名五色缕，一名朱索，辟兵及鬼，命人不病瘟。”应劭的记述表明，在汉代就已有“端午系五色丝线”之俗了。“五色丝”的颜色通常为白、绿、蓝（或黑）、红、黄。

雄黄酒。雄黄也称雄精、黄金石、石黄、熏黄，主要产于湖南、甘肃、四川、云南等地。雄黄主要成分是二硫化砷，有解毒杀菌的作用，用雄黄粉和白酒泡制的雄黄酒，亦有同样的功效。中国南方古有端午饮雄黄酒的习俗。据乾隆《泉州府志·风俗》记载：“端阳……饮雄黄酒，且噀于房角及床下，云去五毒，小儿则擦其鼻。”端午饮用或者涂抹雄黄酒，即是希望驱虫、祛病，获得健康。

钟馗像。钟馗虽然是传说中的历史人物，但其捉鬼的故事不仅在南方广泛流传，而且还被编成剧目演出。因此人们认为，若在家里悬挂其画像便可辟邪，避免妖魔鬼怪的侵害。

3. 中国端午节的食品

端午节的食品非常有特色，粽子、鸡蛋、鸭蛋、五黄、乌龟等。这些食品，表面看起来很平常，实际上都不是简单的充饥之物，而是有着特殊的含义。

粽子。粽子是端午节最主要的食品。粽子又称角黍，早在春秋时期就有了角黍这种食品。据说，是因用菰叶包黍米成牛角状而得名。粽子的馅料最初就是黍米，后来又有了糯米。据记载，自晋代起，除了黍米、糯米等主料外，又出现了辅料。今天看，粽子的辅料十分丰富，包括猪肉、板栗、红枣、豆沙、蛋黄、松子仁、胡桃等。粽子的包裹料主要有菰叶、箬叶、芦苇叶、竹叶、荷叶等。粽子的一般做法是，用竹叶等将洗净的主辅料包成立体三角形，以马兰草或线绳捆绑好后，用清水煮。

站在今天的角度看，粽子的馅料和包裹料也是走过了一个从单一到复杂的多元化过程，反映了社会生活的发展历程。同时，现状表明，中国端午粽子的地域差异较大，无论是在用料上，还是在形制上，体现了中国端午节“多源多流”的特点。从馅料看，北方多包红枣粽，南方则多包鲜肉粽、蛋黄粽等；辅料、品种则是南方较北方丰富；做工方面，南方粽较北方粽小巧精细。这种南北地域差异，恐与端午起源于南方不无关系。

鸭、鸭蛋、鸡蛋。除了粽子，很多地方都有端午食鸭、鸭蛋、鸡蛋的风俗。其中的原因，一方面是这些食物营养丰富，利于身体健康，另一方面或与“平衡阴阳”的传统思想有关。

此外，有些地区还有端午节食乌龟、五黄（黄鳝、黄鱼、黄瓜、咸蛋黄及雄黄酒）等习俗。

4. 中国端午节的活动

悬菖挂艾。民谚有言：“清明插柳，端午插艾。”文献也有关于端午节悬菖挂艾的记载。晋代《风土志》记载：“（端午）以艾为虎形，或剪彩为小虎，帖以艾叶，内人争相裁之。以后更加菖蒲，或作人形，或肖剑状，名为蒲剑，以驱邪却鬼。”南朝宗懔《荆楚岁时记》载言：“采艾以为人，悬门户上，以禳毒气。”清顾铁卿的《清嘉录》中载言：“截蒲为剑，割蓬作鞭，副以桃梗蒜头，悬于床户，皆以却鬼。”乾隆《泉州府志·风俗》载言：“端阳……悬蒲艾及桃枝于门，贴符及门帖。”

调查表明，中国端午节的“悬菖挂艾”习俗有地域特色。总的来说，南方以“悬菖”为主，北方则主要是“挂艾”。这与菖蒲、艾草的分布有关。

此外，有些地区还有挂“五端（榕枝、艾叶、菖蒲、柳枝、大蒜）”的习俗，有些农村还有“薰烧艾叶”的习惯等。

系五色丝线、佩戴香囊。《荆楚岁时记》载言：“五月五日，以五彩丝系臂名曰辟兵，令人不病瘟。”直到今天，在中国许多地区，都有端午“系五色丝线”、“佩戴香囊”的习俗。

陈示靓的《岁时广记》引《岁时杂记》言道：“端五以赤白彩造如囊，以彩线贯之，搐使如花形。”所说的就是端午佩戴香囊的习俗。香囊一般为丝布做成，以五色丝线为索，内装朱砂、雄黄、香料等。端午节时挂在孩子胸前，以避邪祛病、保安康。

赛龙舟。端午赛龙舟的习俗主要集中在长江流域及以南地区。一般认为，端午赛龙舟源自屈原投江的故事。《荆楚岁时记》载："五月五日竞渡，俗为屈原投汨罗，曰伤其死，故命舟楫以拯之，舸舟取其轻利谓之下凫，一自以为水军。一自以为水马，州将及士人悉临水观之。"宋朝庄季裕的《鸡肋篇》记载："湖北以五月望日为大端阳，泛舟竞渡，逐村之人，各为一舟。"明朝袁中道的《午日沙市龙舟》云："旭日垂杨柳，倾城出岸边。黄头郎似马，青黛女如仙。龙甲铺江丽，神装照水鲜。万人齐著眼，看取一舟先。"文献的记述，反映了古代端午竞渡的盛况，表明这一活动有着深厚的群众基础。否则也不会传承几千年而不衰。

虽说赛龙舟源自屈原的故事，但在几千年的传承过程中，其意义也发生了很大变化。现如今，纪念先人的意义越来越淡，而竞赛的味道越来越浓。

兰汤沐浴。所谓"兰汤"，据考证，就是用兰草配制的洗澡水。关于兰草的功效，《本草经》云："利水道，杀蛊毒，辟不祥，久服益气轻身不老。"《本草纲目》言道："消痈肿，调月经，煎水，解中牛马毒。"《开宝本草》则说："煮水以浴，疗风病"等。可见，兰草的医用价值极高。据记载，先秦已有兰汤沐浴之俗了。《大戴礼记》载："五月……蓄兰，为沐浴也。"《楚辞》云："浴兰汤兮沐芳。"乾隆《泉州府志·风俗》载："端阳……沐兰汤。"近代人类学调查表明，在泉州等一些南方地区，至今仍有端午沐浴兰汤的习俗。当然，人们在端午沐浴，主要目的还是要祛病强身。

调查显示，中国各地端午习俗十分复杂，既有共性也有个性。例如南方很多地区还有端午饮菖蒲酒、练枪星（泉州晋江亭顶村）、画额（即把雄黄涂抹在小孩子的额头上，山西河曲）等习俗。

三、日本端午节

1. 日本端午节的习俗

日本人把端午节叫做「端午の節句」，是男儿节。本来与中国一样，端午节是阴历五月初五。但自明治维新以后，由于日本废除阴历而采用阳历，因此原来所有以阴历计算的节日活动也改为按照阳历计算了。端午节因此也就成了阳历的5月5日。这一变化本身也使得端午节的内涵发生了很大改变。从现代日本端午节的状况看，与中国差异较大。

2. 日本端午节的法物

菖蒲。菖蒲在日本端午节中占有重要地位。一般认为，作为纪念节、卫生节的中国端午节，传到日本后演变成日本的男儿节与菖蒲的形状及其发音有关。首先，“菖蒲”的日语发音是“ショウブ”，与“尚武”、“胜负”等词的发音相同；其次，菖蒲的叶子似剑形。音与形的特征恰恰符合日本武家政治时代的尚武风习，而练武又是男人的事情，这样一来，菖蒲也就有了男人的气质。于是，中国的端午节也因其法物性质的改变而发生了质的变化，逐渐发展成今天的男儿节。

按照阴历计算的端午节，正是菖蒲花盛开的季节，因此日本人采菖蒲，其中蕴含着：希望孩子“茁壮成长，出人头地”的心愿。

鲤鱼旗。鲤鱼旗的日语表述是「鯉のぼり」，用布料缝制的鲤鱼形长筒状旗幡，是日本端午节的重要法物。一般认为，鲤鱼旗源于中国的神话故事——“鲤鱼跳龙门”，最早出现在江户时代。从时间上看，鲤鱼旗当是日本端午节定型后成为其元素的。而加入这一元素，更充分地体现了日本人希望“男孩子茁壮成长，并像鲤鱼一样，能够跳过龙门，出人头地”的心理。

鲤鱼旗作用彩色布料的颜色主要有蓝、红、黄、白、黑五种，分别代表木、火、土、金、水。据日本人讲，在五种颜色中，黑、红、蓝是主色，分别代表父亲、母亲和孩子。显然，这种日本人认为源于神道思想的色彩观，其真正来源是中国道教的“五行说”。

盔甲、五月偶人。在端午节陈列盔甲和偶人的习俗，大致形成于室町至江户时代，具体的年代恐怕很难说清。今天看，端午偶人形象基本都取自日本历史上的著名武士，如伊达政宗、直江兼续、上杉谦信、武田信玄、德川家康、真田幸村、织田信长、丰臣秀吉、源义经等。显然，日本人选用这些心目中的英雄人物作为偶人形象，无非是希望孩子特别是男孩子要向他们学习，成为名扬四海的英雄。盔甲、武士形象的偶人都与“武勇”相关联，由此也可以推断，端午偶人出现在武家政治时代。

此外，在端午偶人中还有钟馗和神武天皇的形象。当然，在意义上与其他偶人不同。主要希望在二位的护佑下，小孩子平安健康。

3. 日本端午节的食品

日本端午节的食品主要有粽子和柏糕。据说，历史上有“关西粽子，关东柏糕”的说法，表明端午节在食品上的东西差异。

粽子。不用说，日本人端午节吃粽子的习惯，是从中国进口的。粽子这种食品很早就出现在日本的文献中，10世纪编写的《倭名类聚钞》中就有，用植物的叶子包裹糯米并用灰汁水煮食的记载。

粽子的主要原材料是糯米、红小豆以及充当包裹材料的矮竹叶。一般的做法，以糯米为主料，红小豆泥（红豆沙）作馅料，用矮竹叶包成圆锥状，捆扎后上锅蒸熟。

柏糕。关于柏糕的起源，讨论的不多，尚无定论。不过，从其制作方法看，似与中国北方的年糕相近。柏糕出现的年代，大致在江户时代初期。

柏糕的制作工艺较为简单，将糯米粉或糯米、大米混合粉用水和好后上锅蒸熟，取适量熟面做成面饼，把红小豆泥、白砂糖的混合馅料放在面饼上，将面饼置于柏叶上并对折即成。出红豆砂糖柏糕外，还有白豆大酱砂糖柏糕等品种。

柏树具有“新芽不出，老叶不落”的特点，因此柏叶象征着“孩子不生，父母不死＝家族香火不断”，引申为“子孙兴旺”之意。

日本人的端午食品，全国高度统一，充分体现了日本端午“一源一流”的特点及外来文化的基本特质。

4. 日本端午节的活动

挂菖蒲、洗菖蒲浴。据说，在平安时代，作为宫廷的例行活动，端午节这天佩戴菖蒲。每至端午，从天皇到文武大臣，要在头冠上佩戴用菖蒲做的绺，目的是驱邪祛病。端午节在房檐、大门口挂菖蒲艾草的习俗虽是模仿中国人的做法，但在意义上有所不同，主要是为了驱邪、防火。这恐怕与“房屋多为木质结构，易发生火灾”有关。

此外，洗菖蒲浴也是日本端午习俗的一大特色。据《御汤殿上日记》记载，端午节洗菖蒲浴始于日本的战国时代，本为宫廷之俗，江户时代后逐渐民间化了。洗浴的时间基本上是在五月五日夜或五月六日晨。

日本人所以要在端午节洗菖蒲浴，至少有三个原因可以考虑。一是菖蒲杀菌、解毒、活血的药用价值早为日本人所知；二是五月时节，春夏相交，易生疾病，客观上有治病防病、强身健体的需求；三是旧历五月正值水稻插秧季节，日本古有插秧前举行迎田神、祈丰收的“五月忌”仪式。仪式当天，作为巫女的早乙女（插秧少女）为了净身，要在屋顶铺满艾蒿、菖蒲的小屋子里过夜。以上三个因素与端午节的结合，就有了今天的端午菖蒲浴。当然，端午菖蒲浴习俗的形成，也是日本人民智慧的结晶。

不过，前面也讲了，在中国的福建省泉州一带，古有端午“沐浴兰汤”之俗。日本的端午菖蒲浴是否也受到“沐浴兰汤”的影响，尚不清楚，或许也是有可能的。

挂鲤鱼旗。端午节挂鲤鱼旗的习俗大致形成于江户时代。最初是将军家生了男孩子要挂带有家纹的旗帜以示庆贺，这一习俗后来在武士中间流行开来，后来民间又出现了象征出人头地的鲤鱼幡。在很长一段时间里，端午节“武士挂家纹幡，百姓挂鲤鱼幡”。

江户时代的鲤鱼幡是用和纸制作，并绘制鲤鱼图案，大正时代便有了锦缎鲤鱼，现代则出现了纤维料制作的鲤鱼幡。

陈列盔甲、偶人。端午陈列盔甲、偶人的习俗，最早起源于武士在梅雨到来之前为防虫而晾晒盔甲。武士偶人的形象最初是用菖蒲（音同尚武）编成并挂在大门口。后来，晾晒盔甲、悬挂偶人与端午节合流，逐渐形成了在室内设陈列架，陈列盔甲、偶人的习俗。

如前所述，端午节陈列盔甲、偶人的用意，自然是家长希望男孩子健康成长、出人头地。

四、端午习俗中的象征

从前面的论述可知，端午的法物、食品以及仪式性活动等构成端午文化的各要素，都有其独特的象征意义。在此，笔者对中日两国端午习俗的象征意义分别归纳如下：

1. 中国端午习俗中的象征

艾草、菖蒲——健康

五色丝——和谐、平安、健康

钟馗——平安、健康

粽子——健康

鸭蛋、鸡蛋——健康

雄黄酒——健康

竞龙舟——健康

分析表明，中国端午习俗各要素的象征意义集中体现了“健康”的主题，反映了中国人渴望平安、健康、和谐的普遍心理。

2. 日本端午习俗的象征意义

菖蒲——尚武 = 武勇

菖蒲浴——健康

鲤鱼旗——男孩子飞黄腾达、事业发达

偶人——男孩子勇敢、健康

铠甲、盔甲——平安、健康

钟馗——平安、健康

粽子——健康

柏糕——幸福、家业永续

从整体上看，日本端午节各要素集中体现了“健康”、“勇敢”的主题，反映了日本人追求健康、平安、尚武、出人头地的普遍心理。

从端午习俗各要素的象征意义看，中日两国人都把“健康”作为该节日活动的主题，这是共性。当然，日本端午习俗中的“武勇”、“家业永续”等象征意义，则是日本人对端午习俗的改造和发展，是其个性。

结　语

通过法物、食品、活动、象征等几个方面的比较，我们发现，中日端午节在基本元素和象征意义上具有高度一致性，说明两者渊源关系的真实可靠；不过，中国端午习俗中南北差异、区域差异之大与日本端午习俗全国高度一致性之间形成了鲜明的对比。所以如此，恐与中国端午之“多源多流”和日本端午之“一源一流”直接相关。

同时，日本端午在对中国端午之改造和本土化方面的表现也极为突出，鲤鱼旗、盔甲武士等元素在教育、培养日本男性武勇精神方面发挥着重要作用。端午习俗在日本的保存与演化过程，再现了日本人吸收外来文化的积极态度和善于改革创新的精神。透过端午习俗，我们认识到，日本文化所以能够长期保持创新的活力，得益于其高度开放性、融合性的特性。总之，通过比较，笔者感到，虽然元素不同、过程有异，但在最终目的上，中日端午习俗都充分反应了追求“平安、健康、幸福”这一人类共同的心理诉求。

赴日宋商的海神信仰与祭海祈风习俗

薛　豹①

著名史学家邓广铭先生指出："宋代是我国封建社会发展的最高阶段。两宋期内的物质文明和精神文明所达到的高度，在中国整个封建社会历史时期之内，可以说是空前绝后的。"② 美国学者费正清和赖肖尔在《中国：传统与变革》一书中认为中国"8至13世纪的大发展最主要的原因应归功于贸易的发展"。"外贸的发展也反映了商业的繁荣，而且它也是推动当时商业革命的主要力量"。③

宋代商业繁荣，海外贸易突飞猛进，发生了一场实实在在的"商业革命"，宋朝海商对于推动海外贸易的迅速发展，促进宋代物质文明和精神文明的进步是功不可没的。近年来中日学者对宋朝海商的研究取得了不少成果。④ 宋朝海商去海外贸易，海上风涛万里，一旦遇到海上风暴，就有

---

① 薛豹，男，汉族，1966年生，历史学博士，外语教学与研究出版社综合语种出版分社编委会主任、副编审。主要研究方向：中日交流史。

② 邓广铭：《谈谈有关宋史研究的几个问题》，载邓广铭：《宋史十讲》，中华书局2008年版，第3页。

③ ［美］费正清、赖肖尔：《中国：传统与变革》第六章"晚唐与宋—中国文化的全盛期"之第四节"商业革命"，世界知识出版社2002年版，第151—152页。

④ 陈高华、吴泰：《宋元时期的海外贸易》，天津人民出版社1981年版；黄纯艳《宋代海外贸易》，社会科学文献出版社2003年版；庄景辉：《论宋代泉州的海外贸易》，［日］斯波义信：《宋代福建商人的活动》，载庄景辉编：《泉州港考古与海外交通史研究》，岳麓书社2006年版；郭万平：《来宋日僧成寻与宁波商人陈咏》，载《宁波与海商丝绸之路》，科学出版社2006年版；薛豹：《宋日贸易管窥》，载薛豹主编：《日本学论丛》，外语教学与研究出版社2009年版；《宋朝赴日海商李充所持"公凭"考》（未刊稿）；［日］森克己：《新订日宋贸易研究》，勉诚出版2008年版；《续日宋贸易研究》，勉诚出版2009年版；《续续日宋贸易研究》、勉诚出版2009年版；［日］榎本涉：《宋代的"日本商人"的再研讨》，《东亚海域和日中交流10—14世纪》，吉川弘文馆2007年版；［日］小野正敏、五味文彦、萩原三雄编：《中世的对外交流》，高志书院2006年版；王勇：《宁波现存居住博多宋人石碑》，载《亚洲游学》第3号，勉诚出版1999年版。［日］山口晋次：《围绕〈香药抄〉的宋海商史料》，载《连接东亚的物和场》，勉诚出版2010年版。

可能葬身鱼腹，还有可能途中遇到海盗，财货被劫掠一空，所以他们在从宋朝出海或从外国回航时总要祭海祈风，以祈求神灵保佑船队能够顺利出海，途中一帆风顺。本文拟就赴日宋朝海商的海神信仰与祭海祈风习俗进行考察。

一、《参天台五台山记》所反映的宋朝海商祭海祈风习俗

《参天台五台山记》是日本入宋僧成寻所写的日记，记载的时间从熙宁五年（日本延久四年，1073）三月十五日到熙宁六年六月十二日。其中记载的在日本肥前国松浦郡壁岛候风出海、宋商祭祀神灵和到宋朝之前航海途中的情形真实反映了航海的艰辛历程。

资料一：

延久四年三月十五日己未　寅时，于肥前国松浦郡壁岛，乘唐人船。一船头曾聚，字曾三郎，南雄州人；二船头吴铸，字吴十郎，福州人；三船头郑庆，字郑三郎，泉州人。三人同心令乘船也……辰时依西风吹不出。船在壁岛西南浦。法华法，后夜经：第六卷，如意轮供。[①]

资料二：

［三月］十六日丙申　寅时，依有东风，出船，上帆。无几，有西风，船还著本泊了。卯时，后夜经：第一卷，如意轮供。……午时，日中经：《譬喻品》，如意轮供。申时，文殊供。船头、杪札[②]等以鸡酒祭诸神，烧纸钱、幡，读祭文。戌时，初夜经：第二卷了，如意轮供。每日念“圣观音咒”一万遍，“风天真言”一万遍，乞祈海安。[③]

资料三：

［三月］十九日己亥　天晴。寅时，东北顺风大吹。……卯时，上帆，乱声击鼓，出船。爰东风切扇，波涛高猛，心神迷

① ［日］成寻：《参天台五台山记》第一，白化文、李鼎霞校点，花山文艺出版社2008年版，第1页。

② 此处“杪”字乃“抄”字之误，应为“抄札”——笔者。

③ ［日］成寻：《参天台五台山记》第一，白化文、李鼎霞校点，花山文艺出版社2008年版，第2页。

惑。不修行法，心中念佛。随波上下，船亦转动。①

资料四：

［三月］廿一日辛丑　风吹如故，雨气不散。……午时，天晴，少有乾风。船人骚动，祈神，卜之。艮风出来，予心中不动，念“五台山文殊并一万菩萨”、“天台石桥五百罗汉”，念诵数万遍。戌时，始念“不动尊咒”一万遍：丑时，六千遍了，有吉梦；寅时，一万遍满了，有好梦。②

资料五：

［三月］廿二日壬寅　天晴。艮风大吹。唐人为悦。中心思之：万遍咒力也。③

从资料一可以知道，宋朝海商和成寻一行是要从日本的肥前国松浦郡壁岛出发，要航行至宋朝的明州，如果刮西风，是为逆风，因此说“辰时西风吹，不出”④，意思是说早上7点至9点刮西风，所以不能出海；第二天寅时（即3点至5点）因为刮起了东风，所以开船出海，上帆。但是没过多久又开始刮西风，船不得不返回西南浦港口停泊。由于出师不利，风向不顺，船不能出海，所以宋朝海商的船头、抄札等人以鸡酒祭诸神，烧纸钱、幡，读祭文。而成寻由于素常修炼佛法，每天念诵“圣观音咒”和“风天真言”各一万遍，乞求菩萨、风天赐予顺风（参考资料二）。念诵“风天真言”是向风神祈愿，佛教中的“风天”是密宗十二天之一，护世八方天之一。⑤ 待到十九日寅时（3点至5点），强劲的东北风吹来，正好是顺风，向西南航行，可直奔宋朝明州方向。但船一出海，风高浪急，成寻开始“不修行法，心中念佛”，求佛保佑平安（参考资料三）；在航海途中，风向突变，“少有乾风”（即开始刮西北风），船上的人们开始骚乱起来，赶紧祈神、占卜，而成寻也赶紧发挥自己的特长，念“五台山文殊并

① ［日］成寻：《参天台五台山记》第一，白化文、李鼎霞校点，花山文艺出版社2008年版，第3页。

② ［日］成寻：《参天台五台山记》第一，白化文、李鼎霞校点，花山文艺出版社2008年版，第4页。

③ ［日］成寻：《参天台五台山记》第一，白化文、李鼎霞校点，花山文艺出版社2008年版，第4页。

④ 此处原文标点有误，应为“辰时西风吹，不出”——笔者。

⑤ ［日］成寻：《参天台五台山记》后记，白化文、李鼎霞校点，花山文艺出版社2008年版，第307页。

一万菩萨”和“五台石桥五百罗汉”数万遍，又念“不动尊咒”一万遍。为了祈求顺风，宋朝海商通过民间信仰向神灵祈祷，而成寻则通过佛教信仰向菩萨、罗汉、不动尊圣者祈祷，真可谓“八仙过海，各显神通”（资料四）。按照当时帆船的航海技术，“其樯直定而帆侧挂，以一头就樯柱如门扇……海中不唯使顺风，开岸就岸风皆可使，唯风逆则倒退尔，谓之使三面风”。[①] 倘若途中真的遇到逆风，“尚可用矴石不行”；[②] 三月二十二日当“艮风大吹”（即刮起强劲的西北风）之际，宋朝商人们都高兴起来，成寻认为是自己念的一万遍“不动尊咒”发挥了神力。

宋朝海商遭遇风向不顺时，立即祭神、祈神，他们祭的是什么神，向哪些神灵进行了祈祷？成寻的日记中并未载明。可以肯定的是，他们所祭祀的诸神之中一定包括“风伯”。另一位日本入宋僧戒觉的日记《渡宋记》中的一段史料也反映了赴日宋商祈风的一些信息：“永保二年岁次壬戌九月五日，于筑前国博多津，师弟三人乘于唐船，是大商客刘琨蒙回却宣旨之便也……六日，西风吹来，船不可出。但船樯相集竖，又欲祭风伯，于时夜及三更，船头整冕服兮读祭文，水手捧簠簋兮供盆盘。礼奠了后，酒肉共吃而已。”[③] 日本永保二年是北宋元丰五年（1082）。这段记载表明祭文要由船上职位最高的船头整理衣冠服饰后，很郑重地宣读祈风祭文，水手们要手捧着盆盘向诸神供奉牺牲。

毫无疑问的是他们祭祀的应该是海上的保护神。由于海商出生地不同，他们祭祀祷告的神灵可能也会有所不同。一船头曾聚是南雄州人（属于广州人），他很有可能向南海神广利王祷告，这是唐代以来广州海商就信仰的海神，唐代韩愈曾撰《南海神广利王庙碑》一文。[④] 宋代仍然信奉南海神，清代郝玉麟、卢增煜撰《广东通志》卷五十四载：“南海神庙，在府东南八十里扶胥之口，黄水之旁，创自隋世，唐天宝中封广利王。宋康定二年加号洪圣王。”[⑤] 南海神庙位于今广州黄浦区庙头村（宋代的扶胥镇），是我国唯一完整保存的一座海神庙。它建于隋开皇十四年（594），

---

① （宋）朱彧撰：《萍州可谈》，李伟国点校，中华书局2007年版，第133页。

② （宋）朱彧撰：《萍州可谈》，李伟国点校，中华书局2007年版，第133页。

③ 引自［日］竹内理三编：《大宰府·太宰府天满宫史料》第五卷，大宰府天满宫1986年版，第361页。

④ 闫晓青：《南海神庙——中国古代海上丝绸之路的重要遗迹》，载《南方文物》2005年第3期。

⑤ 转引自王国荣：《海洋神灵——中国海神信仰与社会经济》上，江西高校出版社2003年版，第47页。

是祭祀南海神祝融的庙宇。[①] 唐代天宝年间，南海神被封为“广利王”，宋代仁宗康定二年（1041）又加封号“洪圣王”。实际上，宋太祖灭南汉之后，于开宝六年（973），又新立《大宋新修南海广利王庙碑铭》，北宋英宗治平四年（1067）再立《重修南海神庙碑》。南宋时对南海神也是不断加封，到南宋乾道元年（1165），已加封为“南海广利洪圣昭顺威显王”。[②] 不过，曾聚也有可能向丰隆神祈祷，《萍洲可谈》卷二载：“广帅以五月祈风于丰隆神。”[③] 当时是帅臣兼领提举市舶，官方的祈风仪式是由由提举市舶官主持的，看来向丰隆神祈祷是宋朝广州官方祈风的习俗，曾聚必然受到一定影响。

二船头吴铸是福州人，三船头郑庆是泉州人，他们都是福建人，他们很可能向“通远王”（全称为“通远、善利、广福王”）祷告。泉州祈风祭祀仪式都在九日山延福寺的“通远、善利、广福王祠”举行。[④] 据记载，泉州南安九日山的通远王生前曾隐居永春乐山修炼，后成仙而去，俗呼“白须公”，又呼“翁爹”，民众为之立庙，名福王庙。在唐代咸通年间曾显现神迹，宋朝时册封他为“通远王”。[⑤] 官方祈风祭祀“通远王”定会对当地海商们的信仰产生一定影响。他们还可能向海神妈祖祷告。妈祖，原名林默（又称林默娘），宋太祖建隆元年（960）农历三月二十三生于福建莆田湄洲屿，她原是一名女巫，“能知人祸福”，从小就在海上救助了不少遇难的渔民和商船，被称为“神姑”。宋太宗熙宁四年（987）九月初九日，年仅28岁的林默娘在莆田湄洲屿羽化升天。相传她升天后常护佑海上渔民和往来商船，被民众奉为“海神”，“航海者有祷必应”。[⑥] 宋代妈祖信仰最初流行于福建地区，由于福建渔民和海商的虔诚信奉和莆田籍官员的大力推动，打破了《左传》中所提出的“祭不越望”论，妈祖的影响不

---

① 闫晓青：《南海神庙——中国古代海上丝绸之路的重要遗迹》，载《南方文物》2005年第3期。

② 闫晓青：《南海神庙——中国古代海上丝绸之路的重要遗迹》，载《南方文物》2005年第3期。

③ ［宋］朱彧撰：《萍州可谈》，中华书局2007年版，第133页。

④ 陈高华、吴泰著：《宋元时期的海外贸易》，天津人民出版社1981年版，第96—97页。

⑤ 王国荣：《海洋神灵——中国海神信仰与社会经济》上，江西高校出版社2003年版，第117页。

⑥ 王国荣：《海洋神灵——中国海神信仰与社会经济》上，江西高校出版社2003年版，第61—62页。

断扩大。①

船上所有的人也很有可能像成寻一样，向观世音菩萨祷告。在《法华经（妙法莲华经）》卷八《观世音菩萨普门品》的经文中，有观世音菩萨作为航海保护神而被人们信仰的最大依据。② 资料一中写到成寻修“法华法”，即念诵《法华经》其目的也在于祈求观世音菩萨的保佑。姚秦三藏法师鸠摩罗什译《观世音菩萨普门品》载：“若有百千万亿众生，为求金、银、琉璃、砗磲、玛瑙、珊瑚、琥珀、珍珠等宝，入于大海，假使黑风吹其船舫，飘堕罗刹鬼国，其中若有乃至一人，称观世音菩萨名者，是诸人等，皆得解脱罗刹之难”，③ 又载：“或漂流巨海，龙鱼诸鬼难，念彼观音力，波浪不能没。”④ 作为航海保护神的观音信仰应该说历史最长且地域最广，不仅限于东亚的中国、日本、高丽，还包括东南亚国家。观世音菩萨作为救苦救难、大慈大悲的保护神形象早已印在了宋朝海商们的记忆深处。事实上，宋朝的海商大都视妈祖为观世音菩萨的化身。明刊本《三教搜神大全》记载，林默母“尝梦南海观音与以优钵花，吞之，已而孕，十四月始免身得妃（林默）”。⑤ 总而言之，宋朝海商的信仰是多元化的，只要能保佑海上航行的安全，上述一系列神灵和观世音菩萨都可能是他们信仰、祈祷的对象。正如研究南宋民间信仰的美国学者韩森所指出的，“唯灵是信”是中国民间宗教的文化特征之一。他们选择神的标准就是是否“灵验”。⑥

二、宋朝海商祈风祭文试探

熙宁五年（1072）从日本回国的宋朝海商的船头和抄札等人，“以鸡酒祭诸神，烧纸钱、幡，读祭文”，他们究竟读的是什么样的祭文，其内容为何，成寻没有记载，甚为可惜，至今已无从可考。但是南宋知泉州真

---

① 韩森：《变迁之神——南宋时期的民间信仰》，浙江人民出版社 1999 年版，第 144—147 页。

② ［日］山内晋次：《观音信仰与海域世界》，藤田良明：《由普陀山传承而来的日本的观音—以福井县天妃妈祖观音像为中心》，载郭万平、张捷主编：《舟山普陀与东亚海域文化交流》，浙江大学出版社 2009 年版。

③ 引自宣化法师撰：《观世音菩萨普门品浅释》，宗教文化出版社 2007 年版，第 118 页。

④ 引自宣化法师撰：《观世音菩萨普门品浅释》，宗教文化出版社 2007 年版，第 42—43 页。

⑤ 转引自何振良：《试析泉州民间信仰的人文特征》，载李冀天、朱学群、王连茂主编：《泉州文化与海上丝绸之路》，社会科学文献出版社 2007 年版，第 355 页。

⑥ 韩森著：《变迁之神——南宋时期的民间信仰》，浙江人民出版社 1999 年版。

德秀的《祈风文》可以让我们从侧面窥探到宋朝海商所读祭文的一些蛛丝马迹。现引述如下：

> 惟泉为州，所恃以足公私之用者，蕃舶也。舶之至，时与不时者，风也。而能使风之从律而不愆者，神也。是以国有典祀，俾守土之臣，一岁而再祷焉。呜呼！郡计之殚，至此极矣。民力之耗，亦既甚矣。引领南望，日需其至，以宽倒悬之急者，惟此而矣。神其大彰厥灵，俾波涛晏清，舳舻安行，顺风扬飒，一日千里；毕至而无梗焉。是则吏与民之大愿也。谨顿首以请。①

宋朝海商所读祈风祭文不会像后来的真德秀那样以官员的口吻去祈求神灵，但是赞美神灵的功德恩泽，祈望神明"宽倒悬之急"、"大彰厥灵"，乞求"波涛宴清，舳舻安行，顺风扬帆，一日千里"则应是大致相同的说辞。商人追逐商业利益，乞求神灵保佑时，一定会许愿：一旦平安无事，一帆风顺，待获利之后，定会"重修庙宇，再塑金身"。最初，湄洲妈祖庙规模并不大，"仅落落数椽"，岛民虔诚祭祀，"日无虚祷"。北宋仁宗天圣年间（1023—1032），有一个名叫三宝的海商航运经商，路过妈祖庙时，祈祷神女保佑，事后果然灵验，乃"捐金创建"，妈祖庙为之一新。此庙叫做"湄洲祖庙"。② 按照宋代的习俗，海商向神明祈祷许愿，若果然应验，祈祷的人是要祭祀还愿，否则一旦触怒神灵，就会遭到报应。宋洪迈撰《夷坚志》丁志卷第六所载《泉州杨客》的如下故事就反映了这样一个习俗：

> 泉州杨客为贾十余年，至赀二万万。叶本③作"钜万"，明抄本不叠"万"字。每遭风涛之厄，必叫呼神明，指天日立誓，许以饰塔庙，设水陆为谢。然才达岸，则遗忘不省，亦不复纪录。绍兴十年，泊叶本作"出"。海洋，梦诸神来责偿，杨曰："方今往临安，俟还家时，当一一赛答，不敢负。"神曰："汝那得此

① ［日］真德秀撰：《西山先生真文忠公文集》第五十卷，万有文库本，上海商务印书馆1937年版，第965页。

② 肖一平：《略论妈祖传记的演变》，载朱天顺主编：《妈祖研究论文集》，鹭江出版社1989年版，第13页。李小红：《论妈祖信仰在宋代的嬗变及其成因》，载浙江大学宋学研究中心编《宋学集刊》第2辑，浙江大学出版社2010年版，第373页。

③ "叶本"，何卓先生点校时参考的叶祖荣所编的版本。

福，皆我力尔。上二字叶本作“祐汝”。心愿不必酬，只以物见还。”杨甚恐。以七月某日至钱塘江下，叶本作“岸”。幸无事，不胜喜，悉辇物货置抱剑街叶本作“营”。主人唐翁家，身居柴垛桥西客馆。唐开宴延伫，杨自述前梦，且曰：“度今有四十万缗，姑以十之一酬神愿，余携归泉南置生业，不复出叶本多一‘海’字。矣。”举所赍沉香、龙脑、珠绯珍异纳于土库中，他香布、苏木不减十余万缗，皆委之库外。是夕大醉。次日，闻外间火作，惊起，走登吴山，望火起处尚远，俄顷间已及唐翁屋，杨顾语其仆：“不过烧得粗重，亦无害。”良久，见土库黑烟直上，屋即摧塌，烈焰亘天，稍定还视，皆为煨烬矣，遂自经[①]于库墙上。暴尸经夕，仆告官验实，乃得稾葬云。[②]

泉州杨客每次遇到海难，总是指天发誓：一旦获得平安，将来会重修佛塔、宫观、祠庙[③]，设“水陆法会”答谢神灵。但是一旦平安到岸，总是忘记，又从不自省进而履行自己的诺言，梦中诸神都来讨债，最终落得所有贩运的宝货全部毁于火灾，自尽身亡。虽然这个故事荒诞不经，但作者意在通过这个故事劝导人们信守诺言，无论对人还是对神都要言而有信，知恩图报，不能过分贪婪吝啬，言而无信，对于教化当时的民众很有意义。

在宋代，不仅仅是一般民众、普通商人在对神明许愿之后，一旦灵验，必须祭祀还愿，即使是官府在祈雨、祈雪、祈晴之时都要写《诸庙祈雨祝文》、《祈雨诸庙祝文》、《祈雨祝文》、《祈雪祝文》、《祈晴祝文》等，而后一旦应验，一定要举行仪式，感谢神灵，真可谓是“敬神如神在”。[④]在宋人真德秀撰《西山先生真文忠公》第四十九卷、第五十卷就载有《诸庙谢雨祝文》、《谢晴祝文》、《谢雨祝文》等酬谢神灵的祭文。如《诸庙谢雨祝文》载：

---

① 此处原文“经”字误，应为“颈”字——作者。

② （宋）洪迈撰：《夷坚志》丁志卷第六，中华书局1981年版，第588—589页。

③ 在宋代人心目中，寺院、道观（宫观）和祠庙是不同的事物，不可混为一谈。在宋代文献和宋人文集中很少出现“寺庙”一词，寺与庙是不同的两个概念。参考刘雅萍：《制度下的神灵——两宋时期政府与民间关于信仰的沟通》，北京师范大学2009年博士论文，指导教师游彪教授。

④ 语出《论语》。

比以龙会之辰，膏泽是望。辄殚忱悃，祷于有神。荷神之灵，甘淫随降。有祷有谢，惟礼之常。爰饬有司，肆严昭答。然壬戌欲雨而遽晴，甲子欲晴而小雨，由秕政之多有，且愚诚之未孚。退自省循，敢不祇惧……

祈雨得雨，不但要礼赞神灵的恩德，还会反省为什么前些时候祈雨时天气却骤然放晴，而祈晴时却下起了小雨，最后不是怨天尤人，而是归因到自己施德政不够，产生了一些弊政，祭祀不够十分虔诚。正如文中所说："有祷有谢，惟礼之常"，上至朝廷，下至百姓，都要遵守这种仪礼。由此，我们可以推想从日本回国的宋朝海商所读的祭文中，除了礼赞神灵的功德，起誓发愿之外，也有可能包含反省自己之前积攒的功德不够、祭祀神灵不够十分虔诚的词句。

元代李士瞻海上遇难时所作《海上祈风投词》极有参考价值，或可印证以上推测。兹引述如下：

伏以欲海波深，惟借慈航之渡，胥涛势险，用叨阴相之功。敬扣玄关，特陈虔恳。切念某等烟波羁旅，蝼蚁微生。罪获于天，爰自平生而积；情出非已，多因有故而来。顷缘国步之迍邅，遂致民黎之播越。或情牵于骨肉，而痛切于父兄；或志迫于饥寒，而贤劳于王事。迹偶同于首鼠，念岂比于秃鹙。类由公事而私还，类值寒来而暑往。皇华之使，每怀靡监之悲；式微之歌，恒起遄归之念。情该万状，话匪一端。恭惟天妃，夙契道缘，悟超仙品。体太上好生之德，普济生灵，仗佛光真乘之威，同扶社稷。名既登于祀典，功久冠于皇家。重念某等偶因公委，一行公私人众参随下官，雇搭温州楚门戴某大亨船只前往福建，已经取自十月初旬登舟放洋，不图行次途中，日值逆风横作，既波涛之汹涌，即众意之怆惶。浩乎莫之，茫若无措，水薪殆尽，躯命是关。何一苇之艇未行，而八闽之州安在！人情伊阻，王程孔艰，言念及斯，痛伤何既！伏愿神幖顺指，风帆回翔，海上灵槎，冀即登于彼岸，天心明月，幸普照于迷途。①

---

① 引自蒋维锬、郑丽航辑纂：《妈祖文献史料汇编（散文卷）》第1辑，中国档案出版社2007年版，第16页。

这篇《海上祈风投词》，作于元至正二十年（1360）年左右。李士瞻出督福建海漕，从温州雇用商船由海道赴闽上任，不料途中遭遇逆风，险象环生，无奈投词祈祷于天妃（妈祖）。① 这篇祈风投词开篇即陈述虔诚恳请神灵庇佑之急切心情，紧接着就是自我反省之辞，某等“蝼蚁微生”，“获罪于天，爰自平生而积”。这是在引用《论语》中的话“获罪于天，不可祷也”。接下来便是一段悲情表白，而后是礼赞天妃普济众生、扶助社稷的功德，再下来描述遇难之时众人仓皇凄苦之状，最后伏愿神灵指引，冀望快速到达彼岸。后来，李士瞻果然获得平安，为了答谢天妃妈祖荫庇护佑之恩，他特作《谢风投祠》，兹引述如下：

> 伏以一苇之航事，已付于侥幸；中流之觚恩，斯倍于生成。天实相之，人胡谓也？言念某等孱孱弱质，扰扰浮生，行藏故出于有因，形迹颇同于亡命。疾痛而呼父母，至性难逃利害。而切肌肤，衷情所在。飘飘乎风涛是苦，惴惴焉沧胥是亡。望洋而退者再三，垂涕而告者数四。如是玄冥布德，炎飚敛威。风帆整而回镳，云帆张而顺指。一时有庆，万变胥停。化逆浪为亨衢，起呻吟为言笑。是盖神妃默赞，众圣周旋，首露投忱，敬伸虔谢。②

人在痛苦时就哭爹喊娘，而妈祖护佑海上航行之人，在海上遇难时“飘飘乎风涛是苦，惴惴焉沧胥是亡”，即痛哭流涕向妈祖祷告，妈祖显灵则“化逆浪为亨衢，起呻吟为言笑”，难怪信仰妈祖的人也称她为“娘妈”。在谢文中李士瞻也没忘记顺便感谢一下妈祖以外的其他诸位神灵——“众圣”。值得注意的是作为官僚精英阶层，他十分清佛、道之神灵与起源于民间的天妃不属于同一个系统，但他却用“仗佛光真乘之威”这样的说法，由此说明至少到了元代，上至官僚下至百姓已经将妈祖视同为“佛、菩萨”了。

至此，根据真德秀的《祈风文》和李士瞻海上遇难时所作的《海上祈风投词》的文章结构和语言特色，我们大体可以勾勒出熙宁五年（1072）从日本回国的宋朝海商所读祈风祭文的结构和所包含的内容：

---

① 参考蒋维锬、郑丽航辑纂：《妈祖文献史料汇编（散文卷）》第1辑，中国档案出版社2007年版，第16页。

② 引自蒋维锬、郑丽航辑纂：《妈祖文献史料汇编（散文卷）》第1辑，中国档案出版社2007年版，第17页。

恳请神灵庇佑（“伏以……”）；自我反省之辞（“切念某……”）；悲情表白之辞（“顷缘……情该万状，话匪一端”）；礼赞神灵普济众生的功德（“恭惟某神……体太上好生之德，普济生灵，仗佛光真乘之威……”）；描述危难之时众人凄苦仓惶之状（既波涛之汹涌，即众意之怆惶。浩乎莫之，茫若无措……伊阻……孔艰，言念及斯，痛伤何既）；许愿重修庙宇（“重修庙宇，再塑金身”）（伏愿……）；祈请指引航程，冀望速登彼岸（伏愿……）。

三、宋朝海商祭祀妈祖的习俗

宋朝海商出海贸易之前，一定会祭祀神灵，以求得一帆风顺。妈祖是宋朝海商信仰的最重要的海神之一，并且随着时间的推移，妈祖的神格越来越高。妈祖信仰虽然晚于南海神，但由于其不断显灵，宋代加封妈祖 15 次，对南海神加封只有 5 次，妈祖逐步从民间神上升到国家神。[①] 妈祖信仰最初流行于宋代福建兴化军，在福建渔民、福建海商和福建莆田籍官员的积极推动下，得以广泛传播，最后祭祀妈祖被列于宋朝国家祀典，妈祖成了被宋朝政府承认的国家性质的海上保护神。妈祖信仰经历了从巫觋信仰到神祠信仰，从民间祠祀到官方祠祀，从地方性祠祀到区域性祠祀三次嬗变[②]。到了元世祖至元十五年（1277），妈祖被加封为“天妃”[③]，她的神格进一步提升。

考妈祖事迹于文献，宋人丁伯桂所撰《艮山顺济圣妃庙记》对宋代时妈祖的事迹介绍甚详，兹节录如下：

神，莆阳湄洲林氏女。少能言人祸福，殁，庙祀之，号“通圣神女”，或曰“龙女也”。莆临海有难，元祐丙寅夜现光气，环堆之人，一夕同梦，曰：“我，湄洲神女也，宜馆我。”于是有

---

① 傅轶、黄少辉：《南海海神信仰文化研究——以南海神和妈祖为例》，载《海洋开发与管理》第 26 卷第 11 期。

② 李小红：《论妈祖信仰在宋代的嬗变及其成因》，载浙江大学宋学研究中心编《宋学集刊》第 2 辑，浙江大学出版社 2010 年版。

③ 蒋维锬：《一篇最早的妈祖文献资料的发现及其意义》，载朱天顺主编：《妈祖研究论文集》，鹭江出版社 1989 年版，第 26 页。

> 祠，曰“圣堆”。宣和壬寅，给事路公允迪，载书使高丽，中流震风，八舟沉溺，独公所乘，神降于樯，还获安济。明年，奏于朝，赐庙额曰“顺济”。绍兴丙子，以郊典封“灵惠夫人”。逾年，江口又有祠。祠立二年，海盗凭凌，效灵空中，风掩而去。州上其事，加封“昭应”。其年，白湖童郡一夕梦神指为祠处，丞相陈公俊卿乃以地券奉神立祠，于是白湖又有祠。时疫，神降曰：“去湖丈许，脉有甘泉，我为郡民续命于天，饮此泉者立痊。掘坭坎，甘泉涌出，请者络绎，朝饮夕愈，甃为井，号“圣泉”。郡以闻，加封“崇福”。越十有九载，福兴都巡检使姜特立捕盗，迁祝响应。上其事，加封“善利”。淳熙甲辰，民灾，葛侯郛祷之；丁未旱，朱侯端学祷之；庚戌夏旱，赵侯彦励祷之，随祷随答。累具状闻于两朝，易爵以妃，号“惠灵”。庆元四年，加“助顺”之号。嘉定元年加“显卫”；十年，加“英烈”……①

在北宋宣和五年（1123）妈祖庙获赐庙额“顺济”，绍兴二十六年（1156）年妈祖受封为“夫人”。由于屡次显灵，南宋朝廷屡加封号。绍熙三年（1192）妈祖由“夫人”晋封为妃，世称“圣妃”。② 元代又加封妈祖为“天妃”，妈祖的神格大为提升。

宋朝的广州、杭州、明州（今宁波）、明州定海县、秀州华亭（今上海）、泉州等地是重要的对外贸易港口，这几个港口城市商业繁荣，外贸发达，是宋朝海商云集之地。宋朝政府先后在这些港口设立管理海外贸易的机构—市舶司（市舶务）。③ 同时为了满足宋朝海商们祈祷出海贸易时能够“波涛晏清，舳舻安行，顺风扬帆，一日千里”，先后在这些港口建立了祭祀妈祖的祠庙。嘉定三年（1120）南雄州郡守命人从韶州迎来香火建立了祭祀妈祖的祠庙。这说明在嘉定三年之前韶州已有妈祖的祠庙。④ 宋人刘克庄是妈祖的同乡，宋嘉熙四年（1240）他出任广东提举，上任伊始，就拜谒了圣妃庙。《后村集》卷三十六载：“某持节至广，广人事妃无

---

① 转引自朱杰勤：《海神天妃的研究》，载朱杰勤著：《中外关系史论文集》，河南人民出版社 1984 年版，第 54—55 页。

② 蒋维锬：《一篇最早的妈祖文献资料的发现及其意义》，载朱天顺主编：《妈祖研究论文集》，鹭江出版社 1989 年版，第 26 页。

③ 薛豹：《宋日贸易管窥》，载薛豹主编：《日本学论丛》，外语教学与研究出版社 2009 年版。

④ 皮庆生著：《宋代民众祠神信仰研究》，上海古籍出版社 2008 年版，第 246 页。

异于莆，盖妃之威灵远矣。某，妃邑子也，属时多虞，惕然恐惧。妃其显扶默相，使某上不辱君命，下不贻亲忧，他日有以见鲁卫之事，妃之赐也，敢告。"① 说明妈祖的神威已经到达广东境内了，南宋时的广州海商很可能既祭祀南海神，又祭祀妈祖。

泉州最早建立"顺济庙"是在庆元二年（1196），"庆元二年浯浦海潮庵僧梦明神命作宫……号顺济庙"。该庙地处临江，紧邻市舶司，典礼致祭比去九日山"通远王"更为方便。② 张大任先生认为在广州、泉州，既祷告于"南海神"，又祈风于"通远王"，又祈平安于顺济妃（妈祖）。③ 笔者认为在广州可能如此，但在福建泉州妈祖的影响远胜广州，官方祈风可能延续旧例在九日山祭祀"通远王"，而宋朝泉州的民间商人虽有可能同时信仰两位海神，但他们祈风很可能就近去顺济庙祭祀妈祖，以求海路平安。绍熙二年（1191），明州鄞县就已经建立了妈祖的祠庙，元人程端学撰《重建天妃庙记》载："鄞之有庙，自宋绍熙二年，来远亭北，舶舟长沈法询，往南海遇风，神降于舟，以济。遂诣兴化，分炉香以归，见红光、异香满室，乃舍宅为庙址，益以官地，捐资募众，创殿庭、像设。有司因俾沈氏掌之"，④ 而明州的州治就设立在鄞县。杭州的顺济圣妃庙在艮山门外，建立于宋绍兴年间（1131—1162）。上海的"通顺庙"于南宋咸淳五年（1269）年建立。⑤ 1279 年明州定海县建天妃庙。⑥

宋人洪迈（1123—1202）在其所著《夷坚志》中有《林夫人庙》一文，反映了宋朝福建海商出海前必到林夫人庙（妈祖庙）祭拜的情况，兹节录如下：

> 兴化军境内地名海口，旧有林夫人庙，莫知何年所立，室宇

---

① （宋）刘克庄：《到任谒诸庙：谒圣妃庙》，引自蒋维锬、郑丽航辑纂：《妈祖文献史料汇编》第 1 辑，中国档案出版社 2007 年，第 8 页。

② 张大任：《宋代妈祖信仰起源探究》，载朱天顺主编：《妈祖研究论文集》，鹭江出版社 1989 年版，第 42 页。

③ 张大任：《宋代妈祖信仰起源探究》，载朱天顺主编：《妈祖研究论文集》，鹭江出版社 1989 年版，第 42 页。

④ （清）徐兆昺撰：《四明谈助》卷二十九《东城内外（下）》"天妃宫"条，宁波出版社 2003 年版，第 966 页。

⑤ 张大任：《宋代妈祖信仰起源探究》，载朱天顺主编：《妈祖研究论文集》，鹭江出版社 1989 年版，第 46 页。

⑥ 李小红：《论妈祖信仰在宋代的嬗变及其成因》，载浙江大学宋学研究中心编：《宋学集刊》第 2 辑，浙江大学出版社 2010 年版，第 380 页。

不甚广大，而灵异素著。凡贾客如海，必致祷祠下，求杯珓，祈阴护，乃敢行，盖尝有至大洋遇恶风而遥望百拜乞怜见神出现于樯竿者。……新庙不日而成，为屋数百间，殿堂宏伟，楼阁崇丽，今甲于闽中云。①

妈祖的故乡在福建路兴化军治下，这里的海商尊奉妈祖、祭祀妈祖的历史由来已久，难怪就连知识渊博的洪迈也不知道兴化军境内的林夫人庙何年所立。

南宋绍兴二十年庚午（1150）正月十一日，特奏名进士廖鹏飞所撰《圣墩祖庙重建顺济庙记》的记载也反映了闽人崇拜妈祖、商人仰仗妈祖指引航程、抵御海盗的史实：

里有社，通天下祀之，闽人尤崇。恢闳祠宇，严饰貌像，巍然南面，取肖王侯……郡城东，宁海之旁，山川环秀，为一方胜景，而圣墩祠在焉。墩上之神，有尊而严者曰王，有皙而少者曰郎，不知始自何代，独为女神，壮者尤灵，世传通贤神女也。姓林氏，湄洲屿人。初以巫祝为事，能预知人祸福，既殁，众为立庙于本屿。圣墩去屿几百里。元祐丙寅岁，墩上常有光气夜现乡人莫知为何祥。有渔者就视，乃枯槎，置于家，翼日自还故处。当夕编梦墩傍之民曰："我湄洲神女，其枯槎实所凭，宜馆我于墩上。"父老异之，因为立庙，号曰圣墩。岁水旱则祷之，疠疫祟降则祷之，海寇盘桓则祷之，其应如响。故商舶尤籍以指南，得吉卜而济，虽怒涛汹涌，而舟无恙。宁江人洪伯通，尝泛舟以行，中途遇风，舟几覆没，伯通号呼祝之，言未脱口而风息。既还其家，高大其像，则筑一灵于旧庙西以妥之，宣和壬寅岁也……②

随着妈祖神迹的广泛传播，不仅是福建海商信奉妈祖，宋人丁伯桂指

① （宋）洪迈撰：《夷坚志》支景卷第九，中华书局1981年版，第950页。

② 转引自肖一平：《略论妈祖传记的演变》，载朱天顺主编：《妈祖研究论文集》，鹭江出版社1989年版，第12页。

出："神之祠不独盛于莆，闽、广、浙、甸皆祠也。"① 说明妈祖信仰已遍及福建、广东、浙江等东南沿海地区。

宋朝的明州是个繁华的外贸大港，主要贸易对象国是日本和高丽。明州距普陀山很近，而普陀山传说是观世音菩萨的道场，明州海商信仰观世音菩萨，同时也信仰妈祖。明州的天后宫（妈祖庙）始建于宋代绍熙二年（1191），在明州东门外。制于清光绪年间的《甬东天后宫碑铭》对于研究明州信奉妈祖的历史很有研究价值，兹引录如下（带□的字为编著者根据董沛撰《正谊堂文集》并参照《鄞县通志碑碣资料》补出的碑文残缺的字）：

甬东天后宫碑铭

吾郡回图之利，以北洋商舶为最巨，其往也，转浙西之粟，达之于津门；其来也，连辽、燕、齐、莒之产，贸之于甬东航天万里，上下交资，鲸鲵不波，蜃鳄无警，繄惟天后之神是赖。后姓林氏，宋初莆田人也，生具灵异，里党神之。既辞世，庙于湄洲。宣和中，赐额"顺济"。高宗绍兴二十五年，锡为"夫人"。光宗绍熙元年晋为"妃"。元初尊为"天妃"。明季改为"元君"。祠宇之广，殆遍海甸。我圣祖仁皇帝平定台湾，俞靖海侯施琅之请，特封天后，春秋祀典，岁支帑金，文武官行礼与狱渎等。此前事之大略也。

……

吾郡旧有天后庙在东门之外，肇建于宋，实今有司行礼之所。分祠在江东者三，一为闽人所建，一为南阳商舶所建，基址俱狭。惟此宫为北洋商舶所建，规模宏敞，视东门旧有其过之。经始于道光三十年之春，落成于咸丰三年之冬，费缗钱十万有奇，户捐者什一，船捐者什九，众力朋举，焕为作新，牲牢楮帛，崩角恐后，盖非独吾郡然也。后之灵昭昭，元人程端学之记叙述綦备。而若《天后志》，若《闽颂编》，若《琉球诸史录》，

---

① 朱天顺：《关于妈祖生卒时间之管见》，载朱天顺主编：《妈祖研究论文集》，鹭江出版社1989年版，第7页。

尤加详焉，亦可见证朝之所以加秩于后者有自来矣。

……

系以铭曰：天生地成，奇阳耦阴；坤道伟女，降福于林。维后诞生，出自世族；幼遇异人，授之符篆。庄严宝相，璎珞缤纷；升化湄洲，呼吸风云。一发之悬，万众托命；天吴效灵，海若助顺。凌虚往来，地球之东；三韩日本，在其掌中。莽莽重洋，杳无津渡；后实司之，康庄达路。上以佐国，战舰粮艘；下以佑民，贾舶渔舠。如镜如砥，如席如几；其止如山，其行如矢。昼则扬旗，夜则明灯；翩然引导，燕雀蜻蜓。历代褒嘉，逮我圣世；崇锡徽称，踰二十字。丹青土木，遍于海邦；此亦有祠，俯瞰鄞江。苍龙吹篪，白鼍击鼓；俎豆馨香，式歌且舞。幽明相感，感在一诚；惟灵故信，弥信弥灵。斯理自然，吾为诠释；人或有言，视此刻石。

光绪十年岁在甲申王正月吉旦

赐同进士出身、知州衔江西建昌县知，县鄞董沛撰文

赐进士出身、二品顶戴、江苏补用道、前翰林院庶吉士，仁和杨鸿元书丹

赐同进士出身、直隶宣化府知府、前翰林院检讨，镇海郑贤坊篆额

赐进士出身、同知衔浙江鄞县知县，泰州朱庆镛检校上石①

从这篇碑铭中可知，绍兴二十五年（1155）妈祖被赐为“夫人”，光宗绍熙元年（1190 年）晋为“妃”，而根据前面蒋维锬先生《一篇最早的妈祖文献资料的发现及其意义》一文的考证，妈祖受封为“夫人”是在绍兴二十六年（1156）年，而由“夫人”晋封为妃是在绍熙三年（1192），两相抵牾，不知孰是，需要进一步研究考证。明代妈祖被封为“元君”，清康熙帝平定台湾之后，妈祖被封为“天后”，神格达到了极点。妈祖的神威已达于日本、三韩（高丽）。

《妈祖文献史料汇编》第一辑散文卷中载有《琉球国新建至圣庙记》②

① 章国庆、裘燕萍：《甬城现存历代碑碣志》，宁波出版社 2009 年版，第 210—213 页。

② 蒋维锬、郑丽航辑纂：《妈祖文献史料汇编》第 1 辑，中国档案出版社 2007 年版，第 86 页。

和清周煌撰《琉球国天妃宫》①。由此我们知道明朝时夏子阳、王士祯就为琉球国立了“灵应普济神祠”庙额。清代时琉球国已有三座天妃宫，一在那霸，曰“下天妃宫”；一在久米村，曰“上天妃宫”；一在姑米山，为清代时新建。而前两座天后宫是明代迁居琉球国的“闽人三十六姓”传播到琉球国的。②“下天妃宫”创建于明永乐二十二年（1405），“上天妃宫”为明嘉靖年间琉球册封使郭汝霖所建。③琉球国著名航海家程顺则（1663—1734）说：“天妃圣母，为江海上福星。”程顺则，字宠文，号念庵，为“闽人三十六姓”之后裔，15岁举秀才，21岁升通事，多次来福建，撰有《指南广义》一书。④

结　语

成寻著《参天台五台山记》中的几则史料和日本入宋僧戒觉著《渡宋记》中的一则史料真实地反映了赴日宋朝海商的祭海祈风习俗。以上从赴日宋朝海商海神信仰的角度分析了出生地不同的赴日宋朝海商具有不同的海神信仰的可能性，通过对宋元两代相关文献的分析考证，大体勾勒出了熙宁五年从日本回国的宋朝海商在遭遇风向不顺的情况下所读的祭海祈风祭文可能具有的文章结构和所应包含的主要内容，还考察了宋朝泉州、广州、明州等地的海商为祈求神灵保佑海上一帆风顺而信奉风伯、南海神、丰隆神、通远王、观世音菩萨等神灵，以及进入南宋以后逐渐开始信奉航海保护神妈祖的情况。后世，特别是到了清朝，妈祖被封为“天后”，神格达到了极点，妈祖的神威已达于日本、琉球和高丽等国。宋朝海商的海神信仰，呈现出多元信仰的特色，“唯灵是信”是一个重要特征。妈祖文化博大精深，有待今后进一步深入研究。

---

① 蒋维锬、郑丽航辑纂：《妈祖文献史料汇编》第1辑，中国档案出版社2007年版，第119页。

② 徐恭生：《海神天后信仰与中琉友好往来》，载朱天顺主编：《妈祖研究论文集》，鹭江出版社1989年版，第158页。

③ 徐恭生：《海神天后信仰与中琉友好往来》，载朱天顺主编：《妈祖研究论文集》，鹭江出版社1989年版，第151—152页。

④ 徐恭生：《海神天后信仰与中琉友好往来》，载朱天顺主编：《妈祖研究论文集》，鹭江出版社1989年版，第148—149页。

抗日战争时期日本人对中国东北地区的民族文化调查

晓　春[1]

抗日战争时期，出于为日本军国主义侵华服务的目的，很多日本人在中国东北地区做了大量的民族文化调查。本文对20世纪三四十年代日本人对中国东北民族的风俗习惯、民间传说、民谣故事、宗教信仰的调查情况做一综述，旨在引起我国学术界重视此研究领域。

如同人类学的起源和发展同殖民主义的兴起、发展有着密切关系一样，抗日战争时期日本人在中国东北地区进行的文化调查，亦为当时日本军国主义侵华服务。“满洲事情指南所”[2] 所长奥村义信在《满洲农村民谣集》的序文中就表白：“为了能够从多个视角不断地对此进行考察，搜集了许多满汉农村中自古流传下来的民谣，尝试着从更深层次考察流动在其中的满汉两个民族特异的民族性格。这些自古流传下来的民谣培养了他们，民谣中赤裸裸地表现出来的心情，胜过更多的语言表达。”[3] 由此可以看出日本人对东北地区所做的民族文化调查是有其明确的政治目的，即为日本军国主义巩固在中国东北地区的殖民统治服务，他们所取得的成果客观上为日后我国东北民族文化研究提供了许多第一手资料。其中，“满洲事情指南所”的调查成果尤为值得关注。

“满洲事情指南所”是日本侵华期间设置的一个调查机构，成立于1933年，原名“满洲经济事情指南所”。1934年得到“日本关东厅”和“日本驻满海军部司令部”的支持后，实力大增，名称遂更改为“满洲事

---

① 晓春，女，蒙古族，1973年生，文学博士，北京市社会科学院满学研究所副研究员。主要研究方向：满族及蒙古族民间文学。

② 用日语称“满洲事情案内所”，日语中的“案内”有“指南”之意，故本文译为“满洲事情指南所”。

③ ［日］奥村义信编：《满洲农村民谣集》，满洲事情指南所1940年。

情指南所”。机构成员主要由奥村义信等人组成。他们在完成调查任务的同时，还根据这些调查结果编辑出版了一些满族民俗学方面的书籍，主要有《满洲及满洲人》、《满洲的传说和民谣》、《对满洲农民的理解》、《满洲的习俗》、《满洲娘娘考》、《满洲农村民谣集》、《满洲民俗考》、《满商招牌考》、《满洲民族志》、《满洲宗教志》等。由于种种原因，这些书籍并未引起我国学界太多的关注，利用这部分资料的研究者更少。其中，1995年由色音教授编译出版的《北方民族与萨满文化——中国东北民族的人类学调查》一书中收录了伪“满洲国”时期日本人的民俗学调查报告七篇，它们是：秋叶隆的《大兴安岭东北部鄂伦春族调查报告》和《鄂伦春的萨满教——大兴安岭东北部鄂伦春族调查报告》、赤松智城与泉靖和的《赫哲族调查报告》、大间知笃三的《达斡尔族巫考——以海拉尔群体为主要对象》、小崛严的《满族萨满祭祀观看记——黑河省瑷珲县大五家子村调查记录》、大山彦一的《萨满教与满族家族制度》、泉靖一的《鄂伦春族氏族统计表》。这些调查报告记录了当时的一些民俗，为此后的研究提供了可借鉴的资料。

一、民间文学的整理研究

（一）口头传说的整理和研究

民间传说总是反应某个民族的社会文化、宗教信仰和审美情趣，所以民间文学是了解一个民族文化的窗口。对此，细谷清深有体会地说：“要了解满蒙有众多的方法，资源、财政方面都是可靠而可行的方法。交通、运输、国防、地理、历史等方面也都是有趣而重要的方法。但只有从人情、风俗、习惯着手才能够寻找到他们的各种特点，所以这是一个具有丰富智慧的方法。春联有春联的来历，馒头有馒头的由来。”[①] 民间文学是世代传承的口头艺术。一个民族的民间文学总要伴随着该民族的历史进程，在时代传承中逐渐积累、丰富和发展。细谷清在《满蒙传说集》序中说：“传说是从国民的心脏流出来的血，属于民族的灵魂。具有悠久历史的满蒙民族拥有上千个甚至数不清的口头传说。”[②]

最早搜集整理满族和蒙古族民间口头传说的人是细谷清。1933年，由

① ［日］细谷清编：《满蒙民俗传说·序》，东京苍龙阁1933年版。
② ［日］细谷清编：《满蒙传说集·序》，东京满蒙社1936年版。

东京苍龙阁出版了他编写的《满蒙民俗传说》一书，书中共收录了 78 个故事。1936 年，出版了《满蒙民俗传说》的姊妹篇《满蒙传说集》，书中共收录 70 个故事。同年，“满洲事情指南所”所长奥村义信和该所的委托调查员谷山つる枝共同编写了一部民间文学专著《满洲传说和民谣》。该书内容由传说篇、民谣篇和“传说中的中国”三个部分组成。其中，传说、民谣篇由谷山つる枝编写；“传说中的中国”部分由奥村义信编写。传说篇收有满族、蒙古族、朝鲜族、汉族等不同民族的民间传说共 22 篇，“传说中的中国”篇里收录了 26 篇汉族民间传说。该书 1936 年初版发行后，屡次再版发行，内容也不断得以丰富，到 1944 年第 5 版发行时，图书篇幅从最初的 139 页增加到 200 页，2007 年日本慧文社据 1936 年版将此书影印后再次出版发行。

“满洲事情指南所”对中国东北民谣、传说的调查活动，引起了当时日本出版界的关注。1938 年，东京松山房出版了谷山つる枝的《满洲的习俗与传说、民谣》。该书由满洲的村落、性情特征、宗教信仰、吉祥物、乡土传说、民谣诸相、礼仪节日、饮食习俗、住居状况、服饰装束、家庭趣味等十一章内容构成。

当时日本人除了搜集整理满族和蒙古族民间故事之外，还对其进行研究，发表了相关论文。例如内藤虎次郎在《清朝姓氏考》[①] 中首次分析了关于满洲祖先发祥地的传说。他指出，高句丽传来的三仙女的故事，事实上，用传说形式讲述了明朝初期建州三卫争乱的事实。而且清朝的姓氏爱新觉罗（aisingioro）和居住于满洲和朝鲜接境的董鄂（donggo）氏有着密切关系。地名鳌莫惠（omohoi）是朝鲜的会宁。但内藤的研究没有涉及到始祖布库里英雄（bukūri yongson）本人。关于布库里英雄的名称，稻葉岩吉认为，《李朝实录》记载的建州左卫始祖、明朝都督孟哥帖木儿（dudu mengteme），即在《清实录》中所记都督孟特穆（dudu mengteme）的家谱中出现的布库里（bukūri），就是孟哥帖木儿的父亲，而英雄（yongon）则是孟哥帖木儿的异母弟弟，即建州右卫始祖范嗏（Fanca）的父亲容绍，二者合记，即成肇祖名称。

（二）民谣的搜集整理

作为劳动人民口头创作的民间文学作品，民谣最能直接反映人民群众

---

① 《艺文》，1912 年 3 月。

对世界的认识、对社会的态度和心中的愿望。乌丙安曾在《民俗文化新论》中说过："民间童谣中通过高度的艺术想象力所反映出来的思想愿望，都是民心所向的。"① 从20世纪30年代开始，日本政府派专家学者到中国广泛搜集和研究民谣等口头文学作品。

1936年，奥村义信和谷山つる枝共同编写的《满洲传说和民谣》中收录了79首民谣。作者把这些民谣分为家庭生活民谣、恋爱民谣、社会政治民谣、讽刺民谣、风俗民谣、节日时令民谣、摇篮曲与童谣、叙事叙景民谣等八大类。

1938年，东京松山房出版的《满洲的习俗与传说、民谣》中收录了42首民谣，作者根据这些民谣的内容，将其分为家庭生活民谣、恋爱民谣、讽刺民谣、风俗民谣、叙事叙景民谣、其他民谣六大类。1942年再版，1995年韩国景仁文化社将此书收入《满蒙地理历史风俗志论丛》中，影印出版发行。

1940年，在奥村义信的指导下，"满洲事情指南所"的另一位调查员岭木甫编写了《满洲农村民谣集》一书。该书是在《满洲的习俗与传说、民谣》和《满洲的传说和民谣》的基础上，将民谣作为独立的课题进行研究的成果。该书将民谣增加到160首，根据其内容分为：1. 时令民谣；2. 农事民谣；3. 人生民谣；4. 爱憎民谣；5. 姑嫂民谣；6. 婚嫁民谣；7. 夫妇民谣；8 讽刺民谣；9 风俗民谣；10. 另类三题；11. 童谣；12. 苏武十二类。不仅内容丰富，分类方法，比起以往更加细化，而且在每个民谣后面都做了详细注解，对了解民谣里所反应的社会文化背景及风土人情等有很大帮助。

1997年韩国景仁文化社将《满洲农村民谣集》与《农业中国和游牧民族》二书合刊影印出版，2009年日本大空社又将此书与《满洲农村杂话》一书合刊影印出版，足见此书的重要性。

与奥村义信等人进行搜集、研究民谣的同时，其他一些日本人也开始从事中国民谣的调查、研究。1943年柿崎进出版了《中国民谣》，该著由总论、民谣篇、童谣篇三部分构成。总论部分主要论述了中国古代民谣的起源和发展、中国古代王朝和一些文人对民谣的搜集整理情况、民谣所反映的民众思想、民谣的词和曲等内容；在民谣篇里编入了339首中国民谣；在童谣篇里收录了71首童谣。另外，藤泽由藏于1942年出版了民谣集

① 引自乌丙安著：《民俗文化新论》，辽宁民族出版社2001年版，第247页。

《黄土之声》，自1925年松本二郎研究出版《中国民谣》，至上述《中国民谣》的出版，日本学术界对中国民谣的关注也达到了顶峰。

二、民俗学的调查研究

民俗是民间文化的重要组成部分。“民间风俗，指一个国家或民族中广大民众所创造、享用和传承的生活文化。民俗起源于人类社会群体生活的需要，在特定的民族、时代和地域中不断形成、扩布和演变，为民众的日常生活服务。民俗一旦形成，就成为规范人们的行为、语言和心理的一种基本力量，同时也是民众习得、传承和积累文化创造成果的一种重要方式。”① 民俗习惯的调查研究服务于政治、法制，历史上很多法律条例是以民间习俗为基础，制定一些政策也是根据当地风土人情。日本殖民统治者为了更好地统治我国东北各族，派秋叶隆、赤松智城、泉靖一、永田珍馨等著名的民俗学家，对我国东北各民族的风俗进行了深入调查，撰写了不少民俗学调查报告。

1939年川濑偲郎著《满蒙风俗习惯》，由习惯、服饰、食物、家屋、赠答礼仪、年中例行节日、结婚、丧葬、宗教和寺庙、骨骼特征与民族性、蒙古部等13部分构成。1942年，汤川宏文社出版了芳咀冈井撰写的《满汉习俗考》。该书由满汉正月考、满汉吉祥象征考、年中例行节日、一般信仰等部分组成。1943年池一登著的《达斡尔族》出版，书中着重研究达斡尔族的历史、外貌特征、语言文字、教育卫生、服饰、人生礼俗、饮食、居住建筑、宗教信仰、经济生活等。永田珍馨分别在1939年和1944年出版了《驯鹿鄂伦春调查》及《满洲鄂伦春族》二著。这两部著作主要论述了鄂伦春族的历史渊源、姓氏、民俗、文化、教育等。

另外，有些日本学者发表民俗学论文，客观上活跃了民俗学的学术研究气氛，例如，井上保敏的《蒙古房屋的变迁》、植木直一郎的《不娶同姓和同姓通婚》、江上波夫的《关于蒙古妇女冠帽“顾姑”》、小林高四郎的《结婚和生育——满洲土俗》、岛田正郎的《女真的婚俗和金代婚姻法》、白鸟库吉的《关于北亚民族的辫发》等为代表。

---

① 钟敬文著：《民俗学概论》，上海文艺出版社2003年版，第1—2页。

结　　语

综上所述，20 世纪三四十年代，日本人对中国东北各民族文化进行了广泛调查，编写出版了很多有关民间故事、民谣、民俗、宗教的调查报告和学术成果，从多方面反映了中国东北地区各民族的生产生活和民俗文化风貌。有关抗日战争时期日本人对我国东北民族文化进行的调查、研究的情况，应做深入系统的整理和研究，希望本文对推进此工作有所贡献。

中国傩文化在日本的流变

张爱萍[①]

傩文化是从远古延续至今的一种文化现象，其原始形态是傩祭，然后逐渐演化出表演性的傩舞、傩戏、傩乐等，具有“天人合一”、“鬼神信仰”、“请神逐鬼”三大属性。中国的傩文化滥觞于新石器时代[②]，成熟于商周，流布于全国，在中国历史文化和现实生活中产生过巨大的影响。中国傩文化东传日本的确切年代无考，但至迟在8世纪初的庆云初年，相当于中国唐代初、中叶之交。日本古籍《细沙抄》曰：“庆云元年（704）始行大傩”[③]。《续日本纪》庆云三年条云：“是年天下诸国疫疾，百姓亡死众多，始作土牛大傩。”案：“土牛大傩”最早出自中国的《礼记·月令》，该书十二月条云：“命有司大难（傩），出土牛以送寒气。”至平安朝，日本的宫廷傩仪已初具规模，文献记载亦渐多，如《内襄式》十二月大傩云：“闱司二人各持桃弓、苇矢，本工寮作备之……中务省率侍从内舍人、大舍人等，各持桃弓、苇矢。阴阳寮、阴阳师率斋郎，执祭具，方相一人取大舍长大者等为之，着假面，黄金四目，玄衣朱裳，右执戈，左执盾，侲子二十人取官奴等为之。”[④] 又《西宫记》曰：“戌刻，王卿以下着座……阴阳寮于门坛上，以桃弓、苇矢付闺司，入折柜。内侍自南阶传取给女官。方相参入，松八把立前，侲子八人在后，立版南三丈。王卿以下列南庭，西上，去门二丈，雨下立门坛上。阴阳寮下部八人给方相飱。”[⑤]《贞观仪式》记载更详，卷十十二月大傩仪云：“傩，长大舍人着

---

① 张爱萍，女，汉族，1960年生，民俗学博士，复旦大学日本研究中心教授。主要研究方向：中日民俗文化比较研究。

② 徐宏图：《傩戏的起源、流向及其在浙江的遗踪》，载《中国民间文化》1994年第1期，第153页、第171页。

③ ［日］诹访春雄：《日本中国朝鲜的假面剧》，载《戏曲研究》1991年总第37期。

④ ［日］山中裕著：《平安朝的年中行事》，一条书房1984年版，第264页、第265页。

⑤ ［日］山中裕著：《平安朝的年中行事》，一条书房1984年版，第264页、第267页。

方相面，俳衣，皂裳，持盾枪。小傩今良着绀布衣，绯末额，持桃弓、苇矢、桃枝、碎瓦。傩长称傩，小傩及分配人等随，即同称遍驱宫中，出自十二门，付京职。先是鼓吹同就左右兵库，请受十二面，付京职。”① 从上述引文可知，日本初期傩祭是照搬中国的，与中国的大傩并无二致，至少有以下几点是共同的：1. 以驱逐恶鬼为宗旨的群体活动；2. 以身躯高大的方相为领袖，以年轻的侲子为随从的驱傩队伍；3. 套戴“黄金四目”的假面表演；4. 身穿“玄衣朱裳”，手执“桃弓苇矢”；5. 鼓乐伴奏；6. 时间大多为十二月，地点多为内廷。更有甚者，连方相氏在逐鬼中发出的声音也都是“傩、傩”之声。日本学者诹访春雄在《日本中国朝鲜的假面剧》一文中，引用并诠释《内裹式》十二月大傩条时说：“然后，方相氏一面发出‘傩、傩’之声，一面以矛三度击盾，群臣则在旁唱和……往外驱除恶鬼。”②《内裹式》这段话简直是唐段安节《乐府杂录》所载“用方相四人，戴冠及面，黄金四目，衣熊皮，执戈扬盾，口作‘傩傩’之声，以除逐也”的翻版。然而，任何一种民族，对待外来文化都有一个从搬用到改造创新的过程。中国的大傩传入日本之后，很快就与日本本土文化其中尤其是日本独特的佛教文化相结合，经过消化和改造，注入了本民族文化的血液，逐渐具有自身的特点和发展轨迹。自平安时代以后日本的“追傩”在诸多方面显示出与中国“大傩”的不同，主要存在以下差异。

一、历史走向不同

中国的傩自先秦至汉唐，乃至明清，均以相对稳定的形态模式世代传承，尽管在漫长的历史过程中曾接受了儒、释、道三大文化主流的影响，先后容纳了儒家的“仁义礼智信”，道家的“金木水火土”，释家的“生死病老”，并为三家所采纳，儒家用以宣传忠孝节义，释家用以宣传因果报应，道家用以宣传神灵有验。然而从来不为三家所制约同化，而始终保持自身本体的独立形态内核，与儒、释、道互为华夏文化主体而并驾齐驱。因为，傩以方相氏为主体、假面跳神、驱除恶鬼、人神同乐这一基本格局从来不变，一直保持到清末乃至民国。清郭钟岳《瓯江小记》载温州“迎东岳”云：“土风以二月十五至三月十五，城中各户酬神：设牲众于道，张灯结彩，吹笙鼓黄，六街曲巷，必须周方，终一月，恒费万缗。”

① 张宝林、王孙诒撰《永嘉县志》，清光绪八年温州维新书局刻本 1982 年版。

② ［日］神野清一著：《日本古代社会和贱民》，创元社 1983 年版，第 153 页。

《温州竹枝词》“迎东岳”云：“迎神赛会类乡傩，磔禳喧阗满市过。方相俨然司逐疫，黄金四目舞婆娑。”这里所记迎傩仪式其基本格局与《周礼》等古籍一脉相承，正如张泰青在《瓯城灯幔记》中所说：“吾瓯，敬鬼之风习，传乎驺氏；逐傩之月，揆法乎周官。”① 日本的傩却不是这样，传至平安末期，由于佛教大兴，宫廷的傩祭被大寺院的“修正会”、“修二会”所采纳，从此，傩与佛教合为一体，以至成为佛教岁时仪礼的一个组成部分。由于受到佛家思想的制约与同化，傩的基本格局发生了根本的变化。其中最明显的是改驱逐者为被逐者，即傩的驱逐恶鬼的领袖人物方相氏被佛教法咒师取代后置于恶鬼之伍成为被逐的对象。《云阁抄》云：“傩王（方相氏）率侲子入仙华门，经东庭出泷口户，侍人于孙屁（场所名）射之，逐电（逃跑），下格子傩之。”② 又《江家次第》云：“上卿以下随方相后度土御前，出自泷口户，殿上人于长桥内射方相。主上于南殿密观，还御之时，扈从人忌最前行逢方相。”③ 可见，方相已成为侍从及殿上人射击，并忌讳与其相遇，此后，大傩改称“追傩”、“遗傩”、“驱鬼”等；“方相”二字不见，改称“寮鬼”、“鬼”等，如《建武年中行事》云：“追傩，大舍人扮寮鬼，持阴阳寮祭文就南殿之坂诵读，上卿以下追之”④。又《公事根源》曰：“所谓鬼，乃方相之事也。有四目，戴可怕之假面，手持盾矛”⑤。日本学者广田律子在分析方相氏从驱逐者沦为被驱逐的原因时说：“佛教盛行的修正会纳入追傩的仪礼，风貌可畏的方相氏与被追赶的邪鬼形象被同一视之了，这可能是发生变化的原因吧。在日本，佛教之神也担当起方相氏的任务而驱逐形象可怕的邪鬼了，因此，其状可畏的方相氏也被转化为被追逐者了。在中国，方相氏也为其他的神所替换过，而绝对没有沦为被追逐者，在这一点上，日中之间显然不同”⑥，这段话无疑是很有见地的，因为日本佛教的“修正会”乃是除恶魔、求吉祥的法会，每当结束的那一天，即“结愿日”，均要举行一次追傩活动。其时，主坛的法咒师要扮演龙天、毗沙门等佛教神驱逐恶鬼，他们时而念咒，时而摇铃，时而挥刀斩魔，时而举杖打鬼。如《勘仲记》弘安二年（1279）正月

① 张宝林、王孙诒撰：《永嘉县志》卷六，清光绪八年温州维新书局刻本1982年版，第13页。

② ［日］神野清一著：《日本古代社会和贱民》，创元社1983年版，第16页。

③ ［日］中村宽子著：《傩祭的基础考察》，创元社1984年版，第9页。

④ ［日］小林市太郎著：《汉唐古俗祭明器土偶》，一条书房1947年版，第135页。

⑤ ［日］神野清一著：《日本古代社会和贱民》，创元社1983年版，第8页。

⑥ ［日］中村宽子著：《傩祭的基础考察》，创元社1984年版，第9页。

十四条云："入夜，参御堂，修正竟夜也，大导师退下之后，龙天进，次毗沙门，次追傩，予于凡僧，以杖打鬼"①。同书正应二年（1289）正月十八日条又云："次龙天自左右参进，予催促之，次毗沙门，次追傩，鬼三人匝，龙天持矛追之，更还佛前，取饼退下。"② 案：这种饼在日本是灾难的象征，在追傩仪式中，被追赶的鬼的背上捆缚着饼，追上并取下这个饼，象征除去灾难。可见，原先由方相氏承担驱除恶鬼的任务此刻已完全被龙天、毗沙门等佛教神所取代。而面目可狰的方相或许因为原先本来就是恶鬼之魁者，古人称为"魌"或"倛"（唐杨倞注《荀子·非相》），"修正会"还其原来面目，视同其他的恶鬼，自然就在被驱逐之列了。

至室町时代，日本的追傩还和"节分之豆莳"（立春前撒豆驱邪的仪式）结合起来，《花营三代记》应永三十二年（1425）正月八日条云："天晴。立春前一日，抛撒大豆，昭心（人名）抛干粟。本年，正月之神来临，方向在申与酉之间，撒豆的起止方向，与此相同。"又《卧云日件录》：夕安四年（1447）十二月二十二日条云："立春前一日散熬（炒）豆，因唱鬼外福内。"③ 降之江户时代，这种仪式已作为民间岁末仪礼而流传后世。丁鹤的《日本永代藏》曰："除夕之夜，按旧俗鳁鱼头及柊叶于小窗，以防不见形之鬼，并撒豆以达内心之祝愿。"④ 傩之所以与"撒豆"、"炒豆"相结合，与当时正在日本兴起的道家阴阳五行术不无关系。因为撒豆击鬼使用的大豆，乃是既圆又硬的谷类，按阴阳说法，属金气、阳气，而鬼出没于夜间，属阴气，以豆击鬼正是以阳克阴，正如吉野裕子所说："鬼物不想显露其隐藏之形，故俗呼'隐'也。'隐'乃'阴'，与'阳'、'显'相对，是阴气的象征，因为被交春之豆击退的鬼是'阴'，所以，当迎接'阳'春的交春活动到来时，'阴'之鬼被击散就是理所当然的了。简而言之，让'鬼出去'的交春撒豆，乃是一种巧妙的二重构造的迎春咒术，既驱散阴气之鬼，又把克春之金气的豆和鬼一起赶出屋外。"⑤ 至此，日本的傩又被融进道家阴阳五行之中而进一步改变傩的基本格局，显示出与中国傩的不同的历史。

---

① ［日］山路兴造著：《修正会的变迁与地方传播》，春秋社 1982 年版，第 30 页。
② ［日］能势朝次：《能乐源流考》，岩波书店 1977 年版，第 127 页。
③ ［日］中村宽子著：《傩祭的基础考察》，创元社 1984 年版，第 9 页。
④ ［日］中村宽子著：《傩祭的基础考察》，创元社 1984 年版，第 9 页。
⑤ ［日］吉野裕子著：《阴阳五行与日本民俗》，学林出版社 1989 年版，第 54 页、第 55 页。

二、演出时空不同

中国的傩无论是最早的傩祭，还是后来为配合傩祭而演化的傩舞、傩戏，其演出时间均受到与农事活动密切相关的岁时节气的限制。先秦时代的国傩一年三次，即春、秋、冬三季。《礼记·月令》记其时间与作用云："季春"之傩"以毕春气"，"促秋"之傩"以达秋气"，"季冬"之傩"以送寒气"。《说文通训定声》也说："国傩有三，方相氏掌之：季春傩阴气，促秋傩阳气，季冬送寒气。"其中又以"季冬"之傩为大，因"此时强阴既盛，年岁已终，阴若不去，凶邪恐来岁更为人害"（《礼记正义·月令》孔颖达疏）。自汉代开始直至明代，驱傩活动便相对集中在季冬、先腊、除夕举行。降至清末及民国初年，一时间江浙一带傩戏大兴，一年12个月几乎月月有迎傩之举。如1月有"上元傩"（见民国《昌化县志》卷六）、2月有"立春傩"（光绪《遂昌县志》卷十一）、3月有"上巳傩"（光绪《永嘉县志》卷六）、4月有"清明傩"（光绪《松阳县志》卷五）、5月有"端午傩"（民国《衢县志》卷八）、6月有"保安傩"（龙泉县志卷十一）、7月有"中元傩"（民国《衢县志》卷八）、8月有"驱蝗傩"（光绪《上虞县志》卷三十八）、9月有"朝案傩"（民国《汤溪县志》"文征"）、10月有"立冬傩"（民国《鄞县志》卷二）、12月有"祀灶傩"（光绪《宁海县志》"风俗"）。上述这些迎傩之举，依然与当年的农事节气有关，直至今天，各地的傩戏演出仍然遵守传统的时间规定性，即使是傩戏的变体"目连戏"，其演出的时间也有严格的规定，一般只有农历七月半中元节"盂兰盆会"期间演出。可见中国的傩在天人感应、人神相通的信念和行为上的彻底性。

日本的傩初期亦与中国一样，大多在季冬举行，时称"十二月大傩"，但自平安末期开始为佛教"修正会"采纳之后，即突破岁时节气的限制，由"修正会"自行决定。"修正会"一般在正月、二月举行，故追傩便集中在这两个月份举行，至于在哪一日举行，这就看"修正会"于哪一日结束。哪一天结束，就在哪一天举行，与农事节气无涉。尤其是当傩演化为"猿乐"与"能"（相当于中国的傩舞、傩戏）之后其演出时间就更自由了。"猿乐"与"能"虽然保留着迎神逐鬼首尾呼应的追傩格局和假面饰演的通神功能，仍然具有傩的性质，但由于表演者已是以此为谋生手段的专业性的演出团体了，因而又具有营业性，其演出时间就得由雇演者决定了，何时合适就何时搬演。可见，日本的傩演化为"能"之后，比之中国的傩戏，又向世俗化迈进了一大步，表现在时间上即是冲破与农事密切相关的岁时节气的局限，以迎合了世俗的需求。在演出空间方面，中日两国的傩文化也存在明显的差异。中国傩的演出从古至今都在特定的空间内举行，且世代相袭，有的至今未变。大致可分为三类：一是在人的居室内进行，即所谓“索室驱疫”。《周礼·夏官》云：“方相氏掌蒙熊皮，黄金四目，玄衣朱裳，执戈扬盾，帅百隶而时傩，以索室驱疫。”此举一直保持至今，近年浙江省磐安一带山区村民患病，仍有人请“山人”入患者卧房“炼火”，仿方相氏擎火把遍室搜寻，以驱恶鬼。[①] 二是在墓葬举行，即所谓“入圹击四隅”。《周礼·夏官》云：“大丧，先柩，及墓，入圹，以戈击四隅，驱方良（魍魉）。”此举亦保存至民国，民国《定海县志》卷十六“风俗”记当地的送葬仪式云：“排仪仗，先魌头，次幡。魌头至圹，以戈击四隅，谓之逐厉鬼。”所记与《周礼》全同。三是在宫廷九门举行，即所谓“九门磔攘”。《礼记·月令》曰：“季春之月，命国难（傩），九门磔攘以毕春气。”此举历汉唐至宋代未变，宋孟元老《东京梦华录》云：“至除夕，禁中呈大傩仪，自禁中驱祟出南熏门外，转龙湾，谓之‘埋祟’而罢。”此外尚在庙宇或村落空地举行。不管在何处举行，均须设立“傩坛”，这是通神的场所，是傩祭、傩舞、傩戏主要表演区，每次表演总是以室内为主兼及室外，由内到外，最后驱逐至河边，投诸水中，以示彻底消除灾疫，保我一方平安。

日本的傩仪早期亦有特定的空间，或在宫中举行，“遍驱宫中”，出自“十二门”（《贞观仪式》卷十）；或在寺院大殿举行，“殿上任何人参入……是为打鬼”（《明月记》“承元元年（1207）”条）。但自从演化为“能”之后，即脱离上述的特定空间而进入接近世俗剧场的舞台演出。据徐建新《中国傩（戏）与日本能（乐）之比较》[②] 一文介绍，这是一个“之”形的半环式场地，由一条有一定神秘性的通道和供演员与乐队一同表演的舞台组成。观众从一面环绕而坐或站，与台上的演员并不往来。台下露天，台上有屋，一条有形无形的观赏和扮演的界限把演员与观众隔离开来。台上可以通神，台下则全然是世俗，神人两界泾渭分明。并且舞台是固定的，表演和观赏都不再流动。除布置在神秘通道前供神灵升降用的三棵青松尚保留人神互通的痕迹外，整个空间已不再是神圣的祭坛，而是

① 徐宏图著：《浙江省磐安县深泽村的炼火仪式》，台北合郑民俗文化基金会1995年，第58页。

② 徐建新：《中国傩（戏）与日本能（乐）之比较》，载《戏剧艺术》1991年第3期。

更接近世俗剧场。

三、傩的职能不同

中国的傩尽管从傩祭演化为傩舞和傩戏，但其请神逐鬼、驱凶纳吉的职能始终不变。它把人间的一切灾难，都归于恶鬼作怪之故。恶鬼不除，国家不得太平，地方不得安宁，家人不得清健。中国民间传说，人死变鬼而附于万物，最终或以人形再现，或化为妖魔怪兽，既可赐福于人，亦加害于人。中国傩对于加害于人的恶鬼是从来不予宽恕的，总是借神力加以驱逐的。其间，无论是立香案设傩坛，还是装神弄鬼的扮演，其用意均在让无形变有形，让神和鬼附体，承受神的威力和鬼的邪恶，通过这种有形可感的参与和有秩序的扮演程式，达到与神界沟通，并借神逐鬼，将附体的疫鬼逐一除灭，重让有形还无形，两界分别，不得相混，以获得国泰民安、风调雨顺的预期目的。它体现了一种在人神互通的信仰下对人生的肯定和对生命的眷恋。

日本的傩自演化为“猿乐”及“能”之后，即背离了上述宗旨，改为以亡魂为依托，借亡灵的复活和重叙，以否定人界。所谓“亡灵”，乃是逝去的古人，或为英雄，或为淑女，或为忠臣，或为烈士，或为樵夫，或为渔父，即浙江道教“醒感戏”所谓“三十殇”、“七十二难”者。他们生前尽管干过轰轰烈烈的业绩，但此刻统统都是人间过客，在生命的轮回中只不过是飒飒秋风中的一片落叶而已。日本的傩即是通过这些死去的阴魂重返人间，以现身说法，暗示人生之“空”，死之必然及众生归宿的一致性。故其叙生，却暗示死；表演“色”却揭示“空”，以死亡的眼光注视人生的渺茫。表现在剧目的创作和表演上，则是以“梦幻”的形式，让亡灵登场，把过去和现在交错在一个人身上，宣扬人生如梦，四大皆空，借以凭吊和抚慰亡灵，时称“梦幻能”，如《通小町》、《海人》、《船桥》、《融大臣能》等。它宣扬人鬼不分，生死无异，没有必要逐鬼，其旨在于借助人神相通，以神界否定人界，劝人超脱人界，重返于无。所以日本的傩演化为“能”之后，尽管在结构上还保留以请神始、以驱鬼终的傩的痕迹，而其主要内容却是借亡魂抒写世俗的种种苦难和情态，以达到否定人生、张扬神圣之目的，可见中日傩文化已在职能上分道扬镳，它们的鬼神扮演已在终极意义上发生明显的差异。

从接触语言学角度看外来词和混种词的不同特点

——以日、汉、朝鲜三种语言词语为例

张兴权[①]

接触语言学（Contact Linguistics）是一门新兴的语言学分支学科，这一新学科名称是于1979年6月在比利时首都布鲁塞尔举行的第一次国际语言接触与语言冲突大会上首次使用的。在这一领域里的主要研究对象为因语言之间的接触而产生的语言要素的借贷、语言兼用、多语兼用、双言并用、语言转用、语码转换、语言混合、语言干扰、语言联盟、语言保存和语言消失等内容。本文所探讨的三种语言的外来词和混种词（hybrid word）是因语言之间的接触而生成的社会语言现象。

在研究因语言接触而产生的词汇借用问题时，应当搞清楚几个有关术语的概念和用法，应该弄清楚外来词的概念和定义，要分清楚音借外来词和混种词的差异。我们的研究“不应仅仅停留在前人探索过的范围和框架内。我们有责任寻找新的视角，运用新的方法，开拓新的领域”（史有为，1991）。定义在科学研究方法和方法论上具有极其重要的理论意义和实践意义。因此，定义应当含有严密准确的内涵，对既有的不太完整的定义应当进行剖析，指出其不合理之处，以便通过定义准确地把握事物或现象的本质特征。这决不是咬文嚼字，而是关系到如何正确地理解并掌握概念，准确地树立并运用科学内涵的问题。正如伍铁平所指出：“现在我们提倡科学化，语言学中的有些术语及其定义和一些提法都应该重新加以考虑。”（伍铁平，1991）本文以对比方法研究日语和汉语以及朝鲜语外来词和混种词（hybrid word）的相异特点。

---

① 张兴权，男，朝鲜族，1934年生，中央民族大学朝鲜语言文学系教授。主要研究方向：社会语言学及接触语言学。

一、外来词和混种词的概念和定义

对外来词的定义，学界有不同的表述。新中国建立之后，我国学者对外来词所下的定义是比较明确的。例如：外来词是“从外国语言和本国其他民族语言中连音带义吸收来的。”（符淮青，1985）此外，高名凯、叶蜚声、徐通锵和石安石等学者在论著中都提到“音与义”都借自外语的才是外来词。

我们认为外来词是一种民族语言从其他语言中连音带义主动吸收的普通音借词语。这一定义里含有几层意思：1. 纯音（即音译）借的词语才是外来词；2. 普通（一般）词语才是外来词，而专有名词不属于外来词范畴；3. 用外文字母书写并用外语语音拼读的所谓“缩略字母词”大部分不属于外来词；4. 严格分析起来，外来词和借词有区别，外来词中包括那些种族或民族同化后残留的“底层词”，它们不是主动借来的，不能叫做借词，只能叫做外来词。

同时外来词范围里不应该包括半音借半意译和音借成分加固有要素的复合性词语。应当把这两类混成性词语看作是“混种词”。混种词是由源于不同语种的语言要素混合而成的复合性词语。混种词和外来词各自表示不同的概念，应当严加区分。国内外有不少语言学家早已论述过在各民族语言里的混种词现象。

美国接触语言学基础理论的奠基者瓦茵莱赫早在《语言接触》（英文版，1966）一书第 52 页上使用了“混种复合词”（hybrid compounds）一语五次，指出了普通的“借词”与“混种复合词”（hybrid compounds）的不同特点，并阐述了由英语词和挪威语词混合而成的美国挪威语混种词的用例。美国双语理论研究学者艾那·豪根也在借词研究中严格区分了外来词（loan word）与混种词（hybrid word）。他认为混种词和混成词（loan blend）很“相似”，都是“由外来要素及本国要素构成的复合词”。美国汉语学教授霍凯特也在《现代语言学教程》一书中，严格区分了外来词和“仿借兼有词”（loan blend，可译为“混成词”），并指出了日语的 suru 和朝鲜语的 hata 在造出混种词中的作用。俄罗斯学者玛朱尔于 1961 年发表题为《朝鲜语单词结构》的论文，指出在朝鲜语动词造词法中所利用的 hata 为“后缀性单词”，由汉字词素加 hata，外来词素加 hata 而所形成的新词为“混合型词语”（слова смешанного типа）。

日本学者飞田良文在《现代日本语讲座》一书中，把混种词和日语固有词、日制汉字词、日制“洋语”等都看作是由日本人“自创的词”。他指出：混种词与从外语借入的“西洋语”（外来语）属于不同类型。意大利汉语学者马西尼在《现代汉语词汇的形成》一书中也严格区分了汉语混种词与外来词，并指出混种词是“由借词加本族语成分构成，这个本族语成分通常表示音借词的意义类属”。“汉语中这类混种词远在19世纪之前就有了，特别是用来指‘宗教’的本族语成分‘教’字，它常与外国宗教名称一起构成混种词，例如，‘基督’ + ‘教’ > Christinity。在《海国图志》中所列举的外国宗教名称全都这样翻译，即本族语成分‘教’作为后缀，加在音借的教名之后”。

可以认为，汉语混种词是由不同语种的词汇成分，即由外来要素和本民族语要素混合而成的一种复合性或合成性词语。它既不是汉语外来词，也不是外国语词，而是由两种语言或其以上语言的要素混合而成的“混成性词语”，是由中国人用不同语种的词汇成分自造的新词。应当把外来词和这种混种词区别开来。

简而言之，混种词是由外来成分和本族语成分混合而成的词语。在国内已经有使用“混种词”一术语的先例。例如，在杨信彰编译的《牛津英汉双解语言学词典》中把英语原语“hybrid word”注释为“混合词”和“混种词”两种（上海外语教育出版社，2006年，第204页）。

二、日语、汉语和朝鲜语的混种词用例

2.1 日语混种语可以分成如下几种类型：

（1）外来词 + 固有词

日语外来词	汉语词义	日语外来词	汉语词义
ペン + さき	钢笔尖	デ－ト + する	进行约会
ゴム + くつ	胶靴	トタン + やね	白铁皮房顶

（2）固有词 + 外来词

なま + ビ－ル	鲜啤酒	きって + ブ－ム	邮票热
あめ + ガッパ	雨衣	こども + バレ－	小孩儿芭蕾舞

（3）外来词 + 汉字词

マイカ－ + ぞく	自家车族	アルカリ + せい	碱性
ツンドラ + ちたい	冻土带	ガス + とう	瓦斯灯

(4) 汉字词+外来词

せいよう+パン　西洋面包　はん+ドン　半休日

しん+キャベツ　新圆白菜　ゆうびん+ポスト邮箱

(5) 外来词+外来词

テーマ+ソング　主题歌　カフス+ボタン　袖扣

日本语言学家（如宫岛达夫、石绵敏雄）等都普遍认为日语词汇按其来源而言，由“和语（固有词）、汉语（汉字词）、洋语（外来词）和混种词”等四个子系统组成。

2.2 汉语词汇中也有不少混种词：

(1) 半音借半意译的词语：

引特+网 Internet　霓虹+灯 neon lamp

迷你+裙 miniskirt　霹雷+舞 break dance

色拉+油 salad oil　摩托+车 motorcycle

冰+淇淋 ice cream　道林+纸 dowling paper

沙文+主义 chauvinisme（法）　列宁+主义 ленинизм（俄）

(2) 音借要素加汉语表义要素：

卡车 car+车　卡片 card+片

芭蕾舞 ballet+舞　拉力赛 rally+赛

汉堡包 hamburger+包　沙丁鱼 sardine+鱼

皮钦语 pidgin+语　卡宾枪 carbine+枪

爵士乐 jazz+乐　拖拉机 трактор（俄）+机

黑龙江大学教授戴昭铭在《文化语言学导论》一书（语文出版社，1996）中，指出：“这些‘半音译半意译’和‘音译加类名’的两种词里有汉语语素，已不能算严格的音译词（即音借词），所以‘实际上是中西合璧’的‘汉外混合词’，颇像一个混血儿，外来的特征也已很不鲜明。”日本汉语学者荒川清秀在《中国语语汇》一文中，也指出：“中国语里有像啤酒、卡车等的混种语。”

2.3. 朝鲜语中的混种词（用例均引自《朝鲜语大辞典》1992 年版两卷本）。朝鲜语语音分别用如下字母表示：紧音分别用“kk，tt，pp，ss，tss”来表示；闪音用“r”和“l”（于音节末尾）表示；送气音用记号“^{h}”表示，如：“k^{h}，t^{h}，p^{h}，ts^{h}”；其他元音字母则用“a，i，ia，iə，io，iu，ua，uə，ø，ɯ”等表示：

混种词	混种词构成	汉语词义
（1）固有词素 + 外来词素：		
son + ppomp^{h}ɯ	son + pump	手摇泵
（2）外来词素 + 固有词素：		
nok^{h}ɯ + hata	knock + hata	敲门
（3）外来词素 + 汉字词素：		
neon + tɯŋ	neon + tɯŋ	霓虹灯
（4）汉字词素 + 外来词素：		
kɯm + metal	kɯm + medal	金质奖
（5）外来词素 + 外来词素：		
tssiam + ppaŋ	jam + pão	果子馅面包
（6）汉字词素 + 固有词素：		
iənku + hata	iənku + hata	（进行）研究

上述朝鲜语混种词中单词“nok^{h}ɯhata”和“iənkuhata”等是由英语词素“knock”、汉字词“研究”分别与朝鲜语固有词中的“动词化（verbalization）成分”“hata”结合在一起形成的。这种语言现象在日语中也屡见不鲜。日语混种词“进行研究”也是由汉字词素和日语动词化要素“suru”混合而成的。在朝鲜语和日语里，不仅名词中有混种词，而且动词、形容词和副词中也有混种词。

朝鲜语言学家崔完浩（音译）在2005年出版的《朝鲜语词汇论》一书中，前后使用“混种语”一词六次，并举例阐述了朝鲜语混种词概念和用法。韩国语言学家金宗泽在《国语语汇论》一书中，也给混种词下了简明的定义，并举例说明了韩语中所存在的双重混种词和三重混种词。韩国国立国语研究院学者郑虎声对韩国《标准国语大辞典》里所收录的“主词条”约44万个进行分析调查后，指出：该词典里收录的词条中除固有词、汉字词和外来词以外，混种词达12.28%。

由此足见，在东北亚三种语言词汇里确实存在着能够命名为混种词的语言现象，这是在这三种语言词汇里所能观察到的普遍性特点。包括接触语言学在内的现代语言学应该深入研究各民族语言结构里所蕴藏着的语言的普遍性和对应性、类似性等特点。日本、朝鲜、韩国等学者和中国一些学者都认为这三种语言词汇系统里确有一种可称为独特类型的词语——混种词系列词语。其实，由中国社科院语言所编纂的《现代汉语词典》修订本早就分开处理了外来词和和混种词，例如：

（1）外来词：卡（英 car）、吉普（英 jeep）、苏维埃（俄 совет）

(2) 混种词：卡车、吉普车、芭蕾舞

这些（如：卡+车）由不同“语种”（外语和汉语）的两个词素（外来词素和汉语原有词素）“混合”而形成的“混种型”词语并不是外来词，而是由中国人“自造”的混种（混合）性词语。

结　语

从接触语言学角度看，外来词是因语言之间的接触而某种语言主动从别种语言中音义兼借的普通音借词，换句话说，外来词是由于一种语言与其他语言直接或间接接触而借入的音借词语。而混种词是一种语言里因语言接触而借入的外来要素和本民族语既有要素混合而成的复合词或合成词，它并不是外来词，而是本民族所新创的“自造词”。这类混种词跟外来词是全然不同的词语类型，它们不应该附属于外来词范畴里，应该给它们起一个独立的名称——“混种词”，并在词汇系统中应当给它们安排一个应有的独立层级席位。例如，现代汉语词汇系统里不仅要有固有汉语词语层级和外来词语层级，而且应该有一个混种词层级。

参考文献

[1] 戴昭铭著：《文化语言学导轮》，语文出版社 1996 版。
[2] 霍凯特著：《现代语言学教程》（下），索振羽、叶蜚声译，北京大学出版社 1987 版。
[3] 马西尼著：《现代汉语词汇的形成——十九世纪汉语外来词研究》，黄河清译，汉语大词典出版社 1997 版。
[4] 史有为著：《汉语外来词》，商务印书馆 2000 版。
[5] 张兴权著：《接触语言学》，商务印书馆 2012 年版。
[6] [日] 石绵敏雄著：《日语中的外来语》，岩波书店 1985 年版。
[7] [日] 田中章夫著：《国语词汇论》，明治书院 1978 年。

倭彝民俗文化比较研究

朱文旭[1]

一、倭彝宗教问题

在日本，流传着日本文化起源与云南彝族有关的说法。日本天皇宇佐神宫的祭司马场纪美史，从事日本神道起源的研究三十余年，但在解释神道的核心内容即日本北辰信仰的起源时始终得不到答案，就连专做这种祭祀的神职人员也完全不能解释其起源。1984 年马场纪美史偶然从报纸上得知中国云南、四川、贵州彝族还保持古老的原始宗教祭祀活动仪式，便来到中国西南彝族地区实地考察观摩彝族毕摩祭祀仪式过程。回国后发表了自己的观点，认为中国彝族原始宗教祭祀的内容和形式可以解答日本神道的一些难解之谜。先后出版了两本探讨日本神道与彝族古文化关系的著作。他发表论文《日本文化与彝族文化渊源关系的研究》说："我的眼前插柴神事之谜顿时就解开了。不仅如此，就连我国古代史中那些历来就不可解的问题和难解的事件，眼看着竟然就像冰消雪解一样解开了。"

马场纪美史认为，彝族的北斗星崇拜与日本的北辰崇拜有明显的历史渊源关系。日本祭祀中"插柴"仪式由彝族祭祀中"插树枝"以标志星座演变而来。彝族的祭祖大典与日本各神宫的"散斋""致斋"是相同的祭祀活动。日本神道中八与十的观念是由古代彝族传来的。[2]

日本学者森田永造为探寻倭人源流到云南，并专程到路南撒尼彝区进

① 朱文旭，男，彝族，1952 年生，中央民族大学少数民族语言文学系教授。主要研究方向：彝族文化。

② ［日］马场纪美史：《日本文化与彝族文化渊源关系的研究》，载云南省社会科学院与楚雄彝族文化研究所编：《彝族文化》1987 年；［日］马场纪美史：《我国古代史中古代彝族影响的遗迹》，载马场纪美史著：《北辰信仰的起源与宇佐神宫》，国崎美峰堂 1986 年版。

行调查，并写下了题为《访问路南的撒尼族》等文章。森田永造把撒尼彝人与日本民族的共同文化现象作了比较，并提出了一些独到的见解。鸟越宪三郎《始于云南的道路——探寻倭族之源》中说：“日本的神在古代是没有神殿，祭神是在呈伞状或圆锥形的美丽的山上或树林中进行。”

撒尼人村庄附近都有“神树林”，每年都要进行祭祀神树林的活动。其根源还可追溯到遥远的荒古。远古的时候，滔滔洪水狂卷大地，洪水吞噬生灵，泯灭人烟，有家兄妹二人汛前得神仙老人的指点，在木柜里躲避洪水，洪水把兄妹二人擎入浓烟滚滚的太空，兄妹二人头晕目眩，漂泊于漫无边际的洪水中。洪水慢慢消退，负着兄妹二人的木柜随着洪水坠落于峭壁间的青冈树上，兄妹二人随着洪水消退后才得知大地上的人全部葬身于洪水，为不使人类灭绝，兄妹二人应天之愿结婚，繁衍了后代。时至今日撒尼人死后，用青冈树枝为亡人做“灵牌”，把亡人的头发、胡须用丝线缠在青冈树枝和竹节草上，然后将青冈树枝等恭敬地置于正堂墙上，每逢过年过节或红白喜事，都要在“青冈亡灵”前拜上几拜。把亡人头发、胡须缠在青冈枝上作祖灵，到下一代才移到深山岩洞中。

彝族撒尼人和阿细人有神林和在神林中祭祀的习俗，祭祀神林方式“祭密枝”，这是最富有特色和保持比较完整的原始宗教祭祀神林仪式。每年举行一次“祭密枝”活动，时间为鼠月（公历十一月份）鼠日，祭祀活动要举行三至七天。第一天全村男性到密枝林举行盛大的祭祀仪式。以后几天内不得务农，只能上山打猎或下河捕鱼。节日期间忌讳女性接触与祭节有关的事情，节日期间女性不许出门，平时不允许女性进入密枝神林，鼠月内更是大忌。祭密枝时，以米、肉、酒祭奠林神，有些村寨在祭祀活动中必须食鼠眼豆和魔芋头，据说祭奠米、豆、芋旨在纪念祖先把谷、豆、魔芋首先栽培成功。

山岳崇拜。撒尼地区每一村寨都有象征村寨的一座“名山”，认为每座名山都有神，在众多的名山中又推圭山为首。关于对圭山的崇拜，在古老的彝族文献中的占卡辞，祭奠圭山的卡辞比例不少。祭祀圭山的频率要高于祭其他山岳。马场纪美史《北辰信仰的起源与宇佐神宫》中说：“日本也有山岳信仰，这是把山作为人死后灵魂的归宿这样一种信仰的残余。”①

二、倭彝族源问题

日本人祖先来自何方？日本列岛移民大抵是黄皮肤的蒙古人种，主要由来自西伯利亚及中国东北的通古斯人、南洋群岛的马来人、中南半岛的印支人、长江下游的吴越人以及汉人和朝鲜人混合形成。现代日本人基本分为“绳文人”和“弥生人”。绳文人和弥生人不同时期来到日本。至于怎样迁徙到日本，历来有各种不同的观点。一种意见认为，是直接乘船到日本的。另一种意见是，南方人北上以后通过渤海湾到朝鲜半岛然后到日本。南方人带着稻种坐船到日本以后，因为有了稻种就可以生产和生活。中国江南人的到来，把水稻种植技术也带到了日本。目前比较热门的是来自中国云南彝语支民族说，因为历史上这两个民族有很多相同的习俗。1988 年日本人类学家提出“倭人起源于云南”、“倭人的祖先为云南的少数民族”、日本人与彝族、哈尼族同源的说法。关于日本人的祖先，持“彝族说”的理由是，日本专家学者到云南考察后发现石林等地撒尼人（彝支系）的“火把节”，在日本的纪伊半岛，同一天也举行“火把节”，而在纪伊半岛南部的奈良、和歌山等地，正是中国传统文化在日本表现最为集中的地方。关于日本人的祖先持“哈尼族说”的理由是，有日本人惊奇地发现，中国云南的哈尼族与日本人的信仰都具有相似的“万物有灵”观念，特别是在诸神中，日本人最有权威的“天照大神”和哈尼族的“阿匹梅烟”都为女性，亦同是太阳神。②

根据人类学专家学者经过 HLA－DRBI 基因多态性综合研究，所构建的系统发育树形图来看，可以看到中国各族人民是聚类在一起的，有着广泛的血缘交融，从遗传数据上体现了中国各族人民间的亲缘关系，都有着同一个祖先。整个树形图可以分为西伯利亚族群、北方族群、南方族群。

---

① ［日］森田永造：《探寻倭人的源流——云南、阿萨姆山地民族调查之行》，载《云南与日本的寻根热》，云南省社会科学论丛之二《倭族之源——云南》，云南人民出版社 1985 年版；易道鸿：《日本民族“根”在云南彝族中》，载《东方世界》1987 年第 3 期；［日］鸟越宪三郎：《始于云南的道路——探寻倭族之源》，载《云南与日本的寻根热》，云南省社会科学论丛之二《倭族之源——云南》，云南人民出版社 1985 年版。

② 周大鸣、梅方权：《试探云南独龙族的族源——云南独龙族文化和 HLA－DRBI 基因多态性综合研究》，载林超民主编：《民族学评论》第 2 辑，云南大学出版社 2005 年版。

北方族群却介于高加索人群和蒙古人群之间。南方族群和西伯利亚族群代表了蒙古人种。其中，日本人 Japannese 系数是 50，17，13；北海道人 Hokkaido 系数是 71，18，5。彝族 Yizu 系数是 66，22，6。[①] 研究证明，彝族和西伯利亚族群中的日本人都是遗传距离比较近的蒙古人种。

三、倭彝服饰问题

日本女人穿和服背花结背包与彝语支民族，例如纳西族和彝族妇女背的“披星戴月”背饰非常相似。日本女人穿和服一定要背花结背包，当作一项礼仪和雍容华贵的自身享受。她们为什么有此习俗？据说连许多日本人都不清楚。目前比较流行的一种说法是与“徐福东渡蓬莱仙岛”有关。

这得从秦始皇命方士徐福前往东海蓬莱仙岛寻采仙药的故事说起。徐福，齐国人（前 278—208），比秦始大 18 岁。先受孔子儒家“道不行，乘桴浮于海”假说的影响。后修老子道学，善仙术，深得秦始皇信任。但他不满秦始皇暴虐无道的统治，接受去蓬莱采仙药任务实为“韬光”之计。他在今山东荣成成山角造楼船 85 艘，备五谷布帛以养生，选百工技之以应需，携宫室器具以为用，招三千童男童女，男负犁耙系葫芦（备耕种植，自食其力），女背简牍（施行文化教育，又可作救生用），从琅琊扬帆出海，一去便无消息。

徐福东渡日本，名为采仙药，实是有计划、有组织逃避秦始皇统治的大逃亡，开中国人向海外大移民，设特区的先河。他把华夏的人伦政治、文化道德、武备技艺、农桑饮食、服饰器具带去蓬莱（原为新宫市产仙草的小岛山），传授给当地人，德化了大和民族。

公元前 208 年，徐福病死，时年 70 岁。当地人修墓、建祠堂、造像、立碑纪念他。时至今日，日本还完好地保存徐福的宫祠、神像、墓碑，而且他的大臣、童男童女的事迹和造像亦保存在新宫市。

耐人寻味的是日本女性系在和服上的花结背包。这花结背包原是徐福东渡日本时三千童女所背简牍包。在这种特制的简牍包中，装着儒家经典等和诸子百家学说。三千童女到了蓬莱，虽然卸下经书，但她们十分珍惜在秦时的服饰点缀，所以要用这背包来衬托她们来蓬莱时自身的华贵形象，日子久了成为不可缺少的服饰习惯而流传至今。

---

① 周大鸣、梅方权：《试探云南独龙族的族源——云南独龙族文化和 HLA - DRBI 基因多态性综合研究》，载林超民主编：《民族学评论》第 2 辑，云南大学出版社 2005 年版。

以上这些日本女人和服上的花结背包来源问题与“徐福东渡扶桑”有关的说法，仔细研究起来以后总是感觉有些牵强附会。恐怕这种花结背包服饰习俗在徐福东渡扶桑以前就应该流行，后来流传到了日本。而且这种服饰习俗可能是上古时期母系氏族社会女权的一种象征和标志。从今天还保留这种服饰习俗的纳西族妇女“披星戴月”背饰来看，它只是一种服饰而已。但它又是古代母系氏族社会的某种文化符号。它的文化内涵今天已经很难解读而已，只是这种古老的习俗早期可能在食肉衣皮时代就有了。日本妇女花结背包早期可能是羊皮之类制作而成。如今虽然布料繁多但纳西族妇女的“披星戴月”背饰仍然使用羊皮制作。纳西族妇女上身着长过膝盖的大褂，宽腰大袖，腰系百褶围腰，下着长裤，背披“披星戴月”背饰。“披星戴月”背饰又称为“七星羊披”，它是由绵羊皮制作而成。首先硝皮，使其柔软色白后裁剪成蛙身形状并与人背大小相当，“蛙头”朝下，在其正上方缝一块1米长，30余厘米宽的黑丝绒，在披肩下接背带处，是两个缝上去的直径约3寸的圆形图案，下面几寸处再用五彩丝线绣上7个直径约1寸的圆形图案，称为“七星”，七星中心钉有两条细带。然后再用一对绣有蝴蝶纹饰的17厘米长、5厘米宽左右的白布做背带，就成为独具特色的羊皮背饰。在披肩上缝上两条白布带，劳动时就将披肩的布带拉到胸前十字交叉系紧，看上去犹如七颗闪亮的星星围着一轮明月，人们把这种着装称为“披星戴月”背饰。“披星戴月”背饰即美观又防风雨，还耐磨损。对羊皮背饰的起源和图案的形成，有不同的传说。其一认为：缀在羊皮上面的大圆图案，左圈代表太阳，右圈代表月亮，7个小圆则代表七颗星星，因而被称为“披星戴月”，寓意纳西族妇女的辛勤。其二认为：纳西族东巴经及民间口头传说中都有纳西人在古时很崇拜青蛙，将其视为本民族的图腾，把羊皮剪成蛙体形状，表现的是纳西族对图腾的信仰崇拜。同时，蛙有较强的生育能力，反映在服饰上是强调妇女的生育观。

关于纳西族的披星戴月披肩的神话传说很多。相传在很久以前，纳西族居住在湖畔的大山上，过着宁静的生活。不料有一年出现了一个凶狠的旱魔，他放出八个太阳与原有的太阳一起，轮番烤灼大地，人间没有黑夜，大地处处焦黄。有个叫英姑的纳西族姑娘，立志要到东海请龙王。她用鸟的羽毛编织成了一件五光十色的“顶阳衫”，披在背上向东方奔去。英姑到了东海边，恰巧遇上龙三太子，两人相爱。龙王派龙三太子陪她回家乡解除旱情。可恶的旱魔施计将龙三太子陷入深潭，让大象和狮子把守潭口，可怜的英姑与旱魔一连搏斗了九天，终因气衰力竭，倒在了地上，从此，这地方就叫“英姑墩”（即丽江）。龙三太子拼死冲出深潭，呼叫着扑向英姑倒下的地方，变成纵横丽江坝子的泉水。白沙三多神见状造了一条雪龙，一连吞下了七个太阳，并把变冷后的太阳又吐到地上，只留下一个太阳将之变成了月亮。三多神把七个冷太阳捏成了七个闪光的星星，镶在英姑的顶阳衫，以资表彰。为了纪念英姑，纳西族姑娘依照英姑的顶阳衫做成了精美的羊皮披肩，象征勤劳勇敢，世代相传，沿袭至今，因而羊皮披肩含有“披星戴月”之意，寓意纳西族勤劳辛苦。云南巍山彝族妇女，腰系黑底绣宽花边的长围裙，与后襟相齐，背上背一个羊毛毡“圆裹背”。穿白绿相间的阴阳裤。巍山县的宝山一带妇女穿蓝色大襟衣，罩黑色领挂，背上有一块黑色绣花长方形大裹背，背带很长。

纳西族妇女“披星戴月”和巍山彝族妇女“圆裹背”与日本妇女的“花结背包”都是古代母系氏族社会表示某种妇女文化含义符号。

西南夷“椎结”的习俗即头顶留发。这种“椎结”习俗至今在日本还保留着。倭人头顶留一撮头发表示灵魂栖息地方，因此，头顶部的这一片头发就不能剪去，而要留一撮。在今天的大小凉山彝族地区的彝族男子不管大人、小孩头上都要留“天菩萨”头发，平常不准别人乱摸，如果有人误碰了头顶上的这一撮“天菩萨”头发，轻则与人吵架，重则与人打架。据说倭人“椎结”的来源是，倭人信仰中认为头上有六个特别重要的灵魂，因此，头顶部的头发就不能剪去，而要留下来。在日本给婴儿剃头发时要把头顶上的这一部分毛发留下来，这种风俗至今还在一些地方流行着。关于这样做的理由，来源于为了保护重要灵魂停留在倭人头上。在日本，这一习俗现在只限于婴儿期了，但是在古代，大人也是这样的。

四、倭彝民俗问题

日本学者经大量考察发现，与日本民族相距遥远的中国西南少数民族，在他们的村落中竟至今保存和延续着与日本民族十分相似的传统习俗和大量口头文学。更有趣的是 18 世纪在日本九州博文湾志致贺岛发现的“汉委奴国王”金印，其印钮竟与滇王墓中出土的金印完全一样，都是蛇钮。因此他们认为倭人起源于云南，是由云贵高原迁徙到日本的。

盂兰盆节与彝族火把节。森田永造《探寻倭人的源流》中说：“日本的盂兰盆节，点烧火把和盂兰盆灯，在日本的纪伊半岛的熊野那智大社，七月十四日也举行火把节。”彝语支民族彝族、白族、纳西族、哈尼族、傈僳族、拉祜族、基诺族和相邻的普米族、汉族也过火把节。节日活动内容因地因民族而不尽相同，但点火把则无一例外。火把节期间，不同地区有不同的仪式和游乐方式。彝族和白族，家家门前要竖一个火把，村口竖一个高四五丈的大火把。通常选一松柱，拿松枝和干柴层层围成巨大的宝塔式火把，上面插花挂果，有的还插着写有“五谷丰登”、“人畜平安”等字样的红绿彩旗。晚饭后，锣声、号声响，男女老幼会集广场，抬着米酒、炒豆等食品，点燃火把，并用松香粉扑撒火把，顿时火焰冲天，欢呼声此起彼落。老人们举杯畅饮，谈古道今话年成；年轻人围着火把翩翩起舞，纵情歌唱，尽兴欢乐。丽江纳西族在石牌坊前竖火把，还要敲锣打鼓，燃放鞭炮。青少年舞着小火把，旋绕狮子山，前后连成一条火龙，表示招引光明，迎接祥瑞。金沙江边的纳西族，有些还引放“孔明灯”。青年们则人人挥动火把，成群结队绕村串寨，绕山过田，打火把仗，撒松脂粉，满山遍野照耀得如同白昼。据说，在火把上撒松香粉，表示一种祛邪祈福的心愿，后辈对前辈撒，是尊敬即祝福长寿；长辈对晚辈撒，是爱抚即祝愿吉利；同辈对同辈撒，是亲密友爱；男女青年互撒，是爱恋的象征。傈僳族也和彝族一样在火把节时有出猎的古习。明朝《昆明县志》：“倮罗星回节俗曰火把节，当六月二十四、二十五两日，斫松为燎，高丈余，入夜争燃之，村落用以照田，以炬之明暗，占岁丰歉。集市群儿共杵松脂作粉，互相烧洒为戏。”乾隆《蒙自县志》卷二风俗：“倮罗六月二十四日土人以为节，祀祖有剁生之俗做法，以牛豕鸡鱼之腥，细切为薤掺椒蒜和之，以变其腥，然后碎切菜瓜杂而啖之，名曰生，亦古人鲜食之遗也。士大夫家食肴往往效之。其明日入夜，家家束松及蒿为炬，官衙城市及田野村墟皆然，或椎牛置酒围坐火旁达旦为乐。诸彝人或相扑为角觗之戏。曰星回节亦曰火把节。”光绪《越嶲厅志·夷俗志》：“倮罗夷人，食无灶，以三石支釜，名曰锅庄。肉菜杂煮，肉半生席地或团坐竹笆分食。汤用木勺取贮团转分食，好敬客，客至必杀牲供之，以火烧去其毛，即事客。每岁六月二十四为过小年，杀牲以杵击其脑，饮酒欢庆。夜燃炬跳舞，满山星火，名火把会。十月朔日为大过年，必打牛羊跳锅庄，极贫者亦多买豆腐庆贺。”

火把节期间，要举行摔跤和斗牛活动。彝族摔跤就像日本冲绳人的摔跤一样，没有摔跤台，是一种各自使出平生力气将对手摔倒的竞技运动。彝族举行火把节的习俗由来已久。各地彝族普遍传说打火把吃庄稼的害虫烧死，各村寨火把争燃，炬火遍布山乡田垄，用于照田并占丰歉。以祈祷庄稼丰收为主线贯穿于整个节日，这说明火把节是农耕民族的一个节日，而彝族的火把节是寄生于“稻作文化”土壤上的历史产物。

彝族结婚时新娘头盖一个圆形盖头巾。盖头巾上点缀一些银饰片等。

新娘进门时在门口烧一堆火，新娘必须从火上过去。据说这样就把所有不洁的东西和妖魔鬼怪都被火烧掉或烧跑了。

在日本，也有这样的一个婚俗，即过门的新娘首先要围着火塘向左绕三圈，表示自己作为家庭的新成员向一家之神的炉火神问候，还有牵着牛马围着神社的祭神殿绕三圈等，这一类习俗和彝族有着相似性。①

五、倭彝稻作文化问题

稻谷，有黏性的米叫“稻”，无黏性的米叫“粳”，颗粒比较长的叫“籼”。处于新石器时代的云南的稻作应该是粳稻。日本型稻谷就是粳稻。粳稻之前应该先进行山地种植的是旱稻，俗称红米。据说印度型稻谷是颗粒比较长的籼稻。中国的云南和现在的印度阿萨姆（Asm）是亚洲稻（Oryza sativa）的起源地之一。从这里出发，稻子向西、向南、向东传播。但是那时的稻子还只是旱稻。旱稻传入长江下游后，在当地气候、土壤的影响下，由当地人培育出水稻。有了水稻才有了严格意义上的“稻作文化”。浙江河姆渡近年出土了迈七千年前的稻种。

彝族在祭祀祖先的时候，必须具备的祭品除牛、绵羊、猪、鸡以外，还有米、苦荞面、燕麦面三种。祖先灵牌核心部分必须放入米粒。这种古老的祭祀祖先的习俗，从侧面告诉人们彝族先民在远古时代就已经与稻打交道了。彝语各方言中“稻”、“籼”、“糯”、“粳”读音都叫“扯”。说明彝族在各支系分迁以前就已有稻作文化。云南彝族在漫长的历史岁月中开创了在山地种植水稻的梯田农耕文明。

目前学术界一般认为，水稻向北传播到朝鲜半岛然后传入日本。水稻向东传播到台湾，然后向南传播到东南亚各国。

“倭人”带着水稻栽培技术渡海来到日本列岛，这些人来自中国哪里呢?《论衡》一书中三次提到倭人。《论衡》：“周时天下太平，倭人贡鬯草。”说倭人献灵芝给周王朝。除了渡海到日本的倭人以外，居住在远离日本的中国长江上游地区云南高原盆地的西南夷的后人，即今天的彝语支民族与日本人有着相同文化特征。倭人带着稻作文化，或许是从东夷地区经朝鲜半岛到达日本，或许是直接越东海从日本的北九州登陆的。最近的

---

① ［日］伊藤清司：《云南火把节、祭虫山习俗与日本的除虫节》，载《民族学与现代化》1987 年第 2 期；［日］佐佐木高明：《中国西南少数民族文化与日本的基层文化》，载《云南社会科学》1991 年第 4 期。

考古学遗迹调查表明，水稻的传入可以追溯到“绳文时代”晚期，因此可以把它看作是公元前500年前的事。

鸟越宪三郎《倭族之源——云南》中说：倭人来源于云南，带着水稻栽培技术和干阑式建筑这一特有文化，从史前时代开始，多次向日本及东南亚许多地区进行大范围的民族迁徙。水稻的人工栽培的成功，可以追溯到较早的新石器时代。因此可以设想，为了适应水稻农耕民的生活，便出现了干阑式住居和干阑式谷仓。①

六、倭彝语言文化问题

有关日语的系属问题目前学术界有不同的意见，至今没有定论。彝族学者巫达和日本学者清水享撰文《彝语和日语若干相似现象》从语音、句法（相似的判断句型、相似的疑问句型）、词法（相似的助词用法、相似的指示代词用法、相似的动词用法、相似的名词用法）和有关宏观文化问题进行探讨。认为彝语和日语似乎有发生学的关系。例如日语没有声调但形态发达，而原始藏缅语是没有声调的。有人认为日语和汉藏语系语言在一万年以前起源于同一个语言。②

关于扶桑，目前学术界有各种不同的说法。一种说法认为“扶桑”是北美洲；一种说法认为“扶桑”是墨西哥；一种说法认为“扶桑”是日本。《山海经》、《梁书》等古籍说“日出扶桑”，扶桑就是日出的地方，因此有时也用扶桑指太阳。这里的扶桑其义应该是指东方，所以，有人认为日本就是扶桑国。扶，上古并纽鱼部；中古并母虞韵。桑，上古心纽阳部；中古心母唐韵。贵州彝语“东方”叫“非色”。近代汉语 f 来源于古代帮旁并母，我们怀疑彝语“非色”就是“扶桑”。义即“东方”。

---

① 褚宝楚：《云南水稻栽培起源的问题》，载《云南学术研究》1962 年第 4 期。［日］佐佐木高明：《日本农耕文化的源流》，载《民族译丛》1989 年第 1 期；［日］渡部忠世著：《稻米之路》，日本广播出版协会 1977 年版；［日］安藤广太朗著：《日本古代稻作史杂考》，地球出版社 1951 年版。

② 巫达、清水享：《彝语和日语若干相似现象初探》，载《凉山民族研究》1994 年年刊。

后　记

在中华日本学会的协助下，2011 年 7 月 9 日至 10 日，中央民族大学外国语学院成功主办了“首届中日民族文化比较研究学术研讨会”，有五十多所高校和数所科研机构的几十位专家学者莅临本会，宣读了相关论文，本论丛就是选编参会学者的部分论文而成。在这里，首先向拨冗参加本学术会议的各位学人表示衷心感谢！没有他们的积极参与，“首届中日民族文化比较研究学术研讨会”是不能成功举办的，当然今天也不会有《中日民族文化比较研究论丛》（第一辑）的出版；同时也感谢中华日本学会、中央民族大学各级领导以及日本国际交流基金会北京日本文化中心对本次大会给予的支持！在编辑出版本论丛时，本论丛学术指导委员会各位专家学者给予了热心指导，拓展文化协会也给予了很大支持，在此一并致谢！

蔡凤林
2012 年深秋识于京寓